Os Instrumentos Financeiros

Os Instrumentos Financeiros

2018 · 3ª edição, revista e atualizada · Reimpressão

José A. Engrácia Antunes

ALMEDINA

OS INSTRUMENTOS FINANCEIROS

AUTOR
José A. Engrácia Antunes

EDITOR
EDIÇÕES ALMEDINA, S.A.
Rua Fernandes Tomás, nºs 76-80
3000-167 Coimbra
Tel.: 239 851 904 · Fax: 239 851 901
www.almedina.net · editora@almedina.net

DESIGN DE CAPA
FBA.

PRÉ-IMPRESSÃO
João Jegundo

IMPRESSÃO E ACABAMENTO
Pentaedro, Lda.
Março, 2018

DEPÓSITO LEGAL
424891/17

ALMEDINA | GRUPOALMEDINA

BIBLIOTECA NACIONAL DE PORTUGAL – CATALOGAÇÃO NA PUBLICAÇÃO

ANTUNES, José Engrácia, 1961-

Os instrumentos financeiros. – 3ª ed.
rev. e atualizada. - (Monografias)
ISBN 978-972-40-6944-9

CDU 347

NOTA PRÉVIA À 3ª EDIÇÃO

Esgotada a edição anterior, achou-se oportuno proceder a uma revisão e atualização global deste estudo.

Conceito recente, aberto e em permanente evolução, muita água correu debaixo da ponte dos Instrumentos Financeiros *nos últimos anos. No plano legislativo, destaca-se a nova lista de instrumentos financeiros resultante das regras europeias pertinentes (as chamadas MiFID II e MiFIR de 2014), bem assim como diversas vicissitudes regulatórias sofridas pelos vários tipos desses instrumentos, incluindo os valores mobiliários (v.g., o reagrupamento de ações: cf. Decreto-Lei nº 63-A/2016, de 23 de setembro), os derivados (v.g., negociação dos derivados OTC: cf. Decreto-Lei nº 40/2014, de 18 de março) e os instrumentos monetários (v.g., mercado dos instrumentos interbancários do Eurosistema). No plano da jurisprudência, tem-se assistido nos últimos anos a um aluvião de arestos judiciais relativos aos instrumentos financeiros, com particular destaque para os "swaps" (espécie de derivado que, apenas à sua conta, originou para cima de uma trintena de acórdãos nos cinco últimos anos). Por fim, expressão inequívoca da relevância deste conceito, é ainda a crescente atenção e até controvérsia que tal conceito tem suscitado na doutrina, tanto a nível nacional como internacional, multiplicando-se as reflexões e tomadas de posição sobre a temática em apreço.*

De tudo isto dá conta a presente edição – a qual, todavia, se mantém fiel à conceção e à estrutura originais deste estudo, dado pela primeira vez à estampa em 2009: a de uma breve e despretensiosa introdução àquele que constitui, em nosso entender, o novo conceito-chave do atual Direito do Mercado de Capitais, entre nós usualmente designado Direito dos Valores Mobiliários.

ABREVIATURAS

AAVV	–	Autores Vários
ACE	–	Agrupamento Complementar de Empresas
ADR	–	American Depositary Receipts
ASF	–	Autoridade de Supervisão de Seguros e Fundos de Pensões
AEIE	–	Agrupamento Europeu de Interesse Económico
BCE	–	Banco Central Europeu
BdP	–	Banco de Portugal
CCivil	–	Código Civil
CCom	–	Código Comercial
CCoop	–	Código Cooperativo
CCP	–	Código dos Contratos Públicos
CDS	–	Credit Default Swap
CE	–	Comunidade Europeia
CFD	–	Contract for Differences
CIRC	–	Código do Imposto sobre o Rendimento das Pessoas Coletivas
CIRE	–	Código da Insolvência e da Recuperação de Empresas
CIRS	–	Código do Imposto sobre o Rendimento das Pessoas Singulares
CMF	–	Code Monétaire et Financier
CMVM	–	Comissão do Mercado de Valores Mobiliários
CPC	–	Código de Processo Civil
CRC	–	Código do Registo Comercial
CRP	–	Constituição da República Portuguesa
CSC	–	Código das Sociedades Comerciais
CVM	–	Código dos Valores Mobiliários
Diss.	–	Dissertação
DMIF	–	Diretiva dos Mercados de Instrumentos Financeiros
EDR	–	European Depositary Receipts
EMIR	–	European Market Infrastructure Regulation
FCR	–	Fundo de Capital de Risco
FPA	–	Fundo de Poupança-Ações

FPR – Fundo de Poupança-Reforma
FRA – Forward Rate Agreement
FTC – Fundo de Titularização de Créditos
FXA – Forward Exchange Agreement
GMRA – Global Master Repurchase Agreement
IAS – International Accounting Standard
ICAE – Instrumento de Captação de Aforro Estruturado
IFRS – International Financial Reporting Standard
IGCP – Agência de Gestão da Tesouraria e da Dívida Pública – IGCP
IS – Internalização Sistemática
ISDA – International Swaps and Derivatives Association
JO – Jornal Oficial da União Europeia
LCCG – Lei das Cláusulas Contratuais Gerais
LMV – Ley de Mercado de Valores
LCS – Lei do Contrato de Seguro
LUC – Lei Uniforme do Cheque
LULL – Lei Uniforme das Letras e Livranças
MiFID – Markets in Financial Instruments Directive
MiFIR – Markets in Financial Instruments Regulation
MIT – Mercado Interbancário de Títulos
MMI – Mercado Monetário Interbancário
MR – Mercado Regulamentado
MTF – Multilateral Trading Facility
NCRF – Normas Contabilísticas e de Relato Financeiro
OIC – Organismo de Investimento Coletivo
OTC – Over-The-Counter
OTF – Organized Trading Facility
PFC – Produto Financeiro Complexo
PRIIP – Packaged Retail and Insurance-Based Investment Products
RGIC – Regime Geral das Instituições de Crédito e Sociedades Financeiras
RJASR – Regime Jurídico da Atividade Seguradora e Resseguradora
RJCR – Regime Jurídico do Capital de Risco
RJOIC – Regime Jurídico dos Organismos de Investimento Coletivo
RSPE – Regime do Setor Público Empresarial
SICAF – Sociedade de Investimento Mobiliário de Capital Fixo
SICAV – Sociedade de Investimento Mobiliário de Capital Variável
SITENDER – Sistema de Informação de Leilões
STJ – Supremo Tribunal de Justiça
TFUE – Tratado do Funcionamento da União Europeia
TJUE – Tribunal de Justiça da União Europeia
TUF – Testo Unico della Finanza
UCITS – Undertankings for Collective Investments in Transferable Securities
UE – União Europeia
WpHG – Wertpapierhandelsgesetz

Capítulo I
Introdução

§1
Aspetos Gerais

1. Noção Preliminar

I. A benefício de explicitação ulterior, designam-se genericamente por *instrumentos financeiros* ("financial instruments", "Finanzinstrumente", "instruments financiers", "strumenti finanziari", "financiële instrumenten") um *conjunto de instrumentos juscomerciais heterogéneos suscetíveis de criação e/ou negociação no mercado de capitais, que têm por finalidades primordiais o financiamento, o investimento, e/ou a gestão de risco das empresas e demais agentes económicos.*

II. Os instrumentos financeiros constituem o novo *conceito-chave* do Direito do Mercado de Capitais do séc. XXI, tanto em Portugal[1] como

[1] Atenta a sua novidade, a literatura portuguesa sobre a figura é ainda relativamente escassa. Entre outras referências, podem confrontar-se Almeida, A. Pereira, *Sociedades Comerciais, Valores Mobiliários, Instrumentos Financeiros e Mercados*, vol. II ("Valores Mobiliários, Instrumentos Financeiros e Mercados"), 7ª edição, Coimbra Editora, Coimbra, 2013; Ascensão, J. Oliveira, *O Novíssimo Conceito de Valor Mobiliário*, 143 e segs., in: AAVV, "Direito dos Valores Mobiliários", vol. VI, 139-162, Coimbra Editora, 2006; Câmara, Paulo, *Manual de Direito dos Valores Mobiliários*, 190 e segs., 3ª edição, Almedina, Coimbra, 2016; Cordeiro, A. Menezes, *Manual de Direito dos Valores Mobiliários*, 119 e segs., Almedina, Coimbra, 2016; Gonçalves, Renato, *Nótolas Comparatísticas sobre os Conceitos de Valor Mobiliário, Instrumento do Mercado Monetário e Instrumento Financeiro na DMIF e no Código dos Valores Mobiliários*, in: 19 "Cadernos do Mercado de Valores

no estrangeiro[2]. O presente estudo tem por objeto a análise da noção, características fundamentais, e regime jurídico deste novo instituto juscomercial, bem assim como dos seus principais tipos ou espécies,

Mobiliários" (2004), 94-103; FERREIRA, A. José, *Um Código dos Instrumentos Financeiros?*, in: AAVV, "Estudos em Homenagem ao Prof. Doutor Carlos Ferreira de Almeida", vol. I, 701-710, Almedina, Coimbra, 2011; PINA, C. Costa, *Instituições e Mercados Financeiros*, 447 e segs., Almedina, Coimbra, 2005; SILVA, P. Costa, *Direito dos Valores Mobiliários*, 147 e segs., Lisboa, 2005.

[2] Na literatura estrangeira, apenas para referir alguns estudos com alcances e enquadramentos variados: na Alemanha, vide HAISCH, Martin/ HELIOS, Marcus, *Rechtshandbuch Finanzinstrumente*, 2. Aufl., Beck, München, 2017 (em publicação); LEHMANN, Matthias, *Finanzinstrumente: vom Wertpapier- und Sachenrecht zum Recht der unkörperlichen Vermögensgegenstände*, Mohr Siebeck, Tübingen, 2009; ZEREY, Jean-Claude, *Finanzderivate: Rechtshandbuch*, 4. Aufl., Nomos, Baden-Baden, 2015; na Áustria, KAISER, Michael, *Finanzinstrumente – Determinierung ausgewählter Finanzinstrumente nach dem WAG 2007*, AV Akademikerverlag, Wien, 2016; na Bélgica, ONOFREI, Adina/ WYMEERSCH, Eddy, *La Négociation des Instruments Financiers au Regard de la Directive MIF*, Éditions Larcier, Bruxelles, 2012; PIERON, Astrid/ COLMANT, Bruno, *Les Nouveaux Instruments Financiers*, Kluwer, Diegem, 1994; na Dinamarca, NORUP, Lars/ MOGENS, Kort, *Nye Finansielle Instrumenter – En Håndbog*, Forlaget Samfundslitteratur, Frederiksberg, 1991; em Espanha, ANDRÉS, A. Sánchez, *Valores Negociables, Instrumentos Financieros y Otros Esquemas Contractuales de Inversión*, in: XXIV "Revista de Derecho Bancario y Bursátil" (2005), 7-58; CASTELLS, A. Recalde, *Acotación del Derecho de los Mercados de "Valores" e "Instrumentos Financieros" en Tiempos de Cambio*, in: "Estudios en Memoria del Profesor A. Sánchez Andrés", 1155-1186, Aranzadi, Cizur Menor, 2010; GONZÁLEZ-VALLINAS, J. Calvo/ RAMÍREZ, J. Pérez, *Instrumentos Financieros*, Editorial Pirámide, Madrid, 2006; em França, COTRET, Laurent, *La Négociabilité des Instruments Financiers*, Diss., Reims, 2004; GOUTAY, Philippe, *La Notion d'Instrument Financier*, in: 82 "Droit et Patrimoine" (2000), 68-78; LE NABASQUE, Hervé/ PORTIER, Philippe, *Les Instruments Financiers*, in: Bonneau, Thierry (dir.), "La Modernisation des Activités Financières", 27-47, GLN Joly, Paris, 1996; MORVAN, Jérémy, *Marchés et Instruments Financiers*, 2ème édition, Éd. Dunod, Paris, 2014; NAVATTE, Patrick, *Marchés et Instruments Financiers*, 2ème édition, Éd. Management et Societé, Paris, 2010; em Itália, BARTALENA, Andrea, *Le Nuove Tipologie di Strumenti Finanziari*, in: LVII "Banca, Borsa, Titoli di Credito" (2004), 293--309; BRANCODORO, Gianluca, *Strumenti Finanziari e Mercato Mobiliare*, Giuffrè, Milano, 2005; CARBONETTI, Francesco, *Dai «Valori Mobiliari» agli «Strumenti Finanziari»*, in: 41 "Rivista delle Società" (1996), 1103-1120; PICCIONI, Marina, *Gli Strumenti Finanziari*, Ediesse, Milano, 2013; SALAMONE, Luigi, *La Nozione di "Strumento Finanziario" tra Unità e Moltiplicità*, in: XCVI "Rivista del Diritto Commerciale e del Diritto Generale delle Obbligazioni" (1998), 711-741.

a saber: os *instrumentos mobiliários* (v.g., ações, obrigações, unidades de participação, "warrants" autónomos, direitos destacáveis, certificados, etc.), os *instrumentos derivados* (v.g., futuros, opções, "swaps", derivados de crédito, contratos diferenciais, "forwards", "caps", "floors", "collars", etc.) e os *instrumentos monetários* (instrumentos interbancários, certificados de aforro, certificados de depósito, bilhetes de tesouro, papel comercial, etc.).

2. Os Instrumentos Financeiros em Perspetiva

I. O Direito Comercial é, desde a sua origem, um ramo intimamente ligado à *criação, circulação e mobilização da riqueza* – tendo sido responsável, ao longo da sua história multimilenar, pela criação e desenvolvimento de um conjunto de instrumentos jurídicos precipuamente destinados a essa função.

II. O primogénito e mais clássico desses instrumentos é o *título de crédito* ("negotiable instrument", "Wertpapier", "effet de commerce", "titolo di credito", "título-valor")[3]. Com efeito, o tráfico comercial vive da movimentação do dinheiro e realização de pagamentos, da transmissão de bens e mercadorias, da constituição e cessão de créditos. Ora, desde tempos imemoriais, os "mercatore" experimentaram as limitações destas formas diretas e tradicionais de circulação da riqueza: se pretendiam fechar um negócio, tal obrigava-os forçosamente à movimentação física, por vezes até arriscada, de montantes avultados de moeda metálica; se projetavam vender mercadorias em praças distantes, não tinham como senão acompanhá-las no respetivo transporte até ao local de destino; e se desejavam mobilizar um crédito de que eram titulares,

[3] Sobre a figura, vide desenvolvidamente ANTUNES, J. Engrácia, *Os Títulos de Crédito*, 2ª edição, Coimbra Editora, Coimbra, 2012; ASCENSÃO, J. Oliveira, *Direito Comercial*, vol. III ("Títulos de Crédito"), Lisboa, 1992; FURTADO, J. Pinto, *Títulos de Crédito*, 2ª edição, Almedina, Coimbra, 2015; MARTINS, A. Soveral, *Títulos de Crédito e Valores Mobiliários*, vol. I, Almedina, Coimbra, 2008; VASCONCELOS, P. Pais, *Direito Comercial – Títulos de Crédito*, AAFDL, Lisboa, 1988. Noutros quadrantes, vide DUPICHOT, Jacques/ GUÉVEL, Didier, *Les Effets de Commerce*, 3ème édition, Montchrestien, Paris, 1996; EIZAGUIRRE, J. Maria, *Derecho de los Títulos-Valores*, Civitas, Madrid, 2003; HUECK, Alfred/ CANARIS, Claus-Wilhelm, *Recht der Wertpapiere*, 12. Aufl., Vahlen, München, 1986; MARTORANO, Federico, *Titoli di Credito*, Giuffrè, Milano, 2002.

viam-se sujeitos ao regime juscivilista geral da cessão de créditos, totalmente inadequado às necessidades próprias de celeridade e segurança do tráfico mercantil. Não surpreende assim que, ainda em pleno séc. XII, o Direito Comercial tenha sido responsável pela invenção de um inovador e imaginativo instrumento de circulação de riqueza – a *"letra de câmbio"*, documento que incorpora um direito a uma quantia pecuniária apto a funcionar como instrumento de garantia, pagamento e crédito. E, ao longo dos séculos seguintes, outros e novos títulos semelhantes seriam criados, com conteúdos cartulares díspares, incluindo as *livranças*, os *cheques*, as *guias de transporte*, os *extratos de fatura*, os *conhecimentos de carga*, os *conhecimentos de depósito e cautelas de penhor*, e assim por diante[4]. Tal significa dizer que, ao lado das formas tradicionais de circulação da riqueza (a entrega do dinheiro, a transmissão de uma mercadoria, a cessão ordinária de um crédito), os títulos de crédito surgem como uma forma indireta e alternativa dessa circulação: o dinheiro, mercadoria, ou crédito, no lugar de circularem diretamente, são titulados ou representados em documentos que seguem um regime próprio de circulação.

Da origem à atualidade, os títulos de crédito são assim essencialmente *instrumentos de circulação indireta da riqueza* destinados a tornar mais simples, rápida e segura a movimentação de bens e direitos no tráfico jurídico-comercial[5]. Um simples exemplo permite ilustrar esta ideia. Suponha-se que um comerciante é titular de um direito de crédito emergente de uma venda mercantil que pretende mobilizar. Recorrendo à cessão ordinária de créditos (arts. 577º e segs. do CCivil), a modalidade comum de transmissão de créditos, o comerciante cedente ver-se-ia sujeito a exigências particulares de forma ("maxime", à obrigação de notificação prévia do devedor: cf. art. 583º do CCivil) e o cessionário tornar-se-ia titular de um direito vulnerável porquanto exposto às exceções oponíveis ao cedente e à insolvência do devedor ("nemo plus iuris": cf. arts. 585º e 587º do CCivil).

[4] Sobre a origem e a evolução histórica da letra de câmbio, CASSANDRO, Giovanni, *Cambiale (Storia)*, in: V "Enciclopedia del Diritto" (1959), 827-839. Para uma história universal dos títulos de crédito em geral, vide GOLDSCHMIDT, Levin, *Universalgeschichte des Handelsrechts*, 295 e segs., Enke, Stuttgart, 1891 (tradução italiana, Utet, Torino, 1913).

[5] Sobre a noção, função, tipos e regime dos títulos de crédito, vide, para maiores desenvolvimentos, ANTUNES, J. Engrácia, *Os Títulos de Crédito*, 7 e segs., 2ª edição, Coimbra Editora, Coimbra, 2012.

Ora, a "incorporação" desse crédito num documento escrito representativo, o título de crédito (v.g., uma letra ou um cheque) – cuja transmissão, no lugar de operar segundo o regime comum, opera segundo o regime próprio de circulação das coisas móveis – facilita enormemente a respetiva circulação, evitando tais escolhos. Tal circulação é, desde logo, mais *simples*, já que as formalidades de transmissão dos títulos de crédito são extremamente simplificadas, podendo a cessão do crédito cartular, no caso dos títulos ao portador, operar mediante mera tradição manual do documento (v.g., art. 5º, nº 3 da LUC, art. 14º, nº 3 da LULL). Mas tal circulação é também, e sobretudo, mais *célere* e *segura*: graças ao referido fenómeno de "incorporação" do direito no documento, o título de crédito permite simultaneamente a delimitação precisa do conteúdo desse direito – que vale nos exatos termos literais do próprio documento, sendo irrelevantes as convenções extradocumentais (v.g., art. 6º da LULL, art. 9º da LUC) –, a sua rápida cobrança – permitindo ao portador liquidá-lo mediante a mera apresentação do documento ao devedor na data do vencimento (ou, mesmo antes disso, mediante o desconto do título ou o exercício de ação em via de regresso: v.g., art. 362º do CCom, arts. 43º e segs. da LULL, arts. 40º e segs. da LUC), além de constituir um título executivo suscetível de cobrança coerciva (art. 703º, nº 1, *c)* do CPC) –, e ainda a sua eficaz transmissão – já que, ao investir o terceiro adquirente de boa-fé, a quem o título tenha sido transmitido, num direito de crédito autónomo relativamente ao direito do anterior ou anteriores portadores (v.g., arts. 16º e 17º da LULL, art. 22º da LUC), permite que tal crédito possa circular indefinidamente, de modo ágil e seguro, pelas mãos de inúmeros sucessivos titulares.

III. O pioneirismo e vanguardismo do Direito Comercial no quadro do ordenamento jusprivatístico atinente ao tráfico económico e à criação e mobilização da riqueza, porém, não se ficou por aqui, assistindo-se, sobretudo a partir de meados do séc. XX, ao nascimento e à implantação de um novo instrumento fundamental neste terreno – o *valor mobiliário* ("security", "Effekt", "valeur mobilière", "valore mobiliare", "valor negociable").[6]

[6] Sobre a figura, vide CÂMARA, Paulo, *Manual de Direito dos Valores Mobiliários*, 91 e segs., 3ª edição, Almedina, Coimbra, 2016; CASTRO, C. Osório, *Valores Mobiliários: Conceito e*

Com efeito, o financiamento da empresa moderna, exigindo concentrações massivas de recursos financeiros, tornou imperioso o desenvolvimento do mercado de capitais e dos coevos mecanismos aptos à captação da poupança junto do público investidor: inicialmente, mediante a emissão pela empresa de títulos em massa, representativos de capital de risco (*ações*) ou de dívida (*obrigações*), destinados a serem subscritos e negociados no mercado por uma pluralidade indeterminada de investidores; e, posteriormente, num movimento de progressiva diversificação, mediante a emissão de uma gama de novos produtos de poupança e investimento, sejam totalmente novos ou originais (v.g., *unidades de participação* em organismos de investimento coletivo, *"warrants"*, *direitos destacáveis*), sejam resultantes da combinação entre os já existentes (v.g., obrigações convertíveis em ações ou com direito de subscrição de ações).[7]

Ora, estes novos instrumentos de financiamento e investimento – os valores mobiliários – exibem inegavelmente um conjunto de características distintivas próprias que os transformaram, a breve trecho, num "unicum" no quadro dos instrumentos juscomerciais de criação e circulação de riqueza. Ao contrário dos tradicionais títulos de crédito – que são tipicamente emitidos de forma singular a favor de um ou mais desti-

Espécies, 2ª edição, UCP Editora, Porto, 1998; CORDEIRO, A. Menezes, *Manual de Direito dos Valores Mobiliários*, 145 e segs., Almedina, Coimbra, 2016; FERREIRA, A. José, *Direito dos Valores Mobiliários*, 125 e segs., AAFDL, Lisboa, 1997. Noutros quadrantes, vide LOWENFELDS, Lewis/ BROMBERG, Alan, *What is a Security under the Federal Securities Law?*, in: 56 "Albany Law Review" (1993), 473-560; FARRANDO, I. Miguel, *El Concepto de Valor Negociable*, in: "Estudios en Homenaje al Profesor A. Menéndez", vol. I, 1197--1236, Civitas, Madrid, 1996; SALAMONE, Luigi, *Unità e Moltiplicità della Nozione di Valore Mobiliare*, Giuffrè, Milano, 1995; REYGROBELLET, Arnaud, *La Notion de Valeur Mobilière*, Diss., Paris, 1995.

[7] Sobre esta evolução do título de crédito para o valor mobiliário, bem como as suas implicações, vide entre nós ASCENSÃO, J. Oliveira, *Valor Mobiliário e Título de Crédito*, in: 56 "Revista da Ordem dos Advogados" (1996), 837-875; CUNHA, Carolina, *Valores Mobiliários vs. Letras e Livranças: Virtudes de um Confronto Pouco Habitual*, in: AAVV, "Estudos em Homenagem ao Prof. Doutor Carlos Ferreira de Almeida", vol. I, 673-700, Almedina, Coimbra, 2011. Para questão congénere no direito estrangeiro, com maiores desenvolvimentos, CHIONNA, V. Vito, *L'Origini della Nozione di Valore Mobiliare*, in: 44 "Rivista delle Società" (1999), 831-866.

natários concretos, materializados num documento, conferindo aos seus titulares determinados direitos específicos e infungíveis, transacionáveis numa base individual ou bilateral, e funcionando primacialmente como mecanismos de pagamento e crédito nas transações comerciais –, os valores mobiliários são caracteristicamente emitidos em massa para o público investidor em geral, são crescentemente desmaterializados (representados por meros registos em conta de natureza informática), conferem aos seus titulares direitos homogéneos e fungíveis, são negociáveis no contexto de um mercado organizado próprio, e funcionam essencialmente como veículos de financiamento empresarial mediante captação do aforro[8]. Além disso, não se pode perder de vista que a figura dos títulos de crédito corresponde fundamentalmente a uma criação doutrinal do séc. XIX e inícios do séc. XX, destituída de um regime legal próprio (cujas fragmentárias bases normativas, de resto, não se atualizam desde os anos 30 com as chamadas Leis Uniformes) e com um relevo económico progressivamente minguante, ao passo que a figura dos valores mobiliários é uma criação legislativa dos finais do séc. XX, dotada de um regime legal próprio (cujas bases normativas são caracterizadas por uma progressiva densidade e complexidade regulatórias) e de um relevo económico que, ao invés, tende a aumentar cada dia que passa.[9]

[8] Assim, por exemplo, ao passo que uma letra ou um cheque constituem um instrumento de crédito ou de pagamento, que é, por regra, emitido pelo sacador a favor de um terceiro determinado e que titula um crédito pecuniário de valor fixo cuja circulação se rege por regras próprias em face do regime geral ou ordinário da transmissão de créditos, uma ação de uma sociedade anónima ou uma unidade de participação de um fundo de investimento representam instrumentos de financiamento empresarial, que são emitidos massivamente (na casa dos milhares ou até milhões) em favor de uma pluralidade indeterminada de destinatários, e que titulam direitos homogéneos, dotados de plena fungibilidade e negociabilidade no quadro de um mercado organizado e próprio (o que significa, "inter alia", que o jogo da oferta e procura lhes pode associar um valor pecuniário ou cotação diferente do respetivo valor nominal).

[9] As duas figuras distinguem-se também numa perspetiva metodológica: ao passo que a disciplina dos títulos de crédito se caracteriza por uma perspetiva microjurídica dos instrumentos de circulação de riqueza, centrando-se na regulação das relações cartulares interindividuais, a disciplina dos valores mobiliários é marcada por uma perspetiva macrojurídica, onde assume um papel absolutamente central a regulação do mercado de criação e negociação dos próprios instrumentos.

Por essa razão, não surpreende assim que, na maior parte dos ordenamentos jurídicos contemporâneos, se tenha acabado por implantar, no seio dos instrumentos juscomerciais destinados à criação e circulação de riqueza, uma dicotomia fundamental entre títulos de crédito e valores mobiliários: isto é válido, tanto nos países da "Common Law" (veja-se, por exemplo, a distinção existente entre *"negotiable instruments"* e *"securities"* nos Estados Unidos da América), como nos países da "Civil Law" (v.g., a distinção gaulesa entre *"effets de commerce"* e *"valeurs mobilières"* ou a distinção transalpina entre *"titoli di credito"* e *"valori mobiliari"*).[10]

IV. A senda evolutiva milenar dos instrumentos juscomerciais de criação, circulação e mobilização de riqueza conheceria, muito recentemente, mais uma nova etapa – referimo-nos à progressiva centralidade regulatória do conceito de *instrumento financeiro* ("financial instrument", "Finanzinstrument", "instrument financier", "strumento finanziario").

Os valores mobiliários – já o sabemos – constituem a pedra de toque do mercado de capitais contemporâneo, constituindo o veículo por excelência do financiamento empresarial de médio e longo prazo. Este protagonismo indiscutível, todavia, durante algum tempo solitário ou exclusivo, tem vindo a sofrer a concorrência de novos instrumentos, ativos e produtos que ganharam paulatinamente uma importância crescente na criação e mobilização de recursos financeiros para as empresas. Tal é o caso, por uma banda, dos *instrumentos monetários*. Com efeito, enquanto mercado de capitais de curto prazo (em geral, igual ou inferior a 1 ano), o mercado monetário representava tradicionalmente um domínio reservado em exclusivo às instituições de crédito e circunscrito a um número limitado de operações típicas ("maxime", criação e circu-

[10] Não vamos aqui tomar posição na querela doutrinal – aliás, até ao momento, sem consequências palpáveis no rumo dos acontecimentos – relativa à questão de saber se o conceito e o regime dos valores mobiliários são ou não integráveis no instituto geral dos títulos de crédito. Sobre tal controvérsia, em sentidos opostos, vide ALMEIDA, C. Ferreira, *Desmaterialização dos Títulos de Crédito: Valores Mobiliários Escriturais*, 38, in: 26 "Revista da Banca" (1993), 23-39; FERREIRA, A. José, *Valores Mobiliários Escriturais – Um Novo Modo de Representação e Circulação de Direitos*, 399 e segs., Almedina, Coimbra, 1997. Noutros quadrantes, vide, por último, ROGERS, J. Steven, *The End of Negotiable Instruments – Bringing Payment Systems Law Out of the Past*, Oxford University Press, Oxford, 2012.

lação do dinheiro, aplicações e créditos de curto prazo, constituição e movimentação de depósitos, etc.): ora, como melhor veremos adiante, os instrumentos do mercado monetário foram-se gradualmente desenvolvendo em número e diversidade, assumindo hoje um relevo significativo na satisfação das necessidades de financiamento empresarial público e privado em geral (v.g., *certificados de aforro, bilhetes do tesouro, papel comercial, certificados especiais de dívida de curto prazo, "repos" financeiros*, etc.). Uma importância muito especial revestem ainda, por outra banda, os *instrumentos derivados*. É sabido que a atividade económica é, por natureza, uma atividade de risco: ora, os derivados – hoje numa enorme profusão quantitativa e qualitativa (v.g., *futuros, opções, "swaps", "forwards", "caps", "floors", "collars", derivados de crédito, derivados sobre mercadorias*, etc.) – constituem um instrumento fundamental de cobertura dos riscos inerentes à atividade económica das empresas ("hedging"), além de servirem finalidades especulativas ("trading") e arbitragistas ("arbitrage"), proporcionando às empresas um indispensável meio de salvaguarda face às variações das taxas de câmbio, das taxas de juro, da inflação, das cotações bolsistas, do preço das matérias-primas, ou outras contingências análogas.

Em resultado desta evolução, constata-se que a esmagadora maioria das ordens jurídicas atuais passou a erigir a figura do *"instrumento financeiro"* em novo conceito central ou de cúpula dos instrumentos juscomerciais do mercado de capitais, a qual abrange assim simultaneamente os valores mobiliários, os instrumentos derivados e os instrumentos monetários[11]. Assim acontece hoje, desde logo, em Portugal: o diploma codificador nuclear do mercado de capitais – o Código dos Valores Mobiliários (CVM) – encontra hoje o denominador comum do seu âmbito de aplicação material no conceito de "instrumento financeiro" (art. 2º, nº 2), conceito ecuménico que abarca os valores mobiliários (arts. 1º e 2º, nº 1, *a)*, "ab initio"), os instrumentos do mercado monetário, com exceção dos meios de pagamento (art. 2º, nº 1, *b)*), e as

[11] Nas palavras de Frédéric PELTIER e Marie-Noëlle DOMPÉ, "as inovações financeiras dos últimos anos tornam obsoletas as noções (de valor mobiliário e de título) que eram, até há pouco tempo, os pilares do nosso direito positivo. Valores mobiliários e títulos simbolizam construções jurídicas que se foram apagando por aquilo que poderia ser denominado «imperialismo» dos mercados financeiros" (*Le Droit des Marchés Financiers*, 11, Puf, Paris, 1998).

diversas modalidades de instrumentos derivados (art. 2º, nº 1, *c*) a *f*))[12]. E algo de semelhante se verifica também nas principais ordens jurídicas estrangeiras, sobretudo europeias: vejam-se assim, apenas a título de exemplo, o conceito germânico de *"Finanzinstrument"* (§2, Abs. 2b da WpHG de 1998), o conceito francês de *"instrument financier"* (art. L.211-1 do CMF de 2000), o conceito italiano de *"strumento finanziario"* (art. 1º, "comma" 2 do TUF de 1998), ou o conceito espanhol de *"instrumento financiero"* (art. 2º da LMV de 2015)[13]. Particularmente sintomático do sentido desta evolução é ainda o facto de existirem mesmo ordens jurídicas que, rompendo totalmente com a tradição anterior, centraram as respetivas regulações em matéria do mercado de capitais exclusivamente sobre tal figura: é o caso, por exemplo, do direito francês, o qual, ao mesmo tempo que acolheu a noção de "instrument financier", deixou pura e simplesmente de fazer qualquer referência ao antigo conceito de "valeur mobilière", optando antes por se referir diretamente às respetivas espécies (art. L.211-1 do CMF francês).[14]

[12] Esta centralidade do conceito de instrumento financeiro no CVM português apenas emergiu claramente com a reforma de 2007, muito embora já antes, após a revisão introduzida pelo Decreto-Lei nº 66/2004, de 24 de março, ela já fosse visível em estado embrionário no pretérito art. 2º, nº 5 daquele Código (cf. Ascensão, J. Oliveira, *O Novíssimo Conceito de Valor Mobiliário*, 143, in: AAVV, "Direito dos Valores Mobiliários", vol. VI, 139-162, Coimbra Editora, 2006; Cordeiro, A. Menezes, *Manual de Direito dos Valores Mobiliários*, 23, Almedina, Coimbra, 2016). Para esta evolução do direito português, e, como veremos, dos demais direitos europeus, foi decisivo o impulso comunitário: com efeito, a Diretiva 2004/39/CE, de 21 de abril – intitulada justamente "Diretiva dos Mercados de Instrumentos Financeiros" (DMIF) – erigiu expressamente aquele conceito em nova figura-chave da regulação do mercado de capitais (cf. art. 4º, nº 1, ponto 17 e Anexo I, Secção C) (Gonçalves, Renato, *Nótolas Comparatísticas sobre os Conceitos de Valor Mobiliário, Instrumento do Mercado Monetário e Instrumento Financeiro na DMIF e no Código dos Valores Mobiliários*, 95, in: 19 "Cadernos do Mercado de Valores Mobiliários" (2004), 94-103).

[13] Para comentários legislativos gerais destes preceitos estrangeiros, podem ver-se, respetivamente, Hirte, Heribert/ Möllers, Thomas (Hrsg.), *Kölner Kommentar zum WpHG*, 124 e segs., Carl Heymanns, Köln, 2007; Martin, Didier, *Code Monétaire et Financier*, 44 e segs., LexisNexis, Paris, 2017; Vella, Francesco, *Commentario al Testo Unico della Finanza*, tomo 1, 16 e segs., Giappichelli, Torino, 2012; Zunzunegui, Fernando, *Ley del Mercado de Valores*, 51 e segs., 2ª edición, Colex, Madrid, 2006.

[14] Como sublinham Thierry Bonneau e France Drummond, "a noção de valor mobiliário envelheceu, tendo deixado de constituir hoje a base de uma categoria

3. Origem Histórica e Função Económica

3.1. O Movimento de Inovação Financeira

I. A emergência e o desenvolvimento dos instrumentos financeiros como novo conceito ou categoria jurídico-económica encontram-se estreitamente ligados ao movimento de *"inovação financeira"* que animou e caracterizou os mercados de capitais nas últimas décadas.[15]

II. A globalização dos mercados financeiros, a sua progressiva liberalização e desregulamentação ("maxime", o fenómeno da desintermediação bancária), a feroz concorrência entre os intermediários financeiros, e o progresso extraordinário das tecnologias de comunicação, conduziram as instituições financeiras, mormente bancárias, a uma dinâmica incessante de criação e aperfeiçoamento de novos "produtos" ou "instrumentos" destinados a satisfazer as necessidades, cada vez mais diversificadas e complexas, dos seus clientes e dos mercados. Como captar a poupança do pequeno aforrador individual, como obter financiamentos empresariais mais baratos, como tirar o máximo partido dos capitais próprios, como aplicar rentavelmente excedentes de tesouraria, como cobrir os riscos advenientes das oscilações das taxas de câmbio ou juros, como especular na antecipação dos movimentos das cotações bolsistas, como maximizar fiscalmente um investimento? – tais são ape-

jurídica ou da aplicação de um regime jurídico próprio" (*Droit des Marchés Financiers*, 77, Economica, Paris, 2005). Sobre o declínio do conceito de valor mobiliário, e sua progressiva substituição pelo conceito mais amplo de instrumento financeiro, vide, para o direito francês, VAUPLANE, Hubert/ BORNET, Jean-Pierre, *Droit des Marchés Financiers*, 37 e segs., Litec, Paris, 1998.

15 Sobre a chamada inovação financeira, vide ANTUNES, J. Engrácia, *Inovação Financeira e Produtos Derivativos*, in: "Revista de Direito Bancário e do Mercado de Capitais", vol. 45 (2009), 187-196, vol. 47 (2010), 200-226, e vol. 48 (2010), 169-213; BAÇÃO, P. Avelino, *Inovação e Aplicações Financeiras em Portugal*, Grupo de Estudos Monetários e Financeiros, Coimbra, 1997; QUELHAS, J. Santos, *Sobre a Evolução Recente do Sistema Financeiro ("Novos Produtos Financeiros")*, Separata do Boletim de Ciências Económicas, Coimbra, 1996; noutros quadrantes, vide CAVANNA, Henri (ed.), *Financial Innovation*, I. Thomson Business, Routledge, 1992; COURET, Alain, *Innovation Financière et Règle de Droit*, IAE, Paris, 1990; WIELAND, Aglaia, *Finanzinnovationen – Analyse von Erfolgsfaktoren für die Etablierung neuer Finanzinstrumente*, Diplomica, Hamburg, 2001.

nas algumas das questões que estão no centro das preocupações dos chamados "grupos de desenvolvimento de produtos financeiros"[16] e dos "engenheiros financeiros"[17] que têm sido os principais atores da referida espiral de inovação.

III. Este movimento da inovação financeira – e o conexo interminável séquito de novas figuras, mecanismos e produtos transacionados no mercado de capitais, hoje reagrupados debaixo do conceito de "instrumentos financeiros" – apresentam decerto *vantagens* mas também alguns *riscos,* oscilando aqui as opiniões entre o deslumbramento angelical e a crítica satânica.[18]

3.2. Vantagens

I. Os instrumentos financeiros desempenham hoje, fundamentalmente, *uma função de financiamento empresarial* em sentido amplo: através deles, os empresários (individuais mas sobretudo coletivos, privados mas

[16] REIMPELL, Peter, *Vermarktung von Finanzinnovationen,* 93, in: "Die Bank – Zeitschrift für Bankpolitik und Bankpraxis" (1990), 93-98.

[17] "Os «barman» criam novos «cocktails», os químicos novos solutos, os matemáticos novas fórmulas, e os engenheiros financeiros novos produtos financeiros" – assim descreve Arnd WIEDEMANN estas personagens (*Financial Engineering: Bewertung von Finanzinstrumenten,* Bankakad.-Verlag, Frankfurt, 2004). É evidente que muitos destes novos produtos não são inteiramente originais, havendo alguns que já são conhecidos há muito (é o caso dos derivados: cf. *infra* Cap. III) e outros, porventura a grande maioria, que constituem híbridos resultantes de combinações imaginativas entre produtos e instrumentos já existentes (JASKULLA, Ekkerda, *Die Einführung derivativer Finanzinstrumente an den deutschen Wertpapierbörsen als Regelungsproblem,* 7 e seg., Peter Lang, Frankfurt am Main, 1995). Sobre a "engenharia financeira" – enquanto aplicação de conhecimentos científicos (mormente, económicos e matemáticos) à criação e desenvolvimento de novos produtos financeiros –, vide BIRGE, John, *Financial Engineering,* Elsevier, Amsterdam, 2008; CASTRO, L. Díez/ MASCAREÑAS, Juan, *Ingeneria Financiera,* McGraw-Hill, Madrid, 1991.

[18] Para tomar aqui emprestado o título do estudo de MCCALLUM, John, *Derivatives: The Devil Incarnate or the Promised Land?,* in: 59 "Business Quarterly" (1995), 1-5. Sobre o ponto, AAVV, *Derivative Finanzinstrumente: Nutzen und Risiken,* Deutscher Sparkassenverlag, Stuttgart, 1995; DAMM, Ulrich, *Derivate zwischen Nutzen und Risiken,* in: 29 "Die Bank – Zeitschrift für Bankpolitik und Bankpraxis" (1990), 506-511.

também públicos) obtêm junto do mercado de capitais os fundos financeiros necessários à sua constituição, funcionamento, e expansão.[19]

II. Por vezes, esse financiamento é *direto*: sempre que uma empresa emite ações, obrigações, unidades de participação, ou outros valores mobiliários, ela visa encaixar os capitais próprios ou alheios de médio e longo prazo de que necessita para o desenvolvimento das suas atividades económicas; ou sempre que uma empresa emite papel comercial, contrai um "empréstimo cristal", ou recorre a outros instrumentos monetários, ela visa fazer face a necessidades financeiras de curto prazo ou repor as suas disponibilidades mínimas de caixa.

III. Outras vezes, esse financiamento é meramente *indireto*: sempre que uma empresa negoceia futuros, opções, "swaps" ou outro qualquer tipo de derivados, ela visa assim proteger-se contra os vários riscos inerentes à sua atividade económica (v.g., oscilações das taxas de juro ou câmbio, das cotações bolsistas, do preço das matérias-primas, etc.) ou, alternativamente, investir ou especular em torno desses riscos – o que significa, respetivamente, a realização de economias decorrentes da cobertura do risco de perdas (se a finalidade for protetiva) ou a estabilização ou incremento dos ganhos (se a finalidade for especulativa ou arbitragista).[20]

3.3. Riscos

I. Em contrapartida, não se pode ignorar que tais instrumentos são suscetíveis de serem fonte de vários riscos. Entre eles, desde logo, deve mencionar-se o *aumento exponencial da magnitude das perdas dos emitentes*

[19] Esta função de financiamento assegura ainda, a nível macroeconómico, o funcionamento do próprio mercado de capitais: como notam Frédéric Peltier e Marie-Noëlle Dompé, "que se trate de negociar ativos financeiros correspondentes a créditos ou a riscos de evolução do preço dos bens, eles permitem uma circulação rápida dos capitais para financiar a economia" (*Le Droit des Marchés Financiers*, 14, Puf, Paris, 1998).

[20] Como sublinha C. Costa Pina, "tanto se obtém financiamento pela obtenção de fundos destinados a um ato de investimento – aplicação em bens de capital – como na sua obtenção destinada à cobertura de perdas resultantes de eventos adversos" (*Instituições e Mercados Financeiros*, 453, Almedina, Coimbra, 2005).

e investidores, as quais, em virtude do efeito de alavancagem financeira que é próprio de alguns desses instrumentos, podem ser virtualmente ilimitadas. Com efeito, a "sedução do jogo" ("Spielverlockung") – para empregar a sugestiva expressão de Walther HADDING e Joachim HENNRICHS[21] – é, em especial nos instrumentos financeiros derivados, maior do que a verificada nos demais instrumentos jurídicos de investimento e mobilização de riqueza, mormente se comparada com a aquisição direta do ativo subjacente, já que, graças ao referido efeito de alavancagem financeira, permite ao investidor a obtenção de lucros fabulosos e rápidos, mas também o expõe a perdas colossais, com um investimento de capital bastante reduzido: por isso, não falta quem defina jocosamente tais instrumentos financeiros como "os investimentos feitos no ano transato que resultaram em perda"[22]. O que é mais, os instrumentos financeiros contribuem para um *aumento do próprio risco sistémico* do sistema financeiro no seu conjunto, graças ao seu típico "efeito de dominó": isto mesmo foi sobejamente demonstrado pela crise financeira de 2008 que, originada nos empréstimos hipotecários de alto risco ou "subprime" concedidos pela banca norte-americana, veio a contagiar toda a economia mundial em virtude da emissão massiva de instrumentos financeiros de securitização dos créditos respetivos.[23]

[21] *Devisentermingeschäfte*, 455, in: "Festschrift für Carsten Peter Claussen", 447-467, C. Heymanns, Köln, 1997.

[22] GOTTSFIELD, Robert/ LOPEZ, Michael/ HICKS, William, *Derivatives: What They Are, What They Cause, What's The Law*, 33, in: 32 "Arizona Attorney" (1996), 33-47. Episódios conhecidos, como os relativos ao britânico "Barings Bank" em 1995 (com perdas no valor de 900 milhões de euros resultantes de derivados sobre divisas), à francesa "Société Générale" (com perdas estimadas no valor de 3,6 biliões de euros resultantes de operações de futuros), ou às empresas públicas de transporte lusitanas (com perdas potenciais atuais de 1,6 biliões de euros resultantes de "swaps" especulativos), são bem elucidativos desta realidade (cf. SAMUELSON, Charles, *The Fall of Barings. Lessons for the Legal Oversight of Derivatives Transactions in the United States*, in: XXIX "Cornell International Law Journal" (1996), 767-806).

[23] BLACK, Fischer, *Hedging, Speculation, and Systemic Risk*, in: 3 "Journal of Derivatives" (1995), 6-8; GAI, Prasama/ KAPADIA, Sujit/ MILLARD, Stephen/ PEREZ, André, *Financial Innovation, Macroeconomic Stability and Systemic Crisis*, Bank of England, London, 2008; GROUP OF THIRTY, *Derivatives: Practices and Principles*, 61, Washington, 1993.

II. Por outro lado, entre as desvantagens dos instrumentos financeiros, destaca-se também a *dissociação entre propriedade jurídica e económica* relativamente à generalidade dos bens ou ativos subjacentes: é o caso dos derivados, os quais permitem operar uma separação entre titularidade formal ou direta ("de primeiro grau") e material ou indireta ("de segundo grau") relativamente ao ativo subjacente (ações, obrigações)[24]. Um exemplo disto mesmo pode ser encontrado no chamado fenómeno do esvaziamento do voto ("empty voting"), consistente na dissociação entre titular jurídico (que encabeça apenas formalmente o seu exercício) e o titular oculto dos votos (que justamente possui interesses económicos na sociedade e nesse exercício): uma ilustração da relevância desta dimensão pode ser encontrada no domínio dos deveres de divulgação das posições económicas longas relativas a ações, instituídos pelo Regulamento CMVM nº 5/2010, de 1 de outubro e pelo art. 20º, nº 1, *i)* do CVM[25]. Intimamente ligado a este risco, está também o da *complexificação da governação empresarial e societária*, atento o relevo que tais instrumentos revestem hoje na gestão e nos resultados das grandes sociedades abertas.[26]

[24] A esta dissociação entre propriedade jurídica e económica corresponde, na linguagem económica, a distinção entre posições "naturais" e "sintéticas", e, na linguagem cibernética, entre "original" e "cópia". Como é evidente, assentando a maior parte das normas legais na titularidade jurídica ou formal, os derivados podem funcionar como um fator ou mesmo um expediente de manipulação das mesmas (Monga, Anish, *Using Derivatives to Manipulate the Market for Corporate Control,* in: XII "Stanford Journal of Law, Business and Finance" (2006), 186-219).

[25] Sobre o fenómeno, vide Antunes, J. Engrácia, *Os "Hedge Funds" e o Governo das Sociedades,* in: AAVV, "Direito dos Valores Mobiliários", vol. IX, 9-70, Coimbra Editora, 2009; Oliveira, A. Perestrelo/ Oliveira, M. Perestrelo, *Derivados e Governo Societário: A Propósito da Nova Regulação Europeia e da Consulta Pública da ESMA sobre "Empty Voting",* in: IV "Revista de Direito das Sociedades" (2012), 49-10.

[26] Sobre o relevo dos instrumentos financeiros no plano da governação societária, em particular dos derivados, vide Gomes, J. Ferreira, *A Discricionariedade Empresarial, a Business Judgment Rule e a Celebração de Contratos de Swap (e Outros Derivados)*, in: 51 "Cadernos do Mercado de Valores Mobiliários" (2015), vol. II, 57-98. Noutros quadrantes, Easterbrook, Frank, *Derivative Securities and Corporate Governance,* in: 69 "The University of Chicago Law Review" (2002), 733-747; Partnoy, Frank, *Adding Derivatives to the Corporate Law Mix,* in: 34 "Georgia Law Review" (2000), 599-629; Krawiec, Kimberly, *Derivatives, Corporate Hedging, and Shareholder Wealth: Modigliani-Miller Forty*

§2
Consagração Legal

I. O conceito de *"instrumento financeiro"* constitui o atual conceito-chave da regulação jurídica do mercado de capitais.

II. Assim acontece hoje, quer em Portugal – cujo diploma codificador nuclear, o Código dos Valores Mobiliários (CVM), o erigiu em conceito de cúpula da ordenação jurídica dos instrumentos negociados naquele mercado (art. 2º) –, quer no direito comunitário – como resultou da aprovação da Diretiva dos Mercados de Instrumentos Financeiros (DMIF) –, quer ainda nas principais ordens jurídicas estrangeiras – como sucede, entre muitos outros, com os conceitos congéneres de "Finanzinstrument"na Alemanha (§2, Abs. 2b da WpHG), de "instrument financier" em França (art. L.211-1 do CMF), de "strumento finanziario" em Itália (art. 1º, "comma" 2 do TUF), ou de "instrumento financiero" na vizinha Espanha (art. 2º da LMV).

1. Direito Português
1.1. O Artigo 2º do CVM

I. No âmbito do direito do mercado de capitais português, a *noção central* de "instrumento financeiro" encontra-se prevista no art. 2º do CVM. Essa noção foi introduzida em 2007, com a nova redação que lhe foi dada pelo Decreto-Lei nº 357-A/2007, de 31 de outubro, o qual transpôs para a ordem jurídica interna portuguesa a Diretiva 2004/39/CE, de 21 de abril, relativa aos mercados de instrumentos financeiros (DMIF).[27]

II. De acordo com a leitura conjugada dos nºs 1 e 2 deste preceito, são considerados instrumentos financeiros: "*a)* os valores mobiliários

Years Later, in: "University of Illinois Law Review" (1998), 1039-1102; Randow, Philipp von, *Derivate und Corporate Governance*, in: 25 "Zeitschrift für Unternehmens- und Gesellschaftsrecht" (1996), 594-641; Sernetz, Julia, *Derivate und Corporate Governance – Kompetenzen und Pflichten des Vorstands von Aktiengesellschaften beim Einsatz von Derivaten*, Peter Lang, Frankfurt am Main, 2006.

[27] Sobre esta origem comunitária do preceito português, vide *infra* Cap. I, §2, 2.1.

(...); *b)* os instrumentos do mercado monetário, com exceção dos meios de pagamento; *c)* os instrumentos derivados para a transferência do risco de crédito; *d)* os contratos diferenciais; *e)* as opções, os futuros, os swaps, os contratos a prazo e quaisquer outros contratos derivados relativos a: *i)* valores mobiliários, divisas, taxas de juro ou de rendibilidades ou relativos a outros instrumentos derivados, índices financeiros ou indicadores financeiros, com liquidação física ou financeira; *ii)* mercadorias, variáveis climáticas, tarifas de fretes, licenças de emissão, taxas de inflação ou quaisquer outras estatísticas económicas oficiais, com liquidação financeira ainda que por opção de uma das partes; *iii)* mercadorias, com liquidação física, desde que sejam transacionados em mercado regulamentado ou em sistema de negociação multilateral ou, não se destinando a finalidade comercial, tenham características análogas às de outros instrumentos financeiros derivados nos termos do artigo 38º do Regulamento (CE) nº 1287/2006, da Comissão, de 10 de agosto; *f)* quaisquer outros contratos derivados, nomeadamente os relativos a qualquer dos elementos indicados no artigo 39º do Regulamento (CE) nº 1287/2006, da Comissão, de 10 de agosto, desde que tenham características análogas às de outros instrumentos financeiros derivados nos termos do artigo 38º do mesmo diploma".[28]

III. Sem surpresa, as *demais leis mobiliárias* encontram-se enxameadas de referências à figura: vejam-se assim, por exemplo, o RJOIC (v.g., arts. 2º, nº 1, *e)*, 44º, nº 5, 68º, nºs 2, e 3, *b)*, 80º, nº 1, 81º, nº 2, 84º, nº 4, 91º, nº 1, 121º, nº 1, *b)*, 122º, 134º a 138º, etc.), o RJCR (arts. 9º, nº 1, *e)*, 75º, nº 3, *d)*), o Decreto-Lei nº 357-B/2007, de 31 de outubro (regime jurídico aplicável às sociedades que têm por objeto exclusivo a prestação

[28] Sobre esta noção, podem confrontar-se ALMEIDA, A. Pereira, *Sociedades Comerciais, Valores Mobiliários, Instrumentos Financeiros e Mercados*, vol. II ("Valores Mobiliários, Instrumentos Financeiros e Mercados"), 7 e segs., 7ª edição, Coimbra Editora, Coimbra, 2013; CÂMARA, Paulo, *Manual de Direito dos Valores Mobiliários*, 91 e segs., 3ª edição, Almedina, Coimbra, 2016; CORDEIRO, A. Menezes, *Manual de Direito dos Valores Mobiliários*, 119 e segs., Almedina, Coimbra, 2016; FERREIRA, A. José, *Um Código dos Instrumentos Financeiros?*, in: AAVV, "Estudos em Homenagem ao Prof. Doutor Carlos Ferreira de Almeida", vol. I, 701-710, Almedina, Coimbra, 2011; SILVA, P. Costa, *Direito dos Valores Mobiliários*, 147 e segs., Lisboa, 2005.

do serviço de consultoria para investimento em instrumentos financeiros e a receção e transmissão de ordens por conta de outrem relativas àqueles), o Regulamento CMVM nº 2/2011, de 21 de março (obrigação de reporte de operações realizadas fora de mercado regulamentado referentes a instrumentos financeiros derivados), ou o Regulamento CMVM nº 2/2012, de 25 de outubro (deveres informativos relativos a produtos financeiros complexos), entre muitas outras.

1.2. Outros Ramos Jurídicos

I. Apesar de a definição legal de instrumento financeiro encontrar entre nós a sua "sedes materiae" no citado art. 2º do CVM, é mister lembrar que tal conceito é também hoje utilizado em múltiplos *outros diplomas legais* – e nem sempre com um alcance idêntico.

II. Particularmente relevante, no domínio das *leis bancárias*, é a disposição do art. 199º-A, 3º, do RGIC, a qual define instrumento financeiro como "qualquer contrato que dê origem, simultaneamente, a um ativo financeiro de uma parte e a um passivo financeiro ou instrumento de capital de outra parte, incluindo, no mínimo, os instrumentos referidos na secção C do anexo I da Diretiva nº 2004/39/CE, do Parlamento Europeu e do Conselho, de 21 de abril"[29]. Ainda no mesmo setor jusmercantil, retenham-se as noções contidas no art. 5º, nº 1, *b)* do Decreto-Lei nº 105/2004, de 8 de maio – "«Instrumentos financeiros», entendidos como valores mobiliários, instrumentos do mercado monetário e créditos ou direitos relativos a quaisquer dos instrumentos financeiros referidos" – e no art. 2º, *j)* do Decreto-Lei nº 221/2000, de 9 de setembro – "«Instrumentos financeiros», valores mobiliários tal como definidos no artigo 1º do Código dos Valores Mobiliários, aprovado pelo Decreto-Lei nº 486/99, de 13 de novembro, e os instrumentos do mercado monetário,

[29] Para além deste preceito, o RGIC contém ainda abundantes referências à figura (v.g., arts. 4º, nº 1, *e)*, 8º, nº 4, *b)*, 13º-A, nº 6, *a)*, 13º-B, nº 5, 29º-A, 37º, nº 3, 65º, nº 2, 77º, nº 1, 81º-A, nº 1, 88º, 105º, nº 5, 120º, nº 1, *b)*, 145º-I, nºs 1 e 2, 155º, nº 5, 186º, 189º, nº 2 e 193º), a qual é também amiúde objeto de outras leis bancárias (v.g., Lei nº 63-A/2008, de 24 de novembro, que estabelece medidas de reforço da solidez financeira das instituições de crédito no âmbito da iniciativa para o reforço da estabilidade financeira e da disponibilização de liquidez nos mercados financeiros).

futuros sobre instrumentos financeiros, incluindo instrumentos equivalentes que deem origem a uma liquidação em dinheiro, contratos a prazo relativos a taxas de juro (FRA), *swaps* de taxas de juro, de divisas, ou relativos a um índice sobre ações *(equity swaps)* e opções destinadas à compra ou à venda de qualquer instrumento financeiro atrás referido".[30]

III. Mas abundantes disposições legais pertencentes a outros ramos do Direito (Privado e Público), em número aliás sempre crescente, fazem hoje referência à figura dos instrumentos financeiros, com um sentido por vezes moldado pelas suas finalidades regulatórias próprias.

IV. Tal é o caso, no âmbito jusprivatístico, das *leis societárias* (v.g., arts. 66º, nº 5, *h)*, 508º-C, nº 5, *e)* do CSC, arts. 48º, 69º, nº 3, *b)* do Decreto-Lei nº 12/2006, de 20 de janeiro, art. 1º do Decreto-Lei nº 110/94, de 28 de abril), das *leis seguradoras* (v.g., arts. 5º, nº 1, *r)*, *ii)*, 7º, *a)*, 72º, nº 4, *c)*, 92º, nº 3, 95º, 124º, 166º, nº 6, *a)* do RJASR, art. 206º da LCS, Norma Regulamentar da ASF nº 7/2002, de 7 de maio, art. 8º, nº 1, *a)* da Norma Regulamentar da ASF nº 9/2007-R, de 28 de junho)[31], das *leis contabilísticas* (v.g., a NCRF 27, os IAS 32 e 39, e os IFRS 7 e 9)[32], das *leis insol-*

[30] As referências ao conceito no âmbito do Direito Bancário são ainda, entre nós, bastante escassas e fragmentárias: cf. CORDEIRO, A. Menezes, *Manual de Direito Bancário*, 871 e segs., 6ª edição, Almedina, Coimbra, 2016 (limitado aos "swaps"); FERREIRA, A. Pedro, *Direito Bancário*, 711 e segs., Quid Juris, Lisboa, 2005; PATRÍCIO, J. Simões, *Direito Bancário Privado*, 12 e segs., Quid Juris, Lisboa, 2004. Noutros quadrantes, para maiores desenvolvimentos, vide DERDELER, Peter/ KNOPS, Kai-Oliver/ BAMBERGER, Heinz, *Handbuch zum deutschen und europäischen Bankrecht*, 1191 e segs., Springer, Berlin, 2004; GIORGIANI, Francesco/ TARDIVO, Carlo-Maria, *Manuale di Diritto Bancario*, 61 e segs., Giuffrè, Milano, 2005.

[31] Sobre as incidências jusseguradoras dos instrumentos financeiros, vide BURKHARD, Peter, *Einsatz und Risiken derivativer Finanzinstrumente in Versicherungsunternehmen*, Verlag Versicherungswirtschaft, Karlsruhe, 1995; SCHENK, Peter, *Derivative Finanzinstrumente: Teil einer integrativen Risikopolitik in Versicherungsunternehmen*, Gabler, Wiesbaden, 1998.

[32] Nos termos do IAS 32, "a financial instrument is any contract that gives rise to both a financial asset of one enterprise and a financial liability or equity instrument of another enterprise" (cf. GHOSH, Jyori, *Understanding Financial Instruments: A Guide to IAS 32, IAS 39 and IFRS 7*, Kingston, Kluwer, 2006). Esta definição é também retomada na NCRF 27, integrante do novo "Sistema de Normalização Contabilística" e publicada pelo Aviso nº 8256/2015, de 29 de julho ("contrato que dá origem a um ativo financeiro numa entidade

venciais (v.g., art. 107º do CIRE, Decreto-Lei nº 70/97, de 3 de abril, Lei nº 6/2015, de 6 de fevereiro)[33], das *leis dos contratos mercantis* (v.g., art. 9º, nº 4 da Lei nº 57/2008, de 26 de março, art. 2º, nº 1, *i)* do Decreto-Lei nº 133/2009, de 2 de junho), etc.

V. Não obstante a sua matriz jusprivatística, a figura colhe relevo até no próprio âmbito jurídico-público, incluindo nas *leis tributárias* (art. 49º do CIRC, art. 124º do CIRS, art. 27º do Estatuto dos Benefícios Fiscais)[34], nas *leis administrativas* (arts. 5º, nº 4, *e)*, 9º, nº 1, *g)* do CCP,

e a um passivo financeiro ou instrumento de capital próprio noutra entidade"). Sobre as incidências juscontabilísticas dos instrumentos financeiros, vide entre nós Correia, M. Anacoreta, *Instrumentos Financeiros Derivados – Enquadramento Contabilístico e Fiscal,* 17 e segs., UCP Editora, Lisboa, 2000; Ferreira, Domingos, *Instrumentos Financeiros,* Rei dos Livros, Lisboa, 2011; Sá, E. Silva, *Instrumentos Financeiros – Uma Abordagem Contabilística,* Vida Económica, Porto, 2014. Noutros quadrantes, para maiores desenvolvimentos, vide Beyer, Stephanie, *IFRS Finanzinstrumente: Bilanzierung, Darstellung, Ausweis,* Schmidt, Berlin, 2008; Schwarz, Christian, *Finanzinstrumente und Hedge Accounting: Bilanzierung nach HGB und IAS 39,* Schmidt, Berlin, 2006.

[33] Sobre a aplicação do art. 107º do CIRE aos instrumentos financeiros, vide Epifânio, Rosário, *Manual de Direito da Insolvência,* 189 e segs., 6ª edição, Almedina, Coimbra, 2014; Fernandes, L. Carvalho/ Labareda, João, *Código da Insolvência e da Recuperação de Empresas Anotado,* 403, Quid Juris, Lisboa, 2008. Sobre o diploma legal relativo à oponibilidade à massa falida dos acordos bilaterais de compensação celebrados entre as partes de contratos sobre instrumentos financeiros, vide Machado, S. Santos, *Close-Out Netting e Set-Off – Da Validade e Eficácia das Cláusulas de Close-Out Netting e Set--Off nos Contratos sobre Instrumentos Financeiros,* in: 17 "Cadernos do Mercado de Valores Mobiliários" (2003), 9-17.

[34] Sobre as incidências justributárias dos instrumentos financeiros, vide entre nós Correia, M. Anacoreta, *Instrumentos Financeiros Derivados – Enquadramento Contabilístico e Fiscal,* 143 e segs., UCP Editora, Lisboa, 2000; Guimarães, V. Branco, *O Regime Tributário dos Instrumentos Financeiros Derivados em IRC,* in: 6 "Revista de Finanças Públicas e Direito Fiscal" (2013), 71-79; Leitão, L. Menezes, *A Tributação Directa dos Instrumentos Financeiros Derivados,* in: 401 "Ciência e Técnica Fiscal" (2002), 7-53; Ribeiro, R. Lopes, *A Tributação dos Ganhos Obtidos em Portugal pelas Sociedades através de Instrumentos Financeiros Derivados,* Instituto de Valores Mobiliários, Lisboa, 2011; Santos, J. Pedro, *As Novas Regras de Tributação dos Instrumentos Financeiros em IRC,* in: "Estudos em Memória do Prof. Doutor J. L. Saldanha Sanches", vol. II, 811-825, Coimbra Editora, Coimbra, 2011. Noutros países, onde a situação é por vezes descrita como uma confusão ("a mess": cf. Brunson, Samuel, *Elective Taxation of Risk-Based Financial Instruments: A Proposal,* 1, in: 8 "Houston

arts. 29º, nº 5 e 72º, nº 1 do RSPE, arts. 52º, nº 5 da Lei nº 73/2013, de 3 de setembro), nas *leis de investimento* (arts. 3º, *a)*, 7º, nº 1, 8º, nºs 1 e 4 do Decreto-Lei nº 159/2014, de 27 de outubro), ou nas *leis processuais* (art. 830º do CPC).[35]

VI. Não se perca ainda de vista, finalmente, o relevo e o significado próprios que o conceito vai assumindo na própria *autorregulação* dos mercados financeiros portugueses. Pense-se assim, por exemplo, na noção, aliás singela, prevista nos "Regulamentos da Euronext", que define os instrumentos financeiros como "qualquer valor mobiliário ou derivado" (Regulamento I – "Regras de Mercado Harmonizadas", de 27 de fevereiro de 2017).

1.3. Jurisprudência

I. Acompanhando este crescente relevo legislativo e normativo, merece ainda especial destaque a atenção que a *jurisprudência* tem dispensado ao novel conceito de instrumento financeiro ou às suas categorias fundamentais (instrumentos mobiliários, instrumentos derivados, instrumentos monetários).

II. Assim, no que concerne aos *valores mobiliários*, podem referir-se entre os mais recentes, apenas a título de exemplo, os Acórdãos do STJ de 5-II-2016 (Garcia Calejo) (valores mobiliários, deveres de informação), de 17-III-2016 (M. Clara Sottomayor) (valores mobiliários, deveres de informação), de 6-II-2014 (Granja da Fonseca) (valores mobiliários, responsabilidade de intermediário financeiro), de 15-X-2013 (Fernandes do Vale) (valores mobiliários, mercado, clientela, intermediário financeiro), de 6-VI-2013 (Abrantes Geraldes) (valores mobiliários, intermediário financeiro, responsabilidade), de 10-I-2013

Business and Law Journal" (2007), 1-32), vide Krause, Haiko, *Die Besteuerung hybrider Finanzinstrumente*, Peter Lang, Frankfurt am Main, 2006; Schlüter, Wulff, *Innovative Finanzinstrumente im Privatvermögen: eine steuerrechtliche Analyse*, Gabler, Wiesbaden, 1998; Six, Martin, *Hybride Finanzierung im internationalen Steuerrecht*, Lide, Wien, 2008.

[35] Para uma ilustração das projeções juspublicistas, vide Cullis, Steve, *Financial Instrument Fraud – A Money Laundering Nexus*, in: 99 "Money Laundering Bulletin" (2002/2003), 15-16.

(Tavares de Paiva) (valores mobiliários, contratos de intermediação financeira, consultoria), de 15-V-2008 (Santos Bernardino) (valores mobiliários, transmissão), e de 15-XI-2007 (Santos Bernardino) (valores mobiliários, ordem de bolsa); os Acórdãos da Relação de Lisboa de 13-VII-2016 (M. José Mouro) (produto financeiro de risco, dever de informação), de 7-VI-2016 (Pedro Brighton) (valores mobiliários, transmissão), de 28-IV-2016 (Teresa Soares) (produtos financeiros, intermediação financeira, dever de informação), de 15-IX-2015 (M. Amélia Ribeiro) (produto financeiro de risco, intermediação financeira, dever de informação), de 14-V-2014 (Jorge Lanweg) (mercado de valores mobiliários, contraordenação), de 6-III-2014 (Ezagüy Martins) (produto financeiro, ordem de compra), de 10-X-2013 (O. Carmo Alves) (valores mobiliários, contrato de intermediação financeira), de 5-II-2013 (Teresa Albuquerque) (fundo de investimento, deveres de intermediação financeira), e de 1-II-2011 (Tomé Gomes) (valores mobiliários, "warrants"); os Acórdãos da Relação do Porto de 21-II-2013 (Leonel Serôdio) (valores mobiliários, intermediação financeira, deveres de informação), de 28-I-2013 (J. Eusébio de Almeida) (gestão de carteira, resgate) e de 4-I-2011 (Fernando Samões) (valores mobiliários, clientela, transação); os Acórdãos da Relação de Coimbra de 15-12-2016 (M. Domingas Simões) (obrigações, intermediação financeira, dever de informar), de 17-V-2016 (valores mobiliários, titularidade, registo), e de 19-XII-2013 (Henrique Antunes) (ações nominativas, transmissão); e os Acórdãos da Relação de Guimarães de 29-I-2015 (Jorge Teixeira) (responsabilidade de intermediário financeiro), de 21-XI-2013 (Heitor Gonçalves) (valores mobiliários, ordem de bolsa), e de 24-X-2013 (Helena Melo) (valores mobiliários, ações, transmissão).

III. No que concerne aos *derivados*, assistiu-se nos últimos anos a um verdadeiro aluvião de arestos, entre os quais se destacam os Acórdãos do STJ de 3-V-2016 (Silva Salazar) ("swaps", especulação, jogo e aposta), de 21-IV-2016 (A. Silva Gonçalves) ("swaps", pacto de jurisdição, cláusulas contratuais gerais, tribunal competente), de 26-I-2016 (Garcia Calejo) ("swaps", pacto de jurisdição, cláusulas contratuais gerais, tribunal competente), de 26-I-2016 (Gabriel Catarino) ("swaps", jogo e aposta, alteração das circunstâncias, abuso de direito), de 16-VI-2015 (Paulo Sá) ("swaps", intermediação financeira, deveres de informação), de 9-VII-2015 (Mário Mendes) ("swaps", convenção de arbitragem, tribunal competente), de 11-II-2015 (Sebastião Póvoas) ("swaps", jogo e aposta), de 11-II-2015 (G. Silva Jesus) ("swaps", pacto de jurisdição, cláusulas contratuais gerais, tribunal competente), de 29-I-2015 (Bettencourt de Faria) ("swaps", especulação, jogo, causa do negócio, e nulidade), e de 10-X-2013 (Granja da Fonseca) ("swaps", alteração das circunstâncias); os Acórdãos da Relação de Lisboa de 6-X-2016 (António Valente) ("swaps", resolução bancária, deliberação do Banco de Portugal), de 29-VI-2016 (Manuel Marques) ("swaps", alteração das circunstâncias, cláusulas contratuais gerais), de 16-V-2016 (L. Espírito Santo) ("swaps", alteração das circunstâncias, resolução), de 22-IX-2015 (Roque Nogueira) ("swaps", convenção arbitral, processo especial de revitalização), de 8-IX-2015 (Afonso Henrique) ("swaps", pacto de jurisdição, competência internacional), de 2-VII-2015 (M. José Mouro) ("swaps", deveres de informação, resolução), de 4-VI-2015 (Anabela Calafate) ("swaps", pacto de jurisdição), de 28-IV-2015 (J. Ramos de Sousa) ("swaps", deveres de informação, erro, alteração das circunstâncias), de 24-II-2015 (M. Rosário Morgado) ("swaps", convenção de arbitragem, cláusula contratual geral), de 15-I-2015 (M. Manuela Gomes) ("swaps", resolução por onerosidade excessiva), de 8-V-2014 (I. Sacarrão Martins) ("swaps", alteração das circunstâncias), de 13-V-2013 (M. Rosário Morgado) ("swaps", contrato de adesão, deveres de comunicação), de 21-III-2013 (A. Azeredo Coelho) ("swaps", forma escrita, aposta), de 25-IX-2012 (L. Espírito Santo) ("swaps", perfil de risco, deveres de intermediação financeira), e de 17-II-2011 (L. Correia de Mendonça) ("swaps", deveres de informação, providência cautelar); os Acórdãos da Relação do Porto de 7-VII-2016 (Fernando Samões) ("swaps", pacto de jurisdição, competência internacional), de 28-X-2015 (Sousa Lameira) ("swaps", especulação, validade), de 15-IX-2015 (Vieira e Cunha) ("swaps", especulação, abuso de direito), de 13-IV-2015 (Carlos Querido) ("swaps", convenção arbitral, competência), e de 2-III-2015 (consultoria em instrumentos financeiros); o Acórdão da Relação de Coimbra de 15-10-2013 (Albertina Pedroso) ("swap", título executivo); e os Acórdãos da Relação de Guimarães de 25-IX-2014 (Jorge Teixeira) ("swaps", cláusula compromissória, competência), e de 31-I--2013 (Conceição Bucho) ("swaps", modificação e resolução por alteração superveniente das circunstâncias).[36]

IV. Relativamente aos *instrumentos do mercado monetário*, destaquem--se os Acórdãos do STJ de 11-VII-2013 (G. Silva Jesus), de 12-VI-2012 (Salazar Casanova), de 13-XI-2007 (Urbano Dias), de 8-XI-2005 (Lopes Pinto), e de 11-II-2003 (Fernandes Magalhães), bem como da Relação do Porto de 7-II-2011 (A. Luna de Carvalho) (sobre certificados de aforro); os Acórdãos da Relação de Lisboa de 15-IX-2015 (M. Amélia Ribeiro), de 10-III-2015 (Manuel Marques), de 10-III--2015 (M. Conceição Saavedra), da Relação de Coimbra de 5-V-2015 (Moreira do Carmo) e de 9-X-2012 (Arlindo Oliveira), e ainda da Relação do Porto de 16-III-2015 (J. Eusébio de Almeida) e de 2-II--2015 (Carlos Gil) (sobre papel comercial); os Acórdãos da Relação do Porto de 15-XII-2016 (Filipe Caroço) e da Relação de Guimarães de 14-V-2014 (Jorge Teixeira) (sobre obrigações de caixa); e o Acórdão do STJ de 18-II-1988 (Gama Prazeres) (sobre obrigações do tesouro).[37]

2. Direito Europeu

I. Tal como noutros domínios do Direito Comercial, o legislador europeu tem constituído a principal força motriz da evolução sofrida pelo

[36] Para algumas espécies jurisprudenciais, Santos, H. Luz, *O Contrato de Swap de Taxas de Juro e os Instrumentos Derivados Financeiros à Luz do Recente Acórdão do Supremo Tribunal de Justiça de 10 de Outubro de 2013*, in: 6 "Revista de Direito das Sociedades" (2014), 411-443; Silva, J. Calvão, *Acordão do STJ de 10 de outubro de 2013 (Swap de Taxa de Juro: Inaplicabilidade do Regime da Alteração das Circunstâncias)*, in: 143 "Revista de Legislação e de Jurisprudência" (2014), 348-373; Silva, J. Calvão, *T.R.L. Acórdão de 21 de março de 2013 (Swap de Taxa de Juro: Sua Legalidade e Autonomia e Inaplicabilidade da Excepção do Jogo e Aposta)*, in: 142 "Revista de Legislação e de Jurisprudência" (2013), 238-269. Noutros quadrantes, vide Finnerty, John/ Brown, Mark, *An Overview on Derivatives Litigation*, in: 7 "Fordham Journal of Corporate and Financial Law" (2001), 131-158; sobre o crescente relevo da arbitragem neste domínio, cf. Hudson, Alastair, *The Law on Financial Derivatives*, 3, 4th edition, Sweet & Maxwell, London, 2006.

[37] Todos os citados Acórdãos podem ser consultados em www.colectaneadejurisprudencia.com.

Direito do Mercado de Capitais português dos últimos decénios[38]. Ora, assim aconteceu também com o conceito de "instrumento financeiro", o qual, tendo sido utilizado pela primeira vez pelo legislador comunitário na década de 90, veio a consolidar-se apenas em pleno séc. XXI.[39]

2.1. A DMIF I

I. A fonte mais remota do conceito pode ser encontrada na Diretiva 93/22/CEE, de 10 de maio, relativa aos serviços de investimento no domínio dos valores mobiliários (Secção B do Anexo)[40], e na Diretiva 2003/6/CE, de 28 de janeiro, relativa ao abuso de informação privilegiada e à manipulação de mercado (art. 1º, nº 3).[41]

II. Todavia, seria apenas com a Diretiva 2004/39/CE, de 21 de abril – intitulada justamente *"Diretiva dos Mercados de Instrumentos Financeiros"* (vulgarmente conhecida por "DMIF I")[42] – que aquele conceito

[38] Sobre a evolução do direito europeu, vide Cordeiro, A. Menezes, *Direito Europeu dos Valores Mobiliários: Evolução e Linhas Gerais,* in: VII "Revista do Direito das Sociedades" (2015), 273-296; Veil, Rüdiger, *Europäisches Kapitalmarktrecht*, 2. Aufl., Mohr, Tübingen, 2014.

[39] Falamos aqui apenas do conceito de "instrumento financeiro" enquanto nova figura ecuménica do mercado de capitais. Obviamente, conceito homónimo fora utilizado anteriormente pelo legislador comunitário, quer com sentido inteiramente diverso (v.g., Regulamento CEE/4253/88, de 19 de dezembro, relativo à coordenação entre as intervenções dos Fundos Estruturais e do Banco Europeu de Investimento e dos outros instrumentos financeiros), quer com o mesmo sentido mas de forma mais ou menos circunstancial (v.g., art. 32º, nº 3 da Diretiva 86/635/CEE, de 8 de dezembro, relativa às contas anuais e às contas consolidadas dos bancos e outras instituições financeiras).

[40] Jornal Oficial nº L 141, de 11 de junho de 1993, 27-46. Com efeito, como nota Raffaele Lener, "foi com a Diretiva 93/22/CEE que se «marginalizou» a noção de valor mobiliário no âmbito dos serviços financeiros", e que "o legislador comunitário colocou no centro do sistema o conceito diverso de instrumento financeiro" (*Strumenti Finanziari e Servizi di Investimento*, 84, in: AAVV, "La Riforma dei Mercati Finanziari", 73-102, Edibank, Milano, 1998).

[41] Jornal Oficial nº L 96, de 12 de abril de 2003, 16-25.

[42] Jornal Oficial nº L 145, de 30 de abril de 2004, 1-44. Esta Diretiva foi transposta entre nós através do Decreto-Lei nº 357-A/2007, de 31 de outubro. Esta diretiva é também correntemente designada, na literatura especializada, pela abreviatura anglo-saxónica "MiFID" ("Markets in Financial Instruments Directive").

surge erigido em novo conceito central da regulação do mercado de capitais (art. 4º, nº 1, ponto 17): relembre-se que esta diretiva constitui a base da regulação dos mercados de capitais na União Europeia, desde a autorização e supervisão dos intermediários financeiros, até à comercialização e negociação de instrumentos financeiros, passando pelas estruturas de negociação.[43]

2.2. A DMIF II

I. Esta Diretiva viria entretanto a ser alterada e substituída pela *Diretiva 2014/65/UE, de 15 de maio* – também relativa aos mercados de instrumentos financeiros, vulgarmente conhecida como *DMIF II* (ou, no acrónimo anglo-saxónico, "MiFID II") –[44], a qual, entre outros aspetos, ampliou e densificou o conceito de instrumento financeiro.

II. Tal conceito encontra-se atualmente previsto no art. 4º, nº 1, ponto 15 e Anexo I, Secção C da DMIF II, preceitos esses que consideram como instrumentos financeiros: "1) Valores mobiliários; 2) Instrumentos do mercado monetário; 3) Unidades de participação em organismos de investimento coletivo; 4) Opções, futuros, swaps, contratos a prazo de taxa de juro e quaisquer outros contratos derivados relativos a valores mobiliários, divisas, taxas de juro ou de rendibilidades, licenças de emissão ou outros derivados, índices financeiros ou indicadores financeiros que possam ser liquidados mediante uma entrega física ou um pagamento em dinheiro; 5) Opções, futuros, swaps, contratos

[43] Gonçalves, Renato, *Nótolas Comparatísticas sobre os Conceitos de Valor Mobiliário, Instrumento do Mercado Monetário e Instrumento Financeiro na DMIF e no Código dos Valores Mobiliários*, 95, in: 19 "Cadernos do Mercado de Valores Mobiliários" (2004), 94-103. Sobre a DMIF I, vide, entre nós, Borges, S. Leite/ Oliveira, C. Gonçalves, *A Transposição em Portugal da DMIF e da Directiva da Transparência*, in: 19 "Actualidad Jurídica Uría Menéndez" (2008), 25-40; Ferreira, Elsa, *A Directiva Relativa a Mercados de Instrumentos Financeiros: Um Marco Regulatório e Seus Desafios para os Agentes do Mercado*, in: 25 "Cadernos do Mercado de Valores Mobiliários" (2006), 28-42; Valério, Mathilde, *A DMIF e a Crise Financeira de 2007-2010: Necessidade de um Novo Rumo*, in: II "Revista de Direito das Sociedades" (2010), 821-848. Noutros quadrantes, desenvolvidamente, Casey, Jean-Pierre, *The MiFID Revolution*, Cambridge University Press, Cambridge, 2009; Skinner, Chris, *The Future of Investing in Europe's Markets after MiFID*, J. Wiley & Sons, London, 2007.

[44] Jornal Oficial nº L 173, de 12 de junho de 2014, 349-496.

a prazo e quaisquer outros contratos de derivados relativos a mercadorias que devam ser liquidados em dinheiro ou possam ser liquidados em dinheiro por opção de uma das partes, exceto devido a incumprimento ou outro fundamento para rescisão; 6) Opções, futuros, swaps e quaisquer outros contratos de derivados de mercadorias, que possam ser liquidados mediante entrega física, desde que sejam negociados num mercado regulamentado, num MTF ou num OTF, com exceção dos produtos energéticos grossistas negociados num OTF que só possam ser liquidados mediante entrega física; 7) Opções, futuros, swaps, contratos a prazo e quaisquer outros contratos de derivados de mercadorias, que possam ser liquidados mediante entrega física, não mencionados no ponto 6 da presente secção e não destinados a fins comerciais, que tenham as mesmas características de outros instrumentos financeiros derivados; 8) Derivados para a transferência do risco de crédito; 9) Contratos diferenciais financeiros por diferenças (financial contracts for differences); 10) Opções, futuros, swaps, contratos a prazo de taxa de juro e quaisquer outros contratos de derivados relativos a variáveis climáticas, tarifas de fretes, taxas de inflação ou quaisquer outras estatísticas económicas oficiais, que devam ser liquidados em dinheiro ou possam ser liquidados em dinheiro por opção de uma das partes, exceto devido a incumprimento ou outro fundamento de rescisão, bem como quaisquer outros contratos de derivados relativos a ativos, direitos, obrigações, índices e indicadores não mencionados na presente secção e que tenham as mesmas características de outros instrumentos financeiros derivados, tendo em conta, nomeadamente, se são negociados num mercado regulamentado, num OTF ou num MTF; 11) Licenças de emissão constituídas por quaisquer unidades reconhecidas para efeitos de cumprimento dos requisitos da Diretiva 2003/87/CE (regime de comércio de licenças de emissão)".[45]

[45] Sobre a DMIF II, vide Busch, Danny/ Ferrarini, Guido, *Regulation of the EU Financial Markets: MiFID II & MiFIR*, Oxford University Press, London, 2017; Pfisterer, Pascal, *Die neuen Regelungen der MiFID II zum Anlegerschutz: Analyse und Vergleich zur bestehenden Rechtslage*, Springer Gabler, Berlin/Wiesbaden, 2016.

2.3. Direito Europeu Derivado

I. Desde então, o conceito de instrumento financeiro vem assumindo um papel fundamental na conformação do direito europeu do mercado de capitais. Aliás, cumpre neste ponto chamar a atenção para o facto de o volume e a complexidade da produção normativa europeia na matéria estarem a atingir proporções desmesuradas – falando-se já, a este propósito, de um "tsunami" regulatório.[46]

II. Desde logo, destaca-se, para além dos instrumentos de revisão das próprias DMIF I[47] e DMIF II[48], o *Regulamento UE/600/2014*, de 15 de maio, relativo aos mercados de instrumentos financeiros[49]: tal regulamento – que gira correntemente sob a designação de "MiFIR" ("Market in Financial Instruments Regulation") – teve por enfoque fundamental, entre outros, as regras e estruturas de negociação de instrumentos financeiros, mediante o reforço dos deveres de informação e transparência pré e pós-negocial.[50]

[46] Veja-se assim, no domínio dos mercados financeiros, CATARINO, Luís/ PEIXE, Manuela, *A Nova Regulamentação dos Mercados Financeiros – Um Tsunami Regulatório?*, in; AAVV, "Estudos de Regulação Pública", vol. II, 227-335, CEDIPRE, Coimbra, 2015; MÜLBERT, Peter, *Regulierungstsunami im europäischen Kapitalmarktrecht*, in: 176 "Zeitschrift für das Handelsrecht" (2012), 369-379.

[47] Diretiva 2006/31/CE, de 5 de abril (in: Jornal Oficial nº L 114, de 5 de abril de 2006), Diretiva 2007/44/CE, de 5 de outubro (in: Jornal Oficial nº L247, de 21 de setembro de 2007), Diretiva 2008/10/CE, de 11 de março (in: Jornal Oficial nº L 76, de 19 de março de 2008), e Diretiva 2010/78/UE, de 24 de novembro (in: Jornal Oficial nº L 531, de 15 de dezembro de 2010).

[48] Regulamento UE/909/2014, de 23 de julho, relativo à melhoria da liquidação de valores mobiliários na União Europeia e às Centrais de Valores Mobiliários (CSDs) (in: Jornal Oficial nº L 257, de 28 de agosto de 2014, 1-72) e Diretiva 2016/1034/UE, de 23 de junho, que altera a Diretiva 2014/65/EU, relativa aos mercados de instrumentos financeiros (in: Jornal Oficial nº L 175, de 30 de junho de 2016, 8-11).

[49] Jornal Oficial nº L 173, de 12 de junho de 2014, 84-148.

[50] Sobre este regulamento, vide_MOLONEY, Niahm, *EC Securities and Financial Markets Regulation*, 460 e segs., 3rd edition, Oxford University Press, Oxford, 2014; SCHRÖER, Ulrich/ TEUBER, Hanno, *MiFID II/MiFIR: Umsetzung in der Bankpraxis*, Finanz-Colloquium, Heidelberg, 2015.

III. Por outra banda, não se podem perder de vista os múltiplos instrumentos normativos da União Europeia que tomam por base de referência ou de execução um tal conceito. Vejam-se assim, por ordem cronológica, o *Regulamento CE/1287/2006, de 10 de agosto*, relativo aos registos das empresas de investimento, à informação sobre transações, à transparência dos mercados, à admissão a negociação dos instrumentos financeiros, e aos conceitos definidos para efeitos da referida diretiva, que veio modificar e ampliar o conteúdo de algumas categorias de instrumentos financeiros (cf. arts. 38º e 39º)[51]; a *Diretiva 2006/73/CE, de 10 de agosto*, relativa à aplicação da Diretiva 2004/39/CE no que respeita aos requisitos de organização e às condições de exercício da atividade das empresas de investimento, bem como aos conceitos definidos para efeitos da referida diretiva[52]; a *Diretiva 2008/10/CE, de 11 de março*, relativa à alteração da Diretiva 2004/39/CE no que respeita às competências de execução atribuídas à Comissão[53]; o *Regulamento UE/236/2012, de 14 de março*, relativo às vendas a descoberto e a certos aspetos dos "swaps" de risco de incumprimento[54]; o *Regulamento UE/648/2012, de 4 de julho*, relativo aos derivados de mercado de balcão, às contrapartes centrais e aos repositórios de transações[55]; o *Regulamento EU/549/2013, de 21 de maio*, relativo ao sistema europeu de contas[56]; o *Regulamento UE/596/2014, de 16 de abril*, relativo ao abuso de mercado[57]; o *Regulamento UE/1286/2014, de 26 de novembro*, relativo aos documentos de informação fundamental para pacotes de produtos de investimento de retalho e de produtos de investimento com base em seguros (PRIIPs)[58]; o *Regulamento UE/2015/760, de 29 de abril*, relativo aos fundos europeus de investimento a longo prazo[59]; e o *Regulamento de Execução UE/2016/824, de 25*

[51] Jornal Oficial nº L 241, de 2 de setembro de 2006, 1-25. Particularmente relevantes são os arts. 38º e 39º, para os quais remete o art. 2º, *e), iii)* e *f)* do CVM português. Sobre tais preceitos, vide *infra* Cap. II, §1, 2.2 (IV).

[52] Jornal Oficial nº L 241, de 2 de setembro de 2006, 26-58.

[53] Jornal Oficial nº L 76, de 19 de março de 2008, 33-36.

[54] Jornal Oficial nº L 86, de 24 de março de 2012, 1-24.

[55] Jornal Oficial nº L 201, de 27 de julho de 2012, 1-59.

[56] Jornal Oficial nº L 174, de 26 de junho de 2013, 1-727.

[57] Jornal Oficial nº L 173, de 12 de junho de 2014, 1-61.

[58] Jornal Oficial nº L 352, de 9 de dezembro de 2014, 1-23.

[59] Jornal Oficial nº L 123, de 19 de maio de 2015, 98-121.

de maio, que estabelece normas técnicas de execução no que respeita ao conteúdo e formato da descrição do funcionamento dos sistemas de negociação multilateral e dos sistemas de negociação organizados e das notificações à Autoridade Europeia dos Valores Mobiliários e dos Mercados.[60]

3. Direito Comparado

I. Sob a influência do legislador comunitário, a *maior parte das legislações europeias* faz hoje referência expressa ao conceito em apreço – o qual, como já salientámos, passou mesmo a funcionar aí como um verdadeiro eixo conceitual regulatório.

3.1. Alemanha

I. Na Alemanha, a figura dos instrumentos financeiros encontra-se prevista no *§2, Abs. 2b da WpHG*, que reza assim: "Finanzinstrumente im Sinne dieses Gesetzes sind Wertpapiere im Sinne des Absatzes 1, Geldmarktinstrumente im Sinne des Absatzes 1a, Derivate im Sinne des Absatzes 2, Rechte auf Zeichnung von Wertpapieren und Vermögensanlagen im Sinne des § 1 Absatz 2 des Vermögensanlagengesetzes mit Ausnahme von Anteilen an einer Genossenschaft im Sinne des § 1 des Genossenschaftsgesetzes sowie Namensschuldverschreibungen, die mit einer vereinbarten festen Laufzeit, einem unveränderlich vereinbarten festen positiven Zinssatz ausgestattet sind, bei denen das investierte Kapital ohne Anrechnung von Zinsen ungemindert zum Zeitpunkt der Fälligkeit zum vollen Nennwert zurückgezahlt wird, und die von einem Einlagenkreditinstitut im Sinne des § 1 Absatz 3d Satz 1 des Kreditwesengesetzes, dem eine Erlaubnis nach § 32 Absatz 1 des Kreditwesengesetzes erteilt worden ist, ausgegeben werden, wenn das darauf eingezahlte Kapital im Falle des Insolvenzverfahrens über das Vermögen des Instituts oder der Liquidation des Instituts nicht erst nach Befriedigung aller nicht nachrangigen Gläubiger zurückgezahlt wird".[61]

[60] Jornal Oficial nº L 137, de 26 de maio de 2016, 10-16.

[61] Sobre esta noção legal, vide ASSMANN, Heinz-Dieter/ SCHNEIDER, Uwe (Hrsg.), *Wertpapierhandelsgesetz – Kommentar*, 101 e 119 e seg., 4. Aufl., Verlag Otto Schmidt, Köln,

3.2. França

I. Em França, a mesma figura encontra-se consagrada no *art. L.211-1 do CMF*, que dispõe o seguinte : "I – Les instruments financiers sont les titres financiers et les contrats financiers. II – Les titres financiers sont: 1. Les titres de capital émis par les sociétés par actions; 2. Les titres de créance. 3. Les parts ou actions d'organismes de placement collectif. III – Les contrats financiers, également dénommés «instruments financiers à terme», sont les contrats à terme qui figurent sur une liste fixée par décret. IV – Les effets de commerce et les bons de caisse ne sont pas des instruments financiers".

II. Em execução deste preceito, definindo o que se deve entender por contratos financeiros, dispõe ainda o art. D-211-1A do mesmo Código que serão considerados como tais os seguintes contratos: "1. Les contrats d'option, contrats à terme fermes, contrats d'échange, accords de taux futurs et tous autres contrats à terme relatifs à des instruments financiers, des devises, des taux d'intérêt, des rendements, des indices financiers ou des mesures financières qui peuvent être réglés par une livraison physique ou en espèces; 2. Les contrats d'option, contrats à terme fermes, contrats d'échange, accords de taux futurs et tous autres contrats à terme relatifs à des marchandises qui doivent être réglés en espèces ou peuvent être réglés en espèces à la demande d'une des parties autrement qu'en cas de défaillance ou d'autre incident conduisant à la résiliation; 3. Les contrats d'option, contrats à terme fermes, contrats d'échange et tous autres contrats à terme relatif à des marchandises qui peuvent être réglés par livraison physique, à condition qu'ils soient négociés sur un marché réglementé ou un système multilatéral de négociation; 4. Les contrats d'options, contrats à terme fermes, contrats d'échange et tous autres contrats à terme relatifs à des marchandises qui peuvent être réglés par livraison physique, non mentionnés par ailleurs au 3, et non destinés à des fins commerciales, qui présentent les caractéristiques d'autres instruments financiers à terme,

2006; Heidel, Thomas (Hrsg.), *Aktien und Kapitalmarktrecht,* 2409, 2. Aufl., Nomos, Baden-Baden, 2007; Hirte, Heribert/ Möllers, Thomas (Hrsg.), *Kölner Kommentar zum WpHG,* 124 e segs., Carl Heymanns, Köln, 2007.

en tenant compte de ce que, notamment, ils sont compensés et réglés par l'intermédiaire d'une chambre de compensation reconnue ou font l'objet d'appels de couvertures périodiques; 5. Les contrats à terme servant au transfert du risque de crédit; 6. Les contrats financiers avec paiement d'un différentiel; 7. Les contrats d'options, contrats à terme fermes, contrats d'échanges, accords de taux futurs et tous autres contrats à terme relatifs à des variables climatiques, à des tarifs de fret, à des autorisations d'émissions ou à des taux d'inflation ou d'autres statistiques économiques officielles qui doivent être réglés en espèces ou peuvent être réglés en espèces à la demande d'une des parties autrement qu'en cas de défaillance ou d'autre incident amenant la résiliation; 8. Tout autre contrat à terme concernant des actifs, des droits, des obligations, des indices et des mesures, non mentionné par ailleurs aux 1 à 7 ci-dessus, qui présente les caractéristiques d'autres instruments financiers à terme, en tenant compte de ce que, notamment, il est négocié sur un marché réglementé ou un système multilatéral de négociation, est compensé et réglé par l'intermédiaire d'une chambre de compensation reconnue ou fait l'objet d'appels de couvertures périodiques".[62]

3.3. Itália

I. Em Itália, o conceito surge logo no *art. 1º, comma 2, do TUF*, preceito segundo o qual "per «strumenti finanziari» si intendono: *a)* valori mobiliari; *b)* strumenti del mercato monetario; *c)* quote di un organismo di investimento collettivo del risparmio; *d)* contratti di opzione, contratti finanziari a termine standardizzati («future»), «swap», accordi per scambi futuri di tassi di interesse e altri contratti derivati connessi a valori mobiliari, valute, tassi di interesse o rendimenti, o ad altri strumenti derivati, indici finanziari o misure finanziarie che possono essere regolati con consegna fisica del sottostante o attraverso il pagamento di differenziali in contanti; *e)* contratti di opzione, contratti finanziari a termine standardizzati («future»), «swap», accordi per scambi futuri di

[62] Sobre esta noção legal, vide Bonneau, Thierry/ Drummond, France, *Droit des Marchés Financiers*, 75 e segs., Economica, Paris, 2005; Morvan, Jérémy, *Marchés et Instruments Financiers*, 2ème édition, 1 e segs., Éd. Dunod, Paris, 2014; Vauplane, Hubert/ Bornet, Jean-Pierre, *Droit des Marchés Financiers*, 35 e segs., Litec, Paris, 1998.

tassi di interesse e altri contratti derivati connessi a merci il cui regolamento avviene attraverso il pagamento di differenziali in contanti o può avvenire in tal modo a discrezione di una delle parti, con esclusione dei casi in cui tale facoltà consegue a inadempimento o ad altro evento che determina la risoluzione del contratto; *f)* contratti di opzione, contratti finanziari a termine standardizzati («future»), «swap» e altri contratti derivati connessi a merci il cui regolamento può avvenire attraverso la consegna del sottostante e che sono negoziati su un mercato regolamentato e/o in un sistema multilaterale di negoziazione; *g)* contratti di opzione, contratti finanziari a termine standardizzati («future»), «swap», contratti a termine («forward») e altri contratti derivati connessi a merci il cui regolamento può avvenire attraverso la consegna fisica del sottostante, diversi da quelli indicati alla lettera *f)*, che non hanno scopi commerciali, e aventi le caratteristiche di altri strumenti finanziari derivati, considerando, tra l'altro, se sono compensati ed eseguiti attraverso stanze di compensazione riconosciute o se sono soggetti a regolari richiami di margini; *h)* strumenti derivati per il trasferimento del rischio di credito; *i)* contratti finanziari differenziali; *j)* contratti di opzione, contratti finanziari a termine standardizzati («future»), «swap», contratti a termine sui tassi d'interesse e altri contratti derivati connessi a variabili climatiche, tariffe di trasporto, quote di emissione, tassi di inflazione o altre statistiche economiche ufficiali, il cui regolamento avviene attraverso il pagamento di differenziali in contanti o può avvenire in tal modo a discrezione di una delle parti, con esclusione dei casi in cui tale facoltà consegue a inadempimento o ad altro evento che determina la risoluzione del contratto, nonché altri contratti derivati connessi a beni, diritti, obblighi, indici e misure, diversi da quelli indicati alle lettere precedenti, aventi le caratteristiche di altri strumenti finanziari derivati, considerando, tra l'altro, se sono negoziati su un mercato regolamentato o in un sistema multilaterale di negoziazione, se sono compensati ed eseguiti attraverso stanze di compensazione riconosciute o se sono soggetti a regolari richiami di margini".[63]

[63] Sobre esta noção legal, vide Annunziata, Filippo, *La Disciplina del Mercato Mobiliare*, 79 e segs., 4ª edizione, Giappichelli, Torino, 2008; Brancodoro, Gianluca, *Strumenti Finanziari e Mercato Mobiliare*, 85 e segs., Giuffrè, Milano, 2005; Onza, Maurizio/

3.4. Espanha

I. Em Espanha, o *art. 2º da LMV* determina que "quedan comprendidos en el ámbito de la presente Ley los siguientes instrumentos financieros: 1 – Los valores negociables emitidos por personas o entidades, públicas o privadas, y agrupados en emisiones. Tendrá la consideración de valor negociable cualquier derecho de contenido patrimonial, cualquiera que sea su denominación, que por su configuración jurídica propia y régimen de transmisión, sea susceptible de tráfico generalizado e impersonal en un mercado financiero. Se considerarán en todo caso valores negociables, a los efectos de la presente Ley: *a)* Las acciones de sociedades y los valores negociables equivalentes a las acciones, así como cualquier otro tipo de valores negociables que den derecho a adquirir acciones o valores equivalentes a las acciones, por su conversión o por el ejercicio de los derechos que confieren; *b)* Las cédulas y bonos de internacionalización; *c)* Los bonos, obligaciones y otros valores análogos, representativos de parte de un empréstito, incluidos los convertibles o canjeables; *d)* Las cédulas, bonos y participaciones hipotecarias; *e)* Los bonos de titulización; *f)* Las participaciones y acciones de instituciones de inversión coletiva, así como las de las entidades de capital-riesgo y las entidades de inversión colectiva de tipo cerrado; *g)* Los instrumentos del mercado monetario entendiendo por tales las categorías de instrumentos que se negocian habitualmente en el mercado monetario tales como las letras del Tesoro, certificados de depósito y pagarés, salvo que sean librados singularmente, excluyéndose los instrumentos de pago que deriven de operaciones comerciales antecedentes que no impliquen captación de fondos reembolsables; *h)* Las participaciones preferentes; *i)* Las cédulas territoriales; *j)* Los warrants y demás valores negociables derivados que confieran el derecho a adquirir o vender cualquier otro valor negociable, o que den derecho a una liquidación en efectivo determinada por referencia, entre otros, a valores negociables, divisas, tipos de interés o rendimientos, materias primas, riesgo de crédito u otros índices o medidas; *k)* Los demás a los que las disposiciones

SALAMONE, Luigi, *Prodotti, Strumenti Finanziari, Valori Mobiliari*, in: 62 "Banca, Borsa, Titoli di Credito" (2009), 567-592; VELLA, Francesco, *Commentario al Testo Unico della Finanza*, tomo 1, 16 e segs., Giappichelli, Torino, 2012.

legales o reglamentarias atribuyan la condición de valor negociable; *l)* Las cédulas de internacionalización. 2 – Contratos de opciones, futuros, permutas, acuerdos de tipos de interés a plazo y otros contratos de instrumentos financieros derivados relacionados con valores, divisas, tipos de interés o rendimientos, u otros instrumentos financieros derivados, índices financieros o medidas financieras que puedan liquidarse en especie o en efectivo. 3 – Contratos de opciones, futuros, permutas, acuerdos de tipos de interés a plazo y otros contratos de instrumentos financieros derivados relacionados con materias primas que deban liquidarse en efectivo o que puedan liquidarse en efectivo a petición de una de las partes por motivos distintos al incumplimiento o a otro suceso que lleve a la rescisión del contrato. 4 – Contratos de opciones, futuros, permutas y otros contratos de instrumentos financieros derivados relacionados con materias primas que puedan liquidarse en especie, siempre que se negocien en un mercado regulado o sistema multilateral de negociación. 5 – Contratos de opciones, futuros, permutas, acuerdos de tipos de interés a plazo y otros contratos de instrumentos financieros derivados relacionados con materias primas que puedan ser liquidados mediante entrega física no mencionados en el apartado anterior de este artículo y no destinados a fines comerciales, que presentan las características de otros instrumentos financieros derivados, teniendo en cuenta, entre otras cosas, si se liquidan a través de cámaras de compensación reconocidas o son objeto de ajustes regulares de los márgenes de garantía. 6 – Instrumentos financieros derivados para la transferencia del riesgo de crédito. 7 – Contratos financieros por diferencias. 8 – Contratos de opciones, futuros, permutas, acuerdos de tipos de interés a plazo y otros contratos de instrumentos financieros derivados relacionados con variables climáticas, gastos de transporte, autorizaciones de emisión o tipos de inflación u otras estadísticas económicas oficiales, que deban liquidarse en efectivo o que puedan liquidarse en efectivo a elección de una de las partes por motivos distintos al incumplimiento o a otro supuesto que lleve a la rescisión del contrato, así como cualquier otro contrato de instrumentos financieros derivados relacionado con activos, derechos, obligaciones, índices y medidas no mencionados en los anteriores apartados de este artículo, que presentan las características de otros instrumentos financieros derivados, teniendo en cuenta, entre otras cosas, si se negocian en un mercado regulado o sistema multilateral de negociación, se liquidan a través de cámaras de compensación reconocidas o son objeto de ajustes regulares de los márgenes de garantía. 9 – El Gobierno podrá modificar la relación de instrumentos financieros que figuran en este artículo 2 para adaptarlo a las modificaciones que se establezcan en la normativa de la Unión Europea".[64]

3.5. Outros

I. Por último, sobrevoando as paisagens legais do conceito de instrumento financeiro nos nossos dias, saliente-se ainda que tal conceito é também conhecido e acolhido em numerosas outras legislações de todo o mundo, seja de países da "Common Law" ou da "Civil Law".

II. É o caso da *Áustria* (§ 1, Abs. 6 e 7 da "Wertpapieraufsichtsgesetz" de 2007)[65], da *Bélgica* (art. 2º da "Loi Relative à la Surveillance du Secteur Financier et aux Services Financiers" de 2002)[66], do *Chipre* (art. 1 da "Νόμος που προνοεί για την παροχή επενδυτικών υπηρεσιών" de 2007), da *Eslovénia* (art. 7 do "O Trgu Finančnih Instrumentov" de 2007), da *Holanda* (art. 1 da "Wet op het financieel toezicht" de 2007)[67], da *Irlanda*

[64] Sobre esta noção legal, vide ANDRÉS, A. Sánchez, *Valores Negociables, Instrumentos Financieros y Otros Esquemas Contractuales de Inversión*, 31 e segs., in: XXIV "Revista de Derecho Bancario y Bursátil" (2005), 7-58; CASTELLS, A. Recalde, *Acotación del Derecho de los Mercados de "Valores" e "Instrumentos Financieros" en Tiempos de Cambio*, in: "Estudios en Memoria del Profesor A. Sánchez Andrés", 1155-1186, Aranzadi, Cizur Menor, 2010; GONZÁLEZ-VALLINAS, J. Calvo/ RAMÍREZ, J. Pérez, *Instrumentos Financieros: Análisis y Valoración con una Perspectiva Bancaria y de Información Financiera Internacional*, Editorial Pirámide, Madrid, 2006.

[65] KAISER, Michael, *Finanzinstrumente – Determinierung ausgewählter Finanzinstrumente nach dem WAG 2007 – praktische Aspekte und definitorische Abgrenzungen*, AV Akademikerverlag, Wien, 2016.

[66] MACOURS, Kristof, *Financiële Instrumenten: een nieuwe definitie*, in: AAVV, "La Réforme des Marchés et des Intermédiaires Financiers", Bruxelles, Bruylant, 1997; PIERON, Astrid/ COLMANT, Bruno, *Les Nouveaux Instruments Financiers*, Kluwer, Diegem, 1994.

[67] Curiosamente, ao lado do conceito de instrumento financeiro ("financieele instrument"), a lei holandesa consagra um conceito amplíssimo de "produto financeiro" ("financieele produkt"), abrangendo, além daquele primeiro, qualquer objeto de

(sec. 3 do "Markets in Financial Instruments Regulations" de 2007)[68], da *Inglaterra* ("Definition of Financial Instrument Order" de 2008)[69], do *Luxemburgo* (art. 1, 9) da "loi du 13 juillet 2007")[70], da *Noruega* (art. 2-2 da "Lov om Verdipapirhandel" de 2007)[71], da *Polónia* (art. 2º da "R. o Obrocie Instrumentami Finansowym" de 2005), ou da *Suíça* (§ 13 da "Verordnung der Eidgenössischen Bankenkommission über die Börsen und den Effektenhandel" de 2007)[72]. Mas não só na Europa o conceito está fazendo o seu caminho, sendo possível encontrá-lo literalmente em todos os continentes – abrangendo latitudes jurídicas e económicas tão díspares e até improváveis quanto a *Austrália* (sec. 762A e seg. do "Corporation Act" de 2001)[73], o *Brasil* (Circular do Banco Central nº 3.082, de 30 de janeiro de 2002 e Instrução da CVM nº 467, de 10 de abril de 2008)[74], o *Japão* ("Lei da Bolsa e dos Instrumentos Finan-

investimento ("beleggingsobject"), os meios de pagamento (tais como as transferências eletrónicas: "elektronisch geld"), o crédito ("krediet"), e os seguros ("verzekering").

[68] Cf. Murphy, Darragh, *Irland: Financial Instruments – Regulation of Markets*, in: 23 "Journal of International Banking Law and Regulation" (2008), 2-3.

[69] Sobre o conceito em geral, vide as breves referências em Hudson, Alastair, *The Law of Finance*, 52 e seg., Sweet & Maxwell/ Thomson Reuters, London, 2009.

[70] Steichen, B. Schmitt, *The Impact of the Law of July 13, 2007 on Markets in Financial Instruments in Luxembourg*, in: 23 "Journal of International Banking Law and Regulation" (2008), 210-217.

[71] O preceito da lei norueguesa, sob o conceito geral de "finansielle instrumenter", abarca os valores mobiliários ("omsettelige verdipapirer"), as unidades de participação em fundos de investimento ("verdipapirfondsandeler"), os instrumentos monetários ("pengemarkedsinstrumenter") e os derivados ("derivater").

[72] Não obstante, a lei suíça continua a assentar no conceito traditional "Effekten" para abranger simultaneamente os valores mobiliários e derivados (§ 2a da "Bundesgesetz über die Börsen und den Effektenhandel" de 1995). Cf. Lambert, Barbara, *EU-Richtlinie über Märkte für Finanzinstrumente: praktische Auswirkungen für die Schweiz*, in: 81 "Der Schweizer Treuhänder" (2007), 829-833.

[73] Embora sob a designação de "produto financeiro" ("financial product"). Cf. Ciro, Tony, *The Regulation and Market Organization of Financial Derivative Instruments: An Australian Perspective*, in: 4 "Journal of International Financial Markets" (2002), 92-110 e 126-133.

[74] Não obstante, a lei brasileira do mercado de capitais continua centrada no conceito tradicional de "valor mobiliário", que abrange inclusivamente os derivados (art. 2º, VII e VIII). Cf. Galhardo, L. Rosanova/ Prado, F. Luís, *Brazil: Taxation of Derivatives and Financial Instruments*, in: 1 "Derivatives & Financial Instruments" (1999), 3-5.

ceiros" de 2006)[75], ou a *Arábia Saudita* ("Lei do Mercado de Capitais" de 2003).[76]

§3
Características e Espécies

1. Características

I. O conceito de instrumento financeiro – já o dissémos – representa a nova figura ou conceito-chave do Direito do Mercado de Capitais contemporâneo: trata-se, todavia, indubitavelmente, de um conceito em estado de "crisálida". Ao contrário dos seus antecessores – o título de crédito, cujas raízes históricas longínquas datam do séc. XII, e o valor mobiliário, que foi objeto de intensa construção doutrinal e jurisprudencial ao longo do séc. XX –, o "instrumento financeiro" é um conceito jurídico-económico do novo milénio, de feitura muitíssimo recente e quase inexplorado, que ainda há duas décadas atrás era praticamente desconhecido tanto em Portugal como no resto do mundo.

II. Verdadeira "terra incognita" do universo juscomercialista, compreende-se que a definição genérica e preliminar inicialmente avançada neste estudo – *instrumento juscomercial de natureza e conteúdo heterogéneos suscetível de criação e/ou negociação no mercado de capitais, que tem por finalidade primordial o financiamento, o investimento, e/ou a gestão de risco das empresas* – não tenha outra finalidade que não seja a de apresentar per-

[75] Sobre esta lei, correntemente conhecida por "J-SOX" e profundamente influenciada pelo "Sarbanes-Oxley Act" norte-americano, vide KAWAHIGASHI, Kenji, *Japan: Financial Instruments and Exchange Law*, in: 21 "Butterworths Journal of International Banking & Financial Law" (2006), 362-363.

[76] Esta lei, aprovada pelo Decreto-Real M/30, de 2/6/1424H, assenta, na verdade, no conceito tradicional de valor mobiliário, a que é dada uma grande amplitude (art. 2º). Cf. ainda ALBERTINI, Flurin von, *Islamische Finanzinstrumente: Mudarabah und Suruk*, in: 82 "Der Schweizer Treuhänder" (2008), 226-231; ANTON, Joseph, *Tax Suruk: Financial Instruments under Islamic Law*, in: 9 "Derivatives & Financial Instruments" (2007), 70-76; sobre o "master agreement" islâmico de derivados, vide LASARTE, G. Canalejo, *Derivados de Cobertura en el Mercado Financiero Islamico: El Nuevo ISDA/IIFM Tahawwut Master Agreement*, in: 27 "Actualidad Jurídica Uría Menéndez" (2010), 125-128.

functoriamente esta novel figura à comunidade jurídica nacional, sem qualquer pretensão de precisão e exaustividade. Bem pelo contrário. Em nosso entender, não existe ainda uma noção universal e definitiva de instrumento financeiro: no momento presente, seguro é apenas afirmar que nos encontramos diante de um conceito global de referência, casuístico, aberto, e multidisciplinar.

1.1. Conceito de Cúpula

I. Desde logo, ele é um *conceito global de referência* ou de cúpula ("Oberbegriff"), que serve fundamentalmente de referencial ordenador dos instrumentos negociáveis no mercado de capitais.[77]

II. Como já foi assinalado, a extraordinária complexificação do mercado de capitais contemporâneo tem sido responsável por um movimento de inovação financeira, traduzido na contínua criação de novos produtos, em número, qualidade, complexidade e variantes quase diariamente renovadas (apenas para referir algumas recentes, os "collars", "corridors", "swaptions", "weather derivatives", "freight derivatives", "synthetic convertible notes", "total return rate swaps", "real estate derivatives", e um infindável "etcetera"): a dinâmica é de tal ordem que são os próprios profissionais setor, como Warren BUFFET, a afirmar que o leque dos instrumentos financeiros "está apenas limitado pela imaginação dos homens («men») e, por vezes, ao que parece, dos loucos («madmen»)"[78]. Por outra banda, as diferentes ordens jurídicas

[77] Neste sentido também, vide ASCENSÃO, J. Oliveira, *O Novíssimo Conceito de Valor Mobiliário*, 143, in: AAVV, "Direito dos Valores Mobiliários", vol. VI, 139-162, Coimbra Editora, 2006; GONÇALVES, Renato, *Nótolas Comparatísticas sobre os Conceitos de Valor Mobiliário, Instrumento do Mercado Monetário e Instrumento Financeiro na DMIF e no Código dos Valores Mobiliários*, 97, in: 19 "Cadernos do Mercado de Valores Mobiliários" (2004), 94-103. Idêntico o entendimento da doutrina estrangeira: cf. ANDRÉS, A. Sánchez, *Valores Negociables, Instrumentos Financieros y Otros Esquemas Contractuales de Inversión*, 14, in: XXIV "Revista de Derecho Bancario y Bursátil" (2005), 7-58; CARBONETTI, Francesco, *Dai «Valori Mobiliari» agli «Strumenti Finanziari»*, 1103, in: 41 "Rivista delle Società" (1996), 1103--1120; COTRET, Laurent, *La Négociabilité des Instruments Financiers*, 18, Diss., Reims, 2004; SERNETZ, Julia, *Derivate und Corporate Governance*, 46, Peter Lang, Frankfurt am Main, 2006.

[78] Cf. STOKES, David, *Comment on «Practical Derivatives»: A Transactional Approach*, 500, in: 23 "Journal of International Banking Law and Regulation" (2008), 500-501. De acordo

europeias refletem tratamentos legislativos muito diversos deste fenómeno, multiplicando-se assim a consagração inarticulada de figuras heterogéneas e díspares, por vezes de sabor marcadamente autóctone. Ora, semelhante voragem de inovação financeira e disparidade legislativa tem progredido a um ritmo muito superior à capacidade de resposta e acompanhamento da ciência jurídica, tornando impossível ou votada ao fracasso qualquer tentativa de conceituação ou ordenamento dogmático de recorte tradicional: a noção de instrumento financeiro surge assim, fundamentalmente, como um termo plástico de referência – "ein Kunstgebild", na formulação de Heribert HIRTE e Thomas MÖLLERS[79] – destinado a abranger e aglutinar a diversidade dos produtos e figuras continuamente criados e transacionados nos mercados de capitais contemporâneos.[80]

III. A centralidade do conceito de instrumento financeiro, e as suas repercussões no plano da regulação jurídica do mercado de capitais, têm sido objeto de *diferentes entendimentos* em Portugal.

com Kimberly KRAWIECK, estima-se que, já nos inícios dos anos 90, fossem já negociados no mercado mais de 1200 diferentes modalidades de derivados (*More Than Just "New Financial Bingo": A Risk-Based Approach to Understanding Derivatives,* 9, in: 23 "Journal of Corporation Law" (1997), 1-62).

[79] *Kölner Kommentar zum WpHG,* 124, Carl Heymanns, Köln, 2007.

[80] Esta génese explica também que o instrumento financeiro seja hoje uma figura de cariz tendencialmente universal, cujas diferentes espécies ou modalidades são, na sua maioria, designadas exclusivamente na sua terminologia anglo-saxónica, sem equivalente conhecido ou adequado na língua portuguesa (v.g., "swaps", "caps", "floors", "collars", "forwards") – circunstância que, de resto, é reconhecida pelo próprio legislador português (cf. art. 2º, nº 1, *e)* do CVM) e europeu (cf. os pontos 4) a 10) da Secção C do Anexo I da DMIF II): sobre a progressiva institucionalização de uma linguagem universal estandardizada em matéria de instrumentos financeiros ("FPML" ou "financial products markup language"), vide PARRY, Andrew, *ISDA/FPML for Financial Derivatives,* in: 22 "Journal of International Banking Law and Regulation" (2007), 495-499. Trata-se afinal, bem vistas as coisas, de mais uma ilustração da vocação cosmopolita milenar do Direito Comercial, agora evidenciada no predomínio da *língua inglesa* como língua universal para vastos setores da regulação mercantil dos nossos dias (sobre o ponto, ANTUNES, J. Engrácia, *Direito Comercial,* em curso de publicação).

IV. Desde logo, no plano da própria ciência do direito. Tradicionalmente, no âmbito da enciclopédia jurídica, tornou-se habitual designar por "Direito dos Valores Mobiliários" aquele ramo ou disciplina jurídica que se ocupa genericamente dos sujeitos, instrumentos, atividades, estruturas de negociação e supervisão dos mercados de capitais[81]: tal nomenclatura é bem elucidativa do papel nuclear atribuído ao conceito de valor mobiliário, por alguns apelidado mesmo como "o conceito diretor desta disciplina"[82]. Se bem que as nomenclaturas tenham sempre algo de convencional, a verdade é que tal terminologia clássica é hoje redutora e até enganadora, tomando a parte pelo todo e não fazendo jus ao atual epicentro regulatório do moderno mercado de capitais – o instrumento financeiro, enquanto conceito-chave ou género ("genus") de que o valor mobiliário passou, afinal, a ser apenas uma modalidade particular ou espécie ("species"): como refere Amadeu José FERREIRA, "o conceito de instrumento financeiro assume claramente o lugar de conceito matriz, com inegáveis consequências sistemáticas, dogmáticas, pedagógicas, de regulação e de supervisão"[83]. De resto, contra tal centralidade não cremos que se possam sequer esgrimir, nem o relevo que o conceito de valor mobiliário continua a possuir no âmbito do diploma codificador vigente desta disciplina jurídica (precisamente designado "Código dos Valores Mobiliários"), nem a ausência de um conceito legal ou doutrinal unitário de instrumento financeiro[84]. Com efeito, como

[81] CÂMARA, Paulo, *Manual de Direito dos Valores Mobiliários*, 3ª edição, Almedina, Coimbra, 2016; CORDEIRO, A. Menezes, *Manual de Direito dos Valores Mobiliários*, Almedina, Coimbra, 2016; SILVA, P. Costa, *Direito dos Valores Mobiliários*, Lisboa, 2005.

[82] CÂMARA, Paulo, *Manual de Direito dos Valores Mobiliários*, 93, 3ª edição, Almedina, Coimbra, 2016.

[83] *Um Código dos Instrumentos Financeiros?*, 704, in: AAVV, "Estudos em Homenagem ao Prof. Doutor Carlos Ferreira de Almeida", vol. I, 701-710, Almedina, Coimbra, 2011. Isto mesmo é reconhecido, afinal, pelos partidários da nomenclatura tradicional: como sublinha A. Barreto Menezes CORDEIRO, "o Direito dos Valores Mobiliários deixou, assim, de ser o direito que regula os valores mobiliários, para passar a ser o direito que disciplina os instrumentos financeiros" ou ainda que "os instrumentos financeiros são a razão de ser do Direito dos Valores Mobiliários" (*Manual de Direito dos Valores Mobiliários*, 24 e 30, Almedina, Coimbra, 2016).

[84] CÂMARA, Paulo, *Manual de Direito dos Valores Mobiliários*, 13 e segs., 94 e segs., 207 e segs., 3ª edição, Almedina, Coimbra, 2016.

veremos já adiante, para além da questão da eventual desatualização do título do Código português, afigura-se-nos incontestável que a figura do instrumento financeiro vem desempenhando paulatinamente, dentro do CVM e fora dele, uma função regulatória matriz ou de cúpula no âmbito deste setor do direito positivo português. Além disso, a inexistência de um conceito universal ou unitário de instrumento financeiro, outrossim que uma decorrência natural da típica abertura dos conceitos jurídicos inovadores, constitui até, antes que óbice, uma razão acrescida para a doutrina o colocar no centro das suas reflexões, adaptando os quadros dogmáticos deste ramo juscomercial às evoluções do direito positivo[85]. Em suma, julgamos que, com maior propriedade, se deverá hoje falar de "Direito dos Instrumentos Financeiros" ou até – de modo a acomodar futuros desenvolvimentos decorrentes da incessante dinâmica deste ramo – de *Direito do Mercado de Capitais*, para designar esta disciplina juscomercial que tem por objeto o estudo dos sujeitos (mormente, emitentes, investidores, intermediários financeiros, entidades gestoras e contrapartes centrais, entidades reguladoras e supervisoras, "gatekeepers"), dos bens (instrumentos financeiros, incluindo valores mobiliários, derivados e instrumentos do mercado monetário), das atividades (emissão e transmissão de instrumentos financeiros, oferta e procura de instrumentos financeiros, serviços de intermediação financeira, contratos de intermediação financeira), e do funcionamento e organização do mercado de capitais (mercados regulamentados e não regulamentados, regras de informação, entrada e saída de mercado, sistemas de negociação, liquidação, e compensação, supervisão e crimes de mercado).[86]

[85] Tal como, de resto, sucedeu com o próprio conceito de valor mobiliário, o qual, tendo também sofrido uma longa evolução de aprimoramento conceitual e ainda hoje permanecendo em larga medida polissémico, não impediu que a doutrina, tanto nacional como estrangeira, o erigisse em cerne nuclear do tradicional Direito dos Valores Mobiliários (também assim Câmara, Paulo, *Manual de Direito dos Valores Mobiliários*, 95, 3ª edição, Almedina, Coimbra, 2016). Como nota A. Barreto Menezes Cordeiro, a respeito da ausência de uma definição legal de instrumento financeiro na DMIF, "não é de estranhar: o legislador comunitário também não propõe, em nenhum dos incontáveis diplomas dedicados ao tema, uma definição precisa de valor mobiliário" (*Manual de Direito dos Valores Mobiliários*, 129, Almedina, Coimbra, 2016). Cf. *infra* Cap. II, §1, 1.2.

[86] Os mercados financeiros, bem como a sua regulação jurídica, são tradicionalmente divididos em três setores fundamentais: o mercado de crédito (de que se ocupa o Direito

V. Também no plano do próprio direito positivo, mormente o codificado, são controversos o alcance e a relevância a atribuir à nova figura. Para um setor de autores, o título do "Código dos Valores Mobiliários" (CVM) deverá manter-se em virtude da centralidade do conceito de valor mobiliário neste diploma, no duplo sentido de o conjunto das suas normas ser aplicável aos valores mobiliários e de não regular exaustivamente os instrumentos financeiros[87]. Para um outro setor de autores, ao invés, é duvidoso o acerto da atual nomenclatura, que apenas se manterá por razões de pura tradição ou inércia: sustentando que essa centralidade pertence hoje ao novel conceito de instrumento financeiro, que veio substituir aqueloutro nessa função regulatória matriz, consideram que o CVM deveria passar a intitular-se "Código dos Instrumentos Financeiros"[88]. Que dizer? Sem dúvida que o CVM de 1999, concebido e estruturado que foi num tempo em que o atual conceito de instrumento financeiro (introduzido pela DMIF de 2004) era "tale quale" desconhecido, continua a conceder um papel destacado ao conceito de valor mobiliário, quer no plano do título, quer no plano das suas normas. Contudo, tal circunstância não deve ser considerada decisiva sobre a questão em apreço, nem "de iure constituto", nem muito menos "de iure condendo". Com efeito, bem vistas as coisas, o conceito de instrumento financeiro constitui "hic et nunc" o referente lógico

Bancário), o mercado de capitais (de que se ocupa o Direito dos Valores Mobiliários ou, como lhe preferimos chamar, o Direito do Mercado de Capitais), e o mercado do risco (de que se ocupa o Direito dos Seguros). Por seu turno, o mercado de capitais em sentido lato divide-se também habitualmente em três segmentos: o mercado monetário (capitais de curto prazo), o mercado de valores mobiliários (capitais de médio e longo prazo), e o mercado de derivados (a prazo). Sobre tal questão, bem como a progressiva sobreposição destes segmentos e a eventual emergência futura de um "Direito Financeiro", vide ANTUNES, J. Engrácia, *Direito dos Contratos Comerciais,* 469 e segs., Almedina, Coimbra, 2009.

[87] CÂMARA, Paulo, *Manual de Direito dos Valores Mobiliários,* 230 e segs., 3ª edição, Almedina, Coimbra, 2016; CORDEIRO, A. Menezes, *Manual de Direito dos Valores Mobiliários,* 24 e segs., Almedina, Coimbra, 2016.

[88] ANTUNES, J. Engrácia, *Os Instrumentos Financeiros,* 37, 2ª edição, Almedina, Coimbra, 2014; FERREIRA, A. José, *Um Código dos Instrumentos Financeiros?,* 704, in: AAVV, "Estudos em Homenagem ao Prof. Doutor Carlos Ferreira de Almeida", vol. I, 701-710, Almedina, Coimbra, 2011.

fundamental do conjunto das normas do CVM vigente: isso mesmo resulta implicitamente do seu art. 2º ("âmbito de aplicação material"), segundo o qual todas as normas aplicáveis aos valores mobiliários, derivados, e instrumentos monetários são afinal, global e necessariamente, normas relativas a instrumentos financeiros[89]; além de que tal conceito representa também um elemento interpretativo e integrativo auxiliar de um conjunto extensíssimo de normas legais daquele código cuja "facti species" para ele remete[90]. Essa centralidade transparece ainda, de resto, quer ao nível das diferentes categorias em que se desdobra – por exemplo, existem preceitos cuja disciplina é exclusivamente aplicável a alguns tipos de instrumentos financeiros, tais como valores mobiliários (mormente, arts. 39º e segs. do CVM), instrumentos derivados (v.g., arts. 111º, nº 1, *h), ii)*, 289º, nº 3, *f)* a *h)*, 305º-B, nº 6, *d)*, 314º-C, nº 1, *a)*, e 378º, nº 4 do CVM), e instrumentos monetários (v.g., arts. 207º, nº 2, *b)*, 306º-C, nºs 1, *b)* 5, 6 e 7, e 314º-D, nº 1, *a)* do CVM) –, quer ao nível das respetivas interrelações – assim, por exemplo, a exclusão de um instrumento financeiro cuja negociação seja condição para a admissão

[89] Nos dizeres do preceito, "as referências feitas no presente Código a instrumentos financeiros devem ser entendidas de modo a abranger os instrumentos mencionados nas alíneas *a)* a *f)* do número anterior" (nº 2) – o que só pode significar logicamente que as normas daquele Código encontram no género "instrumento financeiro", e não nalguma das suas modalidades específicas (por maior relevo que estas possam cobrar, "maxime", os valores mobiliários), o seu ponto de referência nuclear.

[90] A título meramente exemplificativo, vejam-se os arts. 7º, nºs 1 e 4, 12º-A, nº 1, 12º-B, nº 2, *f)*, 12º-C, nº 3, *b)*, 12º-D, nº 6, 16º, nºs 5 e 6, 16º-A, nº 1, *f)*, 20º, nºs 1, *i)*, 6 e 7, 20º-A, nº 5, 30º, nºs 1, *h)* e 4, 31º, nº 1, 32º, *a)*, 198º, nº 1, 200º, nº 1, 201º, nº 1, 204º, nº 1, *b)*, 206º, nº 1, 207º, nºs 2 e 3, 208º, nºs 1 e 3, 212º, nº 1, *a)*, 213º, nº 1, 214º, nºs 1 e 5, 219º, nº 1, 221º, nº 9, 222º, nº 3, 227º, nº 2, 248º, nº 2, 252º, nº 2, 253º, nº 8, 258º, nº 4, 266º, 271º, nº 1, 274º, nº 1, 278º, nº 1, 280º, nº 6, 284º, nº 4, 289º, nº 1, *a)* e *h)*, 290º, nº 1, 291º, *a)*, *b)*, *c)* e *g)*, 293º, nºs 1 e 2, 294º, nºs 1 e 4, *a)*, 305º, nº 1, k), 305º-A, nº 2, *c)*, 306º, nºs 3 e 5, 306º-A, 306º-B, 306º-D, 307º, nºs 1 e 5, 309º, nº 4, 309º-D, nºs 2 e 3, 309º-E, nº 1, 310º, nº 1, 311º, nºs 2 e 3, 312º, nº 1, *d)*, 312º-A, nºs 2, 4 e 7, 312º-D, nºs 1 e 2, 312º-E, 312º-F, 314º-B, nºs 1, *a)*, *b)* e 3, 315º, nºs 1 e 7, 317º-A, nºs 1 e 2, 321º, nº 1, *c)*, 322º, nº 3, *c)*, 323º-A, nºs 2, *c)*, *g)* e 3, *b)*, 323º-C, nº 2, 325º, 326º, nº 2, *a)* e *b)*, 327º-A, nº 2, 331º, nº 1, *c)*, 333º, nº 3, *a)*, 334º, nº 1, 335º, 343º, nº 1, 347º, nº 1, 348º, nº 1, 352º, 353º, nº 1, 355º, nº 3, 358º, *b)*, 359º, nº 1, 363º, nº 3, 369º, nº 4, 376º, nº 2, *a)*, 377º, nº 7, 378º, nºs 1, *d)*, 2 e 3, 379º, nºs 1 e 2, 382º, nºs 1 e 2, 383º, nºs 1 e 2, 385º, nº 1, *a)* e *b)*, 387º, 388º, nº 3, *a)*, 394º, nº 1, *f)*, 395º, nº 1, *a)*, 396º, nº 1, *c)* e *d)*, 398º, *c)*, 404º, nº 1, *c)*, *d)* e *e)*, 412º, nº 1, 413º, nº 1, e 415º, nº 2, todos do citado Código.

de outro implica a exclusão deste último, v.g., um futuro ou opção que tenha por ativo subjacente uma determinada ação excluída (cf. art. 213º, nºs 4 e 5 do CVM). Finalmente, e porque nem toda a disciplina jurídica do mercado de capitais se encontra prevista e regulada no CVM, é também hoje visível a olho nu que a figura do instrumento financeiro vai ocupando paulatinamente a função ordenadora ou de cúpula que lhe parece estar destinada, seja em numerosas leis avulsas[91], seja nos regulamentos da autoridade de supervisão do mercado[92] – tendência essa que, inexoravelmente, se há de acentuar no futuro, tanto entre portas, como além-fronteiras. Em suma, por todas estas razões, julgamos que o código português deveria designar-se, com maior propriedade, como *"Código dos Mercados e Instrumentos Financeiros"*, no âmbito de futura revisão legislativa que densifique o instituto jurídico central de instrumento financeiro, lhe associe um regime geral próprio, em articulação com o subsequente regime particular dos seus principais tipos ou modalidades, aproveitando ainda o ensejo para reorganizar as normas, mecanismos e figuras legais vigentes em torno daquele pólo aglutinador.

1.2. Conceito Casuístico

I. Em segundo lugar, o conceito de instrumento financeiro é um *conceito casuístico* no sentido em que, no lugar de uma definição geral e abstrata,

[91] Vejam-se, por exemplo, os Decreto-Lei nº 211-A/2008, de 3 de novembro, relativo aos produtos financeiros complexos, Decreto-Lei nº 357-B/2007, de 31 de outubro, relativo às sociedades que têm por objeto exclusivo a prestação do serviço de consultoria para investimento em instrumentos financeiros, Decreto-Lei nº 105/2004, de 18 de maio, relativo aos acordos de garantia financeira, ou Decreto-Lei nº 222/99, de 22 de junho, sobre o sistema de indemnização de investidores.

[92] Vejam-se, por exemplo, os Regulamento CMVM 2/2016, sobre resolução de conflitos, Regulamento 2/2012, sobre deveres informativos relativos a produtos financeiros complexos, Regulamento 2/2011, sobre a obrigação de reporte de operações referentes a instrumentos financeiros derivados, Regulamento 5/2010, sobre a divulgação de posições económicas longas, Regulamento 4/2008, sobre deveres informativos relativos a interesses a descoberto, ou Regulamento 2/2007, sobre as atividades de intermediação financeira. Naturalmente, tal não significa que a figura do valor mobiliário, como a das demais modalidades ou espécies de instrumentos financeiros, não possuam igualmente protagonismo no quadro daquelas leis ou regimes que a tomem como objeto precípuo da sua regulação: assim, por exemplo, veja-se o que sucede com as normas do RJOIC sobre os organismos de investimento coletivo em valores mobiliários (arts. 168º e segs.).

tudo o que existe é uma mera enumeração legal dos diferentes tipos e subtipos de instrumentos a que a lei atribuiu semelhante qualificação[93]: por outras palavras, o legislador não nos diz "o que são", mas apenas "quais são", os instrumentos financeiros.[94]

II. De facto, como atrás vimos, o legislador comunitário limitou-se a consagrar uma *extensíssima lista de instrumentos financeiros*, que foram originariamente agrupados em dez conjuntos, grupos ou classes (cf. Anexo I, Secção C da DMIF I)[95]. Sob a batuta comunitária, a generalidade dos legisladores europeus acabou por seguir estratégia regulatória idêntica, ainda que enumerando e agrupando os instrumentos financeiros de acordo com critérios diferenciados: assim, como também foi visto, o legislador português agrupou estes instrumentos em seis classes ou alíneas fundamentais (art. 2º, nº 1, *a)* a *f)* do CVM, "ex vi" do seu nº 2), sendo bastante variegada a situação no direito comparado, incluindo o legislador germânico (que ordenou os instrumentos

[93] A ausência de uma definição legal tem sido criticada pela doutrina nacional e estrangeira: reconhecendo-se embora a necessidade de substituição do conceito tradicional de valor mobiliário pelo conceito de instrumento financeiro como novo epicentro regulatório, considera-se que aquela omissão definitória "perpetua as dificuldades" (BONNEAU, Thierry/ DRUMMOND, France, *Droit des Marchés Financiers*, 78, Economica, Paris, 2005) e é "mais destinado a esconder dificuldades do que a resolvê-las" (ASCENSÃO, J. Oliveira, *O Novíssimo Conceito de Valor Mobiliário*, 143, in: AAVV, "Direito dos Valores Mobiliários", vol. VI, 139-162, Coimbra Editora, 2006), dando assim origem a uma "noção omnicompreensiva" (LENER, Raffaele, *Strumenti Finanziari e Servizi di Investimento*, 86, in: AAVV, "La Riforma dei Mercati Finanziari", 73-102, Edibank, Milano, 1998).

[94] Como sublinha Paul LE CANNU, "em período de mudança, o valor da segurança jurídica pode explicar que a técnica da enumeração prevaleça sobre a da definição substancial" (*L'Ambiguïté d'un Concept Négatif: Les Valeurs Mobilières*, 395, in: 4 "Bulletin Joly Sociétés" (1993), 395-404). Falando também a este propósito de uma "noção-catálogo", vide CAUSSE, Hervé, *Les Services d'Investissement*, in: AAVV, "La Modernisation des Activités Financières", 13, Ed. Joly, Paris, 1996; e generalizando esta técnica legislativa como "uma tendência do próprio direito financeiro", vide ALFREDO, Pierre, *La Notion d'Instruments Financiers dans les Offres Publiques*, 1, in: "Les Petites Affiches" (2002), número especial.

[95] Tal viria ainda a ser complementada pelo art. 39º do Regulamento CE/1287/2006, de 10 de agosto, e, posteriormente, substituída por nova lista constante da DMIF II de 2014, que prevê onze classes de instrumentos financeiros. Sobre tal lista, vide *supra* Cap. I, §1, 2.2.

financeiros em quatro classes), o legislador francês (cinco classes), o legislador espanhol (oito classes), e, o mais prolífico de todos, o legislador italiano (onze classes)[96]. De resto, não está excluído que, no futuro tal como no passado, a lista dos instrumentos financeiros venha a ser alterada e ampliada, acolhendo no seu seio novos tipos de instrumentos, designadamente (uma vez mais) por força dos imperativos de harmonização europeia: assim sucederá com grande probabilidade com o art. 2º do CVM português, o qual, em resultado da futura transposição da DMIF II e do MiFIR para a ordem jurídica interna portuguesa (cf. ponto 11 do Anexo I-C da DMIF II, arts. 8º, 10º, 18º e 21º do MiFIR), adicionará certamente ao rol dos instrumentos financeiros um novo tipo de instrumento, as "licenças de emissão" que correspondam a unidades reconhecidas para efeitos de cumprimento dos requisitos do regime de comércio de licenças de emissão da Diretiva 2003/87/CE, de 13 de outubro.

III. Aspeto importante a sublinhar é o de que vigora neste domínio um *princípio da taxatividade*, no sentido em que o elenco legal dos instrumentos financeiros é um elenco exaustivo ou fechado[97]. Todavia, e ao contrário do que se poderia pensar, é importante sublinhar que semelhante "numerus clausus" é dotado de uma considerável elasticidade e força expansiva, em virtude da natureza aberta das diferentes espécies legais de instrumentos financeiros ("maxime", admissibilidade de valo-

[96] Para o texto legal do art. 2º do CVM, vide *supra* Cap. I, §2, 1.1. Para os textos dos preceitos congéneres estrangeiros (§2 (2b) da WpHG de 1998, art. L.211-1 do CMF de 2000, art. 1º, "comma" 2 do TUF de 1998, e art. 2º da LMV de 2015), vide *supra* Cap. I, §2, 3.

[97] Gonçalves, Renato, *Nótolas Comparatísticas sobre os Conceitos de Valor Mobiliário, Instrumento do Mercado Monetário e Instrumento Financeiro na DMIF e no Código dos Valores Mobiliários*, 102, in: 19 "Cadernos do Mercado de Valores Mobiliários" (2004), 94-103. Idêntico entendimento é perfilhado noutras ordens jurídicas europeias para questão paralela: cf. Carbonetti, Francesco, *Dai «Valori Mobiliari» agli «Strumenti Finanziari»*, 1110, in: 41 "Rivista delle Società" (1996), 1103-1120; Salamone, Luigi, *La Nozione di "Strumento Finanziario" tra Unità e Moltiplicità*, 716, in: XCVI "Rivista del Diritto Commerciale e del Diritto Generale delle Obbligazioni" (1998), 711-741. Inversamente, no direito norte-americano, o legislador salvaguardou expressamente a natureza aberta do elenco legal previsto na sec. 1 do "Securities Act" (cf. Hazen, T. Lee, *The Law of Securities Regulation*, 40, 5th edition, Thomson/ West, St. Paul, 2005).

res mobiliários e derivados atípicos: cf. arts. 1º, *g)* e 2º, nº 1, *f)* do CVM)[98] e mesmo de algumas das suas subespécies (v.g., os direitos destacáveis, os derivados de crédito, etc.).

1.3. Conceito Aberto

I. Depois também, é importante sublinhar estarmos diante de um *conceito aberto* – e isto num duplo sentido. Não apenas no sentido de que a figura de instrumento financeiro é uma figura dotada de vocação expansiva, atento que o catálogo legal do art. 2º do CVM não pode ser considerado totalmente fechado – quanto mais não seja, como justamente se assinalou, por força do princípio da atipicidade que vigora em algumas das suas espécies, mormente os valores mobiliários (cf. art. 1º, *g)* do CVM) e os derivados (art. 2º, nº 1, *f)* do CVM)[99] –, mas também porque se trata de um conceito que ainda não estabilizou: prova disso mesmo é o facto de existirem ordens jurídicas onde o conceito de "instrumento financeiro" parece ter sido, ele próprio, ultrapassado por novos conceitos ordenadores.[100]

[98] Sobre os valores mobiliários atípicos, vide *infra* Cap. II, §2, 8; sobre os derivados atípicos, vide *infra* Cap. III, §2, 8.5.

[99] Caracterizando o atual sistema jurídico na matéria como um "sistema aberto" aos novos produtos e figuras criados pela engenharia e inovação financeira, vide LENER, Raffaele, *Strumenti Finanziari e Servizi di Investimento – Profili Generali*, 339, in: LX "Banca, Borsa, Titoli di Credito" (1997), 326-353.

[100] É o caso de Itália e da Holanda, onde o conceito de cúpula do ordenamento é hoje, "summo rigore", o de "produto financeiro" ("prodotto finanziario", "financieele product"), previsto no art. 1º, comma 1, *u)* do TUF de 1998 e no art. 1 da "Wet op het financieel toezicht" de 2007 (cf. BRANCODORO, Gianluca, *Strumenti Finanziari e Mercato Mobiliare*, 37 e segs., Giuffrè, Milano, 2005; SALAMONE, Luigi, *La Nozione di "Strumento Finanziario" tra Unità e Moltiplicità*, 715 e segs., in: XCVI "Rivista del Diritto Commerciale e del Diritto Generale delle Obbligazioni" (1998), 711-741); ou de Inglaterra, onde o legislador, apesar do acolhimento da figura comunitária de instrumento financeiro para efeitos das regras de transparência (pela "Definition of Financial Instrument Order 2008"), encima a sua regulação na matéria através do conceito de "investment" (sec. 22 (4) e Part II da Sch. 2 do "Financial Services and Markets Act" de 2000) (LOMNICKA, Eva, *The Financial Services and Markets Act*, 65 e segs., Thomson/ Sweet & Maxwell, London, 2002; cf. ainda RABITTI, Gian Luca, *Valore Mobiliare e "Investment Contract"*, in: VIII "Contratto e Impresa" (1992), 107-130).

II. Fruto do movimento da inovação financeira, não surpreende que o catálogo dos instrumentos financeiros se expanda e renove diariamente, sendo possível descortinar, até ao presente momento, três gerações sucessivas fundamentais: os instrumentos de *"primeira geração"*, que abrangem os produtos primogénitos ou clássicos do mercado de capitais "lato sensu" (tais como as ações, as obrigações, ou os instrumentos interbancários); os instrumentos de *"segunda geração"*, que abrangem novos produtos financeiros que, arrancando de um paradigma construtivo novo ou original, se vieram a impor ao lado daqueles (de que são exemplo os "warrants", os direitos destacáveis, e a maioria dos derivados); e os instrumentos de *"terceira geração"*, que designam um conjunto díspar de produtos de estrutura híbrida e complexa, resultante da combinação de produtos de primeira e/ou segunda geração (v.g., opções sobre "forwards", "swaptions", "two strike interest rate caps", "foreign exchange contigent forwards", e outros semelhantes).[101]

1.4. Conceito Multidisciplinar

I. Por último, trata-se de um *conceito multidisciplinar* – e isto também num duplo sentido. Como já se assinalou, tal conceito é, desde logo, "intradisciplinar", ou seja, transversal a vários setores do ordenamento jurídico: possuindo embora o seu eixo regulatório no CVM, a noção de instrumento financeiro vai hoje sendo crescentemente utilizada, com significados não necessariamente coincidentes, em muitos outros diplomas e setores jurídicos (v.g., art. 199º-A do RGIC, art. 206º da LCS, art. 49º do CIRC, arts. 168º e segs. do RJOIC).[102]

II. Além disso, o conceito em apreço é ainda "interdisciplinar", surgindo inequivocamente algures a meio caminho entre o Direito e a Eco-

[101] Sobre a divisão dos produtos financeiros de acordo com a sua gestação financeira – que é sobretudo frequente no domínio dos derivados –, vide CLOUTH, Peter, *Rechtsfragen der ausserbörslichen Finanz-Derivate*, 10 e segs., Beck, München, 2001; WINTER, Stefan, *Derivative Finanzinstrumente der dritten Generation*, 214, in: AAVV, "Derivative Finanzinstrumente", 211-237, Schäffer-Poeschel, Stuttgart, 1995.

[102] Sobre esta faceta pluridisciplinar, além de *supra* Cap. I, §2, 1.2, vide também, noutros ordenamentos, HIRTE, Heribert/ MÖLLERS, Thomas (Hrsg.), *Kölner Kommentar zum WpHG*, 77 e seg., Carl Heymanns, Köln, 2007.

nomia. Com efeito, a criação e o desenvolvimento dos diferentes tipos de instrumentos financeiros concitam simultaneamente a análise jurídica e financeira, envolvendo o conhecimento do quadro regulatório de referência ("maxime", capacidade dos emitentes ou intervenientes, incidências jusnegociais da emissão, colateralização e garantias, incumprimento, regime insolvencial, etc.), mas também decerto dos respetivos fundamentos financeiros e motivações comerciais ("maxime", a análise de risco, a antecipação dos movimentos do mercado de capitais, cambial e monetário, e a chamada "engenharia financeira"). Como sublinha Alastair HUDSON, "it is the risk/return equation, volatility and anticipated market movements which are the essential aspects of the finance professional calculations, whereas, it is lawfulness, insolvency risk, capacity and suitability which dominate the lawyer's deliberations".[103]

2. Espécies

I. O conjunto dos instrumentos financeiros elencados no art. 2º do CVM poderá ser ordenado em três espécies ou categorias fundamentais: os *instrumentos financeiros mobiliários*, os *instrumentos financeiros monetários*, e os *instrumentos financeiros derivados*.[104]

2.1. Instrumentos Financeiros Mobiliários

I. Os *instrumentos financeiros mobiliários* (ou "valores mobiliários") são, desde logo, instrumentos típicos ou primordiais do mercado de capitais em sentido estrito ("Kapitalmarkt", "securities market", "marché des valeurs mobilières")[105]: este mercado é tradicionalmente caracterizado

[103] *The Law on Financial Derivatives*, 24, 4th edition, Sweet & Maxwell, London, 2006.

[104] Para outras classificações dos instrumentos financeiros, em sentidos jurídicos e económicos diversos, vide BARTALENA, Andrea, *Le Nuove Tipologie di Strumenti Finanziari*, in: LVII "Banca, Borsa, Titoli di Credito" (2004), 293-309; BÖRSIG, Clemmens/ GASSERT, Herbert/ PRECHTL, Manfred (Hrsg.), *Neue Finanzierungsinstrumente für Unternehmen*, Schäffer-Poeschel, Stuttgart, 1996; DELATTRE, Eric, *Les Nouveaux Instruments Financiers*, Puf, Paris, 1994.

[105] Em sentido amplo ou lato, o *mercado de capitais* abrange, para além do mercado de valores mobiliários (capitais de médio e longo prazo), o mercado monetário (capitais de curto prazo) e o mercado de derivados (capitais com funções de cobertura de risco, especulação e arbitragem). Sobre o conceito, sentido e evolução do mercado de capitais, vide, entre nós, FERREIRA, A. José, *Direito dos Valores Mobiliários*, 17 e segs., AAFDL, Lisboa, 1997; noutros

por ser um mercado financeiro de *médio e longo prazo*, constituído por investidores institucionais e não institucionais, e sujeito a supervisão própria (entre nós, a CMVM).

II. Depois ainda, os valores mobiliários constituem instrumentos financeiros que são objeto de uma emissão em sentido técnico, que são dotados de formas de representação própria (física ou escritural), que são em regra em número finito (com exceção das unidades de participação em fundos de investimento abertos ou das ações em SICAV), que são transacionáveis em mercado secundário (mediante transmissão para terceiros), e que circulam no mercado a contado ou à vista.

III. Entre as principais *espécies* de valores mobiliários, contam-se as ações, as obrigações, os títulos de participação, as unidades de participação em organismos de investimento coletivo, os "warrants" autónomos, os direitos destacáveis de valores mobiliários, os certificados, os valores mobiliários convertíveis, e os valores mobiliários condicionados por eventos de crédito.

2.2. Instrumentos Financeiros Monetários

I. Os *instrumentos financeiros monetários* (ou "instrumentos do mercado monetário") são os instrumentos típicos do mercado monetário ("Geldmarkt", "money market", "marché monétaire"): este mercado é caracterizado por ser um mercado financeiro de *curto prazo*, usualmente reservado a investidores institucionais ("maxime", instituições de crédito) e sujeito a supervisão própria (entre nós, o Banco de Portugal e o BCE).

II. Depois ainda, os instrumentos monetários são instrumentos financeiros caracterizados pelo curto prazo da sua emissão (em geral, infe-

países, vide Bonneau, Thierry/ Drummond, France, *Droit des Marchés Financiers*, 13, Economica, Paris, 2005; Costi, Renzo/ Enriques, Luca, *Il Mercato Mobiliare*, 1 e segs., Cedam, Padova, 2004; Kümpel, Siegfried, *Bank- und Kapitalmarktrecht*, 1279, 3. Aufl., Verlag Otto Schmidt, Köln, 2004. Para uma visão histórica, dos mercados de capitais da Veneza medieval até às atuais praças de Nova Iorque e de Tóquio, vide Michie, Ranald, *The Global Securities Market – a History*, Oxford University Press, New York/ Oxford, 2006.

rior a um ano), pela sua elevada liquidez (em regra, imediata) e pelo seu baixo risco.

III. Quanto às suas principais *espécies*, devem distinguir-se entre os instrumentos monetários puros – que incluem os instrumentos do mercado interbancário, os certificados de depósito, os certificados de aforro, os certificados do tesouro, os certificados especiais de dívida de curto prazo, os "repos" financeiros, e os empréstimos "cristal" – e impuros – que se combinam com outros tipos de instrumentos financeiros, "maxime" valores mobiliários, tais como os bilhetes de tesouro, o papel comercial, e as obrigações de caixa.

2.3. Instrumentos Financeiros Derivados

I. Os *instrumentos financeiros derivados* (ou "derivados") são instrumentos típicos do mercado de capitais a prazo ("Terminmarkt", "future markets", "marché à terme"): este segmento do mercado de capitais é caracterizado por ser um mercado financeiro cujas operações, no lugar de serem objeto de execução imediata (operações a contado ou "spot"), envolvem a existência de um período de tempo mais ou menos longo entre a data da sua realização e a da execução dos seus efeitos (*operações a prazo* ou "forward").

II. Depois ainda, os derivados são instrumentos financeiros vocacionados à cobertura do risco inerente à atividade económica (além de finalidades especulativas e arbitragistas) e assentes em técnicas de derivação (construídos e valorados por referência a determinado ativo subjacente): em particular, e ao invés dos valores mobiliários, os derivados têm por regra a sua fonte em contratos (e não em documentos), não sendo objeto de emissão em sentido técnico (não havendo uma entidade emitente que esteja obrigada ao seu cumprimento) e de representação própria (sendo destituídos em regra de qualquer suporte representativo), além de, em mercado organizado, serem em número tendencialmente ilimitado (podendo ser abertas tantas posições contratuais quantas os interessados) e não serem suscetíveis de transação em mercado secundário (dado ser sempre possível aos terceiros abrir novas posições contratuais, bem como aos titulares atuais fecharem as suas posições mediante operações de sinal contrário).

III. Entre as principais *espécies* de instrumentos derivados, devem mencionar-se os futuros, as opções, os "swaps", os derivados de crédito, os contratos diferenciais, os "forwards", os "caps", "floors", e "collars", bem assim como uma enorme panóplia de outros derivados nominados, inominados, híbridos e sintéticos ("commodities derivatives", "weather derivatives", "economic derivatives", "freight derivatives", "real estate derivatives", "structured notes", etc.).

3. Outras Tipologias

I. Esta divisão dos instrumentos financeiros em instrumentos mobiliários, monetários e derivados constitui, como é evidente, uma *mera categorização teórica e tendencial*, incapaz de reproduzir com absoluta fidelidade e estabilidade uma jovem e instável galáxia do firmamento jusmercantil que, como é o caso dos mercados e instrumentos financeiros, se encontra ainda em plena gestação.[106]-[107]

II. Desta perspetiva, são possíveis e úteis outras tipologias que, assentando numa variedade de critérios classificatórios, ajudam a compreender melhor a riqueza e a complexidade deste instituto, a acompanhar o seu vigoroso dinamismo, e a delimitar progressivamente a sua noção, conteúdo e modalidades.

[106] Ao que acresce, apesar da harmonização comunitária decorrente das DMIF (I e II) e outros normativos congéneres, a própria diversidade das legislações nacionais: assim, por exemplo, os "warrants" autónomos e os instrumentos convertíveis são qualificados em Portugal como valores mobiliários (respetivamente, art. 1º, *e)* do CVM e Regulamento CMVM nº 15/2002, de 21 de novembro), ao passo que noutros países são classificados como contratos financeiros a prazo e derivados (é o caso da Alemanha: cf. Baxmann, Ulf, *Zur Optionsentwicklung in der Bundesrepublik Deutschland*, in: 9 "Die Bank – Zeitschrift für Bankpolitik und Bankpraxis" (1991), 494-498; Kilgus, Stefan, *Anleihen mit Tilgungswahlrecht des Emittenten (Reverse Convertible)*, in: 55 "Wertpapier-Mitteilungen – Zeitschrift für Wirtschafts- und Bankrecht" (2001), 1324-1330).

[107] A natureza tendencial das classificações dos instrumentos financeiros é também válida ao nível macro dos próprios mercados: salientando justamente, como uma das consequências mais significativas da moderna inovação financeira, a progressiva aproximação e sobreposição dos três grandes segmentos do mercado de capitais (mobiliário, monetário, derivado), vide Binkowski, Peter/ Beek, Helmut, *Finanzinnovationen*, vol. 1, 123, Economica Verlag, Bonn, 1989.

3.1. Instrumentos Típicos e Atípicos

I. Desde logo, de acordo com o critério da sua tipificação, os instrumentos financeiros podem classificar-se em *típicos ou atípicos*. Com efeito, como melhor veremos, à semelhança de outras legislações, o legislador português veio consagrar expressamente um princípio geral de autonomia privada e liberdade em matéria da criação destes instrumentos, mormente dos valores mobiliários (art. 1º, *g)* do CVM) e dos derivados (art. 2º, nº 1, *f)* do CVM).[108]

II. Isto explica que qualquer uma das três espécies fundamentais dos instrumentos financeiros (mobiliários, monetários, derivados) possa assim abranger e desdobrar-se, por seu turno, quer em instrumentos legalmente típicos (é o caso, por exemplo, das ações, obrigações, unidades de participação, papel comercial, etc.), quer em instrumentos socialmente típicos (v.g., futuros, opções, "swaps"), quer mesmo em puros instrumentos atípicos e até inominados (sobretudo os chamados derivados de "segunda" e de "terceira geração", v.g., "caps", "floors", "collars", "swaptions", etc.).[109]

3.2. Instrumentos Nacionais e Europeus

I. De acordo com o critério da sua fonte legal, os instrumentos financeiros podem classificar-se em instrumentos de *direito nacional* e *europeu*. É sabido que o catálogo dos instrumentos financeiros previsto no art. 2º do CVM português teve como fonte próxima a DMIF europeia de 2004 (DMIF I)[110]. Todavia, a pródiga e veloz evolução do direito derivado europeu na matéria tornou possível a existência de certos tipos ou modalidades de instrumentos financeiros exclusivamente consagrados pelo legislador europeu, mas ainda não previstos ou regulados pelo legislador nacional.

II. Assim acontece atualmente, por exemplo, com as *licenças de emissão* ("emission allowances", "Emissionszertifikate", "quotas d'émission"),

[108] Cf. *infra* Cap. II, §1, 3.1. e Cap. III, §1, 3 (I).

[109] Num sentido semelhante, CARBONETTI, Francesco, *Dai «Valori Mobiliari» agli «Strumenti Finanziari»*, 1117, in: 41 "Rivista delle Società" (1996), 1103-1120.

[110] Cf. *supra* Cap. I, §2, 1.1. e 2.

um novo tipo tipo de instrumento consagrado na DMIF II de 2014 e no MiFIR de 2014 (arts. 2º, nº 1, *d*), *e*), e *j*), 3º, nº 1, *d*) e *e*), 58º, ponto 11 do Anexo I-C da DMIF II, arts. 8º, 10º, 18º e 21º do MiFIR) que aguarda transposição para a ordem jurídica interna portuguesa[111]. Este novo tipo de instrumento teve a sua origem remota no comércio de licenças de emissão de gases com efeito de estufa: por "licença de emissão" entende-se a licença de emitir uma tonelada de equivalente dióxido de carbono durante um determinado período (art. 3º, *a*) da Diretiva 2003/87/CE, de 13 de outubro). Após o seu acolhimento como modalidade de derivado nominado (art. 2º, nº 1, *e*) do CVM, ponto 4) do Anexo I-C da DMIF I de 2004)[112], o legislador europeu, com vista a incrementar a transparência do mercado de transferências de quotas ou licenças de emissão e subordinar os seus segmentos "spot" às regras gerais dos mercados financeiros, passou assim a autonomizá-lo como instrumento financeiro suscetível de aquisição, negociação, e extinção.[113]

3.3. Instrumentos Puros e Mistos

I. De acordo com o critério da sua pureza tipológica, os instrumentos financeiros podem classificar-se em *puros* e *mistos*. Como melhor veremos adiante, ao lado dos vários tipos de instrumentos financeiros puros – que exibem todas e apenas as características identitárias da classe ou categoria fundamental de instrumentos financeiros em que se integram – por exemplo, um ação ordinária no domínio dos valores mobiliários,

[111] Nos termos do ponto 11 do Anexo I-C da DMIF II, são instrumentos financeiros as "licenças de emissão constituídas por quaisquer unidades reconhecidas para efeitos de cumprimento dos requisitos da Diretiva 2003/87/CE (regime de comércio de licenças de emissão)".

[112] Sobre esta modalidade especial de derivado, *infra* Cap. III, §2, 8.4.

[113] Sobre a figura, vide em geral ANTUNES, Tiago, *Ensaio sobre a Natureza Jurídica das Licenças de Emissão no Seio do Mercado Europeu de Carbono*, Diss., Lisboa, 2015; PINA, C. Costa, *Mercado de Direitos de Emissão de CO2*, in: "Estudos Jurídicos e Económicos em Homenagem ao Prof. Doutor A. Sousa Franco", 467-515, Faculdade de Direito da Universidade de Lisboa, Lisboa, 2006. Noutros quadrantes, BARSI, Guy, *Les "Permis d'Émission Négociables" – De Nouveaux Produits Financiers?*, in: "Actes Pratiques et Ingénierie Sociétaire" (2003), 3-9; FRUNZA, Marius-Cristian, *Carbon Allowances: A New Financial Asset*, Éditions Universitaires Européennes, 2010; HIMMER, Richard, *Energiezertifikate in den Mitgliedstaaten der Europäischen Union*, 109 e segs., Nomos, Baden-Baden, 2005.

um futuro nos domínio dos derivados, ou o papel comercial no domínio dos instrumentos monetários –, tornaram-se muito frequentes os instrumentos financeiros mistos, cujas características identitárias são mais fluidas ou combinam características próprias de diferentes categorias.

II. Assim, por exemplo, existem valores mobiliários que assentam em técnicas típicas de derivação – como é o caso dos "warrants" autónomos com liquidação financeira (art. 1º, *e)* do CVM)[114] –, derivados que podem revestir natureza mobiliária – como sucede com algumas modalidades de derivados de crédito, v.g., os valores mobiliários condicionados por eventos de crédito ou "credit linked notes" (Regulamento CMVM nº 16/2002, de 21 de novembro)[115] –, ou instrumentos monetários que revestem as características típicas dos valores mobiliários – por isso mesmo amiúde qualificados como "valores mobiliários monetários", v.g., as obrigações de caixa (Decreto-Lei nº 408/91, de 17 de outubro) ou os bilhetes do tesouro (Decreto-Lei nº 279/98, de 17 de setembro)[116]. De resto, não está excluída a combinação operacional entre as próprias categorias matriciais dos instrumentos financeiros – veja-se, assim, a consagração expressa da possibilidade de a entidade emitente de obri-

[114] Justamente por vezes designados como "securitised derivatives" (sobre a noção, vide em geral JARROW, Robert/ TURNBULL, Stuart, *Derivative Securities,* South Western, Ohio, 1996) ou "instrumentos financeiros estruturados" (ANDRADE, C. Costa/ COUTO, A. Sá, *Instrumentos Financeiros Estruturados,* in: 11 "Actualidad Jurídica Uría Menéndez" (2005), 107-109). Aliás, é bem sintomático que os "warrants" autónomos, integrando o elenco legal dos "valores mobiliários" (art. 1º, *e)* do CVM), sejam qualificados noutros diplomas como instrumentos financeiros derivados (art. 2º, nº 2, *d)* do Regulamento CMVM nº 2/2002, de 17 de janeiro). Sobre a figura, vide desenvolvidamente *infra* Cap. II, §2, 5.

[115] Neste sentido também, DIAS, C. Sofia, *Certificados, Valores Mobiliários Convertíveis e Valores Mobiliários Condicionados Por Eventos de Crédito: Algumas Notas Comparativas,* 104 e segs., in: 15 "Cadernos do Mercado de Valores Mobiliários" (2002), 97-113. Sobre esta figura, vide *infra* Cap. II, §2, 7.3.

[116] Tal qualificação, expressamente acolhida pelo legislador pretérito (art. 2º, nºs 2 e 3 do CVM, na versão anterior à reforma de 2007), é também adotada frequentemente na doutrina: distinguindo entre valores mobiliários em sentido estrito e valores mobiliários monetários, vide FERREIRA, A. José, *Direito dos Valores Mobiliários,* 127, AAFDL, Lisboa, 1997; PINA, C. Costa, *Instituições e Mercados Financeiros,* 465, Almedina, Coimbra, 2005. Sobre estas figuras, vide desenvolvidamente *infra* Cap. IV, §2, 4.1. e 4.3.

gações hipotecárias recorrer ao uso de derivados, passando estes a fazer parte do acervo patrimonial afeto a tais valores mobiliários (art. 20º do Decreto-Lei nº 59/2006, de 20 de março) –, nem tão pouco a migração entre eles – mormente mediante a respetiva conversão.[117]

3.4. Instrumentos Objetivos e Subjetivos

I. De acordo com o critério da intervenção de um intermediário financeiro, os instrumentos financeiros poderiam ainda ser classificados em instrumentos *objetivos* e *subjetivos*: ao passo que os primeiros correspondem aos instrumentos previstos nos elencos das leis nacional (art. 2º do CVM) e europeia (art. 4º, nº 1, ponto 15) da DMIF II), os segundos abrangeriam quaisquer tipos de instrumentos negociados por intermediários financeiros, ainda que não constantes daqueles elencos legais.[118]

II. Trata-se de uma classificação que apenas num sentido muito amplo ou impróprio dos instrumentos financeiros poderá colher. Com efeito, o conceito de instrumento financeiro atualmente acolhido pelos legisladores nacional e europeu parece assentar na natureza objetiva ("in re"), atinente ao conteúdo do instrumento, e não subjetiva ("in persona"), atinente à qualidade dos intervenientes – e de tal modo que, ao menos no atual estado de evolução do direito positivo, o que decide da qualificação de um instrumento como "financeiro" é o próprio instrumento em si mesmo, e não o respetivo autor.[119]

117 Cf. Baums, Theodor, *Umwandlung und Umtausch von Finanzinstrumenten*, in: "Festschrift für Claus-Wilhelm Canaris", 3-40, Beck, München, 2007.

118 Sobre tal classificação, inspirada na dicotomia entre atos de comércio objetivos e subjetivos (art. 2º do CCom), vide Cordeiro, A. Menezes, *Manual de Direito dos Valores Mobiliários*, 140 e segs., Almedina, Coimbra, 2016.

119 Recorde-se ainda que a atividade dos intermediários financeiros não se circunscreve à negociação em instrumentos financeiros (v.g., pense-se no caso dos serviços auxiliares referidos no art. 291º do CVM, v.g., serviços de câmbios, realização de estudos de investimento, consultoria sobre fusão e aquisição de empresas, etc.) e que, inversamente, nem sempre a negociação em instrumentos financeiros envolve a intervenção de intermediários financeiros (v.g., a subscrição de um certificado de aforro).

3.5. Instrumentos de Mercado Regulamentado e de Balcão

I. De acordo com o critério da sua criação e negociação, os instrumentos financeiros podem classificar-se em instrumentos de *mercado regulamentado e não regulamentado.*[120]

II. Com efeito, se tradicionalmente os instrumentos financeiros são criados e negociados em *mercados regulamentados* ("exchange-listed financial instruments", "börslich Finanzinstrumente", "instruments du marché organisé") – assim sucede com uma boa parte de tais instrumentos (ações, obrigações, unidades de participação, "warrants", futuros, opções padronizadas, etc.) –, existem atualmente numerosos instrumentos financeiros que são criados e transacionados em *mercado não regulamentado,* correspondendo na prática ao tradicional mercado de balcão ou OTC ("over-the-counter", "ausserbörslichen Markt", "marché gré à gré") – pense-se, por exemplo, em diversos instrumentos derivados ("swaps", "fowards", contratos diferenciais, etc.) e instrumentos monetários (v.g., certificados de aforro, papel comercial, etc.). Sublinhe-se, todavia, a possibilidade de existência de instrumentos financeiros *de charneira,* situados a meio caminho entre os mercados regulamentado e de balcão: assim sucede, por exemplo, com as chamadas "flexible exchange options", opções transacionadas em mercados regulamentados de conteúdo parcialmente negociável.[121]

3.6. Instrumentos de Mercado Primário e Secundário

I. Ainda tomando por base o mesmo critério da respetiva criação e negociação, os instrumentos financeiros podem dizer-se também de *mercado primário e mercado secundário.*[122]

[120] Tomamos aqui a distinção entre mercados regulamentados e não regulamentados num sentido muito amplo e impróprio do termo (cf. Rodrigues, S. Nascimento, *Cabimento da Figura dos «Mercados não Regulamentados» no Âmbito da DMIF e na Consequente Revisão do Cód. VM,* in: AAVV, "Direito dos Valores Mobiliários", vol. VIII, 319-335, Coimbra Editora, 2008; Soares, António, *Mercados Regulamentados e Não Regulamentados,* in: 7 "Cadernos do Mercado de Valores Mobiliários" (2000), 271-287).

[121] Barclay, William, *Flex Options: A New Generation of Derivatives,* in: AAVV, "The Handbook of Derivatives & Synthetics", 43-53, Probus Publishing, Chicago/ Cambridge, 1994.

[122] A distinção entre mercado primário e secundário, embora sem assento legal expresso, continua a ser pertinente para a compreensão do mercado de capitais e dos instrumentos

II. Com efeito, podem existir instrumentos financeiros que são, simultaneamente, instrumentos do *mercado primário e secundário*, quando são suscetíveis de emissão e de subsequente negociação em mercados regulamentados – assim sucede, por exemplo, com as ações ou as obrigações admitidas à negociação na bolsa de valores. Poderão existir outros que são apenas instrumentos de *mercado primário mas não secundário*, quando sejam suscetíveis de criação mas já não de negociação ou transação – é o caso, por exemplo, de um futuro, derivado de mercado organizado que não é suscetível de transmissão em sentido técnico. Ou poderá mesmo haver instrumentos que não são propriamente instrumentos *nem de mercado primário nem secundário* – v.g, um "swap" negociado ao mercado de balcão com um intermediário financeiro (instrumento derivado que não admite transmissão para terceiros salvo mediante acordo das partes), uma opção negociada em "mercado cinzento" ("grey market"), ou um certificado de aforro (instrumento monetário intransmissível exceto em caso de morte do seu titular).

3.7. Instrumentos Simples e Complexos

I. Tomando por base o critério dos deveres do intermediário financeiro, os instrumentos financeiros podem ainda classificar-se em *simples* e *complexos*. Esta classificação ou distinção foi adotada pelo próprio legislador português, no art. 314º-D, nº 2 do CVM, para efeitos dos deveres de adequação dos instrumentos financeiros aos clientes.[123]

nele criados e negociados (FERREIRA, A. José, *Direito dos Valores Mobiliários*, 265 e segs., AAFDL, Lisboa, 1997).

[123] Sobre o dever de adequação ("suitability rule", "Angemessenheitsprüfung Pflicht", "regola di adequatezza"), previsto e disciplinado nos arts. 314º e segs. do CVM – que consiste no dever de o intermediário financeiro adequar os serviços prestados, "maxime", uma determinada operação de (des)investimento em instrumentos financeiros que haja sido oferecida, solicitada ou visada, a cada tipo de cliente, mormente tendo em conta a sua categoria ou perfil enquanto investidor –, vide ANTUNES, J. Engrácia, *Deveres e Responsabilidade dos Intermediários Financeiros*, in: "Cadernos do Mercado de Valores Mobiliários" (2017), em curso de publicação; CÂMARA, Paulo, *O Dever de Adequação dos Intermediários Financeiros*, in: "Estudos em Honra do Prof. Doutor J. Oliveira Ascensão", vol. II, 1307-1324, Almedina, Coimbra, 2008.

II. Nos termos deste preceito, são considerados instrumentos financeiros *"complexos"* os títulos de participação, os "warrants" autónomos, os direitos destacáveis de valores mobiliários, os valores mobiliários atípicos, e todos os derivados típicos e atípicos (arts. 1º, *c), e), f)* e *g)*, 2º, nº 1, *c)* a *f)*, "ex vi" do art. 314º, nº 2, *a)* do CVM), bem assim ainda como todas as demais espécies de valores mobiliários e instrumentos do mercado monetário que não disponham de oportunidades de alienação ou resgate a preços que sejam públicos, que impliquem a assunção de responsabilidades que excedam o respetivo custo de aquisição, ou que não disponham de informação pública adequada que permita a um investidor não qualificado médio ajuizar a oportunidade dessa aquisição ("a contrario sensu" do art. 314º, nº 2, *b)* a *d)* do CVM).

III. Inversamente, serão considerados instrumentos financeiros *simples* ou "não-complexos" as ações, as obrigações, as unidades de participação e os instrumentos do mercado monetário que preencham os requisitos do art. 314º-D, *b)* a *d)* do CVM. Como é ostensivo, esta classificação tem um relevo puramente setorial, prendendo-se com os deveres gerais dos intermediários financeiros em matéria da avaliação da adequação das operações sobre instrumentos financeiros ao perfil dos respetivos clientes (arts. 314º e segs. do CVM).

3.8. Instrumentos em Sentido Estrito e Amplo

I. Finalmente, atenta a progressiva sobreposição entre os vários segmentos do mercado financeiro (mercado de crédito, mercado de capitais, mercado de risco) e as correspondentes disciplinas jurídicas (Direito Bancário, Direito do Mercado de Capitais, Direito dos Seguros)[124], julgamos que faz sentido distinguir ainda entre instrumentos financeiros em *sentido estrito* e em *sentido amplo*. Com efeito, ao lado dos instrumentos financeiros "hoc sensu" consagrados no art. 2º do CVM, a interpenetração recíproca dos sujeitos e atividades financeiras (instituições de crédito e sociedades financeiras, intermediários financeiros, empresas de seguros e fundos de pensões) tem dado origem a novos produtos financeiros híbridos ou miscigenados (instrumentos financeiros "lato sensu") que são objeto de regulação, tanto no plano nacional como europeu.

[124] Sobre este fenómeno, vide já *supra* nota 86.

II. Ilustração lídima destes instrumentos de charneira ou sobreposição são, no direito nacional, os chamados *"produtos financeiros complexos" (PFC)*, que se definem como sendo aqueles "instrumentos financeiros que, embora assumindo a forma jurídica de um instrumento financeiro já existente, têm características que não são diretamente identificáveis com as desse instrumento, em virtude de terem associados outros instrumentos de cuja evolução depende, total ou parcialmente, a sua rendibilidade, (devendo) ser identificados na informação prestada aos aforradores e investidores e nas mensagens publicitárias como produtos financeiros complexos" (art. 2º do Decreto-Lei nº 211-A/2008, de 3 de novembro, Regulamento CMVM nº 2/2012, de 25 de outubro, Aviso do BdP nº 5/2009, de 11 de agosto)[125]. Ora, de entre tais produtos financeiros complexos, ou PFC, fazem hoje parte uma gama muito variada e heterogénea, quer de diferentes tipos de instrumentos financeiros "stricto sensu" – incluindo aqui valores mobiliários ("maxime", obrigações estruturadas[126], valores mobiliários representativos de dívida com possibilidade de perda de capital[127],

[125] Oliveira, C. Gonçalves, *Produtos Financeiros Complexos*, in: 27 "Actualidad Jurídica Uría Menéndez" (2010), 104-110. Expressões similares ("compound instruments", "structured instruments") são por vezes utilizadas para designar aqueles instrumentos financeiros exóticos ou de "terceira geração", que resultam da combinação de diferentes instrumentos financeiros, clássicos ("primeira geração") e/ou novos ("segunda geração"): é o caso, por exemplo, dos derivados sobre derivados (v.g., "swaptions"). Sobre os instrumentos financeiros compósitos ou estruturados, vide Friedrich, Markus, *Strukturierte Produkte*, Diplomica, Berlin, 2003; Scharpf, Paul, *Überlegungen zur Bilanzierung strukturierte Produkte ("Compound Instruments")*, in: "Finanz Betrieb – Unternehmensfinanzierung und Finanzmanagement" (1999), 21-30.

[126] As *obrigações estruturadas ("structured notes")* previstas no art. 2º, nº 1, *b)* do Regulamento CMVM nº 2/2012, de 25 de outubro, são obrigações cuja estrutura ou regime recorre a técnicas de derivação, designadamente ficando o respetivo rendimento indexado ou dependente da evolução de um determinado ativo subjacente, o qual pode ser inclusive outro instrumento financeiro (v.g., ação ou cabaz de ações, índice ou cabaz de índices, taxas de câmbio, matérias primas, etc.). Cf. Das, Satyajit, *Structured Notes and Derivative Embedded Securities*, Euromoney, London, 1996.

[127] Os *valores mobiliários representativos de dívida com possibilidade de perda de capital*, genericamente referidos no art. 2º, nº 1, *c)* do Regulamento CMVM nº 2/2012, de 25 de outubro, constituem, no essencial, obrigações (não necessariamente estruturadas) com a particularidade do risco de perda total ou parcial do capital investido na respetiva

certificados[128], "warrants" autónomos[129], e até determinadas unidades de participação[130]) e derivados ("maxime", futuros[131], "swaps"[132], contratos diferenciais[133], alguns "forwards"[134], "caps"[135], etc.) –, quer ainda de novos instrumentos miscigenados resultantes da combinação de produtos bancários ou seguradores com instrumentos financeiros – tais como os chamados "depósitos duais"[136], ou os contratos de seguro ligados a fundos de investimento ("united linked")[137]. Esta categoria particular

maturidade ou vencimento, por força da evolução da cotação do ativo subjacente, ou do reembolso antecipado pelo emitente.

128 Com exceção dos que se limitem a replicar fielmente a evolução de um determinado instrumento financeiro que não seja, ele próprio, um produto financeiro complexo (os chamados certificados "plain vanilla") (art. 2º, nº 1, *a)*, "in fine", do Regulamento CMVM nº 2/2012, de 25 de outubro). Sobre os certificados, vide *infra* Cap. II, §2, 7.1.

129 Sobre os "warrants" autónomos, vide *infra* Cap. II, §2, 5.

130 Nos termos do art. 2º, nº 2 do Regulamento CMVM nº 2/2012, de 25 de outubro, apenas ficam aqui abrangidas as unidades de participação em OIC ditos "não harmonizados", além de a sua qualificação como PFC depender ainda de uma análise casuística da respetiva composição. Um exemplo poderão ser os *"exchange-traded funds"* ou ETF, fundos de investimento abertos admitidos à negociação em mercados regulamentados que têm como principal objetivo estratégico obter rentabilidades relacionadas com a evolução ou desempenho de um determinado indexante (índices, segmentos de mercado, cabazes de ativos, etc.), cujas unidades de participação podem ser objeto de subscrição e resgate diário junto do comercializador (pelo seu valor contabilístico) ou de compra e venda em mercado de bolsa (pelo valor da sua cotação).

131 Sobre os futuros, vide *infra* Cap. III, §2, 1.

132 Sobre os "swaps", vide *infra* Cap. III, §2, 3.

133 Sobre os contratos diferenciais, vide *infra* Cap. III, §2, 5.

134 Por exemplo, os "forwards" sobre divisas ou taxas de câmbio. Cf. *infra* Cap. III, §2, 6.3.

135 Sobre os "caps", vide *infra* Cap. III, §2, 7.1.

136 Os *depósitos duais*, abrangidos genericamente pelo art. 2º, nº 1, *e)*, do citado Regulamento CMVM nº 2/2012, são instrumentos híbridos resultantes da comercialização conjunta de depósitos bancários típicos (depósito a prazo) com instrumentos financeiros (v.g., obrigações estruturadas, unidades de participação, etc.): por exemplo, para um determinado montante de investimento, uma parcela é aplicada num contrato de depósito a prazo (habitualmente, a 90 ou 180 dias, não renovável) e a parcela restante na subscrição de um ou mais instrumentos financeiros autónomos (v.g., unidades de participação num fundo de investimento de ações, "notes").

137 Os *seguros ligados a fundos de investimento* (vulgarmente conhecidos como seguros "unit linked"), referidos no art. 2º, nº 1, *d)*, do mesmo Regulamento CMVM nº 2/2012 (cf. ainda Regulamento CMVM nº 8/2007, de 15 de novembro), são contratos de seguro

é bem elucidativa acerca, não apenas da aparentemente imparável dinâmica da inovação financeira, mas também da natureza marcadamente funcional e fragmentária das intervenções do legislador neste terreno, mais determinadas pela prossecução de objetivos regulatórios setoriais ou específicos do que propriamente por preocupações de uniformidade, consistência e sistematicidade normativas: com efeito, precipuamente criada para fazer face à crescente negociação de produtos financeiros de elevada complexidade e risco no mercado de retalho dos intermediários financeiros, o seu âmbito de aplicação circunscreve-se aos PFC cuja comercialização se dirija a um mínimo de 5 investidores não qualificados (art. 2º, nº 1, proémio) e cujo valor unitário seja igual ou superior a 100 mil euros (art. 2º, nº 4, ambos do Regulamento CMVM nº 2/2012, de 25 de outubro), sujeitando os emitentes ou comercializadores a um conjunto significativo de deveres de informação (pré-contratual, contratual, pós-contratual), de publicidade e de transparência perante os investidores, o mercado e as próprias autoridades de supervisão.[138]

III. No plano europeu, destaca-se a figura dos *produtos de investimento de retalho*, previstos e regulados pelo Regulamento UE/1286/2014, de 26 de novembro, relativo aos documentos de informação fundamental

de vida cujos prémios são aplicados em fundos de investimento coletivo autónomos constituídos por ativos do segurador e cujo capital seguro se expressa em unidades de conta representativas das unidades de participação desses fundos, pelo que a prestação do segurador varia em função da evolução da rentabilidade desses fundos e unidades. Sobre tais PFC – que são também qualificados como um "instrumento de captação de aforro estruturado" (art. 206º, nºs 2 e 3 da LCS) –, vide AMBROZIANI, Fabio, *Le Polizze Unit Linked tra Libera Prestazione di Servizi e Abuso di Diritto Comunitario*, in: 43 "Diritti Comunitario e degli Scambi Internazionali" (2004), 147-170.

[138] Categoria ou classificação normativa parcialmente coincidente com a agora referida é a dos *"instrumentos de captação de aforro estruturado"* (ICAE), que designa um setor de produtos financeiros que combinam as características de um produto financeiro tradicional do mercado bancário (v.g., depósito a prazo), segurador (v.g., contrato de seguro) ou de capitais (v.g., obrigações) com as de outro instrumento, ativo ou valor de referência de cuja evolução depende, no todo ou em parte, a respetiva rendibilidade (v.g., índice de ações) (cf. art. 206º da LCS, art. 2º, nº 6 do Decreto-Lei nº 211-A/2008, de 3 de novembro, e os pretéritos Aviso do BdP nº 6/2002, de 18 de setembro e Regulamento CMVM nº 8/2007, de 15 de novembro).

para pacotes de produtos de investimento de retalho e de produtos de investimento com base em seguros ("packaged retail and insurance-based investment products", vulgarmente designados "PRIIPs"). Os PRIIPs, que se sobrepõem parcialmente ao espetro dos PFC portugueses, podem revestir duas modalidades fundamentais: os produtos financeiros dirigidos a investidores não institucionais cujo montante a reembolsar está sujeito a flutuações devido à exposição a valores de referência ou ao desempenho de um ou mais ativos não diretamente adquiridos pelo investidor ("packaged retailed investment products") e produtos financeiros consistentes em contratos de seguro cujo valor de vencimento ou resgate esteja total ou parcialmente exposto às flutuações do mercado ("insurance-based investment products"). Este regulamento, que se aplica transversalmente a quaisquer produtos bancários, mobiliários, ou seguradores que se possam subsumir nalguma destas modalidades, tem por objetivo fundamental assegurar a transparência e a comparabilidade dos produtos financeiros com perfil económico semelhante (ainda que com origem e forma jurídica diversas), mediante o reforço dos deveres de informação dos respetivos emitentes e comercializadores.[139]

[139] Sobre este Regulamento, vide COLAERT, Veerle, *The Regulation of PRIIPs: Great Ambitions, Insurmountable Challenges?*, in: 2 "Journal of Financial Regulation" (2016), 203-224.

Capítulo II
Os Instrumentos Mobiliários

§1
Aspetos Gerais

1. Generalidades
1.1. Noção

I. Designam-se "valores mobiliários" ("securities", "Wertpapiere" ou "Effekten", "valeurs mobilières", "valori mobiliari", "valores negociables") *os instrumentos financeiros representados num título ou registo em conta, que consubstanciam posições jurídicas homogéneas e fungíveis e que são suscetíveis de negociação em mercado organizado.*[140]

[140] Sobre o conceito de valor mobiliário, vide ANTUNES, J. Engrácia, *Os Valores Mobiliários: Conceito, Espécies e Regime Jurídico*, in: V "Revista da Faculdade de Direito da Universidade do Porto" (2008), 87-142; ASCENSÃO, J. Oliveira, *O Novíssimo Conceito de Valor Mobiliário*, in: AAVV, "Direito dos Valores Mobiliários", vol. VI, 139-162, Coimbra Editora, 2006; CÂMARA, Paulo, *Manual de Direito dos Valores Mobiliários*, 93 e segs., 3ª edição, Almedina, Coimbra, 2016; CASTRO, C. Osório, *Valores Mobiliários: Conceito e Espécies*, 9 e segs., 2ª edição, UCP Editora, Porto, 1998; CORDEIRO, A. Menezes, *Manual de Direito dos Valores Mobiliários*, 130 e segs., Almedina, Coimbra, 2016; FERREIRA, A. José, *Direito dos Valores Mobiliários*, 125 e segs., AAFDL, Lisboa, 1997. Para idêntica questão, no estrangeiro, vide LOWENFELDS, Lewis/ BROMBERG, Alan, *What is a Security under the Federal Securities Law?*, in: 56 "Albany Law Review" (1993), 473-560; MIGUEL, I. Farrando, *El Concepto de Valor Negociable*, in: "Estudios en Homenaje al Profesor A. Menéndez", vol. I, 1197-1236, Civitas, Madrid, 1996; SALAMONE, Luigi, *Unità e Moltiplicità della Nozione di Valore Mobiliare*, Giuffrè, Milano, 1995; REYGROBELLET, Arnaud, *La Notion de Valeur Mobilière*,

II. Os valores mobiliários são uma *categoria de instrumentos financeiros* genericamente prevista no art. 1º do CVM. Este preceito reza o seguinte: "São valores mobiliários, além de outros que a lei como tal qualifique: *a)* as ações; *b)* as obrigações; *c)* os títulos de participação; *d)* as unidades de participação em instituições de investimento coletivo; *e)* os warrants autónomos; *f)* os direitos destacados dos valores mobiliários referidos nas alíneas *a)* a *d)*, desde que o destaque abranja toda a emissão ou série ou esteja previsto no ato de emissão; *g)* outros documentos representativos de situações jurídicas homogéneas, desde que sejam suscetíveis de transmissão em mercado".

1.2. Polissemia

I. O termo "valor mobiliário" constitui um *conceito jurídico polissémico*, ao qual não corresponde uma precisa noção legal ou doutrinal universalmente aceite. Várias razões explicam esta circunstância.

II. Desde logo, o vocábulo "valor mobiliário" é relativamente recente em Portugal: se bem que datem já de meados do séc. XX as primeiras e tímidas referências ao mesmo, apenas com o "Código do Mercado de Valores Mobiliários" (aprovado pelo Decreto-Lei nº 142-A/91, de 10 de abril, predecessor do atual CVM de 1999) tal conceito passou a fazer definitivamente parte da enciclopédia juscomercial portuguesa.[141]

III. Depois ainda, tal vocábulo é dotado de uma significativa polissemia no quadro dos ordenamentos jurídicos atuais. Com efeito, apesar do progressivo afinamento do seu núcleo conceitual, a expressão "valor

Diss., Paris, 1995. Saliente-se que, na Alemanha, fala-se de "Wertpapiere" mas também, em sentido estrito, de "Effekten", para designar os valores mobiliários (cf. MÜLLER--CHRISTMANN, Bernd/ SCHNAUDER, Frnat, *Wertpapierrecht*, 42, Springer, Berlin, 1992).

[141] Sobre a origem e a evolução histórica do conceito de valor mobiliário, vide, entre nós, CÂMARA, Paulo, *Manual de Direito dos Valores Mobiliários*, 97 e segs., 3ª edição, Almedina, Coimbra, 2016; CORDEIRO, A. Menezes, *Manual de Direito dos Valores Mobiliários*, 122 e segs., Almedina, Coimbra, 2016; FERREIRA, A. José, *Valores Mobiliários Escriturais – Um Novo Modo de Representação e Circulação de Direitos*, 17 e segs., Almedina, Coimbra, 1997; noutros quadrantes, CHIONNA, V. Vito, *L'Origini della Nozione di Valore Mobiliare*, in: 44 "Rivista delle Società" (1999), 831-866.

mobiliário" continua a ser utilizada em sentidos divergentes no plano do direito interno – recorde-se que, possuindo o seu eixo regulatório no CVM de 1999, o termo é também utilizado em vários outros diplomas legais em sentidos e com finalidades próprias (v.g., CSC de 1986, CIRC de 1988, RGIC de 1992, CIRE de 2004)[142] –, no plano do direito europeu – onde o âmbito e o conteúdo da figura foram, e continuam sendo, objeto de sucessivas oscilações, especialmente em sede das Diretivas comunitárias pertinentes aos mercados bancário e financeiro (a começar pela DMIF de 2014) –[143], e, sobretudo, no plano do direito comparado – onde a figura é regulada com designações e alcances bastante variados, incluindo o conceito norte-americano de "security" (sec. 1 do "Securities Act" de 1933), o conceito germânico de "Wertpapier" (§2, Abs. 1 da WpHG de 1998), o conceito italiano de "valore mobiliare" (art. 1-*bis* do TUF de 1998), ou o conceito espanhol de "valor negociable" (art. 2º, nº 1 da LMV de 2015).[144]

[142] Sobre esta polissemia legal, vide FERREIRA, A. José, *Direito dos Valores Mobiliários*, 125 e segs., AAFDL, Lisboa, 1997; identicamente, na doutrina estrangeira, CARBONETTI, Francesco, *Che Cos'è un Valore Mobiliare?*, 286 e segs., in: XVI "Giurisprudenza Commerciale" (1989), 280-303; LE CANNU, Paul, *L'Ambiguïté d'un Concept Négatif: Les Valeurs Mobilières*, 395, in: 4 "Bulletin Joly Sociétés" (1993), 395-404. Para aceções setoriais, vide, por exemplo, SANCHES, J. Saldanha, *O Conceito Fiscal de Valores Mobiliários*, in: AAVV, "Direito dos Valores Mobiliários", vol. III, 73-84, Coimbra Editora, 2001.

[143] Nos termos do art. 4º, nº 1, ponto 44) da DMIF II, são valores mobiliários "as categorias de valores que são negociáveis no mercado de capitais, com exceção dos meios de pagamento, como por exemplo: *a)* ações de sociedades e outros valores equivalentes a ações de sociedades, de sociedades de responsabilidade ilimitada (partnership) ou de outras entidades, bem como certificados de depósito de ações; *b)* obrigações ou outras formas de dívida titularizada, incluindo certificados de depósito desses títulos; *c)* quaisquer outros valores que confiram o direito à compra ou venda desses valores mobiliários ou que deem origem a uma liquidação em dinheiro, determinada por referência a valores mobiliários, divisas, taxas de juro ou de rendimento, mercadorias ou outros índices ou indicadores". Cf. PANASAR, Raj/ BOECKMAN, Philip, *European Securities Law*, 2nd edition, Oxford University Press, Oxford, 2014; MOLONEY, Niahm, *EC Securities and Financial Markets Regulation*, 3rd edition, Oxford University Press, Oxford, 2014.

[144] Aspetos dignos de nota são ainda, por um lado, a ausência de uma noção geral e abstrata de valor mobiliário (tendo-se os legisladores estrangeiros limitado a consagrar um mero elenco casuístico das suas espécies ou modalidades concretas) e, por outro, a

IV. Finalmente, não se pode perder de vista que a já assinalada dinâmica própria dos mercados financeiros, responsável por uma incessante diversificação e renovação dos instrumentos nele negociados, tem decerto também contribuído, e muito, para a *instabilidade conceitual* ("flottement notionnel")[145] neste terreno: "quem sabe hoje o que são os valores mobiliários?" – lança Alain VIANDIER o desafio[146]. Com efeito, se ainda apenas há algumas décadas atrás, a ordem jurídica apenas conhecia dois valores mobiliários matriciais – ações e obrigações –, assistiu-se desde então a uma verdadeira diversificação neste domínio, operada por via da complexificação (v.g., ações especiais, obrigações especiais), da combinação (v.g., obrigações convertíveis em ações, títulos de participação, ações geminadas), da dissecação (v.g., direitos destacáveis), e da inovação (v.g., "warrants" autónomos, "depositary receipts")[147]. E não é verdade que, como nos recorda Thomas Lee HAZEN, o conceito de valor mobiliário ("security") abrange hoje nos Estados Unidos da América toda uma infinidade de veículos de investimento de dinheiro em troca de uma expectativa de lucro?[148]

progressiva perda do seu protagonismo regulatório (a ponto de nalgumas ordens jurídicas tal noção ter mesmo chegado a desaparecer, como sucede atualmente, por exemplo, em França: cf. BONNEAU, Thierry/ DRUMMOND, France, *Droit des Marchés Financiers*, 77, Economica, Paris, 2005). Sobre a figura no direito estrangeiro, vide desenvolvidamente WALKER, George/ PURVES, Robert/ BLAIR, Michael (eds.), *Financial Services Law*, 3rd edition, Oxford University Press, Oxford, 2014; HAZEN, T. Lee, *The Law of Securities Regulation*, 7th edition, Thomson/ West, St. Paul, 2017; HIRTE, Heribert/ MÖLLERS, Thomas, *Kölner Kommentar zum WpHG*, C. Heymanns, Köln, 2007; RIGHINI, Elisabetta, *I Valori Mobiliari*, Giuffrè, Milano, 1993.

145 A expressão é de Bruno OPPETIT, *La Notion de Valeur Mobilière*, 4, in: "L'Europe et le Droit des Valeurs Mobilières", «Banque et Droit», número especial, Paris, 1991.

146 *L'Europe et le Droit des Valeurs Mobilières*, 575, in: 6 "Bulletin Mensuel d'Information des Sociétés («Bulletin Joly Sociétés»)" (1991), 575-581.

147 Sobre o ponto, vide ainda BONNEAU, Thierry, *La Diversification des Valeurs Mobilières – Ses Implications en Droit Commercial*, in: 41 "Revue Trimestrielle de Droit Commercial et de Droit Économique" (1988), 535-607; LE CANNU, Philippe, *L'Ambiguïté d'un Concept Négatif: Les Valeurs Mobilières*, in: 4 "Bulletin Joly Sociétés" (1993), 395-404.

148 "O que têm em comum" – pergunta o jurista norte-americano – "cosméticos, «whiskey», cursos de imagem, castores, coelhos, chinchilas, programas de alimentação animal, embriões de gado, barcos de pesca, aspiradores, telefones públicos, jazigos, contratos de gravação, fundos de litigância, e árvores de fruto? A resposta é que todos

2. Características

I. O art. 1º do CVM refere-se aos valores mobiliários como os "documentos representativos de situações jurídicas homogéneas, desde que sejam suscetíveis de transmissão em mercado" (alínea *g)*). À luz desta definição, podemos assim dizer que o conceito legal ou estrito de valor mobiliário se caracteriza pelas seguintes notas ou traços distintivos fundamentais: *representação, posições jurídicas, homogeneidade e fungibilidade,* e *negociabilidade.*[149]

2.1. Representação Documental

I. Em primeiro lugar, os valores mobiliários são caracterizados por serem instrumentos financeiros dotados de *representação documental*: nos termos da lei, os valores mobiliários são "documentos representativos" (art. 1º, *g)* do CVM).

II. Os valores mobiliários supõem assim, desde logo, um *"documento"*: considerando a noção lata do art. 362º do CCivil, tal documento pode consistir num documento de papel ou num documento eletrónico (cf. art. 2º, *a)* do Decreto-Lei nº 290-D/99, de 2 de agosto)[150]. Os valores mobiliários são ainda, de outra perspetiva, bens ou *coisas* – o que significa, como veremos, que são suscetíveis "tale quale" de constituir objeto de direitos de propriedade, de direitos reais menores (usufruto, penhor), e de apreensão e execução judicial (penhora), embora naturalmente

eles já foram considerados "valores mobiliários" para efeitos das leis mobiliárias federais e estaduais" (*The Law of Securities Regulation,* 39 e seg., 7th edition, Thomson/ West, St. Paul, 2017).

[149] Conquanto o art. 1º, *g)* do CVM não encerre, "summo rigore", uma definição legal de "valor mobiliário", ele acaba por fornecer um conceito normativo e material que, mediante a enumeração dos seus elementos essenciais ou definidores, delimita a liberdade de criação de valores mobiliários atípicos (ASCENSÃO, J. Oliveira, *O Novíssimo Conceito de Valor Mobiliário,* 153 e segs., in: AAVV, "Direito dos Valores Mobiliários", vol. VI, 139-162, Coimbra Editora, 2006; CÂMARA, Paulo, *Manual de Direito dos Valores Mobiliários,* 104, 3ª edição, Almedina, Coimbra, 2016).

[150] Sobre os chamados documentos eletrónicos, em especial a sua importância no Direito Comercial, vide ANTUNES, J. Engrácia, *Direito Comercial,* em curso de publicação.

dotados de um regime próprio que exibe importantes especialidades face ao regime juscivilista geral.[151]

III. Além disso, e mais importante, os valores mobiliários são documentos *"representativos"* no sentido em que constituem instrumentos financeiros que implicam necessariamente a adoção de uma forma de representação cartular (título) ou escritural (registo em conta) (arts. 46º a 51º do CVM)[152]. Este aspeto é duplamente relevante.

Por uma banda, a forma representativa constitui um pressuposto da própria existência de um valor mobiliário, de tal modo que não se pode falar de valor mobiliário a respeito de direitos ou outras posições jurídicas que não se hajam (ainda) consubstanciado em títulos ou em registos em conta. É certo que, como adiante se verá, os valores mobiliários incorporam uma determinada posição jurídica substantiva (v.g., direito social, de crédito, ou outro), a qual constitui de per si um bem jurídico autónomo que pode ser objeto de proteção e transmissão nos termos gerais: todavia, essa posição jurídica apenas se transmuta em valor mobiliário, como tal sujeita ao regime especial do CVM, a partir do momento em que assume uma representação cartular ou escritural (cf. ainda art. 47º do CVM). Um exemplo. Suponhamos que uma sociedade anónima aumenta o seu capital ou realiza um empréstimo obrigacionista: embora já aí se possa falar porventura de ações e obrigações no sentido de posições jurídicas sociais e creditícias, apenas estaremos diante dos valores mobiliários "ações" e "obrigações" (art. 1º, *a)* e *b)* do CVM) após estas terem assumido uma das formas legais de representação.[153]

[151] Na doutrina, vide PIRES, F. Almeida, *Emissão de Valores Mobiliários*, 26, Lex, Lisboa, 1999; na jurisprudência, o Acórdão da Relação do Porto de 15-IV-1991 (MIRANDA GUSMÃO), in: 406 "Boletim do Ministério da Justiça" (1991), 718-718. Também no sentido propugnado, noutros quadrantes, ANDRÉS, A. Sánchez, *Valores Negociables, Instrumentos Financieros y Otros Esquemas Contractuales de Inversión*, 26, in: XXIV "Revista de Derecho Bancario y Bursátil" (2005), 7-58; MARTIN, Didier, *De la Nature Corporelle des Valeurs Mobilières*, 47, in: "Recueil Dalloz" (1996), 47-52; DREYGROBELLET, Arnaud, *Le Droit de Propriété du Titulaire d'Instruments Financiers Dématérialisées*, in: 52 "Revue Trimestrielle de Droit Commercial et de Droit Économique" (1999), 305-316.

[152] Sobre as formas de representação, vide *infra* Cap. II, §1, 3.2.

[153] Sobre o ponto, vide ainda *infra* Cap. II, §2, 1.5 (ações), §2, 2.5, espec. nota 270 (obrigações) e §2, 4.4. espec. nota 288 (unidades de participação); em sentido

Por outra banda, a forma representativa permite ainda contradistinguir o valor mobiliário de outros tipos de instrumentos financeiros que não estão dependentes de uma forma de representação – como é o caso, designadamente, dos instrumentos derivados (v.g., futuros, opções, "swaps")[154] – e ainda de outras posições jurídicas que são insuscetíveis de serem representadas em documentos – como é o caso, por exemplo, das partes (art. 176º, nº 2 do CSC) ou das quotas (art. 219º, nº 7 do CSC) de uma sociedade comercial.[155]

2.2. Posições Jurídicas

I. Os valores mobiliários são instrumentos financeiros caracterizados, em segundo lugar, por incorporarem ou representarem *posições jurídicas* – ou, nos dizeres do legislador, os valores mobiliários representam "situações jurídicas" (art. 1º, *g)* do CVM).

II. Este elemento caracterizador tem simultaneamente um alcance positivo e negativo. Negativamente, ele significa que os valores mobiliários são instrumentos exclusivamente representativos de *posições jurídicas (mormente, direitos e deveres)*, com exclusão de quaisquer outros protagonistas da teoria geral do direito (sujeitos, bens, ações, ou factos). Positivamente, ele significa que os valores mobiliários podem incorporar *quaisquer posições juridicamente relevantes*: assim, tais valores podem incorporar posições jurídicas ativas (direitos), passivas (deveres), e/ou outras (v.g., ónus, sujeições, meras expectativas); e mesmo dentro de um único tipo de posição jurídica (por exemplo, posição jurídico-ativa), ele poderá abranger indistintamente toda uma gama de direitos, incluindo direitos sociais (v.g., ações), direitos de crédito (v.g., obrigações), direitos reais (v.g., certos "warrants" autónomos com liquidação física), ou

aparentemente divergente, todavia, vide ASCENSÃO, J. Oliveira, *Valor Mobiliário e Título de Crédito*, 862 e segs., in: 56 "Revista da Ordem dos Advogados" (1996), 837-875; CÂMARA, Paulo, *Manual de Direito dos Valores Mobiliários*, 108 e seg., 3ª edição, Almedina, Coimbra, 2016.

154 Sobre os derivados, vide desenvolvidamente *infra* Cap. III.

155 Ao contrário do que sucede noutros ordenamentos estrangeiros, onde as partes das sociedades em nome coletivo ("partnership") podem constituir valores mobiliários: a este respeito, vide *infra* nota 236.

direitos híbridos (v.g., os títulos de participação, a meio caminho entre ações e obrigações, ou as unidades de participação, que combinam direitos reais, obrigacionais e outros). Usualmente, o valor mobiliário corresponderá estruturalmente a uma *posição jurídica complexa*, composta simultaneamente por posições ativas e passivas: as ações constituem um exemplo lídimo desta estrutura complexa, enquanto valores representativos de um conjunto unitário de direitos, obrigações e outras posições jurídicas ("maxime", ónus, faculdades, e sujeições) de que o acionista é titular em face da sociedade anónima emitente.[156]

III. Ponto é que se trate de posições jurídicas de natureza patrimonial e privada. Por um lado, os valores mobiliários encerram posições de natureza *patrimonial*, excluindo-se assim os documentos representativos de posições ou relações jurídico-pessoais (v.g., direitos familiares e sucessórios, direitos autorais de natureza pessoal). Por outro lado, os valores mobiliários encerram posições de natureza *privada*, excluindo-se por conseguinte os documentos representativos de posições ou relações jurídico-públicas (v.g., direitos políticos). Advirta-se, todavia, que a questão da natureza, privada ou pública, dos direitos representados no valor mobiliário não pode ser confundida com a da natureza, privada ou pública, do respetivo emitente: como é óbvio, um título de participação (art. 1º, *c)* do CVM) ou uma obrigação do Tesouro (Decreto-Lei nº 280/98, de 17 de setembro) não perdem a sua natureza de valor mobiliário pela circunstância de serem emitidos pelo Estado ou outras pessoas coletivas de direito público.[157]

[156] Sobre a ação enquanto valor representativo da participação social, vide *infra* Cap. II, §2, 1.3. De resto, é justamente tal complexidade da posição jurídica representada nalguns valores mobiliários que explica o aparecimento de novos valores mobiliários criados a partir da sua cisão ou destaque (sobre os direitos destacáveis, vide *infra* Cap. II, §2, 6.)

[157] Também assim para os títulos de crédito (ANTUNES, J. Engrácia, *Os Títulos de Crédito – Uma Introdução,* 27 e segs., 2ª edição, Coimbra Editora, Coimbra, 2012). Algo de semelhante se passa com outros tipos de instrumentos financeiros: pense-se no caso das "licenças de emissão", as quais, apesar de serem concedidas pelos Estados, não perdem a sua natureza de instrumento financeiro (ponto 11) do Anexo I-C da DMIF II de 2014).

2.3. Homogeneidade e Fungibilidade

I. Particularmente relevante, em terceiro lugar, é o facto de os valores mobiliários serem instrumentos financeiros caracterizados pela sua *homogeneidade* e *fungibilidade*.

II. Na verdade, recorrendo de novo às palavras do legislador, os valores mobiliários respeitam exclusivamente a situações jurídicas "homogéneas" (art. 1º, *g)* do CVM). Esta *homogeneidade*, significando que as posições jurídicas representadas devem ser iguais, transforma consequentemente os próprios valores mobiliários em instrumentos financeiros dotados de conteúdo idêntico no sentido em que são emitidos em conjuntos ou categorias que exibem uma série de características comuns: a "categoria" (art. 45º do CVM) representa assim o conjunto de valores mobiliários homogéneos que são lançados pela mesma entidade e conferem posições jurídicas idênticas aos respetivos titulares (v.g., natureza, valor nominal ou de emissão, condições de subscrição, forma de representação, etc.), ainda que pertençam a emissões ou séries diferentes (v.g., art. 302º, nº 2 do CSC, art. 8º, nº 5 do RJOIC).[158]

III. Deste atributo fundamental dos valores mobiliários decorre ainda um outro – a sua *fungibilidade*. Trata-se de instrumentos que são emitidos e transacionados em massa em mercado próprio (por vezes milhares ou até milhões) – e não emitidos singularmente (um a um) –[159], que o tráfico jurídico reconhece simplesmente pela sua mera pertença a determinada categoria sem curar de cada valor em concreto ("res quae numero consistunt") – o que, justamente dispensando a necessidade de averiguar o seu conteúdo próprio previamente a cada transação indivi-

[158] Sobre a noção de categoria, vide CÂMARA, Paulo, *Manual de Direito dos Valores Mobiliários*, 117 e seg., 3ª edição, Almedina, Coimbra, 2016. Sobre as categorias de ações, vide *infra* Cap. II, §2, 1.4; sobre as categorias de obrigações, vide *infra* Cap. II, §2, 2.4.

[159] Sublinhe-se que, ao contrário do que chegou a ser sustentado no direito pretérito, não se exige forçosamente a sua distribuição junto do público: os valores mobiliários tanto podem ser objeto de oferta pública, dirigida a destinatários indeterminados (art. 109º do CVM), como de uma oferta particular, mormente dirigida a investidores qualificados (art. 110º do CVM).

dual, permite que os mesmos sejam passíveis de negociação massificada no mercado de capitais.[160]

IV. Estes traços característicos e identitários permitem distinguir os valores mobiliários de outros instrumentos juscomerciais afins, sejam os títulos de crédito tradicionais – os quais, ao invés, são emitidos individualmente e não em massa, incorporando posições jurídicas heterogéneas e infungíveis (v.g., letras, livranças, cheques, extratos de fatura, conhecimentos de embarque, etc.) –[161], sejam até outros tipos de instrumentos financeiros – como sucede, por exemplo, com os derivados de balcão ou OTC, que são concluídos de forma bilateral e à medida das necessidades concretas dos investidores envolvidos ("tailored made"), encerrando direitos e deveres individualizados (v.g., "forwards", "swaps", "caps", "floors", etc.).[162]

2.4. Negociabilidade

I. Finalmente, os valores mobiliários são instrumentos financeiros caracterizados pela sua *negociabilidade*: ainda nos termos do legislador, os valores mobiliários devem ser "suscetíveis de transmissão em mercado" (art. 1º, *g)* do CVM).

II. Os valores mobiliários são, da sua origem aos nossos dias, instrumentos tipicamente concebidos para circular no mercado de capitais, por neste serem emitidos (mercado primário) ou transacionados (mercado secundário): numa palavra, são valores negociáveis no mercado de capitais (cf. ainda ponto 44) do art. 4º, nº 1 da DMIF II). Não se trata, pois, de uma negociabilidade qualquer – semelhante à mera transmissi-

[160] Como sublinha Miguel Galvão TELLES, fungibilidade significa categorialidade ou indiferença objetiva para efeitos de negociação (*Fungibilidade de Valores Mobiliários e Situações Meramente Categoriais*, 186, in: AAVV, "Direito dos Valores Mobiliários", vol. IV, 165-217, Coimbra Editora, 2003). Advirta-se que o conceito de fungibilidade pode ser utilizado pelo legislador em sentidos algo diferenciados, para finalidades regulatórias setoriais (cf. art. 204º, nº 2 do CVM).

[161] ANTUNES, J. Engrácia, *Os Títulos de Crédito*, 33 e segs., 2ª edição, Coimbra Editora, Coimbra, 2012.

[162] Cf. ainda *infra* Cap. III, §1, 4.1 e 4.2.

bilidade própria da generalidade dos direitos e outras posições jurídicas – mas antes de uma *negociabilidade em mercado* ("marktmässige Handelsbarkeit"): tais valores devem ser transacionáveis na base do encontro entre oferta e procura exclusivamente em relação ao respetivo preço, sem negociação individualizada de outras condições ("Austauchbarkeit"), e devem ser livremente circuláveis de forma massificada e estandardizada, sem entraves jurídicos ou económicos a essa circulação, v.g., sujeição às regras gerais da cessão de créditos ("Zirkulationsfähigkeit")[163]. Em termos gerais, ao menos no comum dos casos, tal significa dizer, na prática, que serão considerados valores mobiliários aqueles instrumentos financeiros que sejam suscetíveis de ser admitidos à negociação num ou vários dos sistemas alternativos de negociação organizada previstos na lei (mercados regulamentados ou MRs, sistemas de negociação multilateral ou MTF, internalização sistemática: cf. art. 198º do CVM).[164]

III. Saliente-se ainda, por outra banda, que semelhante negociabilidade pode revestir um caráter meramente *abstrato ou potencial* – bastando assim que os valores em causa sejam, em abstrato, passíveis de negociação massificada, preenchendo as condições do respetivo acesso, admissão e seleção em tais sistemas (genericamente, arts. 204º e segs., 227º e segs., 252º e segs. do CVM)[165] – e ainda que o seu espaço de atuação próprio é o *mercado de capitais* em sentido estrito – abrangendo-se assim apenas os instrumentos financeiros de médio e longo prazo (igual

[163] Para requisitos congéneres, embora não totalmente idênticos, vide ASSMANN, Heinz-Dieter/ SCHNEIDER, Uwe (Hrsg.), *Wertpapierhandelsgesetz – Kommentar,* 104 e seg., 4. Aufl., Verlag Otto Schmidt, Köln, 2006; HIRTE, Heribert/ MÖLLERS, Thomas (Hrsg.), *Kölner Kommentar zum WpHG,* 89 e seg., Carl Heymanns, Köln, 2007.

[164] Sobre as estruturas de negociação, vide *infra* Cap. II, § 1, 4.3.

[165] Não perderão assim a sua qualidade de valores mobiliários aqueles que, possuindo as condições objetivas ou abstratas da negociabilidade organizada, possam incidentalmente, no caso concreto, encontrar-se limitados ou até privados dessas condições: pense-se, por exemplo, no caso de ações sobre as quais incida uma cláusula estatutária de limitação da transmissão (art. 328º, nº 2 do CSC), as quais não deixarão de ser reputadas como valores mobiliários atento que, a todo o tempo e por mera decisão dos sócios, podem recuperar a sua livre circulabilidade primordial (art. 328º, nº 1 do CSC). Em sentido diverso, aparentemente, ASSMANN, Heinz-Dieter/ SCHNEIDER, Uwe (Hrsg.), *Wertpapierhandelsgesetz – Kommentar,* 104, 4. Aufl., Verlag Otto Schmidt, Köln, 2006.

ou superior a dois anos), com exclusão dos instrumentos próprios do mercado monetário (de curto prazo, em média inferior a um ano), v.g., papel comercial, bilhetes do Tesouro, obrigações de caixa.[166]

IV. Uma vez mais, este traço característico permite contradistinguir os valores mobiliários na galeria jusfinanceira, distinguindo-os, quer de outros tipos de instrumentos financeiros – como sucede com certos instrumentos derivados ("maxime", os derivados de balcão, que são negociados caso a caso, apenas sendo transmissíveis mediante cessão de posição contratual) e de instrumentos monetários (v.g., os certificados de aforro, que apenas são transmissíveis "mortis causa") –, quer de outros instrumentos juscomerciais de criação e circulação de riqueza – tais como os títulos de crédito (que são transacionáveis numa base bilateral e individualizada nos termos da sua lei circulatória própria) ou certas frações do capital das empresas subordinadas a um regime legal transmissivo fechado (v.g., partes ou quotas de sociedades comerciais, títulos de capital de cooperativas, etc.).

3. Modalidades

I. O ordenamento jurídico português vigente conhece uma pluralidade de espécies individuais de valores mobiliários, adiante estudadas, as quais podem ser agrupadas em várias modalidades ou classificadas de acordo com diferentes critérios fundamentais. Entre as classificações mais importantes, destaca-se a distinção entre os valores mobiliários *típicos* e *atípicos*, os valores mobiliários *titulados e escriturais*, e os valores mobiliários *nominativos e ao portador.*

II. Para além destas modalidades fundamentais, existem diversas outras classificações secundárias e doutrinais dos valores mobiliários. Particularmente divulgada é aquela que, de acordo com o critério do seu conteúdo, distingue entre *valores corporativos* (representativos de uma participação social: é o caso das ações), *creditícios* (representativos de direitos de crédito sobre a entidade emitente: é o caso das obrigações) ou *mistos* (representativos de direitos híbridos: é o caso dos títulos

[166] Sobre os instrumentos financeiros monetários, vide *infra* Cap. IV.

de participação, a meio caminho entre as ações e as obrigações). Outras tipologias conhecidas distinguem entre valores mobiliários *públicos e privados* (consoante a natureza da entidade emitente), valores mobiliários de *médio e longo prazo* (consoante o prazo de emissão), etc.

3.1. Valores Mobiliários Típicos e Atípicos

I. Uma primeira e importante categorização dos valores mobiliários, assente no critério da tipicidade legal, é aquela que divide estes em valores mobiliários *típicos* e valores mobiliários *atípicos*.

II. Dizem-se *valores mobiliários típicos* aqueles que se encontram expressamente previstos e regulados pela lei[167]. Esta primeira e fundamental categoria dos valores mobiliários pode ter a sua origem em dois tipos de fontes fundamentais: o CVM e as leis avulsas ou extravagantes. Por um lado, o art. 1º, *a)* a *f)* do CVM consagrou um elenco de seis tipos ou espécies de valores mobiliários, que justamente serão mais adiante objeto de estudo aprofundado: são eles as *ações*, as *obrigações*, os *títulos de participação*, as *unidades de participação* em organismos de investimento coletivo, os *"warrants" autónomos*, e os *direitos destacáveis* de valores mobiliários. Por outro lado, este elenco ou catálogo legal é um elenco aberto, podendo o legislador vir a criar novos tipos ou espécies de valores mobiliários (cf. proémio do art. 1º do CVM, que considera ainda como valores mobiliários "os outros que a lei como tal qualifique"): essa qualificação resulta usualmente de ato legislativo ou regulamentar precipuamente dedicado à sua criação e disciplina – é o caso dos *certificados* (Regulamento CMVM nº 7/2002, de 24 de maio), dos *valores mobiliários convertíveis* (Regulamento CMVM nº 15/2002, de 21 de novembro), e dos *valores mobiliários condicionados por eventos de crédito* (Regulamento CMVM nº 16/2002, de 21 de novembro) –, mas também pode ser meramente indireta ou reflexa, prevista em leis com diferente

[167] Tomamos aqui a palavra lei em sentido amplo, abrangendo as leis ordinárias e os regulamentos administrativos, mormente os emanados da CMVM (art. 1º, nº 2 do CCivil). Sobre os regulamentos como fonte de Direito Comercial, vide ANTUNES, J. Engrácia, *Direito Comercial*, em curso de publicação; PÉDAMON, Michel/ KENFACK, Hugues, *Droit Commercial*, 13, 3ème édition, Dalloz, Paris, 2011; VISENTINI, Gustavo, *Argomenti di Diritto Commerciale*, 99 e seg., Giuffrè, Milano, 1997.

objeto – como sucede com os *títulos de investimento cooperativos*, previstos no CCoop (arts. 91º a 94º)[168]. Sublinhe-se que vários destes tipos ou espécies legais de valores mobiliários podem abranger também determinados subtipos ou *subespécies legais*: por exemplo, ao lado das obrigações comuns (art. 1º, *b)* do CVM), a lei regula autonomamente as obrigações do Tesouro (Decreto-Lei nº 280/98, de 17 de setembro), as obrigações hipotecárias (Decreto-Lei nº 59/2006, de 20 de março), e as obrigações titularizadas (Decreto-Lei nº 453/99, de 5 de abril).

III. Dizem-se *valores mobiliários (legalmente) atípicos* aqueles que, não se encontrando previstos ou regulados em normal legal ou regulamentar, são produto da autonomia privada dos interessados. Ultrapassada a controvérsia que dividiu a doutrina nacional relativamente à questão da tipicidade ou atipicidade dos valores mobiliários[169], afigura-se hoje inequívoca a vigência de um princípio geral de liberdade de criação neste domínio, crescentemente marcado por um fenómeno de diversificação[170]: tal significa que os sujeitos intervenientes no mercado de capitais (v.g., emitentes, entidades gestoras) poderão assim criar valores mobiliários inominados, sejam estes resultantes da combinação dos valores legalmente tipificados (*tipos mistos*), sejam totalmente novos (*tipos atípicos*). Saber quais são os valores mobiliários atípicos é questão que só caso a caso poderá ser apurada em definitivo, mediante o cotejo subsuntivo dos traços identitários do concreto instrumento ou valor considerado com os elementos definidores do conceito material de valor mobiliário decorrentes do art. 1º, *g)* do CVM. A "praxis" nacional e estrangeira conhece, todavia, um leque rico de candidatos potenciais, entre os quais se incluem, a mero título de exemplo, os *certificados de depósito de valores mobiliários* ("depositary receipts"), os *certificados de participação*

[168] Para uma análise detalhada dos valores mobiliários típicos, vide *infra* Cap. II, §2.

[169] Sobre a questão, vide BAPTISTA, D. Farto, *O Princípio da Tipicidade e os Valores Mobiliários*, 87-121, in: AAVV, "Jornadas sobre Sociedades Abertas, Valores Mobiliários e Intermediação Financeira", Almedina, Coimbra, 2006; VASCONCELOS, P. Pais, *O Problema da Tipicidade dos Valores Mobiliários*, in: AAVV, "Direito dos Valores Mobiliários", vol. III, 61-72, Coimbra Editora, 2001.

[170] BONNEAU, Thierry, *La Diversification des Valeurs Mobilières – Ses Implications en Droit Commercial*, in: 41 "Revue Trimestrielle de Droit Commercial et de Droit Économique" (1988), 535-607.

("certificati finanziari"), os *certificados de investimento público* ("treasury investment growth receipts" ou TIGR), ou *os valores mobiliários associativos ou fundacionais.*[171]

3.2. Valores Mobiliários Titulados e Escriturais

I. Uma segunda categorização fundamental dos valores mobiliários é aquela que divide estes em valores mobiliários *titulados* e valores mobiliários *escriturais*. Tal categorização encontra mesmo consagração legal: nos termos dos arts. 46º e segs. do CVM, consoante a sua forma de representação, os valores mobiliários podem ser titulados (representação cartular) e escriturais (representação eletrónica).[172]

II. Os *valores mobiliários titulados* ("certificated securities", "verbriefe Wertpapiere", "valori titolati"), que correspondem à forma representativa tradicional, são aqueles que são representados em documentos de papel (art. 46º, nº 1 do CVM). Tais documentos ou títulos, cuja emissão e entrega ao titular cabe à entidade emitente (art. 95º do CVM), devem conter um conjunto obrigatório de menções legais (arts. 44º, nº 1, *a)* e *b)* e 97º, nº 1 do CVM) e ser assinados por membro do respetivo órgão de administração (art. 97º, nº 2 do CVM), podendo representar uma ou várias unidades da mesma categoria (título múltiplo: cf. art. 98º do CVM) ou toda a emissão ou série (título global ou "megatítulo": cf. art. 99º, nº 2, *b)* do CVM). Os valores titulados são objeto de depósito obrigatório em sistema centralizado sempre que estejam admitidos à negociação em mercado regulamentado (ou, tratando-se de megatítulos, alternativamente em intermediário financeiro) ou depósito facultativo em intermediário financeiro autorizado nos demais casos (art. 99º do CVM), podendo ainda não ser depositados (sendo então correntemente designados como valores mobiliários "vivos").

[171] Para uma breve descrição de alguns dos mais relevantes valores mobiliários atípicos, vide *infra* Cap. II, §2, 8.

[172] Sobre a distinção, a obra de referência é de FERREIRA, A. José, *Valores Mobiliários Escriturais – Um Novo Modo de Representação e Circulação de Direitos*, especialmente 101 e segs., Almedina, Coimbra, 1997. Noutros quadrantes, vide CASTELLS, A. Recalde, *La Representación de los Valores: Títulos y Anotaciones en Cuenta*, in: AAVV, "Instituciones del Mercado Financiero", vol. V, 2593-2669, La Ley, Madrid, 1999.

III. Os *valores mobiliários escriturais* ("uncertificated securities", "dematerialisierte Wertpapiere", "valori dematerializzate") – que, apesar de mais recentes, se tornaram já na forma representativa mais divulgada nos nossos dias – são aqueles cuja representação se traduz em meros "registos em conta" (art. 46º, nº 1 do CVM)[173]. Tais valores mobiliários são objeto de um registo individualizado em conta aberta junto de intermediário financeiro integrado em sistema centralizado, de intermediário financeiro indicado pelo emitente, ou do próprio emitente (arts. 61º a 64º do CVM), o qual deve ser efetuado em suporte informático (art. 65º do CVM) e conter um conjunto de menções legais obrigatórias (arts. 44º, nº 1, *a)* e *b)* e 68º, nº 1 do CVM). O registo destes valores é constitutivo da respetiva existência (art. 73º do CVM) e as suas diversas vicissitudes jurídicas processam-se igualmente através de movimentos de conta (v.g., exercício de direitos e cumprimento de obrigações, transmissão, bloqueio, liquidação, compensação: cf. arts. 55º, 56º, 71º, 72º, 74º, e 80º do CVM).

IV. O *regime legal* dos valores titulados e escriturais é complexo, não podendo ser aqui analisado. Entre os seus princípios reitores, merecem saliência os princípios da *tipicidade* (segundo o qual os valores devem obrigatoriamente revestir uma das duas formas alternativas de representação: cf. art. 46º, nº 2 do CVM), da *liberdade* (segundo o qual o emitente é livre de eleger a forma representativa dos valores emitidos: cf. art. 46º, nº 1 do CVM)[174], da *unidade* (segundo o qual os valores relativos à

[173] Esta modalidade representativa teve a sua primeira consagração em Portugal apenas no final da década de 80, com a figura das "ações escriturais" (Decreto-Lei nº 229-D/88, de 4 de julho). Manifestação lídima do atual movimento de desmaterialização dos instrumentos e valores juscomerciais, a sua criação apresenta indiscutíveis vantagens em relação às tradicionais ações tituladas – dispensando a necessidade de depósito e movimentação de quantidades incomensuráveis de papel, eliminando os riscos do seu furto, falsificação ou destruição, e permitindo o mais célere e cómodo exercício dos direitos sociais –, embora não seja totalmente isenta de inconvenientes (v.g., fraude informática). Sobre a figura, pelo punho do seu próprio mentor, vide JORGE, F. Pessoa, *Acções Escriturais: Projecto de Diploma Legal*, in: 121 "O Direito" (1989), 93-114.

[174] Por decisão do emitente, é assim admissível a *conversão* de valores titulados em escriturais e vice-versa (arts. 48º a 50º do CVM, arts. 24º e 25º do Regulamento CMVM nº 14/2000, de 10 de fevereiro), exceto quando exista proibição legal ou estatutária (art.

mesma emissão, ainda que realizada em séries, devem revestir a mesma forma: cf. art. 46º, nº 2 do CVM), da *convertibilidade* (segundo o qual, em princípio, o emitente é livre de decidir a conversão da originária forma representativa dos valores: cf. arts. 48º a 50º do CVM), e da *reformabilidade* (segundo o qual os valores podem ser objeto de reforma judicial e reconstituição extrajudicial em caso de perda, destruição, ou outros eventos semelhantes, nos termos da lei: cf. art. 51º, nºs 1 a 6 do CVM[175]).

3.3. Valores Mobiliários Nominativos e ao Portador

I. Uma terceira e última categorização fundamental dos valores mobiliários – que encontra igualmente consagração na lei (arts. 52º e segs. do CVM) e assenta no critério da identificabilidade dos respetivos titulares e conexo regime de circulação – divide-os em valores mobiliários *nominativos* e valores mobiliários *ao portador*.[176]

II. Os *valores mobiliários nominativos* ("registered securities", "Namenspapiere", "valori nominativi") são aqueles que permitem ao emitente

48º, nº 1 do CVM): pense-se, por exemplo, no caso de valores destacados de valores mobiliários integrados em sistema centralizado (arts. 1º,*f*), 88º e segs. do CVM), os quais, revestindo necessariamente forma escritural (art. 46º, nº 3 do CVM), jamais poderão ser convertidos para forma titulada.

175 Saliente-se que, com a eliminação do "processo de reforma de documentos" através da reforma de 2013 do CPC, a remissão constante do art. 51º, nº 6 do CVM deixou de fazer sentido, podendo colocar-se a dúvida de como preencher a lacuna daí resultante. No sentido da aplicabilidade analógica das regras relativas ao processo especial de reforma de autos (arts. 959º e segs. do CPC), vide FURTADO, J. Pinto, *Títulos de Crédito*, 86, 2ª edição, Almedina, Coimbra, 2015; MIMOSO, Maria/ RODRIGUES, Ricardo, *Reconfiguração do Consensualismo Contratual: As Ações Tituladas Nominativas e os Limites à Transmissão*, 57, in: 48 "Cadernos do Mercado dos Valores Mobiliários" (2014), 35-61.

176 Sobre a distinção, embora desatualizadamente, vide entre nós SERRA, A. Vaz, *Acções Nominativas e ao Portador*, in: 175/176 "Boletim do Ministério da Justiça" (1968), 5-43 e 11-81: como referem Thierry BONNEAU e France DRUMMOND, "a distinção manteve-se, mas não possui hoje o mesmo significado que anteriormente ao fenómeno da desmaterialização" (*Droit des Marchés Financiers*, 82, Economica, Paris, 2005). Noutros quadrantes, com conteúdos nem sempre coincidentes, vide LASTRES, J. García-Pita, *Acciones Nominativas y Acciones al Portador*, in: AAVV, "Derecho de Sociedades Anónimas", vol. I, 583-611, Civitas, Madrid, 1994; VON ROTTENBURG, Franz, *Inhaberaktien und Namensaktien im deutschen und amerikanischen Recht*, Enke, Stuttgart, 1967.

conhecer a todo o tempo a identidade dos seus titulares: tal identidade consta das inscrições dos registos em conta (no caso dos valores escriturais: cf. arts. 61º e segs., 85º, nº 1, *c*), e 102º, nº 1 do CVM) ou das inscrições documentais (no caso dos valores titulados: cf. art. 97º, nº 1, *c*) e nº 3 do CVM) a que a sociedade tem acesso direta ou indiretamente.

III. Os *valores mobiliários ao portador* ("bearer securities", "Inhaberpapiere", "valore al'ordine") são aqueles que não permitem ao emitente identificar os seus titulares: tal anonimato resulta agora fundamentalmente do facto de tais valores (com exceção dos depositados em sistema centralizado) se transmitirem por mera tradição ou entrega do título ao adquirente ou a depositário por este indicado (art. 101º, nº 1 do CVM).

IV. Entre os princípios reitores do *regime legal*, salientem-se os princípios da *tipicidade* (segundo o qual a entidade emitente deve indicar expressamente a modalidade nominativa ou ao portador dos valores emitidos: v.g., art. 272º, *d*) do CSC), da *liberdade* (segundo o qual o emitente pode livremente optar pela modalidade nominativa ou ao portador dos valores no momento da sua emissão, sem prejuízo daqueles casos, aliás em número crescente, em que a lei impôs imperativamente a natureza nominativa de determinados valores: v.g., art. 299º, nº 2 do CSC, art. 14º, nº 1, *d*) do RGIC, art. 3º do Decreto-Lei nº 357-D/2007, de 31 de outubro), da *subsidiariedade* (segundo o qual, na falta de decisão do emitente ou previsão estatutária, os valores consideram-se nominativos, pelo que esta modalidade assume aqui um caráter supletivo geral: cf. art. 52º, nº 2 do CVM), e da *convertibilidade* (segundo o qual o emitente é livre de decidir a conversão da modalidade originária escolhida, ressalvados os limites decorrentes da lei, dos estatutos ou das condições da própria emissão: cf. arts. 53º e 54º do CVM).

V. Saliente-se, por fim, que a distinção em apreço poderá vir a sofrer uma profunda transformação ou mesmo *vir a desaparecer num futuro próximo*, considerando que os atuais valores mobiliários ao portador parecem ter os dias contados. Tal o que poderá resultar da transposição para o direito interno português da Diretiva 2015/849/UE, de 20 de maio, relativa à prevenção da utilização do sistema financeiro para efeitos de branqueamento de capitais ou de financiamento do terrorismo, a qual contempla a obrigação de os emitentes manterem atualizado um registo central dos valores emitidos que identifique, em cada momento, os seus titulares beneficiários efetivos.

4. Regime Jurídico

I. Os valores mobiliários – que, além de uma profusão de leis ordinárias e regulamentares avulsas, constituem um dos objetos centrais de um código justamente com o seu nome (o CVM de 1999) – possuem um regime jurídico extremamente vasto e complexo, que não pode aqui ser exaustivamente analisado[177]. Ainda assim, justifica-se uma singela referência aos núcleos temáticos fundamentais desse regime, incluindo a *emissão* dos valores, a *transmissão* dos valores, a *titularidade* dos valores, e os *sistemas de registo e controlo, de negociação e de liquidação* dos valores.

4.1. Emissão

I. Em sentido amplo, a *emissão* de valores mobiliários ("issue", "Emission", "émission", "emissione") designa o conjunto de atos jurídicos e materiais destinados à respetiva criação, abrangendo atos dos emitentes (v.g., deliberação ou decisão de emissão, entrega ou registo dos valores), dos intermediários financeiros (v.g., colocação ou distribuição), dos destinatários ("maxime", subscrição pública ou privada) e de outras entidades (v.g., registos na CMVM, registo comercial, etc.).[178]

[177] Para maiores desenvolvimentos, vide ANTUNES, J. Engrácia, *Os Valores Mobiliários: Conceito, Espécies e Regime Jurídico*, 101 e segs., in: V "Revista da Faculdade de Direito da Universidade do Porto" (2008), 87-142; CÂMARA, Paulo, *Manual de Direito dos Valores Mobiliários*, 315 e segs., 3ª edição, Almedina, Coimbra, 2016; CASTRO, C. Osório, *Valores Mobiliários: Conceito e Espécies*, 2ª edição, UCP Editora, Porto, 1998; CORDEIRO, A. Menezes, *Manual de Direito dos Valores Mobiliários*, 177 e segs., Almedina, Coimbra, 2016; SILVA, P. Costa, *Direito dos Valores Mobiliários*, Lisboa, 2005.

[178] Num sentido estrito, a emissão designa a criação dos próprios valores mobiliários, ou seja, o ato perficiente do processo de emissão e constitutivo da génese dos valores (arts. 73º e 95º do CVM). Sobre a figura, vide CÂMARA, Paulo, *Emissão e Subscrição de Valores Mobiliários*, in: AAVV, "Direito dos Valores Mobiliários", 201-241, Lex, Lisboa, 1997; PIRES, F. Almeida, *Emissão de Valores Mobiliários*, Lex, Lisboa, 1999; noutros quadrantes, vide EKKENGA, Jens/ MAAS, Heyo, *Das Recht der Wertpapieremissionen*, Erich Schmidt, Berlin, 2006; FENGHI, Francesco, *Emissione di Valori Mobiliari*, in: 28 "Rivista delle Società" (1983),

II. A emissão pode revestir diferentes *modalidades*, falando-se então de emissões singulares ou coletivas (consoante da iniciativa de um ou de vários emitentes), públicas ou particulares (consoante dirigida a destinatários indeterminados ou apenas a certos destinatários), primárias ou secundárias (consoante se trate da primeira emissão do emitente ou de emissão sucessiva, v.g., "follow-on public offerings" ou FPO), instantâneas, em série e contínuas (consoante os valores são emitidos de uma só vez, em vários momentos e tranches predeterminados, ou ao longo de um determinado período temporal), e assim por diante.

III. Aspeto central é que toda a emissão de valores mobiliários está sujeita a um *registo de emissão* junto da entidade emitente (art. 43º do CVM): este registo, que possui um extenso conteúdo obrigatório (art. 44º do CVM) e deve obedecer a modelo próprio (Portaria nº 290/2000, de 25 de maio), visa essencialmente assegurar o controlo quantitativo e qualitativo da emissão[179]. Além disso, ao lado deste regime geral, deve ainda atentar-se na existência de determinados *processos genéticos especiais*: se bem que todos os valores mobiliários disponham de regras particulares de emissão, alguns deles estão sujeitos a processos "sui generis" de emissão (é o caso das unidades de participação: cf. art. 1º, *d)* do CVM) e outros até não são sequer fruto de qualquer emissão propriamente dita (é o caso dos direitos destacáveis: cf. arts. 1º, *f)* e 43º, nº 1, "in fine", do CVM). Finalmente, urge não confundir a emissão com a *subscrição* dos valores mobiliários ("underwriting", "souscription", "sottoscrizione"),

478-503; GONZALEZ, J. Munguira, *Régimen sobre Emisiones*, in: AAVV, "Instituciones del Mercado Financiero", vol. V, 3061-3103, La Ley, Madrid, 1999; TRÉBULLE, François-Guy, *L'Émission des Valeurs Mobilières*, Economica, Paris, 2002.

[179] *A conta de emissão* (art. 44º do CVM), que é aberta junto do emitente e tem por objeto a identificação dos valores mobiliários emitidos no seu conjunto, não se confunde com as *contas de registo individualizado* (arts. 61º e 68º do CVM), que são abertas primordialmente junto de intermediários financeiros autorizados e têm por objeto a identificação da titularidade individual dos valores por parte dos investidores, nem com as *contas de controlo* (art. 91º, nº 1, *c)* e *d)* do CVM), que correspondem a contas globais abertas na sociedade gestora do sistema centralizado de valores mobiliários e visam monitorizar a permanente coincidência entre os saldos das contas de emissão e de registo individualizado. Cf. VEIGA, A. Brandão, *Sistemas de Controlo de Valores no Novo Código dos Valores Mobiliários*, in: 7 "Cadernos do Mercado de Valores Mobiliários" (2000), 105-128.

a qual constitui tão-somente uma das suas etapas terminais: trata-se, no fundo, das declarações jurídicas de aceitação por parte dos investidores ou destinatários, no âmbito do processo de aquisição originária dos valores mobiliários.[180]

4.2. Titularidade

I. A titularidade de valores mobiliários pode revestir duas modalidades fundamentais: a *titularidade imediata* (direta) e a titularidade *intermediada* (indireta).[181]

II. Na primeira modalidade, que é a vigente no direito positivo português, o titular dos valores mobiliários exerce diretamente os direitos a estes inerentes perante a entidade emitente e os terceiros: enquanto titular de uma conta de registo individualizado que tem por objeto a identificação qualitativa e quantitativa da respetiva titularidade dos valores mobiliários (arts. 61º e 68º do CVM), cada investidor encontra-se numa relação jurídica imediata com a entidade emitente, podendo assim invocar e exercer diretamente perante esta, ou perante quaisquer terceiros, os direitos inerentes a tais valores (arts. 74º, nº 1 e 80º do CVM).

III. Já na última, que é dominante nalguns dos ordenamentos jurídicos estrangeiros de referência (EUA, Alemanha, Inglaterra), o titular dos valores mobiliários apenas pode exercer os respetivos direitos através da interposição de um intermediário financeiro: encontrando-se

[180] A subscrição pode, ela própria, revestir diferentes modalidades, distinguindo-se entre subscrição pública ou particular (consoante dirigida a destinatários indeterminados ou não: cf. arts. 109º e 110º do CVM), subscrição direta ou indireta (consoante realizada diretamente pelo emitente ou através de intermediário financeiro: cf. GOMES, Fátima, *Subscrição Indirecta e Tomada Firme*, in: VIII "Direito e Justiça" (1994), 201-292), etc. Além disso, advirta-se que a simetria entre emissão e subscrição não é absoluta: pode existir emissão sem subscrição (v.g., no caso de aumentos de capital por incorporação de reservas: cf. art. 92º do CSC) e, inversamente, subscrição sem emissão (v.g., no caso da chamada subscrição incompleta: cf. art. 161º do CVM).

[181] Para uma análise desenvolvida da natureza, regime e riscos desta modalidade de titularidade intermediada ou indireta de valores mobiliários, vide entre nós FIGUEIREDO, André, *O Negócio Fiduciário Perante Terceiros – Com Aplicação Especial na Gestão de Valores Mobiliários*, 363 e segs., Almedina, Coimbra, 2012.

tais valores integrados em contas de registo globais ou "omnibus" abertas em nome do próprio intermediário financeiro, onde se encontram inscritos de forma indistinta uma massa de valores mobiliários detidos por conta de múltiplos investidores, origina-se assim um fenómeno de titularidade mediatizada ou intermediada ("intermediated holding of securities").

4.3. Transmissão

I. Aspeto particularmente relevante é o relativo à *transmissão* dos valores mobiliários ("transfer", "Übertragung", "transmission", "trasferimento")[182]. O regime legal português pode ser descrito à luz de uma distinção entre dois tipos ou segmentos transmissivos fundamentais: as transmissões dentro e fora do sistema centralizado.[183]

II. As *transmissões dentro do sistema*, por vezes impropriamente designadas na gíria "transmissões em bolsa", dizem respeito aos valores mobiliários integrados no sistema centralizado (arts. 88º e segs. do CVM), seja obrigatória (valores escriturais e titulados admitidos à negociação em mercado regulamentado: cf. arts. 62º e 99º, nº 2, *a)* do CVM), alternativa (no caso do megatítulo: cf. art. 99º, nº 2, *b)* do CVM) ou voluntariamente (por iniciativa dos titulares: cf. arts. 61º, *a)*, e 99º, nº 1, *b)* do CVM): todos estes valores se transmitem pelo registo na conta do adquirente (arts. 80º, nº 1 e 105º do CVM).

[182] Sobre a figura, vide SILVA, P. Costa, *A Transmissão dos Valores Mobiliários Fora do Mercado Secundário,* in: AAVV, "Direito dos Valores Mobiliários", vol. I, 217-252, Coimbra Editora, 1999; VEIGA, A. Brandão, *Transmissão de Valores Mobiliários,* Almedina, Coimbra, 2004. Noutros quadrantes, sob diferentes ângulos, vide CIAN, Marco, *Titoli Dematerializzati e Circolazione Cartolare,* Giuffrè, Milano, 2001; GOUTAY, Philippe, *Le Transfert de Propriété des Titres Cotés,* Diss., Paris, 1997; GUTTMAN, Egon, *Modern Securities Transfers,* 4th edition, West Group, St. Paul, 2006; PARRA, A. Madrid, *La Transmisión de Valores,* in: I "Derecho de los Negocios" (1992), 90-96.

[183] Para além destes, seria ainda possível falar de um terceiro sistema ou modelo transmissivo residual, exclusivo das ações e relativo às chamadas transmissões potestativas, efetuadas ao abrigo da "aquisição e alienação potestativa" (arts. 194º a 197º do CVM) e da "aquisição tendente ao domínio total" (art. 490º do CSC). Sobre estas figuras, vide ANTUNES, J. Engrácia, *A Aquisição Tendente ao Domínio Total,* Coimbra Editora, 2000.

III. As *transmissões fora do sistema*, também chamadas transmissões individualizadas, dizem respeito a todos os demais valores mobiliários, abrangendo assim os valores escriturais registados em intermediário financeiro não integrado ou no emitente (arts. 63º e 64º do CVM), os valores titulados depositados em intermediário financeiro autorizado (art. 99º, nº 1, *a)* e nº 2, *b)* do CVM), e os valores titulados não depositados. Neste último caso, haverá que distinguir consoante a modalidade dos valores em causa: os valores titulados nominativos transmitem-se por declaração de transmissão a favor do adquirente, seguida de registo junto da sociedade emitente (art. 102º, nºs 1 e 5 do CVM), os valores titulados ao portador depositados transmitem-se por registo na conta do depositário (art. 101º, nº 2 do CVM), os valores titulados ao portador não depositados transmitem-se por mera entrega do título ao adquirente (art. 101º, nº 1 do CVM), e todos os valores escriturais (sejam nominativos ou ao portador) transmitem-se pelo registo na conta do adquirente (art. 80º, nº 1 do CVM).[184]

IV. O regime legal da transmissão jusmobiliária é vasto e complexo – envolvendo múltiplos aspetos que aqui não podem ser abordados. Pense-se, apenas a título de exemplo, na existência de outras *modalidades transmissivas* – v.g., transmissões "inter vivos" ou "mortis causa" (arts. 101º, nº 3 e 102º, nº 3 do CVM), transmissões definitivas e temporárias (v.g., reporte, empréstimo)[185], transmissões onerosas e gratuitas (v.g., doação)[186] –, na problemática das *causas transmissivas* – que, recondu-

[184] É ostensivo o relevo crucial do *registo* no regime de transmissão dos valores mobiliários: com efeito, independentemente do contexto transmissivo (dentro ou fora do sistema) ou da modalidade dos valores (titulada ou escritural, nominativa ou ao portador), apenas se prescinde dele na transmissão dos valores titulados ao portador não depositados (sobre o relevo, efeitos, natureza jurídica e vícios do registo, vide ALMEIDA, C. Ferreira, *Registo de Valores Mobiliários*, especialmente 94 e segs., in: AAVV, "Direito dos Valores Mobiliários", vol. VI, 51-138, Almedina, Coimbra, 2006). Salientando ainda a progressiva autonomia entre transmissão e formas de representação, vide VIDAL, Isabel, *Da (Ir)relevância da Forma de Representação para Efeitos da Transmissão de Valores Mobiliários*, especialmente 301 e segs., in: 15 "Cadernos do Mercado de Valores Mobiliários" (2002), 287-316.

[185] LUCAS, François-Xavier, *Les Transfers Temporaires de Valeurs Mobilières*, LGDJ, Paris, 1997.

[186] KENEL, Philippe/ GAEVERT, Katia, *La Donation de Valeurs Mobilières: Outil de Planification Sucéssorale*, Larcier, Paris, 2006.

zindo-se usualmente ao contrato de compra e venda (art. 463º, nº 5 do CCom)[187], abrangem ainda toda uma panóplia de outros factos translativos especiais, sejam negociais (v.g., mútuo: cf. art. 291º, *b)* do CVM), judiciais (penhora de valores mobiliários: cf. art. 82º do CVM e arts. 774º, nº 1 e 780º, nº 14 do CPC) ou sucessórios[188] –, na determinação dos *efeitos transmissivos* – com relevo para a transferência da titularidade jusmobiliária (mormente, a natureza constitutiva ou declarativa do registo: cf. arts. 74º, nº 1 e 80. º, nº 1 do CVM), da legitimação jusmobiliária ativa e passiva (arts. 55º e 56º do CVM) e do risco (arts. 408º, nº 1 e 796º do CCivil)[189] –, ou ainda na existência de processos especiais de *transmissão massificada* – como é o caso das celebérrimas ofertas públicas de aquisição, de venda e de troca (arts. 173º e segs. do CVM).

4.4. Registo, Negociação e Liquidação

I. A encerrar, não poderia faltar uma brevíssima referência final às traves-mestras do próprio mercado de valores mobiliários, a saber, os *sistemas de registo e controlo, de negociação, e de liquidação e compensação.*

II. O *sistema centralizado de registo e controlo* ("global custody"), previsto e regulado nos arts. 88º e segs. do CVM, consiste no conjunto de entidades e regras relativas à formação, interrelação e movimentação de contas interligadas ("maxime", contas de registo da emissão, contas de registo individualizado, e respetivas contas de controlo) através das quais se processa a constituição e a transação dos valores mobiliários

[187] Silva, P. Costa, *Compra, Venda e Troca de Valores Mobiliários,* in: AAVV, "Direito dos Valores Mobiliários", 243-266, Lex, Lisboa, 1997.

[188] Questão particularmente interessante é a que diz respeito à relevância da causa no plano da transmissão dos valores mobiliários: para um exercício de reflexão a propósito do valor mobiliário por excelência, vide Almeida, C. Pereira, *Da Relevância da Causa na Circulação das Acções das Sociedades Anónimas fora do Mercado Regulamentado,* Coimbra Editora, 2007.

[189] Sustentando a natureza constitutiva do registo, vide Almeida, C. Ferreira, *Registo de Valores Mobiliários,* 101 e segs., in: AAVV, "Direito dos Valores Mobiliários", vol. VI, 51-138, Coimbra Editora, 2006; inversamente, defendendo a sua natureza meramente declarativa, Ascensão, J. Oliveira, *O Actual Conceito de Valor Mobiliário,* 41 e segs., in: AAVV, "Direito dos Valores Mobiliários", vol. III, 37-60, Coimbra Editora, 2001.

aí integrados, com vista a assegurar o controlo da quantidade dos valores em circulação.[190]

III. Os *sistemas de liquidação* ("settlement") e *compensação* ("clearing"), previstos nos arts. 258º e segs. do CVM, consistem no conjunto de entidades e regras relativas às transferências dos valores mobiliários para os transmissários (liquidação física) e do dinheiro para os transmitentes (liquidação financeira) e ao apuramento das posições líquidas dos participantes no sistema de liquidação.[191]

IV. O *sistema de negociação* ("trading") consiste no conjunto de entidades e regras relativas às formas organizadas de negociação dos valores mobiliários (mercados regulamentados, sistemas de negociação multilateral, internalização sistemática: cf. arts. 198º e segs. do CVM) e à celebração de negócios jurídicos destinados à constituição ou transmissão de valores mobiliários (mormente, a emissão e a execução das ordens: cf. arts. 325º e segs. do CVM) [192]. Domínio que tem sofrido uma significativa evolução ao longo das últimas décadas, importa fazer-lhe aqui uma referência especial.

[190] No plano nacional, a entidade gestora é a "INTERBOLSA – Sociedade Gestora de Sistemas de Liquidação e de Sistemas Centralizados de Valores Mobiliários, S.A.", detida a 100% pela "Euronext Lisbon" (cf. ainda os arts. 45º e segs. do Decreto-Lei nº 357-C/2007, de 31 de outubro, e o Regulamento CMVM nº 4/2007, de 5 de novembro). No panorama internacional, entre as entidades de custódia global, destacam-se a "EUROCLEAR" e a "CLEARSTREAM": cf. ainda BENJAMIN, Joanna/ YATES, Madeleine, *The Law of Global Custody*, Tottel, London, 2002.

[191] Sobre os sistemas de liquidação e compensação, bem assim como os serviços de contraparte central, vide ainda o Decreto-Lei nº 221/2000, de 9 de setembro, os arts. 42º e segs. do Decreto-Lei nº 357-C/2007, de 31 de outubro, e os Regulamentos CMVM nº 4/2007 e nº 5/2007, ambos de 9 de novembro. Cf. ainda, para além da bibliografia da nota anterior, BAUMS, Theodor/ CAHN, Andreas, *Die Zukunft des Clearing und Settlement*, De Gruyter Recht, Berlin, 2006; HUANG, Jiabin, *The Law and Regulation of Central Counterparties*, Hart, Oxford, 2010; LOADER, David, *Clearing, Settlement and Custody*, Butterworths-Heinemann, Oxford, 2002.

[192] Sobre os sujeitos e o regime de funcionamento dos mercados regulamentados e sistemas de negociação multilateral, vide ainda os arts. 4º e segs. do Decreto-Lei nº 357-C/2007, de 31 de outubro, e os Regulamentos CMVM nº 3/2007 e nº 4/2007, ambos de 9 de novembro.

V. São três as formas organizadas de negociação de valores mobiliários no direito português vigente[193]. Por um lado, os *mercados regulamentados ou MRs* (art. 199º do CVM), que se definem como aqueles sistemas que, tendo sido autorizados como tais por qualquer Estado membro da União Europeia, são multilaterais e funcionam regularmente a fim de possibilitar o encontro de interesses relativos a instrumentos financeiros com vista à celebração de contratos sobre tais instrumentos (v.g., "Euronext", "MAB – Mercado Alternativo Bursátil", "MEFF – Mercado de Productos Financieros", "Eurex", etc.)[194]. Por outro lado, os *sistemas de negociação multilateral ou MTF* ("multilateral trading facilities", "multilaterales Handelssystem", "plateforme multilatérale de négotiation"), que se definem como aqueles que, mediante o confronto de múltiplos interesses de compra e venda de instrumentos financeiros, permitem a conclusão de negócios sobre tais instrumentos (os quais, contando-se hoje já por várias centenas e graças à maior rapidez e menor custo das respetivas transações, vêm concorrendo crescentemente com os mercados regulamentados tradicionais: v.g., "Chi-X", "NYSE Arca Europe", "Nasdaq OMX Europe", "Project Turquoise", etc.)[195]. Finalmente, temos

[193] Questão em aberto é a de saber se serão admissíveis outros sistemas de negociação não contemplados na lei (negativamente, RODRIGUES, S. Nascimento, *Cabimento da Figura dos "Mercados não Regulamentados" no Âmbito da DMIF e na Consequente Revisão do CVM*, in: AAVV, "Direito dos Valores Mobiliários", vol. VIII, 319-335, Coimbra Editora, Coimbra, 2008).

[194] Em Portugal, existem três MRs atualmente em funcionamento: o mercado de cotações oficiais "Euronext Lisbon", gerido pela "Euronext Lisbon – Sociedade Gestora de Mercados Regulamentados, S.A."; o mercado especial de dívida pública (MEDIP), gerido pela "MTS Portugal, SGMR, S.A." (cf. Portaria nº 556/2005, de 27 de junho); e o mercado de derivados do mercado ibérico de eletricidade (MIBEL), gerido pelo "OMIP – Operador do Mercado Ibérico de Eletricidade".

[195] Em Portugal, existem três MTF atualmente em funcionamento: o "PEX", gerido pela "OPEX – Sociedade Gestora de Mercados de Valores Mobiliários não Regulamentados, S.A.", bem como o "Easynet Lisbon" e o "Alternext", ambos geridos pela "Euronext Lisbon – Sociedade Gestora de Mercados Regulamentados, S.A.". Sobre os sistemas de negociação multilateral – que giram também sob outras designações ("property trading systems", "bulletin boards", "electronic communication networks", "internal broker-dealer systems", "single-price auction systems", etc.) –, vide, entre nós, SANTOS, André, *Os Sistema de Negociação Multilateral: Uma Perspetiva Jurídica Atual*, in: 42 "Cadernos do Mercado de Valores Mobiliários" (2012), 8-39; SOUSA, Rita/ VIDAL, Isabel/ RODRIGUES,

a *internalização sistemática ou IS* ("systematic internaliser", "systematischer Internalisierung", "internalisation systématique"), consistente na atividade organizada e sistemática de negociação por conta própria, realizada em execução de ordens de clientes, fora de um mercado regulamentado ou um sistema de negociação multilateral.[196]

VI. O dinamismo das plataformas de negociação, aliás, afigura-se aparentemente imparável[197]. Com efeito, para além dos sistemas atualmente previstos no CVM, o elenco legal deverá passar a incluir em breve um novo sistema previsto na DMIF II de 2014: falamos do *"sistema de negociação organizada"* ("organized trading facility" ou OTF), destinado a abranger plataformas multilaterais de negociação residuais que, não sendo mercados regulamentados ou MTF, permitem a interação de múltiplos interesses de compra e venda de obrigações, produtos finan-

S. Nascimento, *Aspectos Jurídicos dos Sistemas Alternativos de Negociação*, in: 12 "Cadernos do Mercado de Valores Mobiliários" (2001), 187-214; para maiores desenvolvimentos, DAIGRE, Jean-Jacques, *Les ATS (Alternative Trading Systems)*, in: AAVV, "Droit Bancaire et Financier", vol. I, 425-445, Éd. Banque, Paris, 2001; FRASE, Dick/ PERRY, Helen (eds.), *Exchanges and Alternative Trading Systems*, Sweet & Maxwell, London, 2002; KRAUSE, Nils, *Alternative Wertpapierhandelssysteme unter besonderer Berücksichtigung von Regulierungs- und Aufsichtsproblemen in Internet*, Peter Lang, Frankfurt am Main, 2005.

196 Sobre a internalização sistemática, vide PEREIRA, C. Dias, *Internalização Sistemática – Subsídios para o Estudo de uma Nova Forma Organizada de Negociação*, in: 27 "Cadernos do Mercado de Valores Mobiliários" (2007), 150-160; VIDAL, Isabel, *Internalização Sistemática*, in: AAVV, "Direito dos Valores Mobiliários", vol. IX, 221-246, Coimbra Editora, 2009. Para outros desenvolvimentos, vide FERRARINI, Guido/ RECINE, Fabio, *The MiFID and Internalisation*, in: Ferrarini, Guido/ Wymeersch, Eddy, "Investor Protection in Europe: Corporate Law Making, the MiFID and Beyond", 235-267, Oxford University Press, Oxford, 2006; GOMBER, Peter/ ROLAND, Wittner, *Systematic Internalisers – The New Trading Animals in Europe*, in: 1 "The Journal of Trading" (2006), nº 4, 104-110.

197 Este dinamismo foi bem ilustrado pela chamada *negociação de alta frequência* ("high-frequency trading" ou HFT), forma sofisticada de negociação algorítmica realizada informaticamente, que permite efetuar operações em escala de venda e compra em milésimos de segundo, e que esteve na origem do "Flash Crash" de 6 de maio de 2010, em que os principais índices bolsistas norte-americanos, como o "S&P 500", o "Dow Jones Industrial Average" e o "Nasdaq Composite", caíram abruptamente 9% para voltar a recuperar totalmente no espaço de 36 minutos. Sobre a figura, vide ALMEIDA, M. Santos, *Introdução à Negociação de Alta Frequência*, in: 54 "Cadernos do Mercado de Valores Mobiliários" (2016), 23-36.

ceiros estruturados, licenças de emissão ou derivados manifestados por terceiros de modo a que tal resulte num contrato.[198]

§2
Espécies

1. Ações
1.1. Noção

I. As ações ("shares", "Aktien", "actions", "azioni") *são valores mobiliários, emitidos por sociedades anónimas, representativos da participação social do acionista.*[199]

II. A ação, prevista no art. 1º, *a)* do CVM, constitui o valor mobiliário tradicional e por excelência, encontrando-se regulada, fundamentalmente, no CSC (arts. 298º e segs.), para além de vários diplomas legais avulsos (v.g., Lei nº 63-A/2008, de 24 de novembro, Decreto-Lei nº 63-A/2016, de 23 de setembro) e, naturalmente, do próprio CVM.

1.2. A Ação como Produto Financeiro

I. Antes do mais, convém advertir que o termo "ação" constitui um *vocábulo polissémico*, sendo utilizado tradicionalmente pela lei, doutrina e jurisprudência em três sentidos diferentes.

[198] Sobre este novo sistema, vide Moloney, Niahm, *EC Securities and Financial Markets Regulation*, 462 e segs., 3rd edition, Oxford University Press, Oxford, 2014; Reygrobellet, Arnaud, *Les OTF: Une Réponse Pertinente aux Failles de MIF I?*, in: 11 "Bulletin Joly Bourse" (2015), 526-531.

[199] Sobre as ações em geral, vide Labareda, João, *Das Acções das Sociedades Anónimas*, AAFDL, Lisboa, 1988; enquanto valores mobiliários, vide Ascensão, J. Oliveira, *As Acções*, in: AAVV, "Direito dos Valores Mobiliários", vol. II, 57-90, Coimbra Editora, 2000; Martins, A. Soveral, *Valores Mobiliários (Acções)*, Almedina, Coimbra, 2003. Noutros quadrantes, vide Dios, G. Muñoz, *La Acción como Valor Negociable*, in: 2 "La Ley" (1992), 1063-1080; Le Nabasque, Henri, *Les Actions comme Titres de Créances Negociables*, in: "Mélanges en l'Honneur de Yves Guyon", 671-688, Dalloz, Paris, 2003; Signorelli, Fabio, *Azioni, Obbligazioni e Strumenti Finanziari Partecipativi*, 7 e segs., Giuffrè, Milano, 2006. As ações são também emitidas pelas sociedades em comandita por ações, as quais, todavia, em virtude da sua importância prática residual, não serão objeto da nossa atenção.

II. Desde logo, por ação entende-se a *participação social* ou "socialidade", ou seja, o conjunto unitário de direitos e obrigações (mas também ónus, expectativas, faculdades, e sujeições) de que uma pessoa singular ou coletiva é titular na sua qualidade de sócio de uma sociedade anónima (v.g., arts. 272º, *a)*, 276º, 302º do CSC). Outras vezes, fala-se de ação para designar cada *fração do capital social* das sociedades anónimas e comanditárias por ações: esta aceção transparece exemplarmente do art. 271º do CSC, segundo o qual "na sociedade anónima, o capital está dividido em ações" (cf. também os arts. 272º, *a)*, 276º e 465º, nº 3 do CSC). Finalmente, o termo ação é também frequentemente usado para designar a particular *forma de representação* da participação social, abrangendo simultaneamente a representação cartular (título ou documento de papel) e escritural (registo em conta ou suporte informático) (v.g., arts. 274º, 301º, 304º do CSC). Cunhada há quase século e meio por Achille RENAUD, pode dizer-se que esta tríplice dimensão semântica – que distingue entre as dimensões societária ("Aktienrecht"), capitalística ("Aktienquote") e representativa ("Aktienurkunde") da ação – resistiu bem à erosão do tempo, permanecendo ainda hoje operacionalmente útil.[200]

III. Mas as ações foram ganhando progressivamente um quarto e importantíssimo significado, justamente acolhido no art. 1º, *a)* do CVM – o de *"produto financeiro"*, ou seja, de instrumento financeiro negociável no mercado de capitais. Com efeito, a sociedade anónima constitui hoje um mecanismo fundamental de financiamento da grande empresa moderna com o capital aberto ao público investidor ("public corporation"): graças a ela, as grandes empresas sucedem a financiar-se diretamente junto de uma miríade de pequenos aforradores ou investidores que estão dispostos a aplicar as suas poupanças subscrevendo o respetivo capital social no momento da sua emissão (mercado primá-

[200] *Das Recht der Actiengesellschaft*, 90, 2. Aufl., Tauchnitz, Leipzig, 1875. Sobre ela, entre muitos outros, e com quase cem anos de intervalo entre si, vide GONÇALVES, L. Cunha, *Comentário ao Código Comercial Português*, vol. I, 379, Ed. José de Bastos, Lisboa, 1916; e ASCENSÃO, J. Oliveira, *As Acções*, 61 e segs., in: AAVV, "Direito dos Valores Mobiliários", vol. II, 57-90, Coimbra Editora, 2000.

rio) ou negociando-o em momento posterior (mercado secundário)[201]. Ao colocar em contacto agentes excedentários (aforradores) e deficitários (empresas) e ao transformar capital de poupança (curto prazo) em capital empresarial (longo prazo), pode dizer-se que as ações das sociedades anónimas estão hoje realmente em pleno epicentro do mercado de capitais. Ora, este novo significado ou dimensão da ação é prenhe de implicações: entre outras consequências, tal significa dizer que os pequenos acionistas, mais do que simplesmente sócios de uma sociedade e titulares nesta de uma "participação social" (regida pelo CSC), corresponderão, no comum dos casos, a meros financiadores de uma empresa e titulares de um "produto financeiro" dotado de uma regulação própria (regido pelo CVM).[202]

1.3. Conteúdo

I. As ações são valores mobiliários que representam uma *participação social* ou "socialidade" ("Mitgliedschaft", "membership", "socialité"): tal significa dizer que investem o acionista num conjunto unitário de direitos, obrigações e outras posições jurídicas (ónus, expectativas, faculdades, sujeições) em face da sociedade anónima emitente. Ora, tomando justamente por referência os direitos e deveres inerentes às ações, é possível dividir estas em *ações ordinárias* e *ações especiais*.

II. As *ações ordinárias* investem o respetivo titular nos direitos e obrigações comuns ou ordinários inerentes à qualidade de acionista: trata-se, no fundo, daquele acervo de direitos e deveres, de natureza patrimonial (v.g., direito aos lucros, obrigação de entrada) e organizativa (v.g.,

[201] Como é evidente, a sociedade anónima é um tipo social elástico, podendo ser também utilizado por empresas de pequena dimensão, familiares ou fechadas, com um número reduzido de sócios ("private corporations"). Sobre as sociedades anónimas abertas, vide ALMEIDA, A. Pereira, *Sociedades Abertas*, in: AAVV, "Direito dos Valores Mobiliários", vol. VI, 9-49, Coimbra Editora, 2006; sobre as sociedades anónimas fechadas, GONZÁLEZ, A. Viera, *Las Sociedades de Capital Cerradas*, Aranzadi, Pamplona, 2002.

[202] Sobre as ações como "produto financeiro", vide CASTRO, C. Osório, *Valores Mobiliários: Conceito e Espécies*, 73 e segs., 2ª edição, UCP Editora, Porto, 1998; noutros quadrantes, KÜBLER, Friedrich, *Aktie, Unternehmensfinanzierung und Kapitalmarkt*, C. Heymanns, Köln, 1989.

direito de voto, direito à informação, etc.), que a lei atribui, imperativa ou supletivamente, às ações em geral (genericamente referidos nos arts. 20º e segs., 285º e segs. do CSC).[203]

III. As *ações especiais* – por vezes impropriamente denominadas "ações privilegiadas"[204] – designam aquelas ações que conferem ao seu titular determinados direitos e/ou obrigações especiais, nos termos previstos nos estatutos sociais[205]. Tais ações podem consistir em ações "privilegiadas" – v.g., atributivas de um direito majorado ao dividendo ou quota de liquidação (art. 302º, nº 1 do CSC) –, ações "diminuídas" – v.g., impondo um dever especial de efetuar prestações acessórias além das entradas (art. 287º do CSC) – ou mistas – quando combinem a atribuição de direitos e obrigações especiais[206]. Do mesmo modo, tais ações podem corresponder a modalidades típicas, previstas diretamente pelo legis-

[203] Sobre estes direitos e deveres gerais, que constituem o conteúdo típico da participação social, vide MARTINS, A. Soveral/ RAMOS, M. Elisabete, *As Participações Sociais,* in: AAVV, "Estudos de Direito das Sociedades", 113-150, 12ª edição, Almedina, Coimbra, 2015; VASCONCELOS, P. Pais, *A Participação Social nas Sociedades Comerciais,* Almedina, Coimbra, 2005. Para maiores desenvolvimentos, vide HABERSACK, Mathias, *Die Mitgliedschaft – subjektives und 'sonstiges' Recht,* Mohr, Tübingen, 1996; RIVOLTA, G. Carlo, *La Partecipazione Sociale,* Giuffrè, Milano, 1965.

[204] TELLES, I. Galvão, *Acções Privilegiadas,* in: 87 "O Direito" (1955), 302-323. Esta nomenclatura tradicional deve hoje considerar-se ultrapassada. Para além de expressão homónima ser utilizada pelo legislador para designar um dos vários tipos de ações especiais ("ações preferenciais sem direito de voto": cf. arts. 341º e segs. do CSC), tal terminologia é redutora na medida em que apenas traduz, na verdade, um setor da realidade geral objeto de análise: como veremos já em seguida, a especialidade das ações não ordinárias tanto pode consistir, do ponto de vista dos seus titulares, na atribuição de um privilégio como na imputação de um dever.

[205] Sobre os direitos especiais, vide CUNHA, P. Olavo, *Os Direitos Especiais nas Sociedades Anónimas: As Acções Privilegiadas,* 13 e segs., Almedina, Coimbra, 1993; DIAS, Cristiano, *Direitos Especiais dos Sócios,* Almedina, Coimbra, 2015.

[206] Por comodidade de exposição, falamos aqui de direitos e obrigações (típicas) especiais mas nada impede que se trate de *posições jurídico-societariamente atípicas*: assim, por exemplo, poderá constituir uma categoria especial de ações aquela que sujeita os seus titulares a determinadas limitações em matéria de transmissibilidade (v.g., consentimento da sociedade, preferência dos demais acionistas), ou, inversamente, aquela que concede aos seus titulares uma isenção especial a blindagens estatutárias em matéria de transmissão.

lador – é o caso das ações preferenciais sem voto (arts. 341º e segs. do CSC), das ações preferenciais remíveis (art. 345º do CSC), e das ações de fruição (art. 346º do CSC) –, como frequentemente a modalidades atípicas, resultantes da pura criatividade dos sócios (v.g., ações setoriais ou "tracking stocks")[207]. Intimamente associada às ações que conferem direitos e/ou obrigações especiais está a noção de *categoria de ações* ("Aktiengattungen", "catégorie d'actions", "categoria d'azioni"), acolhida nos art. 45º do CVM e art. 302º do CSC, para designar o conjunto de ações de uma sociedade anónima que possui o mesmo conteúdo: as ações que incorporam direitos e/ou obrigações especiais idênticos formam assim uma categoria especial de ações, muito embora as ações ordinárias constituam também uma categoria (podendo, no entanto, uma sociedade anónima não emitir ações ordinárias, mas apenas duas ou mais categorias especiais de ações).[208]

IV. O regime jurídico das categoriais especiais de ações é complexo. Entre uma enorme variedade de aspetos que aqui não podem ser analisados, sublinhe-se singelamente que as categorias especiais de ações devem constar expressamente dos *estatutos sociais* (art. 272º, *c)* do CSC); e que as posições jurídico-societárias especiais que incorporam são *apanágio da própria categoria*, e não dos acionistas individualmente considerados, sendo assim insuscetíveis de transmissão autónoma em face das ações da respetiva categoria (art. 24º, nº 4 do CSC).[209]

1.4. Modalidades

I. Ao lado das ações ordinárias ("ordinary stock"), existe um imenso rol de *ações especiais* que se contradistinguem pela natureza particular dos

[207] Para algumas destas modalidades, vide *infra* Cap. II, §2, 1.4.

[208] Salientando este aspeto, MARTINS, A. Soveral, *Art. 302 do CSC – Categorias de Ações*, 328, in: "Código das Sociedades Comerciais em Comentário", vol. VI, 326-329, Almedina, Coimbra, 2012.

[209] Para além desta distinção (ações ordinárias e especiais), as ações podem ser também objeto de outras classificações: é o caso da distinção entre *ações tituladas e escriturais*, assente no critério da forma de representação (arts. 41º a 56º do CVM), e entre *ações nominativas e ao portador*, assente no critério da identificabilidade dos seus titulares (arts. 272º, *d)*, 299º e 301º do CSC, arts. 52º a 54º do CVM). Sobre a noção e o regime legal destas modalidades, já atrás estudados a propósito dos valores mobiliários em geral, vide *supra* Cap. II, §1, 3.

emitentes, do conteúdo dos direitos acionistas, ou até do seu regime jurídico[210]. Entre elas, refiram-se, a título de exemplo, as seguintes.

II. As *ações preferenciais sem voto* ("preferred shares", Vorzugaktien", "azioni di risparmio"), previstas e reguladas nos arts. 341º e segs. do CSC, são ações que atribuem aos respetivos titulares um direito prioritário ("premier dividende") ou até majorado (quinhão comparativamente superior ao dos demais sócios) ao dividendo, bem como um direito ao reembolso prioritário do capital em caso de liquidação, em contrapartida da privação do direito de voto.[211]

III. As *ações remíveis* ("redeemable shares"), previstas e reguladas no art. 345º do CSC, são ações privilegiadas que ficam sujeitas à respetiva remissão em data futura determinada ou determinável: trata-se de uma submodalidade das ações privilegiadas ou preferenciais dotadas de um privilégio de natureza patrimonial (v.g., dividendo prioritário) cujos titulares ficam sujeitos ao respetivo reembolso (pelo valor nominal, podendo prever-se um "prémio de remição") em data fixada nos estatutos sociais ou a determinar mediante deliberação da assembleia geral.[212]

IV. As *ações de fruição*, previstas no art. 345º, nº 6 do CSC, são ações antecipadamente reembolsadas que conferem aos acionistas direitos

[210] Para diferentes tipologias jurídicas, Bione, Massimo, *Le Azioni*, in: Colombo, Giovanni/ Portale, Giuseppe, "Tratatto delle Società per Azioni", vol. 2, 3-98, Utet, Torino, 1991; Moyano, B. Peñas, *Las Clases de Acciones como Instrumentos Financieros en los Derechos de Sociedades Británico y Estadounidense*, Aranzadi, Pamplona, 2008; Polte, Marcel, *Aktiengattungen*, Peter Lang, Frankfurt am Main, 2005.

[211] Sobre esta categoria especial de ações, vide Castro, C. Osório, *Acções Preferenciais sem Voto*, in: AAVV, "Problemas do Direito das Sociedades", 281-320, Almedina Coimbra, 2002; sobre a recente flexibilização do regime legal das ações preferenciais sem voto e remíveis, resultante do Decreto-Lei nº 26/2015, de 4 de abril, vide Baptista, D. Farto, *Ações Preferenciais sem Voto*, in: "IV Congresso da DSR", 411-440, Almedina, Coimbra, 2016; Marques, Elda, *As Recentes Alterações ao Regime das Ações Preferenciais*, in: VII "Direito das Sociedades em Revista" (2015), 219-246.

[212] Sobre as ações remíveis, vide Ascensão, J. Oliveira, *As Acções*, 73 e seg., in: AAVV, "Direito dos Valores Mobiliários", vol. II, 57-90, Coimbra Editora, 2000; Ventura, Raúl, *Estudos Vários sobre Sociedades Anónimas*, 454 e segs., Almedina, Coimbra, 1994.

patrimoniais "subordinados": tendo as ações sido objeto de amortização total, os respetivos titulares passam a participar nos lucros de exercício e no saldo de liquidação apenas após os demais acionistas comuns terem recebido os seus dividendos ou o produto de liquidação.[213]

V. As *ações setoriais* ("tracking stocks") são ações caracterizadas pelo facto de atribuírem aos respetivos titulares um direito especial aos lucros indexado aos resultados de uma sociedade-filha ou de um determinado setor de atividade económico particular da sociedade emitente (v.g., o negócio de "internet" ou cabo numa empresa de telecomunicações). Trata-se, no fundo, de ações com direitos patrimoniais indexados ao desempenho de unidades ou setores do emitente, cujo rendimento acompanha ou segue ("to track") os resultados ou "performance" de uma unidade de negócio de uma empresa unissocietária – ou seja, que incorporam um direito aos lucros indexado aos resultados de um setor de atividade económico-funcional da sociedade emitente ("divisional shares") – ou de uma empresa plurissocietária – ou seja, cujo direito aos lucros está indexado aos resultados de uma sociedade-filha integrada no perímetro do grupo da sociedade emitente.[214]

VI. As *ações douradas* ("golden shares") são ações detidas pelo Estado ou outras pessoas coletivas de direito público que, no âmbito da prossecução do interesse público, atribuem àqueles o direito de veto em deliberações da assembleia geral relativas a determinadas matérias, tipificadas nos estatutos sociais, independentemente do montante do capital detido (art. 15º, nºs 1, 2 e 3 da Lei nº 11/90, de 5 de abril). Trata-se de figura que, tendo ganho especial relevância no quadro das operações de reprivati-

[213] Sobre as ações de fruição, vide Ascensão, J. Oliveira, *As Acções*, 74 e segs., in: AAVV, "Direito dos Valores Mobiliários", vol. II, 57-90, Coimbra Editora, 2000; Ventura, Raúl, *Estudos Vários sobre Sociedades Anónimas*, 487 e segs., Almedina, Coimbra, 1994.

[214] Sobre a figura ("Spartenaktien", "actions traçantes", "azioni correlate"), vide Gomes, Fátima, *As "Tracking Stocks" como Categoria de Acções e a sua Compatibilidade com o Ordenamento Jurídico Português*, in: II "Direito das Sociedades em Revista" (2010), 76-113; Magina, Joana, *Tracking Stocks – Uma Ausência Motivada pelo Esquecimento ou pela Rejeição?*, in: VIII "Direito das Sociedades em Revista" (2016), 125-150; mais desenvolvimentos em Tonner, Martin, *Tracking Stocks*, Carl Heymanns, Köln, 2002.

zação das empresas públicas portuguesas (e não só...), viria a ser erradicada no ordenamento jurídico português na sequência do Acórdão do TJUE de 8 de julho de 2010 (Lei nº 50/2011, de 13 de setembro).[215]

VII. *As ações especiais de capitalização pública,* previstas no art. 4º da Lei nº 63-A/2008, de 24 de novembro e nos arts. 9º e 11º da Portaria nº 140/2014, de 8 de julho, são ações emitidas por instituições de crédito no âmbito de operações de capitalização com recurso a investimento público, tendo em vista o cumprimento dos rácios de fundos próprios.[216]

VIII. As *ações geminadas* ("stapled stock", "Verbundenenaktien", "actions jumelées") são valores acionistas cuja particularidade reside em ligar indissociavelmente as ações de duas ou mais sociedades anónimas para efeitos da respetiva negociação, de tal modo que nenhuma delas pode ser transmitida autonomamente.[217]

1.5. Emissão

I. As ações são valores mobiliários sujeitos a um percurso vital, que vai desde o seu nascimento (*emissão*), passando por diversas vicissitudes (*titularidade, transmissão, oneração, execução*), até ao seu desaparecimento (*extinção*).

II. A *emissão* de ações tem usualmente a sua origem remota na *constituição da sociedade,* através da outorga do ato constitutivo social (art. 7º do CSC), ou no *aumento do seu capital social,* através da subscrição de novas ações (aumento por novas entradas: cf. arts. 87º e segs. do CSC).[218]

[215] Sobre a figura, vide ALBUQUERQUE, Pedro/ PEREIRA, M. Lurdes, *As "Golden-Shares" do Estado Português em Empresas Privatizadas: Limites à sua Admissibilidade,* Coimbra Editora, Coimbra, 2006; RODRIGUES, N. Cunha, *"Golden-Shares": As Empresas Participadas e os Privilégios do Estado enquanto Accionista Minoritário,* espec. 255 e segs., Coimbra Editora, 2004.

[216] CUNHA, P. Olavo, *Os Novos Direitos Especiais: As Ações Especiais,* 136 e segs., in: "II Congresso Direito das Sociedades em Revista", 111-146, Almedina, Coimbra, 2012.

[217] Sobre a figura, ainda desconhecida entre nós, vide BORNSCHEID, Jens, *Stapled Stock,* 4 e segs., Peter Lang, Frankfurt am Main, 2006; LAPLANCHE, Renaud/ TURCK, Matt, *Le Jumelage d'Actions,* in: 592 "Jurisclasseur Périodique – Édition Générale" (1996), 409-415.

[218] Mais raramente, essa emissão pode ocorrer no contexto de determinadas operações de reorganização societária, tais como nos casos de fusão-constituição ou fusão-incorporação (seguida de aumento de capital da sociedade incorporante), de cisão-simples ou cisão-

III. As ações, enquanto frações do capital da sociedade anónima (art. 271º do CSC), possuem um *valor nominal* (fixado antecipadamente nos estatutos sociais e igual entre si) ou um *valor de emissão* (fixado livremente pela sociedade, no caso de ações sem valor nominal) (art. 276º, nº 1 do CSC), que não pode ser inferior a 1 cêntimo (art. 276º, nº 3 do CSC)[219]. Sublinhe-se que o valor "facial" ou o próprio valor de emissão de uma ação não se confunde com o seu *valor de mercado* ("cotação") – que é o preço da ação resultante do encontro entre procura e oferta no mercado bolsista (falando-se assim em "capitalização bolsista" para designar o valor que o mercado atribui à empresa societária, consistente no produto do número total das ações pela respetiva cotação) – nem com o seu *valor contabilístico* – que é o valor resultante da divisão do montante do capital próprio pelo número de ações emitidas.

IV. Além disso, as ações são *subscritas* mediante entradas em dinheiro ou bens (art. 277º, nº 1 do CSC) – podendo o valor dessa subscrição ser superior ou igual, mas jamais inferior, ao seu valor nominal ou de emissão (proibição de subscrição "abaixo do par" ou "abaixo da emissão": cf. arts. 25º, nos 1 e 2 e 298º, nº 1 do CSC)[220] – e são absolutamente *indivisíveis* (art. 276º, nº 6 do CSC) – vedando-se assim o fracionamento de uma ação em duas ou mais ações ("stock split") fora do quadro da cor-

-fusão, de transformação novatória (de outro tipo social numa sociedade anónima), ou até de plano de insolvência (art. 198º, nos 2, *b)* e 4 do CIRE). Cf. ESPINOSA, F. Alonso, *Emisión de Acciones*, in: AAVV, "Instituciones del Mercado Financiero", vol. VII, 4105-4160, La Ley, Madrid, 1999.

219 Sobre as ações sem valor nominal, e seu regime jurídico, introduzidas com o Decreto-Lei nº 49/2010, de 19 de maio, vide CÂMARA, Paulo/ ANTUNES, A. Morais, *Acções sem Valor Nominal*, Coimbra Editora/ Wolters Kluwer, Coimbra, 2011; DOMINGUES, P. Tarso, *As Acções sem Valor Nominal*, in: II "Direito das Sociedades em Revista" (2010), 181-213. Para mais desenvolvimentos, vide FIGÁ-TALAMANCA, Giovanni, *Il Valore Nominale delle Azioni*, Giuffrè, Milano, 2001; LAÍN, P. Alemán, *Función del Valor Nominal de las Acciones. Una Aproximación desde el Derecho Norteamericano*, Aranzadi, Navarra, 2003; TREEGER-HUBER, Barbara, *Rechtliche Probleme der Stückaktien*, Peter Lang, Frankfurt am Main, 2004.

220 Atente-se ainda no regime excecional transitório que foi previsto pelo Decreto-Lei nº 64/2009, de 20 de março, o qual, com vista a facilitar as operações de capitalização das sociedades anónimas na sequência da crise financeira de 2008, veio consagrar mecanismos extraordinários de diminuição do valor nominal das ações.

respondente alteração estatutária (v.g., uma ação de valor nominal de 10 euros não pode ser dividida "ad libitum" em duas de 5 euros cada).[221]

V. Aspeto relevante é o da *cisão* entre a ação-"participação social" e a ação-"valor mobiliário" para efeitos da respetiva emissão: ao passo que a qualidade de acionista surge imediatamente com o registo do contrato social ou a deliberação do aumento de capital (arts. 5º, 88º e 274º do CSC), a emissão da ação como valor mobiliário apenas ocorre posteriormente com a criação e entrega do título (ações tituladas: cf. art. 95º do CVM) ou o registo em conta do respetivo titular (ações escriturais: cf. art. 73º, nº 1 do CVM) (cf. ainda art. 47º do CVM).[222]

VI. Enfim, para o caso específico das ações tituladas, deve ainda ter-se presente que a sociedade poderá emitir *títulos provisórios nominativos* ou *cautelas* ("Zwischenscheine") (art. 304º, nº 1 do CSC, art. 96º do CVM) – que não se confundem com os documentos de quitação da subscrição das ações (art. 304º, nº 8 do CSC) e que substituem, para todos os efeitos, os títulos definitivos (art. 304º, nº 2 do CSC) –, estando obrigada a emitir as ações e a entregá-las aos acionistas no prazo máximo de 6

[221] Com esta caraterística ("indivisibilidade") não se podem confundir as situações de cindibilidade – que respeitam à possibilidade do destaque e autonomização dos direitos sociais inerentes à ação (cf. arts. 1º, *f*) e 55º, nº 3 do CVM) –, de contitularidade – relativa a ações que pertencem em compropriedade a várias pessoas (arts. 7º, nº 3, 303º do CSC, art. 57º do CVM) –, de concentração – que respeita à unificação documental de uma pluralidade de ações tituladas (art. 98º do CVM) – e ainda de reagrupamento – que permite às sociedades com ações admitidas à negociação reagruparem estas ações sem alteração do capital social (art. 23º-E do CVM). Uma ilustração do último tipo de situação pode ser encontrada no regime de "reverse stock split" introduzido pelo Decreto-Lei nº 63-A/2016, de 23 de setembro (cf. CUNHA, P. Olavo, *O (Re)Agrupamento de Ações (Só) nas Sociedades Cotadas*, in: VII "Direito das Sociedades em Revista" (2016), 197-206; SANTOS, F. Cassiano/ PESSOA, Diogo, *O Reagrupamento de Ações – Primeiras Notas ao Regime Instituído pelo Decreto-Lei nº 63-A/2016*, in: VIII "Direito das Sociedades em Revista" (2016), 33-54).

[222] Questão complexa, sobre a qual aqui não tomaremos posição, é a de saber se e em que termos a ação-participação social poderá ser objeto de negociação antes do próprio nascimento do valor mobiliário: sobre a questão, vide TORRES, N. Pinheiro, *Da Transmissão de Participações Sociais não Tituladas*, especialmente 60 e segs., 79 e segs., UCP, Porto, 1999. Para outras facetas da autonomia das dimensões societária e representativa das ações, vide STAUFFER, Emmanuel, *L'Actionnaire Sans Titre – Ses Droits*, Georg, Genéve, 1977.

meses a contar da data da constituição social ou do aumento de capital (art. 304º, nº 3 do CSC).

1.6. Titularidade

I. As ações são valores mobiliários cuja *titularidade* pode, em princípio, caber a qualquer pessoa singular ou coletiva, de direito privado ou público, nacional ou estrangeira.[223]

II. Semelhante titularidade acionista pode revestir uma pluralidade de tonalidades específicas. Pode assim falar-se de *titularidade simples* ou *contitularidade* (consoante as ações têm apenas um único titular ou vários contitulares: cf. arts. 7º, nº 3, e 303º do CSC, arts. 57º e 68º, nº 1, *a)* do CVM), de *titularidade originária* ou *superveniente* (consoante resulte de subscrição no momento da respetiva emissão ou de posterior transmissão "inter vivos" ou "mortis causa"), de *titularidade direta* ou *indireta* (consoante se trate de uma titularidade jurídico-formal em nome próprio ou antes uma titularidade fáctico-material obtida por intermédio de terceiros: cf. art. 483º, nº 2 do CSC, arts. 20º e 20º-A do CVM), ou ainda de *heterotitularidade* ou *autotitularidade* (consoante as ações são detidas por terceiros ou pela própria sociedade, originando as chamadas ações próprias: cf. arts. 316º a 325º-B do CSC).

III. Ao lado destas dimensões jurídico-positivas e individuais da titularidade, existem decerto outras aceções relevantes. Assim, num plano macrojurídico, é frequentemente referida na doutrina a distinção entre *titularidade dispersa e concentrada*, cujo critério classificatório assenta na propriedade e controlo da grande sociedade anónima: a titularidade dispersa, típica das sociedades norte-americanas, caracteriza-se por uma enorme dispersão do capital social pelo público investidor, e a titularidade concentrada, que pode ser encontrada mais comummente nas

[223] Do mesmo modo, para efeitos da lei jusmobiliária portuguesa, deve considerar-se indiferente se as ações são emitidas por uma sociedade anónima ou em comandita por ações com sede em Portugal ou no estrangeiro, conquanto sejam passíveis de negociação no mercado de capitais português (cf. ainda arts. 13º, nº 1, *b)* a *d)*, 227º e segs. do CVM). Sobre o ponto, vide também HIRTE, Heribert/ MÖLLERS, Thomas (Hrsg.), *Kölner Kommentar zum WpHG*, 84, Carl Heymanns, Köln, 2007.

sociedades europeias, caracteriza-se pela concentração da maioria do capital (ou, pelo menos, do seu controlo) nas mãos de grupos coesos e ativos de acionistas.[224]

1.7. Transmissão, Oneração, Extinção

I. As ações são ainda valores mobiliários passíveis de *transmissão*[225]. As ações são, em princípio, livremente negociáveis ou transmissíveis (art. 328º, nº 1 do CSC): este *princípio geral de liberdade* pode, todavia, sofrer limitações legais – por exemplo, em sede de ações próprias (v.g., art. 317º, nº 2 do CSC), de ações reciprocamente detidas (v.g., art. 485º do CSC) – ou limitações estatutárias – exclusivamente no caso das ações nominativas, através das chamadas cláusulas de consentimento, de preferência, e de condicionamento de transmissão (art. 328º, nº 2 do CSC).[226]

II. O *regime* da transmissão das ações foi já atrás descrito – para onde agora remetemos[227]. No essencial, as ações escriturais e as ações tituladas em sistema centralizado transmitem-se por meros registos em conta (arts. 80º e 105º do CVM), sendo que, fora do sistema, as ações tituladas nominativas se transmitem por endosso nominal e registo no

[224] Sublinhe-se ainda que nas ações, enquanto valores mobiliários, existe uma distinção entre titularidade e *legitimação*: a posse do título (art. 104º, nº 1 do CVM) ou o registo em conta (arts. 74º, 78º, 80º e 105º do CVM) é, em princípio, condição necessária e suficiente para o exercício dos direitos relativos às ações (legitimidade ativa: cf. art. 55º do CVM) e para o cumprimento liberatório por parte da sociedade (legitimidade passiva: cf. art. 56º do CVM). Sobre a proteção dos terceiros de boa-fé (art. 58º do CVM), embora no quadro do direito pretérito, vide SILVA, P. Costa, *Efeitos do Registo e Valores Mobiliários. A Protecção Conferida ao Terceiro Adquirente*, in: 58 "Revista da Ordem dos Advogados" (1998), 859-874.

[225] Sobre o ponto, vide LABAREDA, João, *Das Acções das Sociedades Anónimas*, 227 e segs., AAFDL, Lisboa, 1988; MENDES, Evaristo, *A Transmissibilidade das Acções*, Diss., Lisboa, 1989. Com incidência especial na sua vertente mobiliária, vide EIRÓ, Vera, *A Transmissão de Valores Mobiliários – As Acções em Especial*, in: VI "Themis – Revista da Faculdade de Direito da Universidade Nova de Lisboa" (2005), 145-185; VEIGA, A. Brandão, *Transmissão de Valores Mobiliários*, Almedina, Coimbra, 2004.

[226] Sobre tais cláusulas, vide MARTINS, A. Soveral, *Cláusulas do Contrato de Sociedade que Limitam a Transmissibilidade das Acções: Sobre os Artigos 328º e 329º do CSC*, Almedina, Coimbra, 2006; noutros quadrantes, vide SANTUOSO, Daniele, *Il Principio di Libera Trasferibilità delle Azioni*, Giuffrè, Milano, 1993.

[227] Sobre o regime geral de transmissão dos valores mobiliários, vide *supra* Cap. II, §1, 4.3.

emitente (art. 102º, nº 1 do CVM) e as ações tituladas ao portador se transmitem por constituto possessório (encontrando-se depositadas: cf. art. 101º, nº 2 do CVM) ou entrega material (no caso inverso: cf. art. 101º, nº 1 do CVM).[228]

III. De enorme relevância prática e complexidade técnica são ainda algumas *modalidades especiais de transmissão em massa*: estão neste caso as ofertas públicas de aquisição (OPA), de troca (OPT) e de venda (OPV) de ações – com destaque especial para as OPA, reguladas pelos arts. 173º a 197º do CVM e pelo Regulamento CMVM nº 3/2006, de 11 de maio[229] – e as transmissões dos chamados lotes de controlo acionista ("sale of control", "Beteiligungskauf", "cessions de contrôle", "pachetti azionari di controllo") – que originam uma problemática de todo específica, enquanto mecanismo de transmissão indireta de empresas.[230]

IV. Enfim, as ações podem ainda ser objeto de *oneração* – designadamente, mediante usufruto ou penhor (arts. 23º e 140º do CSC, arts. 81º

[228] Questão importante é a da relevância dos negócios jurídicos subjacentes, seja para efeitos de determinação do momento da transferência da titularidade das ações (cf. EIRÓ, Vera, *A Transmissão de Valores Mobiliários – As Acções em Especial*, especialmente 158 e segs., in: VI "Themis – Revista da Faculdade de Direito da Universidade Nova de Lisboa" (2005), 145-185), seja para efeitos do próprio conteúdo dessa titularidade (cf. ALMEIDA, C. Pereira, *Da Relevância da Causa na Circulação das Acções das Sociedades Anónimas fora do Mercado Regulamentado*, especialmente 92 e segs., Coimbra Editora, 2007). Na jurisprudência, vide o Acórdão do STJ de 13-III-2007 (SEBASTIÃO PÓVOAS), in: XV "Coletânea de Jurisprudência/ Acórdãos do STJ" (2007), 118-122; confronte-se ainda os Acórdãos da Relação do Porto de 16-VI-2005 (ATAÍDE DAS NEVES) e da Relação de Coimbra de 5-VII-2000 (PIRES DA ROSA), in: www.colectaneadejurisprudencia.com.

[229] Sobre as OPAs voluntárias, vide GARCIA, A. Teixeira, *OPA – Da Oferta Pública de Aquisição e seu Regime Jurídico*, Coimbra Editora, 1995; sobre as OPA obrigatórias, PACHECO, P. Linhares, *A OPA Obrigatória no Código dos Valores Mobiliários*, Diss., Porto, 2004; sobre as OPAs potestativas, ANTUNES, J. Engrácia, *A Aquisição Tendente ao Domínio Total*, Coimbra Editora, 2000. Noutros quadrantes, com interesse, CALERO, F. Sánchez, *Ofertas Públicas de Adquisición de Acciones (OPAS)*, Civitas/ Thomson Reuters, Madrid, 2009; KOULORIDAS, Athanasious, *The Law and Economics of Takeovers*, Hart, Oxford, 2008.

[230] Sobre a figura, vide ANTUNES, J. Engrácia, *A Empresa como Objecto de Negócios – "Asset Deals" versus "Share Deals"*, 724 e segs., in: 68 "Revista da Ordem dos Advogados" (2008), 715-793.

e 103º do CVM) –[231], de *execução* – mormente, através de penhora (art. 328º, nº 5 do CSC, art. 82º do CVM, arts. 774º, nº 1, 780º, nº 14 e 830º do CPC) –[232], e de *extinção* – para além da extinção social, graças a uma pluralidade de eventos tais como, v.g., a remissão (art. 345º do CSC) e a amortização de ações (art. 347º do CSC), a redução de capital (arts. 94º, nº 1, *b)*, e 463º do CSC), ou a exoneração de sócios (arts. 45º, nº 1 e 105º do CSC).[233]

1.8. Distinção de Figuras Vizinhas

I. Com as ações não se devem confundir *outros valores mobiliários típicos* que podem dar acesso a elas: pense-se, por exemplo, nas obrigações convertíveis e com direito de subscrição de ações (arts. 365º e 372º-A do CSC) ou nos "call warrants" (Decreto-Lei nº 172/99, de 20 de maio), os quais, como veremos, constituem uma espécie autónoma de valores mobiliários (art. 1º, *b)* e *e)* do CVM).[234]

[231] MARTINS, J. Fazenda, *Direitos Reais de Gozo e Garantia sobre Valores Mobiliários*, in: AAVV, "Direito dos Valores Mobiliários", 99-120, Lex, Lisboa, 1997. Noutros quadrantes, COPO, A. Veiga, *La Prenda de Acciones*, Civitas, Madrid, 2002; DELEBECQUE, Philippe, *Nantissement et Saisie des Actions*, in: 117 "Revue des Sociétés" (1999), 599-605; FASQUELLE, Daniel, *Le Nantissement des Valeurs Mobilières*, in: 48 "Revue Trimestrielle de Droit Commercial et Économique" (1995), 1-37; FIORINA, Dominique, *L'Usufruit d'un Portefeuille de Valeurs Mobilières*, in: 94 "Revue Trimestrielle de Droit Civile" (1995), 43-67.

[232] LOURENÇO, P. Meira, *Penhora e Outros Procedimentos de Apreensão de Valores Mobiliários*, in: AAVV, "Direito dos Valores Mobiliários", vol. VI, 241-273, Coimbra Editora, 2006. Noutros quadrantes, LE CANNU, Paul, *Saisie des Valeurs Mobilières*, in: 388 "Petites Affiches" (1999), 23-30; KUNST, Susanne, *Zwangsvollstreckung in Wertpapiere*, C. Heymanns, Köln, 2004.

[233] Sobre a oneração, execução e extinção das participações sociais, vide desenvolvidamente, entre nós, FONSECA, T. Soares, *Penhor de Acções*, 2ª edição, Almedina, Coimbra, 2007; GRALHEIRO, João, *Da Usucapibilidade das Quotas Sociais*, in: 59 "Revista da Ordem dos Advogados" (1999), 1137-1152; noutros quadrantes, ANDERS, Dietmar, *Die Zwangsvollstreckung in Gesellschaftsanteile im deutschen und US-amerikanischen Recht*, Gieseking, Bielefeld, 2001; APFELBAUM, Sebastian, *Die Verpfändung der Mitgliedschaft in der Aktiengesellschaft*, Duncker & Humblot, Berlin, 2005.

[234] É controversa na doutrina a qualificação dos *títulos provisórios* (art. 304º, nº 1 do CSC, art. 96º do CVM), dos *títulos múltiplos* (art. 98º do CVM) e dos *títulos globais* ou "megatítulos" (art. 99º, nº 2, *b)* do CVM) como valores mobiliários equiparados a ações: cf. ASSMANN, Heinz-Dieter/ SCHNEIDER, Uwe (Hrsg.), *Wertpapierhandelsgesetz – Kommentar*, 106, 4. Aufl., Verlag Otto Schmidt, Köln, 2006; HIRTE, Heribert/ MÖLLERS, Thomas (Hrsg.), *Kölner Kommentar zum WpHG*, 88, Carl Heymanns, Köln, 2007.

II. Do mesmo modo, com as ações não se confundem os *valores mobiliários atípicos*, embora nominados, que as representam. Um exemplo são os certificados de depósito de valores mobiliários ("depositary receipts"), instrumentos negociáveis representativos do registo ou depósito de ações emitidos pelas respetivas entidades depositárias (art. 231º, nº 3 do CVM).[235]

III. Questão complexa é a de saber se, para além das ações das sociedades anónimas e comanditárias, poderão ainda ser consideradas valores mobiliários (atípicos) as *frações do capital de outras formas empresariais*: se tal hipótese parece afastada à partida na maioria dos casos (v.g., as quotas ou partes sociais, insuscetíveis de representação: cf. arts. 176º, nº 2, 219º, nº 7 do CSC)[236], não se pode excluir liminarmente a sua possibilidade conquanto tais frações preencham as condições gerais do art. 1º, *g)* do CVM.[237]

2. Obrigações

2.1. Noção

I. As obrigações ("bonds", "notes", "Schuldverschreibungen", "obligations", "obbligazione") *são valores mobiliários representativos de direitos de crédito*.[238]

[235] Cf. *infra* Cap. II, §2, 8.1.

[236] Diferente será porventura a conclusão noutros ordenamentos jurídicos, incluindo aqui, quer o direito norte-americano, onde se qualificam como "securities" as participações em "limited liability companies" e "partnerships" (Hazen, T. Lee, *The Law of Securities Regulation*, 53 e seg., 5th edition, Thomson/West, St. Paul, 2005), quer até os próprios direitos europeus, atenta a referência expressa feita no art. 4º, nº 1, ponto 44), *a)* da DMIF II às partes das sociedades em nome coletivo ("partnership") (cf. também Moglia, Giovanni, *Offerta al Pubblico di Quote di Società a Responsabilità Limitata*, 1267, in: 33 "Rivista delle Società" (1988), 1267-1279).

[237] Pense-se, por exemplo, nos títulos de investimento das cooperativas, previstos nos art. 91º e segs. do CCoop (sobre a figura, vide *infra* Cap. II, §2, 7.4). Para uma revisão exaustiva das participações empresariais alternativas (sociedades de pessoas, associações, cooperativas, consórcios, mútuas seguradoras, associações em participação, etc.), embora porventura com conclusões nem sempre aceitáveis, vide Righini, Elisabetta, *I Valori Mobiliari*, 143 e segs., Giuffrè, Milano, 1993.

[238] Sobre as obrigações, vide Dias, A. Silva, *Financiamento de Sociedades por Emissão de Obrigações*, Quid Juris, Lisboa, 2002; Vasconcelos, P. Pais, *As Obrigações no Financiamento*

II. As obrigações, previstas no art. 1º, *b)* do CVM, constituem um valor mobiliário regulado fundamentalmente no CSC (arts. 348 e segs.), para além de vários outros diplomas legais especiais (Decreto-Lei nº 280/98, de 17 de setembro, Decreto-Lei nº 453/99, de 5 de abril, Decreto-Lei nº 59/2006, de 20 de março) e do próprio CVM (v.g, arts. 40º, 230º, etc.). Assinale-se o relevo da reforma introduzida pelo Decreto-Lei nº 26/2015, de 6 de fevereiro, que veio flexibilizar o regime aplicável à emissão de obrigações com vista a estimular o recurso a este meio de financiamento empresarial[239]. Sublinhe-se ainda, enfim, a existência de um regime fiscal próprio aplicável aos rendimentos de obrigações obtidos em território português, a par de outros títulos representativos de dívida privada e pública ("Regime Especial de Tributação dos Rendimentos de Valores Mobiliários Representativos de Dívida", aprovado pelo Decreto-Lei nº 193/2005, de 13 de novembro).

2.2. Funções. Obrigações "versus" Ações

I. Tal como as ações, as obrigações constituem um mecanismo tradicional de financiamento empresarial, que apresenta várias vantagens. Vantagens para os emitentes, desde logo, para quem representam, em regra, um mecanismo de obtenção de recursos financeiros mais barato, seguro e flexível, quer relativamente a outras formas concorrentes de financiamento através de capitais alheios ("maxime", financiamento bancário), quer comparativamente ao financiamento através de capitais próprios ("maxime", ações). Vantagens para os investidores, por outro lado, a quem oferecem, também em regra, retornos mais rentáveis do que as

da Empresa, in: AAVV, "Problemas do Direito das Sociedades", 321-329, Almedina, Coimbra, 2002. Noutros quadrantes, vide AAVV, *Titres et Emprunts Obligataires*, Éd. Revue Banque, Paris, 1999; JONES, Leonard, *The Law of Bonds and Bond Securities*, 4th edition, Bobbs-Merrill Company, Indianapolis, 1935; PETTITI, Domenico, *I Titoli Obbligazionari delle Società*, Giuffrè, Milano, 1964.

239 Sobre esta reforma, vide LARGUINHO, Marisa, *Alterações de 2015 ao Regime das Obrigações no CSC: Algumas Questões Resolvidas e por Resolver*, in: VIII "Direito das Sociedades em Revista" (2016), 98-123; SANTOS, H. Moredo/ GUINÉ, O. Vogler, *Comentário Preliminar às Alterações Introduzidas no Regime Jurídico das Obrigações*, in: VII "Direito das Sociedades em Revista" (2015), 183-217.

aplicações do mercado bancário (v.g., juros de depósitos a prazo) e mais seguros do que outras aplicações do mercado de capitais (v.g., ações).[240]

II. As obrigações constituem um mecanismo de financiamento empresarial alternativo às ações, destas se distinguindo em numerosos aspetos. Desde logo, no plano *subjetivo*: ao passo que as ações são valores tipicamente societários (sociedades anónimas e em comandita por ações), as obrigações constituem uma figura juscomercial geral, correspondendo a valores que, como se verá, podem ser emitidos por um leque muito variado de *entidades privadas* (v.g., sociedades por quotas, cooperativas, ACE, etc.) e até *públicas* ("maxime", o Estado). Depois, no plano *funcional*: ao passo que as ações são a fonte prototípica da obtenção de capitais próprios para as empresas emitentes (aportados pelos seus próprios sócios, por período duradouro ou indeterminado, sem garantia de remuneração, e representando um crédito subordinado em caso de liquidação empresarial), as obrigações são um dos mecanismos de financiamento por recurso a *capitais alheios*, fornecidos por terceiros, geralmente por tempo predeterminado, e mediante uma remuneração certa[241]. Finalmente, no plano do seu *conteúdo*: ao passo que as ações são valores mobiliários que consubstanciam o "status socii" e representam uma posição jurídica unitária complexa em face da entidade emitente ("participação social"), as obrigações são valores mobiliários que investem o seu titular na qualidade de mero *credor* daquela, representando nuclearmente *direitos de crédito* ao reembolso da quantia emprestada (valor nominal da obrigação) e ao pagamento de eventuais juros ou prémios (fixos ou variáveis).

[240] O mercado obrigacionista na Europa, todavia, foi e continua a ser de dimensão bastante reduzida comparativamente com os de outras paragens, mormente o mercado norte-americano: cf. AFME, *Overview – The European and Global Bond Markets*, in: http://www.investinginbondseurope.org/Pages/LearnAboutBonds.aspx?folder_id=464.

[241] Sobre a distinção entre capitais próprios e alheios, vide OLIVEIRA, A. Perestrelo, *Manual de Corporate Finance*, 39 e segs., 2ª edição, Almedina, Coimbra, 2015. Noutros ordenamentos estrangeiros, vide BREALY, Richard/ MYERS, Stewart, *Principles of Corporate Finance*, 165 e segs., 7th edition, McGraw Hill, Boston, 2003; SWOBODA, Peter, *Betriebliche Finanzierung*, 10 e segs., 3. Aufl., Physica, Heidelberg, 1994; VERNIMMEN, Pierre/ QUIRY, Pascal/ LE FUR, Yann, *Finance de l'Entreprise*, 6ème édition, Dalloz-Sirey, Paris, 2005.

III. As fronteiras entre ações e obrigações – e, consequentemente, entre capitais próprios ("equity") e alheios ("debt") – podem tornar-se funcionalmente esbatidas em certas *modalidades especiais* previstas na lei, quer das obrigações – v.g., as obrigações convertíveis em ações ou com "warrant" (arts. 365º e 372º-A do CSC), as obrigações com juro ou reembolso indexados aos lucros sociais (art. 360º, *b)* do CSC) –, quer das ações – v.g., as ações preferenciais sem voto (art. 341º do CSC). Além destas modalidades legais, existem igualmente um sem número de modalidades híbridas inominadas – por exemplo, as obrigações reembolsáveis em ações (ORA), as obrigações convertíveis em ações próprias (ACAP), as ações com direito de subscrição de obrigações (ADSO) –[242], sendo duvidoso se em algumas delas não estaremos já diante de verdadeiros e autónomos valores mobiliários atípicos – "maxime", no caso dos chamados instrumentos de capital híbridos.[243]

2.3. Conteúdo

I. As obrigações são valores mobiliários que representam nuclearmente um ou vários *direitos de crédito* tendo por objeto uma ou mais prestações em dinheiro e/ou espécie.[244]

II. Por via de regra, as obrigações (ditas ordinárias ou comuns) conferem aos seus titulares dois tipos fundamentais de direitos creditícios: o *direito ao reembolso* – ou seja, o direito à restituição da importância pecuniária correspondente ao valor nominal das obrigações subscritas – e o *direito aos juros* – ou seja, o direito ao pagamento da remuneração do capital colocado à disposição da entidade emitente (a qual, nos termos das condições da emissão, poderá consistir em numerário ou

[242] McCormick, Roger/ Creamer, Harriet, *Hybrid Corporate Securities: International Legal Aspects*, Sweet & Maxwell, London, 1987; De Spiegeleer, Jan/ Schoutens, Wim/ Van Hülle, Cynthia, *The Handbook of Hybrid Securities: Convertible Bonds, CoCo Bonds and Bail-In*, J. Wiley & Sons, Chichester, 2014.

[243] Cf. *infra* Cap. II, §2, 8.5.

[244] Tratamos agora fundamentalmente do conteúdo nuclear deste valor mobiliário, sem prejuízo da existência de outros importantes direitos ou efeitos jurídicos. Assim, a obrigação pode envolver também determinados direitos *colaterais* (v.g., arts. 101º-C, 293º, 379º, nº 2 do CSC) ou *especiais* (v.g., direito de subscrição de ações, privilégios creditórios).

bens, "maxime", outros valores mobiliários). Esta fisionomia arquetípica e tradicional das obrigações pode, todavia, sofrer desvios mais ou menos significativos, atento o princípio geral de liberdade de conformação do conteúdo obrigacionista consagrado no art. 360º do CSC[245]. E isto, num duplo sentido.

III. De uma banda, os direitos ao reembolso e ao juro, constituindo elementos nucleares e habituais das obrigações, *não são elementos essenciais*, de verificação obrigatória em qualquer caso. Assim, poderão existir obrigações que não conferem ao titular um direito ao reembolso: tal o caso das obrigações perpétuas ("perpetual bonds"), que atribuem exclusivamente ao obrigacionista o direito a um juro majorado ao mesmo tempo que o privam do direito à restituição do capital, que assim se pode consolidar definitivamente no património do emitente (salvo remição facultativa por vontade do próprio emitente)[246]. Paralelamente, poderá haver obrigações que não conferem ao titular um direito ao juro: tal o caso das "obrigações de cupão zero" ("zerobonds"), que não preveem o pagamento de quaisquer juros periódicos, recebendo o obrigacionista, como única remuneração do capital fornecido, um prémio de emissão e/ou de reembolso.[247]

[245] Sobre a natureza meramente exemplificativa do art. 360º do CSC e o relevo da autonomia privada, vide DIAS, A. Silva, *Financiamento de Sociedades por Emissão de Obrigações*, 58 e segs., Quid Juris, Lisboa, 2002; GUINÉ, O. Vogler, *Art. 360º do CSC – Modalidades de Obrigações*, 883 e segs., in: "Código das Sociedades Comerciais em Comentário", vol. VI, 882-907, Almedina, Coimbra, 2012. Evidentemente, tal princípio geral encontra-se balizado pelos preceitos imperativos da lei geral e dos próprios estatutos do emitente: assim, por exemplo, se é certo que as sociedades podem emitir obrigações com juro suplementar ou prémio de reembolso, certo é também que tal juro ou prémio apenas poderá revestir uma das modalidades taxativamente previstas no art. 361º do CSC.

[246] Sobre esta modalidade especial de obrigações, vide *infra* Cap. II, §2, 2.4. (X). Aparentemente no mesmo sentido, CORDEIRO, A. Menezes, *Manual de Direito dos Valores Mobiliários*, 163, Almedina, Coimbra, 2016; divergentemente, reputando o direito ao reembolso como um elemento indefectível das obrigações, vide CÂMARA, Paulo, *Manual de Direito dos Valores Mobiliários*, 148, 3ª edição, Almedina, Coimbra, 2016.

[247] Sobre esta modalidade de obrigações, vide *infra* Cap. II, §2, 2.4 (XIV). Sublinhe-se que o direito aos juros periódicos ou intercalares pode ser objeto de representação própria – em cupões (obrigações tituladas) ou em conta autónoma (obrigações escriturais)

2.4. Modalidades

I. Ao lado das obrigações *ordinárias* ("plain vanilla bonds"), existe um imenso rol de *obrigações especiais*, que se contradistinguem pela natureza particular do emitente, do conteúdo dos direitos do obrigacionista, da sua função financiadora, ou até do seu regime jurídico[248]. Esta variedade muito deve à norma do art. 360º do CSC que, a par com a previsão de um elenco de modalidades especiais de obrigações, veio configurar este valor mobiliário como um tipo aberto ao qualificar expressamente aquele elenco como meramente exemplificativo: como sublinha certeiramente O. Volger GUINÉ, "esta norma é especialmente significativa mais pelo que não diz do que pelo diz"[249]. Entre tais modalidades, refiram-se, a título de exemplo, as seguintes.

II. As *obrigações convertíveis em ações* e as *obrigações com direito de subscrição de ações* (ou obrigações com "warrant"), previstas e reguladas nos arts. 360º, *c)* e 365º a 372º-B do CSC, são obrigações caracterizadas por conferirem aos respetivos titulares, para além dos direitos creditícios habituais (reembolso de capital e pagamento de juro), um direito potestativo especial a uma futura participação no capital social da emitente, consistente, respetivamente, no direito de converter as suas obrigações em ações (transmutando-se os obrigacionistas em acionistas) ou de adquirir uma dada quantidade destas ações (coexistindo ambos os

–, de uma autonomização originária – mediante o seu destaque da obrigação previsto nos termos da própria emissão, dando assim origem a um novo valor mobiliário (art. 1º, *f)* do CVM) –, e ainda de uma autonomização superveniente – podendo ser negociado autonomamente pelo seu titular, enquanto direito inerente à obrigação, mediante destaque físico do cupão (art. 301º do CSC) ou inscrição em conta autónoma a favor do novo titular (art. 55º, nºs 2 e 3, *a)* do CVM).

248 Para diferentes tipologias jurídicas, vide DIAS, A. Silva, *Financiamento de Sociedades por Emissão de Obrigações*, 57 e segs., Quid Juris, Lisboa, 2002; GUINÉ, O. Vogler, *Art. 360º do CSC – Modalidades de Obrigações*, 884 e segs., in: "Código das Sociedades Comerciais em Comentário", vol. VI, 882-907, Almedina, Coimbra, 2012; e tipologias económicas, vide BARRETO, Ilídio, *Obrigações – Análise e Gestão*, 23 e segs., Texto Editora, Porto, 1990. Noutros quadrantes, RODRÍGUEZ, L. Angulo, *La Financiación de Empresas Mediante Tipos Especiales de Obligaciones*, RCEB, Zaragoza, 1968.

249 *Art. 360º do CSC – Modalidades de Obrigações*, 883, in: "Código das Sociedades Comerciais em Comentário", vol. VI, 882-907, Almedina, Coimbra, 2012.

estatutos). Estas modalidades especiais podem ter variantes, por exemplo, quando atribuem um direito à conversão em ações de outras sociedades que não o emitente ("obrigações permutáveis") ou noutros tipos de valores mobiliários (v.g, outra categoria de obrigações).[250]

III. As *obrigações participantes* ("participating bonds"), previstas e reguladas nos arts. 360º, *a)* e *b)*, 361º a 364º do CSC, são obrigações caracterizadas por apresentarem planos de reembolso e taxas de juro indexados a indicadores de "performance" empresarial, tais como os lucros anuais, o volume de negócios do emitente ou outros. Este tipo de obrigações pode revestir diferentes configurações concretas: entre as mais frequentes, estão aquelas obrigações que conferem aos titulares o direito a uma remuneração de capital e/ou juros de base, acrescida de um prémio de reembolso ou juro suplementar, fixo ou variável em função dos lucros sociais; e aquelas que conferem aos titulares o direito a uma remuneração de capital e/ou juros inteiramente variável, cujos existência e montante ficam dependentes de indicadores económico-financeiros ligados ao emitente (assumindo frequentemente a forma de uma percentagem sobre os lucros anuais deste).[251]

IV. As *obrigações subordinadas* ("subordinated notes") são obrigações caracterizadas pelos seus titulares apenas poderem exercer os respetivos direitos de crédito (reembolso de capital e/ou pagamento de juros)

[250] Sobre a figura e o seu regime jurídico, vide desenvolvidamente ANTUNES, J. Engrácia, *Wandel- und Optionsanleihen in Portugal*, in: Lutter, Marcus/ Hirte, Heribert, "Wandel- und Optionsanleihen in Deutschland und Europa", 212-241, Walter de Gruyter, New York/ Berlin, 2000. Entre outros estudos específicos, vide GOMES, Fátima, *As Obrigações Convertíveis em Acções*, UCP Editora, Lisboa, 1999; LEITE, M. Santos, *Obrigações Convertíveis. Alguns Aspectos do seu Regime Jurídico*, in: 19 "Revista da Banca" (1991), 93-172.

[251] Sobre as obrigações participantes, vide GUINÉ, O. Vogler, *Art. 360º do CSC – Modalidades de Obrigações*, 884 e segs., in: "Código das Sociedades Comerciais em Comentário", vol. VI, 882-907, Almedina, Coimbra, 2012; OLIVEIRA, A. Perestrelo, *Manual de Corporate Finance*, 172 e segs., 2ª edição, Almedina, Coimbra, 2015; noutros quadrantes, para figuras congéneres, CHARTIER, Yves, *Une Nouveauté sur le Marché Français: Les Obligations à Taux Flottant*, in: "Jurisclasseur Périodique" (1975), doctrine, 11702. Uma modalidade atípica destas obrigações, com enorme relevo na última década, são as obrigações de alto risco ("high yield bonds"), adiante referidas no texto.

após prévia satisfação integral dos demais credores do emitente (art. 360º, nº 1, *e)* do CSC). Em caso de insolvência do emitente, pois, estes credores obrigacionistas (titulares de dívida subordinada ou "júnior") apenas serão reembolsados do capital e juros depois de terem sido integralmente satisfeitos todos os demais credores comuns ou especiais (titulares de dívida não subordinada ou "sénior"). Consoante o grau de subordinação, tais obrigações podem ainda subdividir-se em simples ("simply subordinated bonds") e extremamente subordinadas ("deeply subordinated bonds"), sendo as últimas caracterizadas pelos seus titulares ocuparem os "últimos lugares da fila", sendo reembolsados apenas após o reembolso dos demais credores subordinados.[252]

V. As *obrigações privilegiadas* ("preferred bonds"), espécie de negativo fotográfico das obrigações subordinadas, são obrigações caracterizadas pelos seus titulares gozarem de uma posição privilegiada em caso de insolvência do emitente[253]: exemplos típicos são as "obrigações hipotecárias" e as "obrigações titularizadas", já em seguida referidas, que atribuem aos obrigacionistas um privilégio creditório especial sobre os ativos afetos ou subjacentes à emissão. Atenta a liberdade decorrente dos art. 360º do CSC e art. 229º, nº 5 do CVM, uma modalidade especial e atípica no domínio das entidades públicas poderá consistir nas "obrigações emitidas por empresas do setor público local", designadamente empresas municipais.[254]

VI. As *obrigações hipotecárias* ("covered bonds") são obrigações emitidas por instituições de crédito que têm por ativo subjacente emprésti-

[252] Sobre as obrigações subordinadas, vide GUINÉ, O. Vogler, *Art. 360º do CSC – Modalidades de Obrigações,* 896 e seg., in: "Código das Sociedades Comerciais em Comentário", vol. VI, 882-907, Almedina, Coimbra, 2012; OLIVEIRA, A. Perestrelo, *Manual de Corporate Finance,* 171 e seg., 2ª edição, Almedina, Coimbra, 2015; noutros quadrantes, HUDSON, Alastair, *The Law of Finance,* 881 e segs., Sweet & Maxwell, London, 2009; WOOD, Phillip, *The Law of Subordinated Debt,* Sweet & Maxwell, London, 1990.

[253] Sobre as obrigações privilegiadas, WILSON, Richard, *Corporate Senior Securities: Analysis and Evaluation of Bonds, Convertibles and Preferreds,* Probus Pub Co, Chicago, 1987.

[254] Sobre estas obrigações, vide REBELO, Marta, *Obrigações Municipais,* Almedina, Coimbra, 2004.

mos garantidos por hipoteca (Decreto-Lei nº 59/2006, de 20 de março): estas obrigações conferem aos seus titulares um privilégio creditório especial sobre os créditos hipotecários afetos à sua emissão relativamente ao reembolso de capital e pagamento de juros, distinguindo-se ainda por estarem assistidas por um tipo específico de instituição creditícia dotadas desse objeto especial (as instituições de crédito hipotecário: cf. art. 3º, *d)* do RGIC).[255]

VII. As *obrigações titularizadas* ("asset-backed bonds") são obrigações emitidas por sociedades de titularização de crédito que têm por ativo subjacente créditos cedidos em massa (arts. 60º e segs. do Decreto-Lei nº 453/99, de 5 de abril): estas obrigações conferem aos seus titulares um privilégio creditório especial sobre um lote ou carteira dos créditos cedidos afetos à sua emissão. Estas obrigações podem revestir diferentes categorias (v.g., em sede das garantias, taxas de remuneração, grau de preferência), constituindo o lote de créditos subjacentes uma massa patrimonial autónoma sujeita um princípio de segregação (não respondendo assim por quaisquer dívidas do emitente até ao pagamento integral dos montantes devidos aos titulares das obrigações). Ao contrário do comum das outras obrigações, ordinárias ou especiais, cujos titulares ficam expostos ao risco do próprio emitente, as obrigações titularizadas estão assim apenas primacialmente sujeitas ao risco associado aos próprios créditos cedidos ("maxime", incumprimento).[256]

[255] Sobre as obrigações hipotecárias, vide BARATA, F. Santos, *As Obrigações Hipotecárias,* Coimbra Editora, Coimbra, 2013; MATIAS, A. Saraiva, *Obrigações Hipotecárias e Titularização de Créditos,* in: 69 "Revista da Ordem dos Advogados" (2009), 109-126; MENDES, A. Ribeiro, *Obrigações Hipotecárias e Titularização de Créditos Hipotecários,* 623 e segs., in: LXXXV "Boletim da Faculdade de Direito da Universidade de Coimbra" (2009), 621-637.

[256] Quando o emitente seja um fundo de titularização de créditos (FTC), os valores emitidos passam a revestir a natureza de outra espécie mobiliária – as *unidades de participação* (art. 1º, *d)* do CVM) (cf. *infra* nota 284). Sobre a titularização de crédito, bem como as obrigações titularizadas, vide CAMPOS, D. Leite/ PINTO, C. Saavedra, *Créditos Futuros, Titularização e Regime Fiscal,* Almedina, Coimbra, 2007; SILVA, J. Calvão, *Titul(ari)zação de Créditos – Securitization,* 3ª edição, Almedina, Coimbra, 2013.

VIII. *As obrigações de alto risco* ("high yield bonds") são obrigações caracterizadas por combinarem para os seus titulares um elevado rendimento, consistente usualmente no pagamento de juros elevados (em relação aos juros médios do mercado), e um elevado risco, associado a especiais condições do emitente (v.g., empresas com "rating" baixo) ou da própria emissão (v.g., prazos alargados de maturidade, reembolso de capital subordinado, etc.). Trata-se, no fundo, de obrigações altamente especulativas, por vezes justamente denominadas "junk bonds", que implicam para os titulares um risco intermédio entre o financiamento por capitais alheios (obrigações ordinárias) e por capitais próprios (ações).[257]

IX. As *obrigações estruturadas* ("structured notes") são obrigações caracterizadas pela sua estrutura ou regime recorrer a técnicas de derivação, designadamente ficando o respetivo rendimento indexado ou dependente da evolução de um determinado ativo subjacente, o qual pode ser inclusive outro instrumento financeiro (v.g., ação ou cabaz de ações, índice ou cabaz de índices, taxas de câmbio, matérias primas, etc.). Tais obrigações constituem produtos financeiros complexos, como tal sujeitas ao respetivo regime, nos termos do art. 2º, nº 1, *b)*, do Regulamento CMVM nº 2/2012, de 25 de outubro.[258]

X. As *obrigações perpétuas* ("perpetual bonds") são obrigações cujo direito ao reembolso do capital não tem prazo de vencimento, por contrapartida de um direito a um juro majorado[259]. Trata-se de uma moda-

[257] Sobre as obrigações de alto risco, vide OLIVEIRA, A. Perestrelo, *Manual de Corporate Finance*, 146 e segs., 2ª edição, Almedina, Coimbra, 2015; noutros quadrantes, BAGARIA, Rajay, *High Yield Debt: An Insider's Guide to the Marketplace*, J. Wiley & Sons, New York, 2016; DENGL, Gehrard, *Unternehmensfinanzierung: High-Yield-Bonds als Alternative zum Bankkredit*, GBI-Genios Verlag, München, 2015.

[258] Sobre estas obrigações, vide já *supra* Cap. I, §3, 3.8 (II).

[259] Sobre as obrigações perpétuas, vide CÂMARA, Paulo, *Manual de Direito dos Valores Mobiliários*, 147 e segs., 3ª edição, Almedina, Coimbra, 2016; DIAS, A. Silva, *Financiamento de Sociedades por Emissão de Obrigações*, 43 e segs., Quid Juris, Lisboa, 2002; GUINÉ, O. Vogler, *Art. 360º do CSC – Modalidades de Obrigações*, 897 e segs., in: "Código das Sociedades Comerciais em Comentário", vol. VI, 882-907, Almedina, Coimbra, 2012; noutros países,

lidade obrigacionista com longa tradição, que oferece aos investidores uma fonte estável, rentável e contínua de rendimento periódico (estimando-se que as taxas de remuneração sejam superiores em 2,5% a 4% às das obrigações ordinárias a 10 anos). Muito embora seja controvertida a sua admissibilidade e a sua natureza obrigacionista[260], julgamos, ao invés, que, além de lícita (cf. o art. 360º, nº 1, proémio e nº 2, *a)* do CSC), se trata de uma modalidade deste valor mobiliário (como é, de resto, reconhecido expressamente pelo próprio legislador: cf. art. 3º, nº 1 do Decreto-Lei nº 192/2015, de 13 de novembro) cuja particularidade reside na circunstância de o direito ao reembolso do titular não ter prazo determinado, ficando dependente da vontade do próprio emitente (mediante exercício das opções de recompra nas respetivas datas de ativação) ou da respetiva insolvência (art. 117º do CIRE).

XI. As *obrigações do Tesouro* ("treasury bonds") são obrigações escriturais representativas de empréstimos de prazo entre 1 e 50 anos, vencendo juros de taxa fixa, emitidas pelo Estado através de operações sindicadas, leilões ou por operações de subscrição limitada ("tapping") e amortizáveis no vencimento pelo seu valor nominal (Decreto-Lei nº 280/98, de 17 de setembro, Instrução IGCP nº 2/2014, de 12 de dezembro)[261]. Estas obrigações constituem o principal instrumento utilizado pelo Estado português para satisfazer as suas necessidades de financiamento, prevendo-se uma emissão bruta entre 14 e 16 biliões de euros durante o ano de 2017, que compara com 1,5 bilião de produtos de retalho[262]. Uma modalidade especial são as "Obrigações do Tesouro de Rendimento

LAMANDINI, Marco, *Perpetual Notes e Titoli Obbligazzionari a Lunga o Lunghissima Scadenza*, in: LIV "Banca, Borsa, Titoli di Credito" (1991), 606-635.

[260] Negando a sua admissibilidade, DIAS, A. Silva, *Financiamento de Sociedades por Emissão de Obrigações*, 44, Quid Juris, Lisboa, 2002; e a sua natureza obrigacionista, CÂMARA, Paulo, *Manual de Direito dos Valores Mobiliários*, 148, 3ª edição, Almedina, Coimbra, 2016.

[261] Sobre as obrigações do tesouro, FERREIRA, E. Paz, *Títulos de Dívida Pública e Valores Mobiliários*, 51 e segs., in: AAVV, "Direito dos Valores Mobiliários", vol. II, 31-56, Coimbra Editora, 2000; sobre a influência das agências de "rating" soberano nas obrigações do tesouro português, vide TAVARES, L. Soares, *O Impacto das Alterações do Nível de Risco de Crédito nas Yields das Obrigações do Tesouro*, Diss., IPB, 2014.

[262] IGCP, *Programa de Financiamento da República Portuguesa para 2017*.

Variável" (OTRV), criadas com o propósito de impulsionar o mercado de dívida pública através da diversificação dos instrumentos de dívida pública e dos canais de distribuição disponibilizados aos investidores e do alargamento da base de investidores (cf. Resolução do Conselho de Ministros nº 86/2015, de 24 de setembro, Instrução IGCP nº 1-A/2015, de 20 de outubro).

XII. As *obrigações do setor público* ("public covered credit securities"), previstas nos arts. 1º, nº 2 e 32º do Decreto-Lei nº 59/2006, de 20 de março, são obrigações emitidas por instituições de crédito garantidas por créditos sobre administrações centrais ou autoridades regionais e locais de um dos Estados membros da União Europeia e créditos com garantia expressa e juridicamente vinculativa das mesmas entidades: ao contrário do que a sua designação inculca, trata-se de obrigações emitidas por entidades do setor privado que beneficiam de um privilégio creditório especial sobre créditos que o emitente tem sobre as referidas entidades do setor público, sendo subsidiariamente regidas pelo regime das obrigações hipotecárias.[263]

XIII. As *obrigações internacionais* são obrigações com emissão plurilocalizada, geralmente garantidas por um consórcio bancário internacional e transacionadas em centros financeiros internacionais[264]: é o caso das chamadas "*euro-bonds*" (designação, aliás, enganadora, dado que não envolvem necessariamente, nem o mercado de dívida europeu, nem a moeda europeia), que são obrigações emitidas numa moeda diferente da do país do emitente ou da emissão.[265]

[263] Sobre a figura, vide PIRES, F. Almeida/ BARATA, F. Santos, *Obrigações sobre o Setor Público – Alguns Problemas,* in: "Estudos em Homenagem ao Prof. Doutor C. Ferreira de Almeida", vol. I, 789-857, Almedina, Coimbra, 2010.

[264] Sobre a figura, vide PIRES, F. Almeida, *Direitos e Organização dos Obrigacionistas em Obrigações Internacionais,* Lex, Lisboa, 2001; para outros desenvolvimentos, WOOD, Phillip, *International Loans, Bonds, Guarantees, Legal Opinions,* 193 e segs., Sweet & Maxwell, London, 2007.

[265] Sobre a figura, vide PAIXÃO, Nuno, *Algumas Notas sobre a Obrigação Denominada "Eurobond"*, in: 29 "Revista da Banca" (1994), 37-45; desenvolvidamente, O'MALLEY, Chris, *Bonds Without Borders: A History of the Eurobond Market*, Wiley & Sons, New

XIV. As *obrigações de cupão zero* ("zerobonds") são obrigações que não preveem o pagamento de quaisquer juros periódicos, recebendo o obrigacionista, como única remuneração do capital fornecido, um prémio de emissão e/ou de reembolso[266]. E assim por diante.

2.5. Emissão

I. A emissão de obrigações está sujeita a um conjunto de condições gerais, devendo sublinhar-se que o regime legal foi objeto de importantes alterações recentes visando a sua flexibilização (Decreto-Lei nº 26/2015, de 6 de fevereiro).[267]

II. Por um lado, quanto aos requisitos de natureza subjetiva, exige-se que as obrigações sejam emitidas por *entidades legalmente habilitadas* para o efeito: estão neste caso, designadamente, as sociedades anónimas (art. 348º do CSC), as sociedades em comandita por ações (art. 478º do CSC), as sociedades por quotas (artigo único do Decreto-Lei nº 160/87, de 3 de abril), as cooperativas (art. 95º do CCoop), os ACE (Base II, nº 4 da Lei nº 4/73, de 4 de junho), os AEIE (art. 7º do Decreto-Lei nº 148/90, de 9 de abril), as instituições de crédito e algumas sociedades

York, 2015. Sublinhe-se que com esta modalidade obrigacionista não se confundem as "European Bonds", que constituem obrigações soberanas ou governamentais, emitidas pelos Estados-membros da zona euro, que foram propostas como expediente para lidar com o problema da crise das dívidas soberanas europeias (cf. European Commission, *Green Paper on the Feasibility of Introducing Stability Bonds*, Brussels, 2011).

[266] Sobre a figura, vide Clermont-Tonnerre, Alban/ Lévy, Michel-André, *Les Obligations à Coupon Zéro*, Economica, Paris, 1992 ; Wagner, Franz, *Zero-Bonds: Optimale Investitions- und Verschuldungsstrategien*, Springer Fachmedia, Wiesbaden, 1986.

[267] Com uma perspetiva crítica da evolução do regime positivo português, vide Larguinho, Marisa, *Alterações de 2015 ao Regime das Obrigações no CSC: Algumas Questões Resolvidas e por Resolver*, in: VIII "Direito das Sociedades em Revista" (2016), 98-123; Santos, H. Moredo/ Guiné, O. Vogler, *Emissões de Obrigações: Antes, Agora e Depois*, 161 e segs., in: V "Direito das Sociedades em Revista" (2013), 135-186; Guiné, O. Vogler, *Algumas Novidades nas Emissões de Obrigações pela Sociedade*, in: "IV Congresso da DSR", 395-409, Almedina, Coimbra, 2016. Sobre o tópico, vide monograficamente Daguet, Patrick/ Planche, Jean-Marc, *Les Émissions d'Actions et d'Obligations – Concepts et Techniques*, Economica, Paris, 1994; García, M. Domínguez, *La Emisión de Obligaciones por Sociedades Anónimas*, Aranzadi, Madrid, 1994.

financeiras (arts. 2º-A, *p)*, e *z)*, 4º, nº 1, *a)*, e 9º, nº 1 do RGIC, Decreto-Lei nº 100/2015, de 2 de junho)[268], e as empresas públicas ou quaisquer outras entidades autorizadas pelo Governo (artigo único do Decreto-Lei nº 320/89, de 25 de setembro)[269]. Apesar desta panóplia variada de potenciais emitentes, importa frisar que a emissão de obrigações está apenas ao alcance das grandes empresas, sendo o mercado obrigacionista, por regra, inacessível às pequenas e médias empresas, cuja dimensão e ausência de "rating" as obriga frequentemente a procurarem outro tipo de fontes de financiamento externo.

III. Por outro lado, a emissão obrigacionista encontra-se sujeita a diversos tipos de pressupostos objetivos, que se encontram genericamente previstos (para o caso das sociedades anónimas) nos arts. 348º e segs. do CSC. Desde logo, pressupostos relativos *ao próprio emitente*: em via de regra, apenas podem emitir obrigações as sociedades cujos estatutos prevejam tal possibilidade (art. 272º, *f)* do CSC), cujo ato constitutivo esteja registado há mais de um ano (art. 348º, nº 2 do CSC), e cujo capital social esteja integralmente liberado ou eventuais acionistas remissos colocados em mora (art. 348º, nº 4 do CSC). Depois ainda, pressupostos *relativos à emissão*: em princípio, o valor de subscrição das obrigações emitidas não pode exceder o dobro dos capitais próprios do emitente (rácio de autonomia financeira: cf. art. 349º, nº 1 do CSC) e

[268] Considerando que a emissão de obrigações constitui justamente uma das formas de receção de fundos reembolsáveis do público, vide NUNES, F. Conceição, *Recepção de Depósitos e/ou Outros Fundos Reeembolsáveis*, 61, in: AAVV, "Direito Bancário", 45-65, RFDUL, Coimbra Editora, 1997. Por outra banda, atente-se que, como já vimos, ao lado das obrigações comuns ou ordinárias, poderão ainda existir obrigações especiais que apenas são emissíveis por determinadas entidades (v.g., as obrigações titularizadas, as obrigações hipotecárias, etc.), além de que a qualidade creditícia ou "rating" do emitente pode também originar diferenciações (v.g., as "high yield bonds", obrigações de alto risco em virtude do elevado endividamento do emitente: cf. ALTMAN, Edward, *Investing in Junk Bonds: Inside the High Yield Debt Market*, Beard Books, New York, 2002).

[269] Com as obrigações emitidas por entidades públicas não se devem confundir as chamadas "obrigações sobre o setor público", que se contradistinguem pelo facto de terem por ativo subjacente créditos sobre, ou com garantia das, administrações centrais ou regionais e locais do Estado (cf. arts. 1º, nº 2 e 32º e segs. do Decreto-Lei nº 59/2006, de 20 de março). Cf. *supra* Cap. II, §2, 2.4 (XII).

não podem ser emitidas novas obrigações sem que esteja inteiramente subscrita e liberada emissão ou série obrigacionista anterior (art. 350º, nºs 2 e 4 do CSC, art. 169º do CVM). Finalmente, pressupostos relativos à *aprovação e realização da emissão*: no silêncio dos estatutos, a emissão de obrigações é matéria da competência da Assembleia Geral da sociedade (art. 350º, nº 1 do CSC), cabendo ao órgão de administração promover o lançamento da oferta e a subscrição dos valores, bem como a emissão dos competentes títulos ou inscrições registais (arts. 43º, nº 1, 44º, nº 3, 61º, 73º e 97º, nº 2 do CVM).[270]

IV. Ao lado destes requisitos, a emissão obrigacionista "lato sensu" envolve ainda vários *outros aspetos complementares*. Assim, as obrigações representam frações alíquotas de uma mesma emissão, que conferem *direitos de crédito iguais* (art. 348º, nº 1 do CSC) e possuem um *valor nominal idêntico*, expresso, em princípio, em moeda com curso legal em Portugal (art. 352º, nº 3 do CSC)[271]. A emissão de obrigações ou respetivas séries está sujeita a *registo de emissão* junto da entidade emitente (arts. 43º e 44º do CVM, Portaria nº 290/2000, de 25 de maio), para além do registo comercial nos casos de oferta particular (art. 351º do CSC, art. 3º, *l)* do CRC) e do registo prévio junto da CMVM no caso de oferta pública (art. 114º do CVM). A *subscrição* das obrigações, que se consubstancia usualmente em negócios celebrados entre emitente e subscritores[272], pode revestir diferentes modalidades: v.g., subscrição pública ou particular (consoante dirigida a destinatários indeterminados ou não:

[270] As obrigações apenas nascem como valores mobiliários com a criação e a entrega do título (obrigações tituladas: cf. art. 95º do CVM) ou com o registo em conta do respetivo titular (obrigações escriturais: cf. art. 73º, nº 1 do CVM), proibindo a lei que aqueles ocorram antes do registo comercial da própria emissão (art. 351º, nº 2 do CSC e art. 47º do CVM).

[271] Sobre as obrigações em divisas, vide SASSO, Cosimo, *I Titoli Obbligazionari in Valuta Estera*, Cedam, Padova, 1977.

[272] Uma parte da doutrina nacional aponta o contrato de mútuo como a causa das obrigações, falando-se por isso amiúde em "empréstimo obrigacionista" (VASCONCELOS, P. Pais, *As Obrigações no Financiamento da Empresa*, 321, in: AAVV, "Problemas do Direito das Sociedades", 321-329, Almedina, Coimbra, 2002). Tal, todavia, não é inteiramente correto: na verdade, sendo o mútuo a sua causa típica, a verdade é que a subscrição pode ter o respetivo fundamento numa outra causa negocial (v.g., dação em cumprimento).

cf. arts. 109º e 110º do CVM), subscrição completa ou incompleta (consoante a emissão tenha sido total ou parcialmente subscrita pelos destinatários: cf. art. 353º do CSC, art. 161º do CVM), subscrição direta ou indireta (consoante realizada diretamente pelo emitente ou através de intermediário financeiro: cf. arts. 113º, 337º e segs. do CVM), e subscrição ao par, acima do par e abaixo do par (consoante as obrigações são emitidas pelo valor nominal, com prémio de emissão, ou com desconto de emissão)[273]. Finalmente, as obrigações podem ser ou não *cotadas*, rectius", admitidas ou não à negociação em mercado regulamentado (art. 230º do CVM): dada a reduzida liquidez do mercado obrigacionista, a negociação das obrigações, ainda que cotadas, realiza-se usualmente em mercado de balcão.

2.6. Titularidade

I. Aspeto distintivo e relevante da titularidade deste valor mobiliário é o que diz respeito à *organização dos obrigacionistas,* a qual se explica em virtude, quer do papel fundamental por estes desempenhado na vida dos emitentes, quer das necessidades de tutela dos próprios titulares.[274]

II. A homogeneidade das posições jurídicas dos obrigacionistas (art. 348º, nº 1 do CSC), bem como a concomitante necessidade de assegurar a proteção dos seus interesses comuns e uma eficaz relação do emitente com aqueles, conduziu à previsão legal de duas figuras fundamentais: a *assembleia de obrigacionistas,* que constitui o órgão composto pelos obrigacionistas de uma mesma emissão e responsável pela formação da von-

[273] Tal como no caso das ações e quotas, as obrigações não podem ser subscritas pelo próprio emitente (aquisição originária), embora já possam ser adquiridas por este em momento posterior (aquisição derivada) (arts. 220º e 316º e segs. do CSC, "ex vi" do seu art. 354º). Para uma perspetiva crítica desta equiparação, vide CASTRO, C. Osório, *Valores Mobiliários: Conceito e Espécies,* 160 e segs., 2ª edição, UCP, Porto, 1998.

[274] Sobre o ponto, vide BARBOSA, Nuno, *Competência das Assembleias de Obrigacionistas,* Almedina, Coimbra, 2002; CÂMARA, Paulo, *O Regime Jurídico das Obrigações e a Proteção dos Obrigacionistas,* in: 44 "Revista da Faculdade de Direito da Universidade de Lisboa" (2003), 109-142. Noutros quadrantes, ESPINOZA, F. Alonso, *Asociación y Derechos de los Obligacionistas,* Bosch, Barcelona, 1988; QUINDRY, Silvester, *Bonds and Bondholders Rights and Remedies,* William Hein Co., Buffalo, 2002.

tade coletiva destes (arts. 355º e 356º do CSC); e o *representante comum* dos obrigacionistas, a quem compete essencialmente representar estes nas suas relações externas com a sociedade e terceiros e organizar as suas próprias relações internas (arts. 357º a 359º do CSC).[275]

III. Tenha-se ainda em conta a *tutela dos obrigacionistas*, prevista em eventos especiais de reestruturação do emitente, tais como a fusão e a cisão (arts. 101º-C e 120º do CSC), a transformação (arts. 131º, nº 1, *d)* e 138º do CSC) ou a redução do capital (art. 349º, nºs 4 e 5 do CSC).[276]

2.7. Distinção de Figuras Vizinhas

I. As obrigações, enquanto valores mobiliários próprios do mercado de capitais, não se confundem com *outros instrumentos financeiros* estruturalmente similares – como é o caso, designadamente, das obrigações de caixa, dos bilhetes do Tesouro, e do papel comercial, que constituem obrigações de curto prazo e, como tal, instrumentos típicos do mercado monetário (art. 2º, nº 1, *b)* do CVM)[277] – ou mesmo com *outros valores mobiliários típicos* – como é o caso, designadamente, dos títulos de participação (art. 1º, *c)* do CVM) ou dos direitos inerentes às obrigações que hajam sido objeto de destaque, v.g., direito aos juros ou à subscrição de ações (arts. 1º, *f)*, 55º, nº 3 do CVM, art. 372º, nº 4 do CSC).

II. Sublinhe-se que, sobretudo atenta a abertura conferida pelo art. 360º do CSC, a criatividade dos emitentes pode originar *figuras híbridas* cuja delimitação face a outros instrumentos financeiros nem sempre é linear: pense-se, por exemplo, em "produtos estruturados" como

[275] Sobre o ponto, BARBOSA, Nuno, *Competência das Assembleias de Obrigacionistas*, 93 e segs., Almedina, Coimbra, 2002; CAMPOS, A. Almeida/ SANTOS, H. Moredo, *Organização de Obrigacionistas: Algumas Notas para Reflexão sobre o Representante Comum*, in: III "Revista de Direito das Sociedades" (2011), 891-923; na jurisprudência, vide o Acórdão da Relação de Lisboa de 27-VI-1996 (SANTOS BERNARDINO), in: XXI "Coletânea de Jurisprudência" (1996), III, 132-133.

[276] Sobre a situação dos obrigacionistas em caso de crise da empresa emitente, vide SACCHI, Roberto, *Gli Obbligazionisti nel Concordato della Società*, Giuffrè, Milano, 1981; VANONI, Silvia, *I Crediti Subordinati*, Giappichelli, Torino, 2000.

[277] Sobre estes tipos de instrumentos financeiros, vide *infra* Cap. IV, §2, 4.

obrigações mas emitidos com puras finalidades de cobertura de risco ou arbitragem, a meio caminho entre os valores mobiliários e os instrumentos derivados.[278]

3. Títulos de Participação

3.1. Noção

I. Os títulos de participação são *valores mobiliários representativos de empréstimos contraídos por empresas públicas*.[279]

II. Os títulos de participação, qualificados como valores mobiliários pelo art. 1º, *c)* do CVM, encontram-se previstos e regulados no Decreto-Lei nº 321/85, de 5 de agosto.

3.2. Regime Jurídico

I. No essencial, trata-se de valores que são emitidos exclusivamente por empresas pertencentes ao setor empresarial do Estado (art. 1º, nº 1) e que se caracterizam por conferir aos respetivos titulares, designados "participantes", um *direito a uma renda de natureza quási-perpétua e subordinada*: por um lado, os participantes gozam de um rendimento periódico anual composto por uma parte fixa e uma parte variável (art. 3º) e, por outro, veem o seu direito ao reembolso condicionado à eventual liquidação ou vontade da empresa emitente e subordinado aos demais credores desta (art. 4º).

II. O diploma legal em apreço contém ainda uma disciplina própria e relativamente extensa sobre o processo de emissão (arts. 6º a 9º), os direitos e a organização dos participantes (arts. 12º a 28º), e a fiscalização contabilística da execução do empréstimo (arts. 29º a 31º).

278 Sobre as chamadas obrigações estruturadas, vide já *supra* Cap. II, §2, 2.4 (IX).

279 Lourenço, J. Ferreira, *Títulos de Participação*, Gráfica Monumental, Lisboa, 2000. Para figuras congéneres no direito comparado, aliás escassas, vide Bouloc, Bernard, *Les Nouvelles Valeurs Mobilières: les Certificats d'Investissement et les Titres Participatifs*, in: 101 "Revue des Sociétés" (1983), 501-529; Lafourcade, Jean, *L'Originalité des Titres Participatifs*, in: "Gazette du Palais" (1985), II, doc., 408-415.

3.3. Características

I. Os títulos de participação são *valores mobiliários híbridos* ou mistos, situados algures a meio caminho entre as obrigações e as ações: tal como as primeiras, o seu conteúdo reconduz-se essencialmente a direitos de crédito pecuniários; e tal como as últimas, os fundos financeiros deles decorrentes são equiparados a capitais próprios da empresa emitente (art. 5º do citado diploma e Portaria nº 37/86, de 27 de janeiro), consolidando-se no património desta em termos praticamente definitivos (art. 4º).

II. Todavia, são também uma figura *em vias de extinção* – o que explica que não lhe dediquemos aqui especial atenção. Com efeito, o progressivo enfezamento do setor empresarial público (que fez este tipo de valor mobiliário perder o brilho de outros tempos, desconhecendo-se emissões significativas desde finais dos anos 90) e a admissibilidade genérica de valores atípicos (resultante do art. 1º, *g)* do CVM), tornou hoje a sua autonomização expressa no elenco do art. 1º do CVM, além de desnecessária, talvez mesmo redundante.[280]

4. Unidades de Participação

4.1. Noção

I. As unidades de participação ("units", "Anteile", "parts", "quote") *são valores mobiliários representativos da posição jurídica do participante em fundos de investimento.*[281]

[280] Num sentido similar, embora considerando-os verdadeiros valores obrigacionais, como tais enquadráveis no art. 1º, *b)* do CVM, vide CASTRO, C. Osório, *Valores Mobiliários: Conceito e Espécies*, 71, 2ª edição, UCP, Porto, 1998; FERREIRA, A. José, *Direito dos Valores Mobiliários*, 185, AAFDL, Lisboa, 1997.

[281] Sobre as unidades de participação, vide CÂMARA, Paulo, *Os Fundos de Investimento*, 639 e segs., in: AAVV, "Estudos em Homenagem ao Prof. Doutor Carlos Ferreira de Almeida", vol. I, 631-650, Almedina, Coimbra, 2011; TOMÉ, M. Vaz, *Fundos de Investimento Mobiliário Abertos*, 125 e segs., Almedina, Coimbra, 1997; VEIGA, A. Brandão, *Fundos de Investimento Mobiliário e Imobiliário*, 307 e segs., Almedina, Coimbra, 1999. Noutros países, vide ANGELI, Luigi, *Natura dei Certificati Rappresentativi della Quota di Partecipazione ai Fondi Comuni di Investimento*, in: AAVV, "L'Istituzione dei Fondi Comuni di Investimento", 67-72, Giuffrè, Milano, 1970; TAPIA, V. Cervera-Mercadillo, *Las Participaciones como Valores Mobiliarios Negociables*, in: 73 "Revista de Derecho Bancario y Bursátil" (1999), 131-162.

II. As unidades de participação, qualificadas como valores mobiliários pelo art. 1º, *d)* do CVM, encontram-se fundamentalmente previstas e reguladas no "Regime Jurídico dos Organismos de Investimento Coletivo" (RJOIC), além de vários outros diplomas legais especiais (v.g., Lei nº 18/2015, de 4 de março) e do próprio CVM (arts. 63º, 309º-G, 312º-E, 314º-D, etc.).

4.2. Os Organismos de Investimento Coletivo

I. Os *organismos de investimento coletivo* (OIC) são instituições que têm como finalidade o investimento coletivo de capitais obtidos junto do público investidor (art. 2º, nº 1, aa) do RJOIC)[282]. Tais organismos, quando revistam a forma de *fundos de investimento*, constituem patrimónios autónomos destituídos de personalidade jurídica e pertencentes, em regime de comunhão, a uma pluralidade de pessoas singulares ou coletivas (participantes) que neles são titulares de uma quota ideal (art. 5º, nº 2 do RJOIC) – justamente, a *unidade de participação* (art. 7º, nº 1 do RJOIC).

II. Sublinhe-se que, nos termos dos arts. 5º e 6º do RJOIC, os organismos de investimento coletivo podem ainda revestir a forma de sociedades de investimento mobiliário, de capital fixo ("SICAF") ou variável ("SICAV") ou de sociedades de investimento imobiliário, também de capital fixo ("SICAFI") ou variável ("SICAVI") (arts. 11º e 49º e segs.) – caso em que, naturalmente, os valores mobiliários em causa serão ações. Todavia, tal não invalida a existência de um princípio geral de equiparação entre os valores mobiliários dos organismos de investimento coletivo de base contratual (fundos de investimento) e de base societária (sociedades de investimento), por força da extensão geral do

[282] O Regime Jurídico dos Organismos de Investimento Coletivo (RJOIC) foi aprovado pelo art. 2º da Lei nº 16/2015, de 24 de fevereiro, vindo substituir os anteriores Decreto-Lei nº 63-A/2013, de 10 de maio e Decreto-Lei nº 60/2002, de 20 de março. Sobre os regimes pretéritos, vide CÂMARA, Paulo, *Os Fundos de Investimento*, in: AAVV, "Estudos em Homenagem ao Prof. Doutor Carlos Ferreira de Almeida", vol. I, 631-650, Almedina, Coimbra, 2011; GONÇALVES, Renato/ REIS, Célia, *Notas Sobre o Novo Regime Jurídico dos Organismos de Investimento Colectivo*, in: 17 "Cadernos do Mercado de Valores Mobiliários" (2003), 37-48.

RJOIC (arts. 7º, nº 3, e 11º, nº 1) e do CVM (art. 2º, nº 7) em matéria de unidades de participação às ações daquelas sociedades.

III. À luz do art. 1º, *d)* do CVM, e em via de princípio, serão assim considerados valores mobiliários[283], além das unidades de participação nestes fundos de investimento (arts. 7º e 8º do RJOIC), as unidades similares em fundos de gestão do património imobiliário (FUNGEPI) (art. 8º do Decreto-Lei nº 316/93, de 21 de setembro), fundos de capital de risco (FCR) (art. 22º da Lei nº 18/2015, de 4 de março), fundos de poupança-ações (FPA) (art. 1º, nº 2 do Decreto-Lei nº 204/95, de 5 de agosto), e fundos de poupança-reforma (FPR) (art. 1º, nº 5 do Decreto-Lei nº 258/2002, de 2 de julho), entre outros.[284]

4.3. Conteúdo

I. As unidades de participação são valores mobiliários que representam o *estatuto jurídico* do participante nos fundos de investimento, ou seja, uma posição jurídica unitária e global, constituída por um feixe de direitos e deveres, de natureza real, creditícia e outra.

II. Os participantes, que podem ser pessoas singulares ou coletivas (ou até entidades não personalizadas), são titulares de uma quota-parte ideal ou contitulares de um património comum[285]. Desta (con)

[283] Diversamente, as unidades de participação foram qualificadas, no direito comunitário, como um tipo autónomo de instrumento financeiro, a par dos valores mobiliários, instrumentos monetários e derivados (cf. art. 36º do Regulamento CE/1287/2006, de 10 de agosto, ponto 3) do Anexo I-C da DMIF II). Cf. Gonçalves, Renato, *Nótolas Comparatísticas sobre os Conceitos de Valor Mobiliário, Instrumento do Mercado Monetário e Instrumento Financeiro na DMIF e no Código de Valores Mobiliários*, 98, in: 19 "Cadernos do Mercado de Valores Mobiliários" (2004), 94-103.

[284] Sublinhe-se que o "nomen iuris", sendo relevante, não deve ser considerado decisivo. Assim, constituem indubitavelmente valores mobiliários subsumíveis no art. 1º, *d)* do CVM as "unidades de titularização" dos fundos de titularização de créditos (FTC) (arts. 31º e segs. do Decreto-Lei nº 453/99, de 5 de novembro). Por outra banda, questão duvidosa é a de saber se as unidades de participação de quaisquer tipos de OIC serão de reputar valores mobiliários: pense-se, por exemplo, no caso dos fundos de pensões abertos (art. 1º, nº 2, *b)* do RJOIC e art. 13º, nº 3 do Decreto-Lei nº 12/2006, de 20 de janeiro).

[285] A doutrina discute a natureza jurídica da titularidade sobre o património comum, confrontando-se as teses da compropriedade (comunhão romana), da comunhão em mão

titularidade decorrem *direitos* – designadamente, o direito ao resgate ou reembolso das unidades de participação ou ao produto de liquidação das mesmas em caso de dissolução (arts. 10º, nos 2 e 3, 14º, nº 2, *c)*, 18º, e 43º do RJOIC)[286] –, mas também *deveres* – mormente, a obrigação de pagamento das unidades de participação subscritas (arts. 8º, nº 3, e 9º, nos 2 e 3 do RJOIC).

III. Para além destes direitos e deveres fundamentais, o participante encontra-se ainda investido em diversas outras posições jurídicas *acessórias* – v.g., direito de exigir a emissão ou inscrição registal das unidades de participação pagas (art. 14º, nº 2, *a)* do RJOIC), de exigir e receber informação (arts. 14º, nº 2, *b)* e 26º do RJOIC), de exigir o cumprimento dos deveres funcionais das entidades gestoras e depositárias (arts. 14º, 65º e segs. do RJOIC), de preferir na subscrição de novas unidades (art. 9º, nº 5 do RJOIC), etc. – e até posições jurídicas *especiais* – mormente, direitos particulares consagrados no regulamento de gestão (arts. 8º, nos 4 e 6, 159º, nº 2, *o)* do RJOIC).

4.4. Regime Jurídico

I. O *regime jurídico* das unidades de participação respeita essencialmente às suas diversas vicissitudes[287]. Desde logo, no que toca às suas *características* básicas, as unidades de participação são valores mobiliários sem

comum (comunhão germânica) e da propriedade fiduciária (sobre o ponto, vide TOMÉ, M. Vaz, *Fundos de Investimento Mobiliário Abertos*, 154 e segs., Almedina, Coimbra, 1997).

286 Há autores que negam natureza real do direito à quota de liquidação dos participantes, comparando-o ao direito funcionalmente equivalente dos sócios (FERREIRA, A. José, *Direito dos Valores Mobiliários*, 192, AAFFDL, Lisboa, 1997). Trata-se de uma posição que não pode ser aceite: ao passo que as sociedades comerciais são titulares jurídicos do fundo patrimonial aportado pelos sócios, não tendo estes quaisquer direitos reais sobre tal fundo, os fundos de investimento são patrimónios autónomos e despersonalizados cuja titularidade é assim encabeçada juridicamente pelos próprios participantes (sobre a distinção entre sociedade e comunhão, vide ANTUNES, J. Engrácia, *Direito das Sociedades*, 74 e segs., 7ª edição, Ed. de Autor, Porto, 2017).

287 Para os presentes efeitos, limitamo-nos ao regime geral (RJOIC), sem prejuízo das significativas especialidades normativas e até caracteriológicas existentes entre os diferentes tipos (abertos e fechados) e espécies (FCR, FTC, etc.) de fundos, bem como entre as respetivas unidades de participação.

valor nominal – possuindo valor real idêntico entre si, variável em função da evolução do valor líquido global do fundo patrimonial e aferível diariamente (arts. 7º, nº 1, 8º, nº 1, e 143º, nº 2 do RJOIC), ressalvados certos casos particulares (v.g., art. 12º, nº 5 do RJOIC) – e representados em forma documental (designados "certificados") ou escritural – sendo fracionáveis para efeitos da respetiva subscrição e resgate (art. 8º, nº 2 do RJOIC).

II. A sua *emissão*, afastando-se do regime geral previsto no CVM, consubstancia um processo genético especial, envolvendo autorizações administrativas especiais (arts. 19º e segs., 68º e segs. do RJOIC), colocação e comercialização próprias (arts. 2º, nº 1, *c)*, 15º, 129º e segs. do RJOIC), documentos informativos, prospetos e regulamento de gestão adrede elaborados (arts. 2º, nº 1, *f)*, 153º e segs. do RJOIC), e subscrição propriamente dita. Destaque especial merece o nascimento da posição jurídica de participante – que surge logo com a subscrição e pagamento do respetivo valor (art. 9º, nº 2 do RJOIC)[288] – e ainda, nos fundos abertos, a natureza permanente e contínua da emissão – considerando que as unidades de participação são emissíveis e resgatáveis a todo o tempo e em número variável (art. 10º, nº 2 do RJOIC).

III. Como os demais valores mobiliários, tais unidades de participação são suscetíveis de *transmissão*: no caso especial dos fundos abertos, a sua negociabilidade em mercado é fundamentalmente abstrata e residual, dado que, efetuando-se a transmissão por via de contínuas subscrições e resgates, perde sentido económico a sua negociação em mercado organizado[289]. Finalmente, as unidades de participação pos-

[288] De modo algo semelhante ao que vimos suceder com outros valores mobiliários (v.g., ações e obrigações), existe assim uma cisão da unidade de participação enquanto posição jurídica e valor mobiliário: ao passo que a primeira dimensão surge logo no momento da celebração do contrato de subscrição, a última só ocorrerá com a representação das unidades em "certificados" ou registos em conta, a qual nunca poderá ocorrer antes do efetivo ingresso do montante da subscrição no fundo patrimonial (art. 9º, nº 2 do RJOIC).

[289] Dito de outra forma, a existência de um mercado primário permanente torna dispensável a formação de um mercado secundário organizado para tais valores – o qual, sendo concebível em abstrato, mantém uma feição puramente residual ou até potencial

suem um processo próprio de *extinção*: ao passo que nos fundos abertos a extinção opera através do "resgate" (ato unilateral e potestativo através do qual o participante manifesta a sua vontade de extinguir as unidades de que é titular e ser reembolsado pelo respetivo valor: cf. art. 10º, nº 2 do RJOIC), nos fundos fechados ela só pode ocorrer, em regra, mediante reembolso ou no evento de liquidação do próprio fundo (arts. 10º, nº 3 e 60º e segs. do RJOIC).

5. "Warrants" Autónomos

5.1. Noção

I. Os "warrants" autónomos ("Optionsscheine", "bons autonomes de souscription") são *valores mobiliários representativos de direitos potestativos de subscrição, aquisição ou alienação de um determinado ativo subjacente, exercitáveis mediante liquidação física e/ou financeira.*[290]

II. Os "warrants" autónomos, qualificados como valores mobiliários pelo art. 1º, *e)* do CVM, encontram-se previstos e regulados no Decreto-Lei nº 172/99, de 20 de maio, e no Regulamento CMVM nº 5/2004, de 27 de maio (cf. ainda "Recomendações da CMVM aos Investidores em «Warrants» Autónomos" de 2001), tendo também sido reconhecidos através do art. 4º, nº 1, ponto 44), *c)* da DMIF II.[291]

(cf. HAZEN, T. Lee, *The Law of Securities Regulation*, 752, 5th edition, Thomson/West, St. Paul, 2005).

[290] Sobre a figura, vide SILVA, H. Marques, *O Warrant no Âmbito do Mercado de Valores Mobiliários*, in: AAVV, "Direito dos Valores Mobiliários", vol. II, 351-400, Coimbra Editora, 2000; VEIGA, A. Brandão, *Direitos Destacados e Warrants Autónomos*, in: AAVV, "Direito dos Valores Mobiliários", vol. III, 85-120, Coimbra Editora, 2001. Noutros países, com diferenças por vezes substanciais de enquadramento tipológico, vide BLANCO, J. Cachón, *Régimen Jurídico de los Warrants-Valores Mobiliarios*, in: 46 "Revista de Derecho Bancario y Bursátil" (1992), 373-408; GUYÉNOT, Jean, *Les Bons de Souscription*, in: 42 "Recueil Dalloz" (1987), 287-294; MCHATTIE, Andrew, *The Investor's Guide to Warrants*, 2nd edition, Prentice Hall, London, 1995; WEISSENFELD, Horst/ WEISSENFELD, Stephan, *Das grosse Buch der Optionsscheine. Alles über Optionen, Warrants, Finanzinnovationen*, 3. Aufl., TM Börsenverlag, Roseheim, 1999.

[291] O termo "warrant" é polissémico, surgindo também utilizado pelo legislador comercial para designar, quer um particular título de crédito pignoratício (art. 408º, §1 do CCom: cf. ANTUNES, J. Engrácia, *Os Títulos de Crédito*, 136 e segs., 2ª edição, Coimbra

III. Trata-se de um valor mobiliário complexo, de assinalável *relevo económico e jurídico*, usualmente negociado em mercados regulamentados: economicamente, o "warrant" serve uma gama de finalidades dos emitentes (financiamento alternativo a aumentos de capital imediatos, reforço da liquidez dos seus títulos) e dos investidores (cobertura de risco, especulação, garantia de entrada ou saída futuras do capital do emitente)[292]; juridicamente, a sua disciplina legal foi expressamente reconhecida como regime jurídico subsidiário de vários outros valores mobiliários (mormente, dos certificados, valores mobiliários convertíveis, e valores mobiliários condicionados por eventos de crédito)[293]. Pela sua especial complexidade, os "warrants" autónomos são qualificados como "produtos financeiros complexos", nos termos e para os efeitos do art. 2º do Decreto-Lei nº 211-A/2008, de 3 de novembro, e do Regulamento CMVM nº 2/2012, de 25 de outubro.[294]

IV. Os "warrants" não se podem confundir com outras *figuras afins*. Apesar das suas enormes similitudes funcionais (cf. ainda o art. 2º, nº 2, *d)* do Regulamento CMVM nº 2/2002, de 17 de janeiro), os "warrants" não se confundem com as *opções* (art. 2º, nº 1, *e)* do CVM): ao passo que os primeiros são valores mobiliários objeto de uma emissão em sentido técnico, de representação própria (cartular ou escritural) e

Editora, Coimbra, 2012), quer o direito de subscrição de ações associado a determinadas obrigações especiais (arts. 360º, *d)* e 372º-A do CSC: cf. *supra* Cap. II, §2, 2.4 (II)). Mesmo na sua aceção de valor mobiliário, ele nem sempre é utilizado com o mesmo alcance: veja-se assim, por exemplo, a noção acolhida no art. 3º, *l)* do Decreto-Lei nº 103/2007, de 3 de abril, que apenas abrange valores atributivos de direitos de subscrição e aquisição, com exclusão de direitos de alienação.

[292] Para uma análise do seu relevo económico-financeiro, vide FUCHS, Andreas, *Selbständige Optionsscheine als Finanzierungsinstrument der Aktiengesellschaft*, in: 40 "Die Aktiengesellschaft" (1995), 433-451.

[293] Sobre esta subsidiariedade, vide o art. 14º-A do Decreto-Lei nº 172/99, de 20 de maio, e o art. 12º do Regulamento CMVM nº 5/2004, de 27 de maio, além dos art. 5º do Regulamento CMVM nº 7/2002, de 8 de maio (certificados), art. 12º do Regulamento CMVM nº 15/2002, de 21 de novembro (valores mobiliários convertíveis), e art. 9º do Regulamento CMVM nº 16/2002, de 21 de novembro (valores mobiliários condicionados por eventos de crédito). Sobre estas espécies de valores, vide *infra* Cap. II, §2, 7.

[294] Sobre os produtos financeiros complexos (PFC), vide *supra* Cap. I, §3, 3.8.

usualmente de cotação em mercado organizado, as opções constituem instrumentos derivados nascidos de contratos, destituídos de forma representativa própria, e que podem ser negociados em mercado de balcão[295]. Do mesmo modo, os "warrants" também não se confundem com os *direitos destacáveis* (art. 1º, *f*) do CVM): como adiante se verá, os direitos destacáveis constituem uma espécie autónoma de valor mobiliário, distinguindo-se fundamentalmente daqueles por não serem objeto de qualquer emissão em sentido técnico e de apenas incidirem sobre direitos inerentes a valores mobiliários (e não outros tipos de ativos financeiros).[296]

5.2. Conteúdo

I. O "warrant" autónomo é um valor mobiliário caracterizado por dois elementos fundamentais: trata-se de um valor mobiliário geneticamente autónomo que incorpora um direito potestativo de subscrição, aquisição ou alienação.

II. Por um lado, o "warrant" confere ao seu titular um *direito potestativo de subscrição, aquisição ou alienação* de determinado ativo subjacente nas condições fixadas no momento da sua emissão. O exercício deste direito potestativo pode efetuar-se, alternativa ou exclusivamente, mediante entrega do próprio ativo pelo preço e no prazo convencionados (liquidação física: art. 2º, nº 1, *a*) do Decreto-Lei nº 172/99, de 20 de maio, diploma a que se referem as disposições legais adiante citadas avulsamente) ou mediante o seu equivalente pecuniário, consistente no saldo resultante da diferença entre o valor do ativo e o seu preço de exercício (liquidação financeira ou "cash-difference warrant": art. 2º, nº 1, *b*) e nº 2).[297]

[295] Sobre a figura, vide *infra* Cap. III, §2, 2. A respeito da relevância do aspeto representativo, vide RUSSO, Ricardo, *Il Warrant: Natura Giuridica e Contenuto Economico*, in: 16 "Amministrazione & Finanza" (1986), 883-891.

[296] Sobre a figura, vide *infra* Cap. II, §2, 6.

[297] Trata-se de alternativas abstratas, nem sempre existentes nas espécies concretas: assim, por exemplo, a liquidação física só é concebível nos "warrants" cujo ativo subjacente tenha existência real (ficando assim excluída, v.g., nos "warrants" sobre taxas de juro, índices, etc.) e a liquidação financeira é o mecanismo supletivo de liquidação nos "warrants"

III. Por outro lado, o "warrant" representa uma espécie de *valor mobiliário geneticamente autónomo* – sendo por isso também designados "bons secs", "naked warrants" ou "separately issued warrants"[298]. Ao contrário de outros "warrants" financeiros (que são emitidos em conjunto com outros valores mobiliários: v.g., os direitos de subscrição de ações nas obrigações com "warrant"), aquele caracteriza-se por ser objeto de uma emissão isolada e independente de quaisquer outros valores mobiliários[299]. Ao invés dos demais valores mobiliários, o "warrant" é um valor mobiliário incindível, cujo conteúdo é insuscetível de destaque para dar origem a novos valores mobiliários (cf. art. 1º, *f)* do CVM).

5.3. Modalidades

I. Os "warrants" autónomos podem revestir uma enorme diversidade de *modalidades*, de acordo com o critério de classificação adotado.[300]

II. Assim, de acordo com o conteúdo do direito potestativo, distingue-se entre os "warrants" *de compra* ("call warrants") e *de venda* ("put warrants"); de acordo com o momento do seu exercício, distingue-se entre "warrants" *europeus* (apenas exercitáveis na data de vencimento)

alheios (art. 13º, nº 2 do Decreto-Lei nº 172/99, de 20 de maio). Por outro lado, saliente-se que os "warrants" são valores mobiliários onerosos, não se tendo admitido entre nós, como sucede noutras ordens jurídicas, os chamados "warrants" gratuitos (Sablé, Laurent, *Les Attributions Gratuites de Bons de Souscription d'Actions aux Actionnaires*, in: 91 "Banque et Droit" (2003), 24-26).

[298] Canaris, Claus-Wilhelm, *Die Verbindlichkeit von Optionsgeschäften*, 4, in: "Wertpapier-Mitteilung" (1998), Sonderbeilage 10, 3-20.

[299] No sentido aqui propugnado, vide Castro, C. Osório, *Valores Mobiliários: Conceito e Espécies*, 200, UCP, Porto, 1998; Pina, C. Costa, *Instituições e Mercados Financeiros*, 477, Almedina, Coimbra, 2005; Silva, P. Costa, *Direito dos Valores Mobiliários*, 147, Lisboa, 2005; noutros quadrantes também, Assmann, Heinz-Dieter/ Schneider, Uwe (Hrsg.), *Wertpapierhandelsgesetz – Kommentar*, 118 e seg., 4. Aufl., Verlag Otto Schmidt, Köln, 2006. Em sentido aparentemente oposto, vide Veiga, A. Brandão, *Direitos Destacados e Warrants Autónomos*, 105, in: AAVV, "Direito dos Valores Mobiliários", vol. III, 85-120, Coimbra Editora, 2001.

[300] Sobre as modalidades de "warrants", vide Veiga, A. Brandão, *Direitos Destacados e Warrants Autónomos*, 106 e segs., in: AAVV, "Direito dos Valores Mobiliários", vol. III, 85-120, Coimbra Editora, 2001.

e *americanos* (livremente exercitáveis em qualquer momento até essa data); de acordo com a relação entre o preço de exercício e o valor do ativo subjacente, distingue-se entre "warrants" *abaixo do par* (em que aquele preço é inferior a este valor: "in-the-money"), *acima do par* (em que aquele preço é superior a tal valor: "out-of-the-money") e *ao par* (quando são idênticos: "at-the-money"); de acordo com a natureza dos ativos, distingue-se entre "warrants" sobre *valores mobiliários* ("equity warrants", "bond warrants") e sobre *outros instrumentos financeiros* (v.g., "index warrants", "currency warrants", "basket warrants"); de acordo com a preexistência dos ativos, distingue-se entre "warrants" *simples* (sobre valores ou ativos a emitir futuramente em mercado primário: "simple warrants") e *cobertos* (sobre valores ou ativos já emitidos e transacionáveis em mercado secundário: "covered warrants"); de acordo com a titularidade dos ativos, distingue-se entre "warrants" *próprios* (sobre ativos ou valores do emitente) e *alheios* (sobre ativos ou valores de terceiros); de acordo com a natureza da emissão, distingue-se entre "warrants" *puros* ou *ligados* (emitidos em conexão com outros valores: "issue linked warrants"); de acordo com a possibilidade de perda do investimento realizado, distingue-se entre "warrants" *convencionais* e *"turbo warrants"*[301]; e assim por diante.[302]

5.4. Regime Jurídico

I. O *regime jurídico* dos "warrants" abrange múltiplos aspetos[303]. Assim, no tocante aos requisitos subjetivos, a emissão de "warrants" não é livre: em via geral, apenas podem ser *entidades emitentes* o Estado (cf. ainda

[301] Os "turbo warrants", bastante populares em Portugal, são uma modalidade de "warrant" que envolve o risco adicional decorrente da previsão de uma barreira de "knock-out" (cujo valor, definido na emissão, é usualmente idêntico ao preço de exercício): caso o valor do ativo subjacente atinja ou ultrapasse o valor da barreira durante o seu período de negociação, o "warrant" extingue-se automaticamente, cessando com ele todos os inerentes direitos de subscrição, aquisição ou alienação do respetivo titular.

[302] Repare-se que são possíveis *"warrants" de 2º grau*, ou seja, "warrants" que atribuem um direito de aquisição ou alienação sobre um outro "warrant" (BINKOWSKI, Peter/ BEEK, Helmut, *Finanzinnovationen*, vol. 1, 26, Economica Verlag, Bonn, 1989).

[303] Sobre o regime fiscal, vide ROCHA, M. Leónidas, *A Tributação dos Warrants Autónomos*, in: 91 "Revista «O Fisco»" (2001), 41-50.

art. 14º), os bancos, as sociedades de investimento, a Caixa Económica Montepio Geral e a Caixa Central de Crédito Agrícola (emissão livre: cf. art. 4º, nº 1, *a)* a *d)*, *f)*), as demais instituições de crédito e as sociedades financeiras de corretagem (emissão condicionada por autorização administrativa: cf. art. 4º, nº 1, *e)* e nº 2), e as sociedades anónimas (emissão limitada a "warrants" próprios: cf. art. 4º, nº 1, *g)*)[304], ficando a emissão por outras entidades sempre sujeita à prestação de garantia idónea (art. 4º, nº 3 e ainda art. 2º do Regulamento CMVM nº 5/2004, de 27 de maio)

II. Doutra banda, no que concerne aos requisitos objetivos, os *ativos subjacentes* elegíveis encontram-se taxativamente previstos na lei (art. 3º): apenas são admitidos valores mobiliários cotados ou negociados em mercado organizado (incluindo unidades de participação dotadas de um mercado líquido), taxas de juro, divisas, índices (de valores mobiliários e de índices), futuros sobre mercadorias negociados em mercado organizado, mercadorias homogéneas negociadas regularmente em mercado, e índices de mercadorias (art. 3º do Regulamento CMVM nº 5/2004, de 27 de maio).

III. Finalmente, a disciplina legal envolve ainda uma série de outros aspetos que aqui não podem ser abordados. Entre eles, mencionem-se os relativos à sua *emissão* – que envolve regras próprias em sede da deliberação de emissão (art. 5º) e dos limites à emissão no caso particular dos "warrants" próprios de sociedades anónimas (art. 6º)[305] –, à sua *negociação* – mormente, a admissão à negociação em mercado regula-

[304] Modalidades particularmente relevantes são os "warrants" autónomos sobre ações próprias, emitidos no âmbito de programas de aquisição de autoparticipações pela sociedade anónima emitente (LE BARS, Bénoit, *Matérialisation du Rachat d'Actions Propres par l'Émission de Bonds de Rachat d'Actions*, in: 5 "Revue de Droit Bancaire et Financier" (2000), 316-322), e as "stock options", instrumento remuneratório muito difundido dos dirigentes e executivos societários consistente em opções de compra de ações da sociedade emitente (cf. KESSLER, Manfred, *Handbuch Stock Options: Rechtliche, steuerliche und bilanzielle Darstellung von Mitarbeiterbeteiligungen*, Beck, München, 2003).

[305] COSTAS, R. Freire, *Emisión de Warrants*, in: AAVV, "Derecho del Mercado Financiero", vol. I, tomo 2, 377-412, Civitas, Madrid, 1994. Sublinhe-se ainda que, em matéria deliberativa, devem ser observadas as regras legais e estatutárias aplicáveis à emissão

mentado (arts. 10º e 11º do Regulamento CMVM nº 5/2004, de 27 de maio) –, e à sua *liquidação* – mormente, no que concerne às modalidades de liquidação (v.g., art. 13º, nº 2) e ao valor do ativo e preço de exercício (arts. 4º, 6º a 8º do Regulamento CMVM nº 5/2004, de 27 de maio).

6. Direitos Destacáveis

6.1. Noção

I. Os direitos destacáveis são *valores mobiliários representativos de posições jurídicas inerentes a outros valores, suscetíveis de destaque e dotadas de homogeneidade e negociabilidade.*[306]

II. A figura encontra-se genericamente prevista no art. 1º,*f)* do CVM, preceito segundo o qual são valores mobiliários "os direitos destacados dos valores mobiliários referidos nas alíneas *a)* a *d)*, desde que o destaque abranja toda a emissão ou série ou esteja previsto no ato de emissão". Estamos assim perante uma espécie de valor mobiliário que, ilustrando sugestivamente a dinâmica de diversificação que é própria do mercado de capitais, visa *maximizar as potencialidades financeiras* ínsitas aos valores mobiliários mediante a fragmentação ou desmembramento ("stripping") do seu conteúdo próprio: assim, por exemplo, se, por ocasião de um aumento de capital por novas entradas de uma sociedade anónima, os pequenos acionistas não quiserem ou puderem concorrer, nem por isso as suas ações se tornam irremediavelmente valores "mortos" para o mercado de capitais, já que, mediante a cisão e a negociação do seu direito preferente na subscrição das novas ações, os acionistas asseguram o encaixe de um valor, os terceiros adquirentes uma posição no capital social, e a sociedade o seu próprio financiamento.

dos concretos ativos subjacentes ao "warrant", v.g., aumentos de capital, emissão de obrigações, aquisição de ações ou obrigações próprias, etc.

306 Sobre a figura, vide SANTOS, J. Costa, *Direitos Inerentes a Valores Mobiliários (Em Especial, os Direitos Equiparados a Valores Mobiliários e o Direito ao Dividendo)*, in: AAVV, "Direito dos Valores Mobiliários", 55-98, Lex, Lisboa, 1997; VASCONCELOS, P. Pais, *Direitos Destacáveis – O Problema da Unidade e Pluralidade do Direito Social como Direito Subjectivo*, in: AAVV, "Direito dos Valores Mobiliários", vol. I, 167-176, Coimbra Editora, 1999; VEIGA, A. Brandão, *Direitos Destacados e Warrants Autónomos*, in: AAVV, "Direito dos Valores Mobiliários", vol. III, 85-120, Coimbra Editora, 2001.

III. Os direitos destacáveis constituem uma espécie legal de valores mobiliários que não pode ser confundida com as operações de divisão ou reagrupamento de um valor mobiliário – por exemplo, no caso das ações, as operações estatutárias de "stock slipt" (art. 276º, nº 6 do CSC) e de "reserve stock split" (Decreto-Lei nº 63-A/2016, de 23 de setembro) –, pelas quais um valor mobiliário é dividido noutros valores da mesma espécie com um valor nominal mais reduzido ou elevado.

6.2. Características

I. A lei não definiu, sequer exemplificativamente, o que se deva entender por "direito destacado"[307] – cabendo assim esse papel à jurisprudência e à doutrina. Em nosso entender, são três os elementos constitutivos da *noção legal*.

II. "Primus", os direitos destacáveis são *posições jurídicas inerentes a determinados valores mobiliários*. Dizer que são "posições jurídicas" significa salientar que se pode tratar indistintamente de posições ativas ou passivas: ao contrário do que a formulação legal inculca, ao falar apenas de "direitos", não se veem razões para excluir do perímetro normativo as obrigações, tais como, v.g., o dever de reconstituição do capital social (art. 35º, nº 3, *c)* do CSC), de realização de prestações acessórias (art. 287º do CSC), etc.[308]. Dizer que tais posições jurídicas são "inerentes" a valores mobiliários significa dizer que são necessária e exclusivamente posições jusmobiliárias: dada a diversidade substancial das várias espécies de valores mobiliários, tudo o que poderá ser afirmado, em geral e abstrato, é que aqui se abrangem estruturalmente posições de natureza económica (os chamados direitos patrimoniais: v.g., direito ao dividendo nas ações, direito ao juro nas obrigações, direito a remunerações perió-

[307] A terminologia legal não é isenta de reparos, sendo preferível falar de "posições jusmobiliárias" (dado que podem estar em causa direitos ou deveres) "destacáveis" (dado que à existência deste valor mobiliário é suficiente a mera suscetibilidade abstrata do destaque, e já não a sua efetiva consumação).

[308] Isto não invalida que se reconheça que o relevo económico de eventuais "deveres" destacáveis será relativamente residual, tanto mais que estão ainda sujeitos ao crivo da destacabilidade, adiante tratada. Neste sentido também, vide VEIGA, A. Brandão, *Direitos Destacados e Warrants Autónomos*, 91, in: AAVV, "Direito dos Valores Mobiliários", vol. III, 85-120, Coimbra Editora, 2001.

dicas nos títulos de participação) e organizativa (os chamados direitos políticos: v.g., direito de voto, de informação, etc.)[309]. Finalmente, para os presentes efeitos, apenas relevam as posições inerentes a "determinados" valores mobiliários, a saber, ações, obrigações, títulos de participação e unidades de participação (art. 1º, *f)* do CVM): assim sendo, e sem prejuízo da existência de instrumentos financeiros atípicos funcionalmente equivalentes (arts. 1º, *e)* e 2º, nº 1, *f)* do CVM), excluem-se do perímetro legal da figura as posições relativas aos demais valores mobiliários típicos (v.g., "warrants" autónomos, certificados, valores convertíveis, etc.), bem como aos instrumentos mobiliários atípicos, instrumentos monetários e instrumentos derivados.

III. "Secundus", exige-se que as posições jusmobiliárias sejam *destacáveis*: tal significa dizer que, de entre as posições jusmobiliárias, apenas são relevantes as que sejam suscetíveis de destaque do valor mobiliário matricial. Por vezes, foi a própria lei a consagrar expressamente essa destacabilidade: é o caso, designadamente, dos direitos de subscrição de ações ou obrigações (arts. 367º, 372º-A, e 458º do CSC)[310]. Nos demais casos, apurar se um determinado direito ou dever jusmobiliário é suscetível de destaque é questão que apenas poderá ser respondida diante da natureza e do regime jurídico dos diferentes valores em concreto: em via geral e abstrata, como patamar mínimo de exigência, afigura-se necessário que as posições jusmobiliárias a cindir sejam suficientemente *individualizadas* de molde a permitir o seu exercício e transmissão

309 Não existe na lei um conceito geral ou uma enumeração exaustiva destas posições. Tudo o que existe, para além de numerosas referências avulsas a tal conceito (v.g., arts. 23º, nº 4, 302º, nº 1, 341º, nº 3 do CSC, arts. 60º, *a)*, 83º, 104º, 210º do CVM), é uma *enumeração meramente exemplificativa*, que justamente qualifica como tais os dividendos, juros e outros rendimentos, os direitos de voto, e os direitos à subscrição e aquisição de outros valores mobiliários (art. 55º, nº 3 do CVM): um exemplo são os cupões de juros das obrigações ("Zinsscheinen", "bond-stripping") (KUSSMAUL, Heinz, *Investition eines gewerblichen Anlegers in Zero-Bonds und Stripped Bonds,* in: 53 "Betriebs-Berater" (1998), 1925-1928). Sobre o tema em geral, vide SOARES, António, *Direitos Inerentes a Valores Mobiliários,* in: AAVV, "Direito dos Valores Mobiliários", vol. I, 133-166, Coimbra Editora, 1999.

310 Sobre estes direitos, vide ALVAREZ, Paula, *Os Direitos de Subscrição em Geral e no Código do Mercado de Valores Mobiliários em Particular,* in: AAVV, "Direito dos Valores Mobiliários", vol. II, 285-349, Coimbra Editora, 2000.

autónomos – excluindo-se assim o destaque de certos direitos especiais (v.g., no caso das ações: cf. art. 24º, nº 5 do CSC), de direitos de exercício coletivo (v.g., no caso das obrigações: cf. arts. 355º e segs. do CSC), etc. –[311] e que consubstanciem posições *não vitais* da perspetiva do valor mobiliário matricial – excluindo-se assim aqueles direitos ou deveres nucleares ou irredutíveis cuja ablação possa colocar em causa a subsistência, identidade ou fungibilidade do próprio valor, v.g., direito à remição nas ações remíveis (art. 345º do CSC), direito ao resgate e reembolso nas unidades de participação (art. 14º, nº 2, *c)* do RJOIC), direito à remuneração periódica nos títulos de participação (art. 3º do Decreto-Lei nº 321/85, de 5 de agosto), etc. Esta exigência legal pode revelar-se particularmente controversa no caso de certos valores mobiliários que, como sucede com as ações, encerram uma posição jurídica complexa e unitária ("participação social")[312]. A este respeito, é frequente citar-se o direito de voto acionista como exemplo de um direito insuscetível de destaque, por se considerar que este descaracterizaria o próprio valor mobiliário subjacente, além de colidir com a proibição geral da venda de voto (art. 17º, nº 3, *c)* do CSC)[313]. Isto não é necessariamente assim. Para

[311] Questão diferente será a de saber se, além de individuais, as posições jurídicas devem ser *concretas* ou poderão ser também *abstratas* (sobre a distinção entre direitos abstratos e concretos no tocante às ações, vide CORDEIRO, A. Menezes, *Manual de Direito das Sociedades,* vol. I, 509 e segs., Almedina, Coimbra, 2004). Trata-se de questão que, uma vez mais, apenas poderá ser resolvida caso a caso: assim, por exemplo, a propósito do chamado direito aos lucros das ações ("Gewinnrecht", "dividend right", "droit aux bénéfices", "diritto agli utili", "derecho a las ganancias"), existem autores que, ao lado do direito ao dividendo deliberado, admitem a cindibilidade e negociação autónoma do próprio direito à distribuição periódica de lucros (tratando tal transmissão como um negócio condicional sobre direitos futuros, vide SANTOS, F. Cassiano, *A Posição do Accionista Face aos Lucros de Balanço – O Direito do Accionista ao Dividendo no Código das Sociedades Comerciais,* 116 e seg., Coimbra Editora, 1996). Cf. ainda ARNOULD, Tiago, *O Destaque do Direito aos Lucros: Esvaziamento do Direito de Voto e Titularidade Oculta,* in: V "Revista de Direito das Sociedades" (2013), 369-385.

[312] VASCONCELOS, P. Pais, *Direitos Destacáveis – O Problema da Unidade e Pluralidade do Direito Social como Direito Subjectivo,* in: AAVV, "Direito dos Valores Mobiliários", vol. I, 167-176, Coimbra Editora, 1999.

[313] ASCENSÃO, J. Oliveira, *Direito Comercial,* vol. IV, 347 e segs., AAFDL, Lisboa, 2000; CÂMARA, Paulo, *Manual de Direito dos Valores Mobiliários,* 125 e seg., 3ª edição, Almedina, Coimbra, 2016.

além de serem hoje vários os ordenamentos estrangeiros que admitem a cisão do direito de voto[314], e de a disposição jussocietária não constituir forçosamente um óbice à admissibilidade dessa cisão no âmbito específico das sociedades anónimas abertas (atenta a especialidade das normas jusmobiliárias em face das normas jussocietárias gerais: "lex specialis derogat legi generali"), é mister ter presente que foi o próprio legislador a prever expressamente, entre os direitos inerentes a valores mobiliários, o direito de voto (art. 55º, nº 3, *b)* do CVM).[315]

IV. "Tertius", as posições jusmobiliárias inerentes e destacáveis devem ainda ser dotadas de *homogeneidade e negociabilidade*. Tal significa dizer, no essencial, que tais posições se devem consubstanciar em direitos ou deveres idênticos e fungíveis, cujo destaque ou cisão se encontra previsto de modo igual para todos eles – por força da lei (v.g., art. 458º, nº 3 do CSC) ou dos termos da própria emissão (art. 1º, *f)*, "in fine", do CVM) –[316], tornando-os suscetíveis de serem transacionados num ou em vários sistemas legais de negociação organizada. Sublinhe-se que os direitos ou deveres destacados, insuscetíveis enquanto tal de registo de emissão (art. 43º, nº 1 do CVM), são objeto de *representação* através de cupões fisicamente independentes no caso dos valores mobiliários

[314] Veja-se o caso paradigmático da lei francesa, que admite a existência de valores mobiliários autónomos resultantes do desmembramento das ações em "certificados de investimento" (que consubstanciam os direitos patrimoniais do acionista) e "certificados de direito de voto" (que incorporam os demais direitos organizativos, em especial o de voto). Cf. DAIGRE, Jean-Jacques, *Le Droit de Vote Est-il Encore un Attribut Essentiel de l'Associé?,* in: 575 "Jurisclasseur Périodique (Édition Entreprise)" (1996), 317-318; VIANDIER, Alain, *Certificats d'Investissement et Certificats de Droit de Vote,* in: "Jurisclasseur Périodique" (1983), doctrine, 14117.

[315] Em sentido convergente, ESTACA, J. Marques, *O Destaque dos Direitos de Voto em Face do Código dos Valores Mobiliários,* in: "Estudos em Homenagem a J. Oliveira Ascensão", vol. II, 1347-1361, Almedina, Coimbra, 2008; OLIVEIRA, M. Perestrelo, *Direito de Voto nas Sociedades Cotadas: Da Admissibilidade de Categorias com Direito de Voto Plural às "L-Shares",* in: VII "Revista de Direito das Sociedades" (2015), 435-470.

[316] Não podemos assim concordar com aqueles autores que apenas reconhecem relevância aos direitos destacáveis legalmente típicos, afirmando que os direitos inerentes aos valores mobiliários apenas são destacáveis se tal cindibilidade estiver prevista na lei (SOARES, António, *Direitos Inerentes a Valores Mobiliários,* 162, in: AAVV, "Direito dos Valores Mobiliários", vol. I, 133-166, Coimbra Editora, 1999).

titulados (destaque físico) ou de registo em conta autónoma a favor do terceiro novo titular no caso dos valores escriturais ou integrados em sistema (destaque registal) (arts. 46º, nºs 3 e 4, 55º, nº 2, e 68º, nº 1, *f*) do CVM), de *transmissão* mediante interrupção técnica de negociação dos valores matriciais ou mecanismos alternativos ("maxime", negociação simultânea "cum" e "ex") (cf. art. 15º, nº 2 do Regulamento CMVM nº 3/2007, de 9 de novembro), e de *liquidação* em sistema (art. 266º, nº 1 do CVM).

7. Outros Valores Mobiliários Típicos

I. Como foi oportunamente assinalado, o elenco legal constante do art. 1º do CVM está longe de ser exaustivo ou corresponder a um "numerus clausus" de valores mobiliários. Ao invés, para além das espécies legais de valores aí previstas, haverá ainda que ter em conta a existência de *outros valores mobiliários* qualificados como tais em ato legislativo ou regulamentar extravagante (proémio do art. 1º).[317]

II. Para os presentes efeitos, mencionaremos aqui apenas, de forma sucinta, os *certificados*, os *valores mobiliários convertíveis*, os *valores mobiliários condicionados por eventos de crédito*, e os *títulos de investimento cooperativos.*

III. Questão que se pode levantar é a da qualificação de alguns destes instrumentos como valores mobiliários (legalmente típicos), bem assim como a sua autonomia e o regime aplicável. A questão coloca-se em virtude de esses valores terem sido consagrados e disciplinados em regulamentos da autoridade de supervisão (Regulamento CMVM nº 7/2002, de 24 de maio, Regulamento CMVM nº 16/2002, de 21 de novembro, Regulamento CMVM nº 15/2002, de 21 de novembro) que foram aprovados ao abrigo da versão originária do art. 1º do CVM, preceito que atribuía então àquela autoridade o poder administrativo de reconhecer outros valores mobiliários típicos para além dos previstos no elenco legal. Há quem sustente que aqueles Regulamentos foram

[317] Sobre estas duas fontes dos valores mobiliários típicos (CVM e leis avulsas), vide *supra* Cap. II, §1, 3.1.

implicitamente revogados na sequência da alteração do art. 1º do CVM, introduzida pelo Decreto-Lei 66/2004, de 24 de março, que veio consagrar definitivamente um princípio da atipicidade ou liberdade de criação de novos valores atípicos[318]. Independentemente das razões que possam assistir tal entendimento, julgamos que a solução geral mais adequada, tanto do ponto de vista jurídico quanto prático, será a de continuar a considerar tais valores mobiliários como tipos legais de valores mobiliários, dotados de autonomia relativamente aos demais valores típicos e atípicos, cujo regime jurídico deverá ser integrado, sempre que possível, pelas disposições previstas nos respetivos regulamentos, exceto quando tais disposições colidam ou possam ser substituídas com vantagem por outras disposições legais, entretanto surgidas, aplicáveis a outros valores mobiliários (por exemplo, como sucede no caso dos valores mobiliários convertíveis).

7.1. Certificados

I. Os certificados ("investment certificates", "Zertifikate") são *valores mobiliários representativos de direitos de crédito pecuniários que tomam por referência determinado ativo subjacente.*[319]

II. A figura encontra-se prevista e disciplinada no Regulamento CMVM nº 7/2002, de 24 de maio: nos termos do seu art. 2º, nº 1, os certificados são definidos como "valores mobiliários que atribuem ao titular o direito a receber em dinheiro o valor de determinado ativo subjacente nas condições fixadas na deliberação de emissão". Encontramo-nos assim perante um valor mobiliário que funciona como "sósia" ou "clone" financeiro de determinado ativo subjacente – usualmente, ações ou cabazes de ações (compostos em função de estratégias de investimento definidas), índices de ações (DJ Eurostoxx, Nikkey225, Dax-30, PSI-20, etc.), ou até matérias-primas (petróleo, ouro, etc.) –, dotado de autonomia própria mas cuja existência e valor constitui um reflexo fiel do comportamento deste ativo, replicando a respetiva evolução: assim,

[318] GUINÉ, O. Vogler, *Art. 360º do CSC – Modalidades de Obrigações*, 889 e seg., in: "Código das Sociedades Comerciais em Comentário", vol. VI, 882-907, Almedina, Coimbra, 2012.

[319] Sobre a figura, vide DIAS, C. Sofia, *O Regulamento nº 7/2002 da CMVM: Certificados*, in: AAVV, "Direito dos Valores Mobiliários", vol. V, 185-213, Coimbra Editora, 2004.

por exemplo, o titular de um certificado sobre ações cotadas, não realizando um investimento direto nessas ações nem sendo acionista das sociedades emitentes, protagoniza um investimento indireto nesse tipo de ativo cujos frutos acompanharão "pari passu" a evolução das respetivas cotações no mercado.

III. Apesar do seu relevo prático e da sua diversidade prática operacional ("bull certificates", "discount certificates", "trackers certificates", "outperformance certificates", "bonus certificates", "reverse certificates")[320], o regime legal próprio da figura é bastante exíguo, limitando-se à consagração das suas modalidades (art. 3º) e das entidades emitentes (art. 4º), sendo-lhe aplicável subsidiariamente o regime legal dos "warrants" autónomos (art. 5º, todos do citado diploma regulamentar)[321]. À semelhança dos "warrants" autónomos, os certificados são "produtos financeiros complexos", nos termos e para os efeitos do art. 2º do Decreto-Lei nº 211-A/2008, de 3 de novembro, e do Regulamento CMVM nº 2/2012, de 25 de outubro.[322]

7.2. Valores Mobiliários Convertíveis

I. Os valores mobiliários convertíveis ("convertible securities", "umgekerhrte Wandelanleihen") são *valores mobiliários representativos*

[320] Os chamados "bull certificates", cuja designação resulta da perspetiva otimista de investimento ("bullish") que lhes subjaz, constituem a modalidade mais difundida, não possuindo quaisquer limitações de perdas ou de ganhos. Outras modalidades alternativas são os "discount certificates" (que permitem investir com desconto no ativo subjacente mediante um teto máximo de ganho), os "quanto certificates" (que replicam o desempenho do ativo subjacente sem os riscos associados às taxas de câmbio), os "bonus certificates" (que apostam na estabilidade ou queda ligeira do ativo subjacente), os "outperformance certificates" (que apostam inversamente na sua valorização, mediante um mecanismo de alavancagem), e os "reverse certificates" (que refletem um desempenho inverso ao do ativo subjacente, valorizando em caso de desvalorização deste e vice-versa).

[321] A doutrina discute se os certificados constituem um valor mobiliário em si mesmo, um mero subtipo de "warrant" autónomo, ou até um derivado híbrido: com entendimentos divergentes, vide DIAS, C. Sofia, *O Regulamento nº 7/2002 da CMVM: Certificados*, 209 e segs., in: AAVV, "Direito dos Valores Mobiliários", vol. V, 185-213, Coimbra Editora, 2004; PINA, C. Costa, *Instituições e Mercados Financeiros*, 481, Almedina, Coimbra, 2005.

[322] Sobre os produtos financeiros complexos (PFC), vide *supra* Cap. I, §3, 3.8.

de direitos de crédito ao reembolso obrigatório, facultativo ou contingente em espécies mobiliárias.[323]

II. A figura – que foi entre nós prevista e regulada, pela primeira vez, através do Regulamento CMVM nº 15/2002, de 21 de novembro – abrange *duas modalidades* típicas fundamentais: os valores obrigatoriamente convertíveis e os valores opcionalmente convertíveis. Os *valores mobiliários obrigatoriamente convertíveis* ("mandatory convertibles") conferem ao titular o direito potestativo a receber, na data do vencimento, os ativos subjacentes em espécie ("maxime", ações, obrigações), vinculando o emitente à sua entrega nos termos previstos na respetiva deliberação de emissão (art. 2º). Os *valores mobiliários opcionalmente convertíveis* ("reverse convertibles") conferem ao titular o direito a receber nessa data, por opção do emitente, os ativos subjacentes em espécie (ações, obrigações), o seu montante pecuniário, ou o montante nominal do próprio valor mobiliário convertível (art. 3º). Estes valores – originariamente sujeitos ao regime do Regulamento CMVM nº 15/2002 (aliás, subsidiariamente tributário da disciplina geral dos "warrants" autónomos: cf. art. 12º)[324] – devem hoje considerar-se sujeitos ao regime geral das obrigações, por força do disposto no art. 360º, nº 2, *b)* do CSC.

III. Finalmente, para além destas duas modalidades típicas, poder-se-ia referir ainda uma modalidade atípica: os *valores mobiliários condicionalmente convertíveis* ("contingent convertibles" ou "CoCos"), que

[323] Sobre a figura, vide DIAS, C. Sofia, *Certificados, Valores Mobiliários Convertíveis e Valores Mobiliários Condicionados por Eventos de Crédito: Algumas Notas Comparativas*, 99 e segs., in: 15 "Cadernos do Mercado de Valores Mobiliários" (2002), 97-113. Noutros quadrantes, vide KILGUS, Stefan, *Anleihen mit Tilgungswahlrecht des Emittenten (Reverse Convertible)*, in: 55 "Wertpapier-Mitteilungen – Zeitschrift für Wirtschafts- und Bankrecht" (2001), 1324-1330; MÜLLER, Jörg, *Aktienanleihen: Einordnung als Termingeschäft und Erfordernis einer schriftlichen Aufklärung*, in: 13 "Zeitschrift für Bankrecht und Bankwirtschaft" (2001), 363-367.

[324] Este regime abrange vários aspetos objeto de regulação específica – entre os quais a delimitação dos tipos de ativos subjacentes (art. 5º), o vencimento dos valores (art. 6º), as deliberações dos emitentes (art. 7º), e a publicidade e prospetos de oferta pública destes valores (arts. 8º a 10º, todos do citado diploma) –, podendo cobrar relevância a título de direito subsidiário, sobretudo no caso de valores de natureza não obrigacionista.

preveem a sua conversão automática nos ativos subjacentes no caso de se verificarem determinados eventos desencadeadores da conversão ("trigger events") previstos no projeto de emissão (v.g., rácios prudenciais). Esta modalidade – que foi pela primeira vez proposta na "Harvard Law Review" em 1991[325] e que reveste uma variedade de submodalidades operativas (v.g., "catastrophe bonds", "surplus notes", "call option enhanced reverse convertible") – ganhou uma crescente relevância na sequência da crise financeira de 2008, sobretudo como instrumento de recomposição dos rácios prudenciais das instituições de crédito (sendo elegíveis como fundos próprios, nos termos do art. 52º do Regulamento UE/575/2013, de 26 de junho).[326]

7.3. Valores Mobiliários Condicionados

I. Os valores mobiliários condicionados por eventos de crédito são *valores mobiliários representativos de direitos de crédito, pecuniários ou em espécies mobiliárias, cuja existência e cujo valor ficam dependentes de eventos de crédito.*[327]

[325] *Distress-Contingent Convertible Bonds: A Proposed Solution to the Excess Debt Problem*, in: 104 "Harvard Law Review" (1991), 1857–1877.

[326] Bastos, M. Brito, *A Elegibilidade de Valores Mobiliários Condicionalmente Convertíveis em Ações Comuns ("Contigent Convertibles") como Fundos Próprios de Instituições de Crédito na Transição para Basileia II*, in: AAVV, "O Novo Direito Bancário", 175-255, Almedina, Coimbra, 2012; Pinto, A. Mota, *Os "CoCos" e a Recapitalização do Sistema Bancário Português*, in: 32 "Actualidad Jurídica Uría Menéndez" (2012), 117-119. Sobre a figura, vide desenvolvidamente Von Furstenberg, Georg, *Contingent Convertibles (Cocos): A Potent Instrument for Financial Reform*, World Scientific Pub., Singapore, 2015. Cf. ainda *infra* Cap. II, §2, 8.5.

[327] Sobre a figura, vide Borges, Sofia/ Magalhães, Sofia, *Derivados de Crédito – Algumas Notas Sobre o Regime dos Valores Mobiliários Condicionados por Eventos de Crédito*, in: 15 "Cadernos do Mercado de Valores Mobiliários" (2002), 115-146; Dias, C. Sofia, *Certificados, Valores Mobiliários Convertíveis e Valores Mobiliários Condicionados Por Eventos de Crédito: Algumas Notas Comparativas*, 102 e segs., in: 15 "Cadernos do Mercado de Valores Mobiliários" (2002), 97-113; noutros quadrantes, vide Brandt, Sven, *Kreditderivative – Zentrale Aspekte innovativer Kapitalmarktprodukte*, in: 2 "Zeitschrift für Bank- und Kapitalmarktrecht" (2002), 243-254; Nassetti, F. Caputo/ Fabbri, Andrea, *Trattato sui Contratti Derivati di Credito*, 101, Egea, Milano, 2000; Whittaker, Greg, *Building Efficient Synthetic Positions and Using Credit Linked Notes*, in: AAVV, "The Handbook of Credit Derivatives", 5-26, McGraw-Hill, New York, 1999.

II. Esta figura – fortemente inspirada nos "credit linked notes" conhecidos nos mercados internacionais – foi consagrada entre nós através do Regulamento CMVM nº 16/2002, de 21 de novembro. Nos termos do seu art. 2º, tais valores "atribuem um direito de crédito ao titular que é condicionado por eventos de crédito descritos na deliberação de emissão" (nº 1), sendo que "a verificação de evento de crédito condicionante pode determinar: *a)* a diminuição ou o aumento do valor em dinheiro a reembolsar ao titular, a título de capital ou de juros; *b)* a entrega ao titular dos valores mobiliários representativos de dívida" (nº 2).

III. Trata-se assim, no essencial, de valores representativos de direitos creditícios pecuniários ou mobiliários cuja existência ("an") e cujo montante ("quantum") ficam dependentes ou ligados ("linked") à verificação ou não de um "evento de crédito" ("credit event"), ou seja, de determinado facto suscetível de afetar, positiva ou negativamente, a solvabilidade da entidade emitente ou de outras entidades. O legislador não definiu o que se deva entender por "*evento de crédito*", conferindo assim à entidade emitente, usualmente um "special purpose vehicle", uma grande liberdade de conformação no momento da deliberação de emissão do valor (v.g., insolvência, incumprimento de obrigações, reestruturação)[328]: tal evento pode não chegar a verificar-se, todavia, caso em que estes valores possuem um comportamento ou efeito económico semelhante ao de uma obrigação.

IV. Não obstante subsidiariamente sujeita às normas sobre "warrants" autónomos (art. 9º), esta figura evidencia alguns traços regulatórios próprios, entre os quais sobressaem – para além da ampla autonomia de vontade conferida aos emitentes – a existência de um elevado valor nominal mínimo (art. 3º), a limitação das entidades emitentes elegíveis (art. 4º) e dos valores mobiliários passíveis de entrega (art. 5º), e o estabelecimento de normas relativas à publicidade e aos

[328] Vide, a este propósito, a definição de "evento de crédito" ("credit event") adotada pela "ISDA – International Swaps and Derivatives Association" (*Credit Derivative Definitions*, ISDA, New York, 2014).

prospetos de oferta pública destes valores (arts. 6º a 8º, todos do citado diploma).[329]

V. Este tipo de valor mobiliário pode ser considerado também um instrumento financeiro derivado "lato sensu", dada a estrutura de derivação em que assenta (construído que é por referência a um risco de crédito subjacente), sendo frequente, aliás, que a sua emissão surja associada a operações de titularização de créditos de natureza sintética[330] ou a operações financeiras complexas que envolvem a celebração concomitante de "credit default swaps" ou outro contrato derivado creditício, bem assim como a constituição de um penhor sobre os proventos da emissão a favor dos subscritores.[331]

7.4. Títulos de Investimento Cooperativos

I. Os títulos de investimento cooperativos são *valores mobiliários representativos de direitos de crédito, pecuniários ou em espécie, sobre uma cooperativa.*[332]

II. Os títulos de investimento são um novo instrumento de financiamento das cooperativas, previsto e regulado nos arts. 91º a 94º do CCoop. Trata-se de um tipo de valores mobiliários de natureza nomi-

[329] Sublinhe-se ainda que parecem também ficar sujeitos a estas regras, com as necessárias adaptações, os chamados "credit linked warrants", que encerram meros direitos potestativos de aquisição de valores mobiliários cujo exercício fica dependente ou condicionado por eventos de crédito (NASSETTI, F. Caputo, *Contratti Derivati di Credito – Profili Civilistici e Regolamentari,* 79, Giuffrè, Milano, 1998).

[330] A *titularização sintética* ("synthetic securitization") constitui uma modalidade especial de titularização de créditos que tem por objeto a transmissão do *risco de crédito,* que não dos próprios créditos em si, por parte da entidade cedente. Cf. CAMPOS, A. Almeida, *Titularização de Créditos – Algumas Notas sobre Titularização Sintética,* in: 69 "Revista da Banca" (2005), 77-92; TAVAKOLI, Janet, *Structured Finance and Collateralized Debt Obligations: New Developments in Cash and Synthetic Securitization,* esp. 117 e segs., 2nd edition, Wiley & Sons, New Jersey, 2008.

[331] DAS, Satyajit, *Credit Derivatives and Credit Linked Notes,* J. Wiley & Sons, New York, 2000. Sobre os derivados de crédito, vide *infra* Cap. III, §2, 4.

[332] Sobre os títulos de investimento cooperativos, vide MEIRA, D. Aparício, *O Regime Económico das Cooperativas no Direito Português,* 133 e segs., Vida Económica, Porto, 2009; MEIRA, D. Aparício/ RAMOS, M. Elisabete, *Governação e Regime Económico das Cooperativas – Estado da Arte e Linhas de Reforma,* 124 e segs., Vida Económica, Porto, 2014.

nativa que – não se confundindo, nem com os títulos de capital (art. 82º), nem com as obrigações (art. 95º) – podem ser objeto de subscrição pública (art. 93º), ser subscritos pelos cooperadores ou por terceiros investidores (art. 91º, nº 4), e conferir aos respetivos titulares direitos a uma remuneração anual, a um prémio de reembolso, a juros e reembolso variáveis, ou ainda à conversão em títulos de capital (art. 91º, nº 2), sendo subsidiariamente regidos pelo regime aplicável às obrigações (art. 91º, nº 6, todos do CCoop).

8. Valores Mobiliários Atípicos

I. Como vimos oportunamente, vigora no direito português um princípio geral de *"numerus apertus"* dos valores mobiliários, segundo o qual os sujeitos intervenientes no mercado de capitais (v.g., emitentes, entidades gestoras) são livres de criar novas espécies de valores mobiliários, sejam estes resultantes da combinação dos valores legalmente tipificados (tipos mistos), sejam totalmente novos (tipos atípicos).

II. Saber quais são os valores mobiliários atípicos, é questão que só *caso a caso* poderá ser apurada em definitivo: tudo o que é possível, "hic et nunc", é simplesmente ilustrar com alguns exemplos conhecidos da "praxis" nacional e estrangeira[333]. Em todo o caso – é bom sublinhá-lo – trata-se de um princípio geral que está longe de ser absoluto. Com efeito, semelhante liberdade jurígena e negocial encontrar-se-á sempre balizada pelos apertados limites decorrentes da própria noção legal genérica de valor mobiliário prevista no art. 1º, *g)* do CVM – o que significa dizer, por outras palavras, que só poderão aspirar aos pergaminhos de um tal "nomen iuris", enquanto tal sujeitos ao regime do CVM, aqueles instrumentos financeiros atípicos que preencham plenamente os requisitos ou as notas caracterizadoras atrás expostas (documento, representação, homogeneidade e fungibilidade, negociabilidade) –, além, naturalmente, por todos os demais limites decorrentes da lei geral (v.g., em matéria de negociação: cf. arts. 204º e 205º, 227º e segs. do CVM) ou do controlo administrativo da autoridade de supervisão (v.g., em matéria de

333 Sobre os valores mobiliários atípicos, vide ainda DAGNINO, Francesco, *Strumenti Ibridi "Partecipativi": Profili Tipologici*, Diss., Palermo, 2003; MCCORMICK, Roger/ CREAMER, Harriet, *Hybrid Corporate Securities: International Legal Aspects*, Sweet & Maxwell, London, 1987.

ofertas públicas: cf. arts. 114º e segs. do CVM). Além disso, por razões de elementar segurança jurídica e proteção dos investidores, os valores mobiliários atípicos encontram-se sujeitos aos princípios gerais que regem a informação jusmobiliária (muito em particular, veracidade, clareza e objetividade): tal implica, designadamente, que as denominações ou "nomen iuris" dos valores mobiliários típicos ficam exclusivamente reservadas àqueles valores que correspondam a um dos tipos legais ou regulamentares existentes (v.g., ações, "warrants", certificados), pelo que qualquer valor mobiliário misto (resultante da combinação dos elementos de dois ou mais valores mobiliários típicos) ou atípico (não correspondente a qualquer tipo legal ou regulamentar) deverá fazer menção expressa a essa sua natureza particular (v.g., "warrant" estruturado no caso de "warrant" que permita um vencimento antecipado).[334]

8.1. Certificados de Depósito ("Depositary Receipts")

I. Os certificados de depósito de valores mobiliários ("depositary receipts") são *valores representativos do depósito de ações ou obrigações emitidos pelas respetivas entidades depositárias.*[335]

II. No essencial, encontramo-nos diante de instrumentos negociáveis, emitidos por entidades depositárias (art. 231º, nº 3 do CVM), que têm a si subjacentes ações ou obrigações usualmente emitidas no estrangeiro: tais certificados foram mesmo expressamente qualificados como valores mobiliários pelo art. 4º, nº 1, ponto 44), *a)* e *b)* da DMIF II. Os "depositary receipts" – originariamente desenvolvidos nos Estados Unidos da América ("American Depositary Receipts" ou ADR), mas rapidamente adotados nos mercados europeus ("European Depositary Receipts" ou EDR) ou até nos mercados mundiais ("Global Depositary Receipts")

[334] Cf. também "Recomendação da CMVM sobre Designação Identificativa de Valores Mobiliários" (2004).

[335] Sobre a figura, entre nós, vide COUTO, A. Sá, *Os "American Depositary Receipts" no Contexto da Globalização dos Mercados Financeiros,* Lisboa, 1999. Noutros quadrantes, BÖCKENHOFF, Johannes/ ROSS, Malcom, *"American Depositary Receipts" – Strukturen und rechtliche Aspekte,* in: 47 "Wertpapier-Mitteilungen – Zeitschrift für Wirtschafts- und Bankrecht" (1993), 1781-1786, 1825-1829; COURET, Alain, *ADR, EDR, Nominées, Trustees,* in: 117 "Revue des Sociétés" (1999), 555-568; MARCOS, Francisco, *Las "Depositary Shares" – La Negociación Cruzada de Valores en Mercados Estranjeros,* Thomson/Aranzadi, Madrid, 2007.

– têm em vista fundamentalmente permitir a uma sociedade anónima emitente intervir em mercados de capitais estrangeiros, aumentando a dispersão e liquidez do seu capital próprio ou alheio, sem se expor aos respetivos riscos, mediante a emissão de "certificados" representativos de determinadas quantidades das suas ações ou obrigações por instituições depositárias que são suscetíveis de subscrição e negociação na moeda local desse mercado[336]. Dadas as suas vantagens e polivalência funcional, este instrumento conhece uma variedade de modalidades autóctones e operacionais, v.g., os britânicos CDI ("Crest Depositary Interests"), os brasileiros BDR, etc.[337]

8.2. Certificados de Participação

I. Os *certificados de participação* ("certificati de partecipazione") são *valores representativos da posição de associado na empresa do associante no âmbito de contrato de associação em participação.*[338]

II. A associação em participação é um contrato de cooperação empresarial, regulado nos arts. 21º e segs. do Decreto-Lei nº 231/81, de 28 de julho, através do qual uma ou mais pessoas, singulares ou coletivas (ditos associados ou partícipes), se associam a uma atividade económica exercida por outra (dito associante ou titular), ficando as primeiras a participar nos lucros (ou, facultativamente, também nas perdas) que resultarem desse exercício para a última[339]. Ora, nada parece impedir

[336] Apesar da homonímia, os "depositary receipts" não se confundem com os "certificados" previstos no Regulamento CMVM nº 7/2002, de 24 de maio (que são um valor mobiliário típico: cf. *supra* Cap. II, §2, 7.1), nem com os certificados de depósito bancário previstos no Decreto-Lei nº 372/91, de 8 de outubro (que são instrumentos do mercado monetário: cf. *infra* Cap. IV, §2, 3.3).

[337] STUBER, W. Douglas, *Depositary Receipts Programs in Brazil*, in: "The Comparative Law Yearbook of International Business", vol. 16, 221-234, Dordrecht, 2014.

[338] CIOCCA, Nicolleta, *Certificati di Associazione in Partecipazione, Offerta al Pubblico di Valori Mobiliari e Raccolta del Risparmio*, in: 66 "Banca, Borsa, Titoli di Credito" (2013), 544-554; GUGLIELMUCCI, Lino/ MAGNANI, Corrado/ JOVENITTI, Paolo, *I Certificati di Partecipazione: Profili Civilistici, Tributari, Negoziali*, Giuffrè, Milano, 1981.

[339] Sobre este contrato, vide ANTUNES, J. Engrácia, *Os Contratos de Cooperação Empresarial*, in: LVIII "Scientia Iuridica" (2009), nº 318, 249-279; ANTUNES, J. Engrácia, *Direito dos Contratos Comerciais*, 406 e segs., reimpressão, Almedina, Coimbra, 2017.

que, designadamente através de intermediário financeiro, sejam emitidos instrumentos representativos de posições jurídicas homogéneas dos associados investidores ("maxime", participação nos lucros) destinados a serem transmitidos e circulados no mercado de capitais.

8.3. Certificados de Valor Garantia

I. Os certificados de valor garantia ("certificats de valeur garantie" ou CVG) são *valores representativos de uma opção de venda diferida de ações de uma sociedade anónima.*[340]

II. Trata-se de instrumentos ancilares ou complementares de uma operação de oferta pública de aquisição ou troca de valores mobiliários, que são emitidos pela sociedade oferente e distribuídos aos sócios da visada, conferindo aos seus titulares o direito de venderem as respetivas ações por preço e em data determinada e sendo negociáveis em mercado. Consoante os objetivos subjacentes à sua emissão, tais certificados podem visar assegurar o sucesso de uma oferta, atribuindo um prémio suplementar aos acionistas aceitantes ("CVG incitatifs"), ou antes dissuadir estes de aceitarem a oferta, garantindo-lhes um valor relativamente às ações não vendidas ("CVG dissuasifs").

8.4. Certificados de Investimento Público

I. Os certificados de investimento público ("treasury investment growth receipts" ou TIGR) são *valores representativos de fração de um bloco indivisível de títulos de dívida pública.*[341]

II. Os TIGRs, juntamente com os CATs e os LIONs – por alguns apelidados de "felinos" do investimento público – são acrónimos para um conjunto de valores mobiliários atípicos emitidos por entidades pri-

[340] DESCLÈVES, Arnaud, *Certificat de Valeur Garantie, Une Valeur Mobilière Multiforme,* in: 579 "Revue Banque" (1997), 50-53; DECOCQ, George, *Une Nouvelle Forme de Valeur Mobilière: les Certificats de Valeur Garantie,* in: 650 "Jurisclasseur Périodique – Édition Entreprise" (1997), 181-185; HALLEY, Stéphanie, *Le Certificat de Valeur Garantie,* in: 70 "Revue de Droit Bancaire et de la Bourse" (1998), 207-218.

[341] RICHELSON, Hildy/ RICHELSON, Stan, *Bonds: The Unbeaten Path to Secure Investment Growth,* 112 e seg., 2nd edition, J. Wiley & Sons, New Jersey, 2001.

vadas que têm como ativo subjacente títulos de dívida pública norte-americana, os quais visam permitir o acesso dos pequenos investidores a valores mobiliários de elevado valor unitário. Trata-se de valores atípicos que foram batizados pelas sociedades corretoras que os criaram e desenvolveram, a saber, "Merrill Lynch" (TRIGs ou "treasury investment growth receipts"), "Salomon Brothers" (CATs ou "certificate of accrual on treasury securities"), e "Lehman Brothers" (LIONs ou "Lehman Investment Opportunity Notes").[342]

8.5. Valores Híbridos

I. Os valores mobiliários híbridos ("hybrid securities", "hybrid Anleihen") são *valores miscigenados ou mistos que, combinando os elementos de dois ou mais valores típicos matriciais, revestem autonomia em relação a estes.*[343]

II. Com efeito, uma importante área de criação e desenvolvimento de valores mobiliários atípicos diz respeito justamente àqueles instrumentos ou produtos financeiros que, construídos com base nalguns valores mobiliários típicos, deixam de poder ser reconduzidos a qualquer um deles para estarem na origem de um novo tipo de valor mobiliário autónomo. Um dos exemplos mais frequentemente citados diz respeito aos chamados *"instrumentos híbridos de capital"* emitidos por empresas nacionais ou estrangeiras com vista a preencher os requisitos de elegibilidade de capital próprio para efeitos regulatórios e contabilísticos, nomeadamente, os chamados "capital tier 1" ("fundos próprios de base") e "tier 2" ("fundos próprios complementares") por parte das instituições de crédito[344]. Trata-se de instrumentos financeiros desenhados à

[342] ROSEN, Lawrence, *Investing in Zero Coupon Bonds: All about CATs, STRIPs, TIGRs, LIONS, TRs, and TBRs*, 212 e segs., John Wiley & Sons, New York, 1986.

[343] GUINÉ, O. Vogler, *O Financiamento das Sociedades por Meio de Valores Mobiliários Híbridos (Entre as Ações e as Obrigações)*, in: AAVV, "1º Congresso Direito das Sociedades em Revista", 75-93, Almedina, Coimbra, 2011. Noutros quadrantes, com importantes diferenças, GEROLD, Thomas, *Hybrid-Anleihen als Instrument der Mezzanine-Finanzierung*, GRIN Verlag, Norderestedt, 2008; LIBERADZKI, Kamil/ LIBERADZKI, Marcin, *Hybrid Securities: Structuring, Pricing and Risk Assessment*, Palgrave Macmillan, New York, 2016.

[344] Sobre tais instrumentos, bastante disseminados na sequência das crises financeira, bancária e soberana posteriores a 2007, vide, entre nós, BASTOS, M. Brito, *A Elegibilidade de Valores Mobiliários Condicionalmente Convertíveis em Ações Comuns ("Contigent Convertibles")*

medida das necessidades e objetivos concretos das entidades envolvidas ("maxime", emitentes, reguladores e investidores), situados algures entre o financiamento por capitais próprios e alheios ou a meio caminho entre as obrigações e as ações: a sua qualificação jusmobiliária apenas poderá ser apurada caso a caso, tendo em conta o conteúdo e o regime de cada instrumento, podendo este, em tese geral, quer reconduzir-se a um dos valores mobiliários matriciais (ação, obrigação), quer originar um verdadeiro e novo valor mobiliário.

8.6. Outros

I. Como seria de esperar num domínio marcado por uma incessante inovação financeira, existem diversos outros tipos de instrumentos negociáveis no mercado de capitais, conhecidos sobretudo da "praxis" estrangeira, que poderão enfileirar na ampla galeria dos valores mobiliários atípicos. Apenas alguns exemplos mais.

II. Os *títulos de fruição* ("Genusscheine") são valores representativos de direitos creditícios, mas não societários, emitidos por empresas públicas ou privadas, v.g., direitos sobre os seus lucros periódicos ou finais (próximos mas não idênticos aos títulos de participação portugueses).[345]

III. Os *títulos de dívida subordinados* ("titres d'emprunt subordonnés" ou TSDI) são valores que, de modo algo similar aos títulos de participa-

como Fundos Próprios de Instituições de Crédito na Transição para Basileia II, in: AAVV, "O Novo Direito Bancário", 175-255, Almedina, Coimbra, 2012; GUINÉ, O. Vogler, *O Financiamento das Sociedades por Meio de Valores Mobiliários Híbridos (Entre as Ações e as Obrigações)*, in: AAVV, "Iº Congresso Direito das Sociedades em Revista", 75-93, Almedina, Coimbra, 2011. Noutros países, vide RAMS, Andreas, *Hybryd-Kapital: Finanzkreation in der Krise?*, in: "Die Bank – Zeitschrift für Bankpolitik und Praxis" (2008), 14-18.

345 SINGER, Uwe, *Genusscheine als Finanzinstrument*, Centaurus, Herbolzheim, 1998. Advirta-se, todavia, para a flutuação do seu conteúdo no direito comparado, v.g., "bon de jouissance", "Partizipationsscheine", "certificats d'investissement", etc. (cf. VELLAS, François, *Les Certificats d'Investissement Privilégiés*, in: 103 "Revue des Sociétés" (1985), 807--813), bem assim como a possibilidade de serem objeto de instrumentos derivados, v.g., as "Optionsgenusscheine" (JASKULLA, Ekkerhard, *Die Einführung derivater Finanzinstrumente an den deutschen Wertpapierbörsen als Regelungsproblem*, 29 e segs., Peter Lang, Frankfurt am Main, 1995).

ção portugueses mas emitidos por empresas privadas, possuem natureza perpétua e são representativos de direitos de crédito subordinados, ou seja, cujo reembolso apenas ocorre no evento de liquidação do emitente e após o pagamento dos demais credores.[346]

IV. Os *valores mobiliários associativos ou fundacionais* são valores emitidos por associações ou fundações: com efeito, no respeito das balizas gerais do direito das pessoas coletivas, nada parece impedir que uma associação ou uma fundação emitam valores mobiliários, como sucede, por exemplo, com os "titres associatifs" franceses.[347]

[346] LANDIER-JUGLAR, Anne/ ROO, Nathalie, *TSDI, Dettes ou Fonds Propres? Un Produit Complexe Avantageux*, in: 516 "Revue Banque" (1991), 462-475.
[347] Cf. REIGNE, Philippe, *Les Valeurs Mobilières Émises par les Associations*, in: 107 "Revue des Sociétés" (1989), 1-37. Sobre as associações e fundações como formas eventuais de organização empresarial, vide ANTUNES, J. Engrácia, *Direito Comercial*, em curso de publicação; noutros quadrantes, vide BARBA, Angelo, *Associazione, Fondazione e Titolarità d'Impresa*, Jovene, Napoli, 1996; KRONKE, Herbert, *Stiftungstypus und Unternehmensträgerstiftung – Eine rechtsvergleichende Untersuchung*, Mohr, Tübingen, 1988.

Capítulo III
Os Instrumentos Derivados

§1
Aspetos Gerais

1. Generalidades
1.1. Noção

I. Designam-se por instrumentos derivados, ou simplesmente derivados ("derivative", "Finanzderivate", "instruments dérivés", "derivati"), *os instrumentos financeiros resultantes de contratos a prazo celebrados e valorados por referência a um determinado ativo subjacente.*[348]

[348] Sobre os derivados, vide, entre nós, ANTUNES, J. Engrácia, *Os Derivados,* in: 30 "Cadernos do Mercado de Valores Mobiliários" (2008), 91-136; ANTUNES, J. Engrácia, *Inovação Financeira e Produtos Derivativos,* in: "Revista de Direito Bancário e do Mercado de Capitais", vol. 45 (2009), 187-196, vol. 47 (2010), 200-226, e vol. 48 (2010), 169-213; ASCENSÃO, J. Oliveira, *Derivados,* in: AAVV, "Direito dos Valores Mobiliários", vol. IV, 41-68, Coimbra Editora, 2003; PEIXOTO, J. Paulo, *Funcionamento da Bolsa de Derivados,* McGraw-Hill, Lisboa, 2000; RIBEIRO, R. Lopes, *Instrumentos Financeiros Derivados,* in: 425 "Ciência e Técnica Fiscal" (2010), 109-150. Noutros quadrantes, vide CABALLERO, J. Sanz, *Derivados Financieros,* Marcial Pons, Madrid, 2000; CASTAGNINO, John-Peter, *Derivatives – The Key Principles,* 3rd edition, Oxford University Press, Oxford, 2009; GAUDEMET, Antoine, *Les Dérivés,* Éditions Economica, Paris, 2010; HENDERSON, Schuyler, *Henderson on Derivatives,* 2nd edition, LexisNexis/ Butterworths, London, 2009; HUDSON, Alastair, *The Law on Financial Derivatives,* 4th edition, Sweet & Maxwell, London, 2006; NASSETTI, F. Caputo, *I Contratti Derivati Finanziari,* Giuffrè, Milano, 2007; REINER, Günter, *Derivative Finanzinstrumente im Recht,* Nomos, Baden-Baden, 2002; RUTTIENS, Alain, *Manuel des Produits Dérivés,* Eska, Paris, 1997; UREBA, A. Alonso/ LEDESMA, C. Alonso, *Estudios*

II. Os derivados constituem uma categoria ou *espécie legal* dos instrumentos financeiros, prevista genericamente no art. 2º, nº 1, *c)* a *f)* do CVM. De acordo com este preceito, em conjugação com o seu nº 2, são considerados instrumentos financeiros "(...) *c)* os instrumentos *derivados* para a transferência do risco de crédito; *d)* os contratos diferenciais; *e)* as opções, os futuros, os swaps, os contratos a prazo e *quaisquer outros contratos derivados* relativos a: *i)* valores mobiliários, divisas, taxas de juro ou de rendibilidades ou relativos a outros instrumentos derivados, índices financeiros ou indicadores financeiros, com liquidação física ou financeira; *ii)* mercadorias, variáveis climáticas, tarifas de fretes, licenças de emissão, taxas de inflação ou quaisquer outras estatísticas económicas oficiais, com liquidação financeira ainda que por opção de uma das partes; *iii)* mercadorias, com liquidação física, desde que sejam transacionados em mercado regulamentado ou em sistema de negociação multilateral ou, não se destinando a finalidade comercial, tenham características análogas às de outros instrumentos financeiros derivados nos termos do artigo 38º do Regulamento (CE) nº 1287/2006, da Comissão, de 10 de agosto; *f) quaisquer outros contratos derivados*, nomeadamente os relativos a qualquer dos elementos indicados no artigo 39º do Regulamento (CE) nº 1287/2006, da Comissão, de 10 de agosto, desde que tenham características análogas às de outros instrumentos financeiros derivados nos termos do artigo 38º do mesmo diploma".[349]

III. A fonte próxima do preceito português é a *Diretiva 2004/39/CE, de 21 de abril*, vulgarmente conhecida por "Diretiva dos Mercados de Instrumentos Financeiros" de 2004 ou DMIF I (cf. art. 4º, nº 1, ponto 17), Anexo I, Secção C, pontos 4) a 10)). Como já foi assinalado, esta Diretiva

Jurídicos sobre Derivados Financieros, Civitas, Madrid, 2013; ZEREY, Jean-Claude (Hrsg.), *Finanzderivate: Rechtshandbuch*, 4. Aufl., Nomos, Baden-Baden, 2017.

[349] Itálicos nossos. O conceito de derivado representa ainda um elemento interpretativo e integrativo auxiliar de um conjunto vasto de normas do CVM, cuja hipótese legal para ele remete expressamente: assim, e já sem falar nas demais normas legais que são aplicáveis aos instrumentos financeiros em geral (e, portanto, em princípio, também aos derivados), vejam-se, a título exemplificativo, os arts. 111º, nº 1, *h)*, *ii)*, *j)*, *ii)*, 204º, nº 1, *b)*, 213º, nº 5, 248º, nº 1, *a)*, 289º, nº 1, *a)*, 290º, nº 3, *f)*, *g)* e *h)*, 311º, nº 3, *a)* e *b)*, 314º-D, nº 1, *a)*, e 378º, nº 4, todos do citado Código.

viria posteriormente a ser substituída pela DMIF II[350], onde se encontra previsto o atual elenco dos derivados (cf. art. 4º, nº 1, ponto 15), Anexo I, Secção C, pontos 4) a 11))[351] e ainda uma previsão autónoma para alguns derivados de energia (cf. art. 4º, nº 1, ponto 16))[352]. Num plano mais secundário, são ainda relevantes o *Regulamento CE/1287/2006*, de 10 de agosto – relativo aos registos das empresas de investimento, à informação sobre transações, à transparência dos mercados, à admissão a negociação dos instrumentos financeiros, e aos conceitos definidos para efeitos da referida diretiva, que veio modificar e ampliar o conteúdo de algumas categorias de instrumentos financeiros (cf. arts. 38º e 39º, para os quais remete expressamente o legislador português) –[353], o *Regulamento UE/648/2012*, de 4 de julho – relativo aos derivados do mercado de balcão, às contrapartes centrais e aos repositórios de transações (correntemente conhecido por EMIR, acrónimo inglês para "European Market Infrastructure Regulation")–[354], e o *Regulamento EU/549/2013*, de 21 de maio – relativo ao sistema europeu de contas, que contém um conjunto de disposições definitórias em matéria de derivados para efeitos contabilísticos (parágrafos 5.199 a 5.219).[355]

IV. Além disso, apesar de a figura do "derivado" encontrar entre nós a sua "sedes materiae" no CVM, é mister lembrar que ela é hoje também utilizada e consagrada em vários outros *diplomas legais* – e nem sempre com um alcance idêntico. Embora limitada ao regime dos fundos de titularização de créditos, merece destaque a definição prevista no art. 2º, nº 2 do Regulamento CMVM nº 2/2002, de 17 de janeiro: "Para efeitos do presente regulamento, são considerados instrumentos financeiros derivados os que, contratados isoladamente ou incorporados noutros valores, com ou sem liquidação financeira, tenham como ativo subja-

350 Jornal Oficial nº L 173, de 12 de junho de 2014, 349-496.

351 Cf. *supra* Cap. I, §2, 2.2.

352 "«Contratos de derivados energia C.6»: opções, futuros, swaps e quaisquer outros contratos de derivados mencionados no anexo I, secção C, ponto 6, relativos a carvão ou petróleo, negociados num OTF e que são objeto de liquidação física".

353 Jornal Oficial nº L 241, de 2 de setembro de 2006, 1-25.

354 Jornal Oficial nº L 201, de 27 de julho de 2012, 1-59.

355 Jornal Oficial nº L 174, de 26 de junho de 2013, 1-727.

cente, real ou teórico, valores representativos de dívida ou direitos de crédito, bem como taxas de juro e divisas, nomeadamente: *a)* futuros padronizados, forwards e FRA'S; *b)* opções padronizadas, caps, floors e collars; *c)* swaps e swaptions; e *d)* warrants, warrants autónomos".[356]

1.2. Origem e Relevo

I. A *origem histórica* dos derivados perde-se na noite dos tempos. Na antiga Mesopotâmia, existem relatos segundo os quais os reis da Babilónia terão emitido instrumentos que atribuíam ao respetivo portador a faculdade de, contra o pagamento do preço nele previsto, exigir a entrega de um mercenário e dois escravos em data futura[357]. Do mesmo modo, é sabido que os mercadores gregos negociavam futuros sobre azeite (através dos quais fixavam no presente o preço do litro de azeite a ser comprado em determinada quantidade e data futura) e os mercadores holandeses ajustavam opções sobre tulipas (através das quais concediam ao beneficiário a faculdade de adquirir, por preço prefixado e durante um certo período de tempo, uma determinada quantidade dessas flores)[358]. Ora, todos esses instrumentos e contratos eram destinados, em si mesmos, a circular e a serem negociados entre os próprios mercadores, possuindo assim um valor próprio e independente que, por seu turno, estava associado à evolução do valor dos bens que lhes subjaziam (escravos, azeite, tulipas).

II. Apesar desta origem histórica remota, pode afirmar-se que os derivados são, enquanto instrumento financeiro, um fenómeno jurídico intimamente ligado ao movimento de "inovação financeira" que anima

[356] Publicado no "Diário da República", IIª Série, de 1 de fevereiro de 2002. Mesmo fora do domínio jusfinanceiro e até juscomercial, se verifica uma consagração legal crescente da figura: apenas a título de exemplo, vejam-se as leis tributárias (arts. 5º, nº 8, 10º, nº 1, *e)* do CIRS, art. 49º do CIRC, arts. 27º, 33º, nº 1, *c)* do Estatuto dos Benefícios Fiscais) e as leis contabilísticas (v.g., a "NCRF – Norma Contabilística e de Relato Financeiro" 27 em Portugal, os "IAS – International Accounting Standards" 7, 32 e 39 no plano internacional).

[357] SWAN, Edward, *Building the Global Market – A 4000 Year History of Derivatives*, 30 e segs., Kluwer, The Hague, 2000.

[358] JAMES, Simon, *The Law of Derivatives*, 1, LLP, London, 1999.

e caracteriza os mercados de capitais das últimas décadas[359]. Expoente máximo da chamada "engenharia financeira", dotados de uma crescente complexidade e sofisticação, é indiscutível o *relevo económico* dos derivados no contexto das economias modernas[360]: como salienta Joseph RIZELLO, "poucos desenvolvimentos da história financeira foram responsáveis por investimentos mais inovadores e eficientes do que a classe de instrumentos denominados derivados"[361]. De acordo com um estudo recente, o mercado organizado de derivados movimentou em 2016 cerca de 80 milhões de futuros (de valor nocional superior a 27 triliões de dólares) e 134 milhões de opções (de valor superior a 38 triliões de dólares), sendo ainda que o volume nocional de derivados negociados fora do mercado organizado ascendeu a mais de 544 triliões de dólares[362]. Não admira, pois, que já tenham cognominado tais instrumentos de "besta selvagem da finança"[363], constituindo mesmo objeto de reflexão e análise ético-filosófica.[364]

[359] Sobre o movimento de inovação financeira, vide já *supra* Cap. I, §1, 3.1. Na história recente, a ascensão e o desenvolvimento dos derivados deveu-se sobretudo à instabilidade monetária e cambial dos anos 70, com a crise do sistema de "Bretton Woods": cf. AAVV, *L'Utilizzo dei Prodotti Derivati nell'Impresa*, Egea, Milano, 2002.
[360] Sobre a "engenharia financeira" – enquanto aplicação de conhecimentos científicos (mormente, económicos e matemáticos) à criação e desenvolvimento de novos produtos financeiros –, vide BIRGE, John, *Financial Engineering*, Elsevier, Amsterdam, 2008; CASTRO, L. Díez/ MASCAREÑAS, Juan, *Ingeneria Financiera*, McGraw-Hill, Madrid, 1991; WIEDEMANN, Arnd, *Financial Engineering: Bewertung von Finanzinstrumenten*, Bankakad.-Verlag, Frankfurt, 2004.
[361] *The Development and Evolution of Derivative Products*, 1, in: AAVV, "The Handbook of Derivatives & Synthetics", 1-19, Probus Publishing, Chicago/ Cambridge, 1994.
[362] BANK FOR INTERNATIONAL SETTLEMENTS, *Semiannual OTC Derivatives Statistics at the End-June 2016*, Basel, 2017. Assinale-se a primazia dos derivados sobre taxas de juro (438 triliões de dólares, representativos de mais de ¾ do total dos derivados OTC), seguidos dos derivados sobre taxas de câmbio (86 triliões), derivados de crédito (12 triliões), derivados de "equity" (7 triliões), e derivados sobre mercadorias (2 triliões) (optamos aqui pela escala curta americana, e não pela escala longa europeia: cf. ALMEIDA, Guilherme, *Sistema Internacional de Unidades*, 3ª edição, Plátano, Lisboa, 2002).
[363] STEINHERR, Alfred, *Derivatives: The Wild Beast of Finance (A Path to Effective Globalisation?)*, J. Wiley & Sons, London, 1998.
[364] RAINES, Patrick/ LEATHERS, Charles, *Financial Derivative Instruments and Social Ethics*, in: 13 "Journal of Business Ethics" (1994), 197-204.

1.3. Funções Económicas

I. Os derivados são instrumentos financeiros que desempenham *funções essenciais de cobertura do risco ("hedging") e de especulação ("trading")*[365]. Num sentido muito amplo, pois, poderá dizer-se que os derivados são também instrumentos juscomerciais de financiamento empresarial, o qual tanto pode ser obtido diretamente – mediante a angariação pelas empresas emitentes de fundos financeiros destinados a investimentos empresariais (como é o caso típico dos valores mobiliários e dos instrumentos de mercado monetário) – como indiretamente – através das economias decorrentes da cobertura do risco de perdas nesses mesmos investimentos, ou da estabilização ou incremento dos ganhos, se a finalidade for arbitragista ou especulativa, como sucede justamente com os derivados.[366]

II. Os derivados são um *instrumento de cobertura ou gestão da exposição ao risco*, de que as empresas e os agentes económicos se servem para se protegerem contra as consequências adversas de oscilações desfavoráveis de determinado ativo subjacente, fazendo assim face aos riscos de mercado (v.g., oscilações das taxas de câmbio, taxas de juro, cotações bolsistas, inflação), aos riscos de crédito (v.g., incumprimento, insolvência, iliquidez do devedor), aos riscos regulatórios ("maxime", limites prudenciais à aquisição de ações), e a outros riscos análogos[367]. Assim,

[365] Sobre as funções económicas dos derivados, vide em geral GIRINO, Emilio, *I Contratti Derivati*, 16 e segs., Giuffrè, Milano, 2001; HUDSON, Alastair, *The Law on Financial Derivatives*, 17 e segs., 4th edition, Sweet & Maxwell, London, 2006; REINER, Günter, *Derivative Finanzinstrumente im Recht*, 4 e segs., Nomos, Baden-Baden, 2002. Saliente-se que tais funções económicas não são necessariamente inócuas de um ponto de vista jurídico: as motivações subjacentes à sua utilização poderão ser relevantes, por exemplo, para efeitos da apreciação da responsabilidade dos membros dos órgãos de administração de empresas em casos de decisões de investimento ou não-investimento em derivados (SERNETZ, Julia, *Derivate und Corporate Governance – Kompetenzen und Pflichten des Vorstands von Aktiengesellschaften beim Einsatz von Derivaten*, Peter Lang, Frankfurt am Main, 2006).

[366] Sobre esta função geral de financiamento empresarial dos instrumentos financeiros, vide *supra* Cap. I, §1, 3.2.

[367] O conceito de risco é, pois, absolutamente nodal para a noção de instrumento derivado, sendo este frequentemente descrito como um mecanismo de transferência de risco: "the main economic function of derivatives is to allow individual parties to transform

por exemplo, um industrial que necessite regularmente de uma determinada matéria-prima sujeita a uma enorme volatilidade de preço no mercado (v.g., combustível) pode prevenir-se contra subidas inopinadas dos custos produtivos através da celebração de futuros que fixem hoje o preço a pagar amanhã; um comerciante europeu que seja titular de créditos denominados em dólares, temendo uma futura evolução desfavorável da taxa de câmbio euro/dólar, pode prevenir-se contra tal risco celebrando um "swap" de divisas; um banqueiro que projete adquirir a prazo uma carteira de ações ou outros valores mobiliários pode acautelar-se face aos riscos inerentes às subidas ou descidas das respetivas cotações através da conclusão de uma opção de compra sobre esses valores.[368]

III. Os derivados são também um *instrumento de especulação no risco*, de que as empresas e os agentes económicos se servem para realizar aplicações lucrativas que visam jogar ou apostar no sentido da evolução do valor dos ativos subjacentes no mercado. Assim, por exemplo, um determinado investidor, acreditando no potencial de valorização das ações de uma determinada sociedade cotada mas não querendo assu-

risks" (BOARD, John, *The Economic Consequences of Derivatives*, 156, in: AAVV, "Modern Financial Techniques – Derivatives and the Law", 156-166, Kluwer, London, 2000); "Derivate machen Risiken isoliert handelbar" (KRUMNOW, Jürgen, *Risikosteuerung von Derivaten*, 1, Gabler, Wien, 1996). Sobre o conceito e os tipos de riscos nos derivados, vide NASSETTI, F. Caputo, *I Contratti Derivati Finanziari*, 4 e segs., Giuffrè, Milano, 2007; REINER, Günter, *Derivative Finanzinstrumente im Recht*, 37 e segs., Nomos, Baden-Baden, 2002; sobre o seu relevo como objeto contratual, vide HENSSLER, Martin, *Risiko als Vertragsgegenstand*, Mohr, Tübingen, 1994.

[368] Esta função de cobertura pode revestir duas modalidades fundamentais, consoante seja realizada por parte de quem, não sendo titular do ativo, deseja precaver-se contra uma subida do seu valor no futuro ("long hedge"), ou de quem, sendo titular do ativo no mercado a pronto, prevê uma diminuição futura do seu valor ("short hedge"). Sobre a função de "hedging" dos derivados, vide BRAUN, Wilfried, *Finanzderivate im Spannungsfeld betriebswirtschaftlicher Notwendigkeit und rechtlicher Risikobegrenzung*, in: "Festschrift für Hugo Hahn", 319-340, Nomos, Baden-Baden, 1997; EIZIRIK, Nelson, *Negócio Jurídico de "Hedging"*, in: 90 "Revista de Direito Mercantil" (1993), 13-22; KANGIS, Peter, *The Use of Financial Instruments for Hedging Purposes: Reconciling Theory and Evidence*, in: 3 "Journal of Financial Services Marketing" (1998), 81-97.

mir diretamente a titularidade de uma participação social nesta, celebra um "equity swap" no qual assume uma posição económica longa, ou seja, colhendo os benefícios da eventual valorização, mas suportando as perdas da eventual depreciação da cotação dessa ação[369]. A dimensão especulativa é, hoje como ontem, fundamental no mercado de derivados: cobertura do risco e especulação são duas faces da mesma moeda, só abstratamente sendo cindíveis. Com efeito, um empresário apenas poderá cobrir um dado risco da sua atividade económica se encontrar no mercado um investidor ou especulador disposto a assumi-lo, sendo os derivados justamente um mecanismo de contratualização massificada dessa transferência de risco – razão pela qual faz sentido afirmar que os derivados "can be used either to reduce risks or to take risks" (John HULL).[370]-[371]

IV. Além destas funções económicas matriciais, os derivados podem ainda servir concomitantemente outras funções secundárias ou acessórias. Com efeito, eles podem ser utilizados com *finalidades de arbitragem ("arbitrage")*, permitindo às empresas ou agentes económicos realizarem aplicações lucrativas que visam tirar partido das imperfeições dos mercados ou dos preços dos ativos subjacentes: por definição, a arbitra-

[369] Sublinhe-se que a finalidade especulativa pode ser unilateral ou bilateral ("einseitige oder beidseitige Spekulationsgeschäfte"), consoante uma ou ambas as partes visem através do derivado realizar aplicações lucrativas jogando ou tirando partido da evolução futura do ativo subjacente (cf. ZEREY, Jean-Claude (Hrsg.), *Finanzderivate – Rechtshandbuch*, 40 e segs., 2. Aufl., Nomos, Baden-Baden, 2010).

[370] *Options, Futures and Other Derivatives*, 15, 6th edition, Prentice Hall, Englewood Cliffs, 2005. Repare-se que a especulação em derivados é ainda vantajosa no confronto com a especulação direta no próprio ativo subjacente: assim, por exemplo, se um investidor pretender apostar na valorização futura de determinadas ações cotadas no PSI-20, pode obter o mesmo resultado sem ter de suportar os respetivos custos financeiros (graças ao chamado efeito de alavancagem financeira, adiante descrito) e organizativos (v.g., deveres de publicidade das participações, etc.) recorrendo a um futuro ou opção sobre tais ações.

[371] Sobre o crescente relevo ou protagonismo da função especulativa, vide CAPRIGLIONE, Francesco, *I Prodotti Derivati: Strumenti per la Copertura dei Rischi o Nuove Forme di Speculazione Finanziaria?*, in: LVIII "Banca, Borsa, Titoli di Credito" (1995), 359-371; KLÖHN, Lars, *Kapitalmarkt, Spekulation und "Behavioral Finance"*, 24 e segs., Duncker & Humblot, Berlin, 2006; POITRAS, Geoffrey, *Risk Management, Speculation and Derivatives Securities*, Academic Press, New York, 2002.

gem explora as ineficiências ou discrepâncias ("mispricing") entre dois preços ou mercados (mercado nacional e estrangeiro, mercado a prazo e a contado, etc.), constituindo os derivados um dos mecanismos por excelência da sua realização[372]. Embora com caráter não necessário ou exclusivo deste tipo de instrumento financeiro, os derivados são também frequentemente concluídos com *finalidades de alavancagem financeira ("financial leverage")*, permitindo às empresas ou agentes económicos, através da mobilização de meios financeiros próprios reduzidos (minimização de investimento inicial), participar mais do que proporcionalmente nas variações de valor do ativo subjacente (maximização do ganho ou perda)[373]. Finalmente, não está excluído que os derivados possam ser utilizados com *outras finalidades*, designadamente finalidades *societárias* – por exemplo, como mecanismo de dissociação entre propriedade jurídica e económica de ações ou votos, permitindo manter oculta a identidade dos verdadeiros titulares de participações sociais ("hidden ownership")[374] –, finalidades *fiscais* – por exemplo, explorando as

[372] Assim, por exemplo, se existir uma discrepância entre os preços de uma ação na "New York Stock Exchange" e no seu correspondente futuro na "Chicago Mercantil Exchange", um investidor pode comprar o instrumento financeiro no mercado onde o seu preço é mais baixo e vendê-lo no outro mercado, encaixando um ganho; do mesmo modo, uma opção de compra de "tipo americano" permite a um investidor tirar partido de eventuais cursos dissonantes de uma determinada ação ou obrigação registados durante a vida da opção (DUBIL, Robert, *An Arbitrage Guide to Financial Markets*, J. Wiley & Sons, New York, 2004).

[373] CHIEW, Lilian, *Managing Derivative Risks: The Use and Abuse of Leverage*, J. Wiley & Sons, New York, 1996; SOMMER, Gottfried, *Derivative Finanzinstrumente: Chancen und Risiken der Hebelwirkung*, V. Müller, Saarbrücken, 2008. O efeito de alavancagem (e, assim, o risco de ganho ou perda) será tanto mais elevado quanto maior for o diferencial entre os valores do capital aplicado e do ativo subjacente: por essa razão também, há quem considere o risco de perda total do capital investido como um dos traços distintivos destes instrumentos (SCHWARK, Eberhard, *Börsenrecht*, 467, in: "Festgabe zum 50-jährigen Bestehen des BGH", Band II, 455-495, Beck, München, 2000). Por vezes, a noção de alavancagem financeira adotada pelo legislador é mais restrita, prendendo-se com os objetivos próprios do diploma que a aplica (vide, por exemplo, o art. 2º, nº 1, *g)* do RJOIC).

[374] HU, Henry/ BLACK, Bernard, *Empty Voting and Hidden Ownership: Taxonomy, Implications, and Reforms*, in: 61 "The Business Lawyer" (2006), 1011-1070; MONGA, Anish, *Using Derivatives to Manipulate the Market for Corporate Control*, in: XII "Stanford Journal of Law, Business and Finance" (2006), 186-219. Um exemplo disto mesmo pode ser encontrado no chamado fenómeno do esvaziamento do voto ("empty voting"), consistente

dificuldades de subsunção dos rendimentos gerados pelos derivados às categorias tradicionais de rendimentos ("maxime", típica «bipolaridade» rendimentos de capitais/mais valias) para efeitos da maximização fiscal[375] –, ou até finalidades *contabilísticas* – enquanto mecanismo de "cosmética" das demonstrações financeiras e contas anuais das empresas.[376]

V. Como é evidente, o alcance e a eficácia das funções económicas dos derivados devem confrontar-se necessariamente com as *balizas impostas pela ordem jurídica* – pelo que nem sempre a utilização de derivados será lícita ou isenta de consequências jurídicas. Particularmente relevante é, neste contexto, a função ou *dimensão especulativa* dos derivados, a qual é suscetível de colocar intrincados problemas no plano da respetiva validade, celebração e regime jurídicos, que a jurisprudência e a doutrina, apesar da abundância de tomadas de posição, não lograram ainda porventura resolver de forma satisfatória: entre tais problemas, destacam-se a questão da *capacidade jurídica* das pessoas coletivas privadas e públicas para a celebração de derivados especulativos – designadamente, à luz dos limites decorrentes do princípio da especialidade dos seus fins (art. 160º, nº 1 do CCivil, art. 6º, nº 1 do CSC)[377] –, a questão da *invalidade*

na dissociação entre o titular jurídico (que encabeça apenas formalmente o seu exercício) e o titular oculto dos votos (que justamente possui interesses económicos na sociedade e nesse exercício) (sobre o fenómeno, vide ANTUNES, J. Engrácia, *Fondos de Inversión Libre y Derecho de Sociedades*, in: Cuevas, Guillermo Cabanellas/ Tartière, Gabriel Reina (eds.), "Mercado de Capitales", 483-525, Editorial Heliasta, Buenos Aires, 2009; GOMES, J. Ferreira, *A Discricionariedade Empresarial, a Business Judgment Rule e a Celebração de Contratos de Swap (e Outros Derivados)*, in: 51 "Cadernos do Mercado de Valores Mobiliários" (2015), vol. II, 57-98; OLIVEIRA, A. Perestrelo/ OLIVEIRA, M. Perestrelo, *Derivados e Governo Societário: A Propósito da Nova Regulação Europeia e da Consulta Pública da ESMA sobre "Empty Voting"*, in: IV "Revista de Direito das Sociedades" (2012), 49-109).

375 CORREIA, M. Anacoreta, *Instrumentos Financeiros Derivados – Enquadramento Contabilístico e Fiscal*, 143 e segs., UCP Editora, Lisboa, 2000; SANTOS, J. Pedro, *As Novas Regras de Tributação dos Instrumentos Financeiros em IRC*, in: "Estudos em Memória do Prof. Doutor J. L. Saldanha Sanches", vol. II, 811-825, Coimbra Editora, Coimbra, 2011.

376 CORREIA, M. Anacoreta, *Instrumentos Financeiros Derivados – Enquadramento Contabilístico e Fiscal*, 17 e segs., UCP Editora, Lisboa, 2000; NABBEN, Stefan, *Financial Swaps. Instrument des Bilanzstrukturmanagements in Banken*, Gabler, Wiesbaden, 1991.

377 Sobre a questão da capacidade das entidades públicas para celebrar derivados especulativos, vide BIRKS, Peter/ ROSE, Francis (ed.), *Lessons from the Swaps Cases*, Mansfield

por ilicitude ou inexistência de respetiva causa negocial – mormente, atenta a exceção geral do jogo e aposta prevista no art. 1245º do CCivil[378] –, a questão da *modificação ou resolução contratual com fundamento nas alterações supervenientes* da respetiva "esfera de risco" (art. 437º do CCivil) – sobretudo, tendo em atenção as repercussões da crise financeira de 2008 nos derivados em curso[379] – e até, imagine-se, a questão de uma eventual *desconformidade constitucional* dos derivados especulativos – em especial, a sua colisão com o objetivo da política comercial de combate às atividades especulativas (art. 99º, *c)* da CRP)[380]. Mas muitas outras ilustrações dos limites jurídicos às funções económicas dos derivados podem ser encontradas: pense-se, por exemplo, na relevância dos derivados sobre ações para efeito da existência e do cômputo dos direitos

Press, London, 2000; Köhler, Christian, *Die Zulässigkeit derivativer Finanzinstrumente in Unternehmen, Banken und Kommunen: Eine ökonomische und rechtliche Analyse,* Möhr Siebeck, Tübingen, 2012; na jurisprudência, vide o recente acórdão "Banco Santander Totta, SA *v* Transport Companies" (William Blair), relativo à capacidade jurídica de empresas públicas para concluir "swaps" especulativos (in: [2016] EWHC 465 (Comm)).

378 Equiparando os "swaps" especulativos a um mero contrato jogo e aposta – numa proposição que, ao menos em via geral e automática, não podemos acompanhar –, vide Mourato, Helder, *O Contrato de "Swap" de Taxa de Juro,* 64 e segs., Almedina, Coimbra, 2014; em sentido oposto, Mendes, S. Sousa, *Derivados Diferenciais e a Exceção do Jogo e Aposta,* in: 53 "Cadernos do Mercado de Valores Mobiliários" (2016), 24-36; na jurisprudência, vide os Acórdãos do STJ de 3-V-2016 (Silva Salazar), de 26-I-2016 (Gabriel Catarino), de 11-II-2015 (Sebastião Póvoas), e de 29-I-2015 (Bettencourt de Faria), todos in: www.colectaneadejurisprudencia.com.

379 Sobre tal espinhosa problemática – que, aliás, se nos afigura frequentemente colocada de forma equivocada atenta a natureza aleatória destes instrumentos financeiros –, vide, em sentidos diversos, Calheiros, M. Clara, *O Contrato de Swap no Contexto da Actual Crise Financeira,* in: 42 "Cadernos de Direito Privado" (2013), 3-13; Freitas, J. Lebre, *Contrato de Swap Meramente Especulativo, Regime de Validade e de Alteração de Circunstâncias,* 956 e segs., in: 72 "Revista da Ordem dos Advogados" (2012), 943-970; na jurisprudência, vide os Acórdãos do STJ de 26-I-2016 (Gabriel Catarino) e de 10-X-2013 (Granja da Fonseca), os Acórdãos da Relação de Lisboa de 27-IX-2016 (J. Manuel Marques), de 16-V-2016 (L. Espírito Santo), de 15-I-2015 (M. Manuela Gomes), e de 8-V-2014 (I. Sacarrão Martins), e os Acórdãos da Relação de Guimarães de 25-IX-2014 (Jorge Teixeira) e de 31-I-2013 (Conceição Bucho), todos in: www.colectaneadejurisprudencia.com.

380 Em sentidos divergentes, vide os Acórdãos do STJ de 29-I-2015 (Bettencourt de Faria) e de 3-V-2016 (Silva Salazar), in: www.colectaneadejurisprudencia.com.

de voto, que visou disciplinar a titularidade indireta ou oculta de participações sociais em sociedades abertas (art. 2º-A, nº 1 do Regulamento CMVM 5/2008, de 2 de outubro, art. 20º, nº 1, *i)* do CVM); ou na relevância dos rendimentos ou gastos resultantes da aplicação do justo valor a instrumentos financeiros derivados para efeitos da formação do lucro tributável das empresas (art. 49º, nº 1 do CIRC).

2. Características

I. O termo "derivado" é um termo juridicamente polissémico: não existindo uma definição legal e geral da figura, ele vem sendo utilizado pelo legislador, pela jurisprudência e pela doutrina em sentidos diversos, designando, ora uma categoria especial de instrumentos financeiros, ora os contratos negociáveis em que assentam, ora ainda as posições jurídicas em que investem os respetivos titulares.[381]

II. À laia de noção preambular, definimos atrás os derivados como sendo aqueles instrumentos financeiros resultantes de contratos a prazo celebrados e valorados por referência a um determinado ativo subjacente[382]. Ora, a compreensão desta noção apenas se torna verdadeiramente possível através de uma análise circunstanciada das *características* fundamentais que contradistinguem os derivados no universo geral dos instrumentos financeiros (génese contratual, ativo subjacente, prazo, risco, autonomia e abstração), bem ainda como dos traços essenciais do respetivo *regime jurídico* (criação, negociação, circulação, extinção)[383]. Vejamo-los, pois.

[381] Sobre esta polissemia, vide entre nós Ascensão, J. Oliveira, *Derivados*, 49, in: AAVV, "Direito dos Valores Mobiliários", vol. IV, 41-68, Coimbra Editora, 2003. Noutros quadrantes, Girino, Emilio, *I Contratti Derivati*, 7 e segs., Giuffrè, Milano, 2001; Hudson, Alastair, *The Law on Financial Derivatives*, 12, 4th edition, Sweet & Maxwell, London, 2006; Sernetz, Julia, *Derivate und Corporate Governance*, 48, Peter Lang, Frankfurt am Main, 2006; Zunzunegui, Fernando, *Ley de Mercado de Valores*, 178, Colex, Madrid, 2006.

[382] Cf. *supra* Cap. III, §1, 1.1.

[383] Trata-se de características *tendenciais*, e não absolutas ou exclusivas. Como veremos, os derivados não constituem uma categoria inteiramente homogénea – abarcando instrumentos financeiros que não revestem a totalidade daquelas características gerais ("maxime", certos derivados exóticos ou híbridos) – e inteiramente estanque face às demais categorias de instrumentos financeiros – pense-se em certos valores mobiliários e

2.1. Génese Contratual

I. Desde logo, os derivados são instrumentos financeiros que têm a sua génese usual num *contrato*: como sublinha a doutrina, os derivados "nascem de contratos" (Gilles NEJMAN)[384], os derivados "são contratos" (Günter REINER)[385], os derivados representam "contratos que geram um instrumento financeiro" (Emilio GIRINO)[386], ou "o denominador comum dos instrumentos derivados negociados no mercado organizado ou fora dele é, indiscutivelmente, um contrato" (Frédéric PELTIER).[387]

II. Sem prejuízo da sua enorme diversidade, estes contratos revestem usualmente um conjunto de *características* gerais ou comuns. Assim, além da sua caraterística fundamental de contratos a prazo[388], tais contratos possuem uma natureza *juscomercial* – dado que são tipicamente celebrados por empresários no exercício da respetiva atividade empresarial[389] –, uma natureza *obrigacional* – no duplo sentido de que a sua formação resulta da mera declaração de vontade das partes contratantes e dá origem a meros direitos e obrigações, não exigindo nem originando qualquer transferência da propriedade dos ativos subjacentes (tantas vezes, aliás, meramente nocional ou virtual) –[390], uma natureza

instrumentos monetários assentes em técnicas de derivação, como é o caso, por exemplo, dos "warrants" autónomos ou de certas modalidades especiais de obrigações de caixa (v.g., "differential notes").

384 *Les Contrats de Produits Dérivés: Aspects Juridiques*, 15, Larcier, Bruxelles, 1999.

385 *Derivative Finanzinstrumente im Recht*, 13, Nomos, Baden-Baden, 2002.

386 *I Contratti Derivati*, 169, Giuffrè, Milano, 2001.

387 *Marchés Financiers et Droit Commun*, 156, Banque Éditeur, Paris, 1997. No mesmo sentido, Heribert HIRTE e Thomas MÖLLERS, para quem "o conceito de contrato a prazo tem um significado central para o conceito de derivado" (*Kölner Kommentar zum WpHG*, 94, Carl Heymanns, Köln, 2007), havendo mesmo autores que consideram que os dois conceitos são praticamente sobreponíveis (MELZER, Philipp, *Zum Begriff des Finanztermingeschäfts*, 370, in: 3 "Zeitschrift für Bank- und Kapitalmarktrecht" (2003), 366-372). A própria lei toma por vezes os dois termos ("derivado" e "contrato de derivados") como sinónimos: assim expressamente o art. 2º, 7), do Regulamento UE/648/2012, de 4 de julho.

388 Cf. *infra* Cap. III, §2, 2.3.

389 Sobre a noção de contrato comercial, enquanto contrato de empresa, vide ANTUNES, J. Engrácia, *Direito dos Contratos Comerciais*, 27 e segs., reimpressão, Almedina, Coimbra, 2017.

390 Exceto no caso das opções, que constituem contratos reais "quoad constitutionem", uma vez que o pagamento do prémio pelo beneficiário ou optante constitui um requisito

consensual – não estando sujeitos a forma legal obrigatória (exceto nos casos em que se insiram em serviços de intermediação financeira com o público investidor: cf. art. 321º, nº 1 do CVM)[391] –, uma natureza *sinalagmática* – sendo fonte para ambas as partes de obrigações ligadas entre si por um nexo de reciprocidade (prevendo-se amiúde, nos derivados de balcão, a exceção de não cumprimento) –[392], uma natureza *patrimonial* – onde está em regra afastado qualquer "intuitus personae", sendo irrelevante a pessoa ou qualidades dos contratantes –[393], uma natureza *onerosa* – envolvendo atribuições patrimoniais para ambas as partes, estando excluído qualquer "animus donandi" –, e uma natureza *aleatória* – no sentido em que, mais do que meramente possuírem um significado patrimonial para uma ou ambas as partes que não é possível determinar de antemão, são contratos em que é o risco e a incerteza que fornece a própria causa e objeto (mediato) contratuais.

constitutivo da formação do próprio contrato. Sobre a distinção entre contratos obrigacionais e reais, vide Telles, I. Galvão, *Manual dos Contratos em Geral,* 463 e segs., 4ª edição, Coimbra Editora, 2002.

[391] Apesar desta natureza consensual, trata-se de contratos que revestem usualmente uma forma escrita voluntária (art. 222º do CCivil), atenta a sua habitual padronização pela via de cláusulas contratuais gerais ou da remissão para modelos contratuais ("master agreements") formulados por organizações nacionais e internacionais especializadas, com destaque para a "ISDA – International Swaps and Derivatives Association". Sobre este fenómeno de estandardização, bem como para modelos contratuais vários de derivados, vide Gooch, Anthony/ Klein, Linda, *Documentation for Derivatives,* 157 e segs., Euromoney, London, 1993; Harding, Paul, *Mastering the ISDA Master Agreements (1992 and 2002): A Practical Guide for Negotiation,* 3rd edition, FT Prentice Hall, London, 2010.

[392] Tal sinalagma funcional entre as prestações das partes é, todavia, compatível com múltiplas variantes: por exemplo, pode tratar-se de uma prestação única (v.g., no caso dos "forwards") ou prestações sucessivas (v.g., no caso dos "swaps"), de prestações simétricas (v.g., futuros) ou assimétricas (v.g., é o caso das opções, em que uma das partes, o beneficiário, sabe de antemão qual o valor máximo da sua prestação, o prémio), ou mesmo de estruturas negociais bilaterais (v.g., derivados de balcão) ou trilaterais (v.g., derivados de mercado organizado). Sobre tal sinalagma, vide Reiner, Günter, *Derivative Finanzinstrumente im Recht,* 13 e segs., Nomos, Baden-Baden, 2002.

[393] Ao menos, nos derivados de mercado organizado (cf. Nassetti, F. Caputo, *Profili Civilistiche dei Contratti Derivati Finanziari,* 197, Giuffrè, Milano, 1997); já nos derivados de mercado de balcão, poderão existir contratos com uma natureza "intuitus personae", circunstância que apenas caso a caso poderá ser apurada em definitivo.

III. Sublinhe-se que a expressão "contrato", utilizada nas leis portuguesa (art. 2º, nº 1, *e)* do CVM) e estrangeiras ("contrats financiers", "Termingeschäfte", "contratti a termine") não é aqui empregue no seu sentido tradicional ou técnico, mas antes no sentido amplíssimo e impróprio de *modelo negocial abstrato apto a gerar vinculações jurídicas*: se existem derivados que correspondem efetivamente a verdadeiros negócios jurídicos bilaterais (v.g., "swaps", "caps", "floors"), existem outros que, como melhor veremos adiante, têm a sua origem remota em "contratos-tipo" ou "produtos contratuais", construídos na base de condições negociais padronizadas adequadas à constituição futura e massificada de direitos e deveres em mercado pelos investidores interessados (como é o caso típico dos futuros e opções negociados em mercado organizado).[394]

IV. Os *sujeitos* dos contratos derivados podem dividir-se em três grandes categorias: entidades gestoras de mercado, intermediários financeiros ou "dealers" (entre os quais se destacam as instituições de crédito, as empresas de investimento, e as empresas seguradoras), e investidores ou "end-users" (entre os quais se destacam as empresas, os investidores institucionais, e as entidades públicas). Como sucede com quaisquer outros contratos comerciais, nos termos gerais do art. 405º do CCivil, os derivados são regidos pelos princípios gerais da *liberdade de celebração* ("Abschlußfreiheit") e *de fixação do respetivo conteúdo* ("Inhaltsfreiheit"), dentro dos limites decorrentes das leis gerais (v.g., arts. 280º a 282º do CCivil, LCCG)[395], das leis especiais (v.g., CVM, Decreto-Lei nº 40/2014, de 18 de março, Regulamento CMVM nº 3/2007, de 9 de novembro, etc.), e das leis setoriais pertinentes (v.g., limites à celebração de derivados por certos organismos de investimento coletivo: cf. arts. 179º, nº 2, *b)* e 207º do RJOIC).

[394] DRUMMOND, France, *Le Contrat comme Instrument Financier,* in: "Mélanges en Hommage à François Terré", 661-675, Puf, Paris, 1999; sintomático é também que, na "praxis" financeira germânica, os negócios sobre derivados sejam designados "Kontrakte", e não "Verträge" (REINER, Günter, *Derivative Finanzinstrumente im Recht,* 3, Nomos, Baden-Baden, 2002).

[395] Sobre as limitações à autonomia privada no âmbito dos contratos comerciais, vide ANTUNES, J. Engrácia, *Direito dos Contratos Comerciais*, 126 e segs., 179 e segs., reimp., Almedina, Coimbra, 2017.

2.2. Ativo Subjacente

I. Em segundo lugar, os derivados são instrumentos financeiros assentes em técnicas de derivação[396]: como o seu próprio nome inculca, estamos perante instrumentos "de segundo grau", que são construídos e valorados por referência a uma outra realidade primária, ou "de primeiro grau", que a lei designa por *"ativo subjacente"* ("underlying asset", "Basiswert").[397]

II. Os ativos subjacentes (ou derivantes) são hoje praticamente ilimitados, podendo revestir natureza corpórea ou incorpórea, real ou virtual, industrial ou financeira, jurídica ou económica – ponto é que se trate de realidades tipicamente sujeitas a risco de variação do respetivo valor. É certo que esta caraterística de derivação está também presente, de um modo genérico, noutros tipos de instrumentos financeiros: com efeito, também o valor de uma ação ou de uma obrigação está de algum modo dependente das oscilações do valor de um ativo subjacente, que é o património da entidade emitente. Todavia, ao passo que, nesses e noutros casos, a derivação corresponde a uma caraterística meramente acessória ou incidental do instrumento financeiro, nos derivados ela emerge em pleno âmago ou "coração" da própria figura, fornecendo o seu *paradigma construtivo* ou identidade genética, em torno do qual gra-

[396] Este traço fundamental corresponde, de resto, à própria raiz etimológica da expressão: do latim, "derivatio", que significa o processo pelo qual se obtém um produto a partir da transformação de outro ou outros (*Dicionário da Língua Portuguesa Contemporânea*, Academia das Ciências de Lisboa, vol. I, 1116, Verbo, Lisboa, 2001).

[397] Trata-se de um aspeto comummente referido na literatura internacional: "A financial derivative is a financial instrument based on another basic instrument, which value depends on it" (KOLB, Robert/ OVERDAHL, James, *Financial Derivatives*, 1, 3rd edition, J. Wiley & Sons, New York, 2002); "Si definiscono «contratti derivati» quei contratti il cui valore deriva dal prezzo di una «attività finanziaria sottostante»" (NASSETTI, F. Caputo, *Profili Civilistiche dei Contratti Derivati Finanziari*, 2, Giuffrè, Milano, 1997); "Derivative Finanzinstrumente sind gegenseitige Verträge deren Wert vom Betrag einer zugrunde liegenden marktabhängigen Basiswert abgeleitet ist" (REINER, Günter, *Derivative Finanzinstrumente im Recht*, 1, Nomos, Baden-Baden, 2002). Mas também pelo próprio legislador: vide assim, por exemplo, a Norma Regulamentar da ASF nº 9/2007-R, de 28 de junho, que define os «produtos derivados» como "os instrumentos financeiros cujo valor depende de um ativo subjacente de natureza real ou teórica" (art. 2º, *c*)).

vita toda a sua conceção, estrutura e funcionamento. Em todo o caso, não se pode confundir o derivado – enquanto instrumento financeiro – com o derivante – enquanto ativo subjacente: assim, por exemplo, os índices (bolsistas, financeiros, económicos, etc.) não podem ser considerados, em si mesmos, como derivados.[398]

III. Entre os tipos de ativos mais divulgados nos dias de hoje, incluem-se os *valores mobiliários* – de natureza real ou meramente nocional (por exemplo, uma ação ou obrigação nocional ou sintética de determinada empresa, que nunca foi realmente emitida) –, *os instrumentos monetários* – v.g., certificados de aforro, papel comercial, obrigações de caixa –, as *taxas de juros* – v.g., "Euribor", "Libor", "Mid", "Ribor", "overnight", etc. –, as *divisas* – v.g., o câmbio euro/dólar, dólar/iene, etc. –, os *índices financeiros* – sobre valores mobiliários, taxas de juro, divisas, e outros (v.g., "PSI20", "S&P500", "Eurostoxx 50", "MSCI World", "Dow Jones", "CAC", "Nikkey 255", "Dax30") –, os *índices económicos* – sobre taxas de inflação, de desemprego, de crescimento, de produto nacional interno, e outros (v.g., "U.S. gross domestic product", "Eurozone HICP inflation index", etc.) –, as *mercadorias* – desde produtos agrícolas (v.g., café, cacau, açúcar) até recursos naturais (v.g., ouro, prata, aço, platina) ou fontes energéticas (v.g., eletricidade, gás natural) –, as *variáveis climáticas* (v.g., "degree day", "weather index"), as *tarifas de transporte* (v.g., "Worldscale Tanker Nominal Freight"), e até... *os próprios derivados* – ou seja, derivados de segundo grau, cujo ativo subjacente é constituído por um outro derivado (v.g., "swaptions" de divisas). Em suma, a gama dos ativos subjacentes é tal que não falta quem defina os derivados como "instruments that are based on the price of *something else*".[399]

[398] Em sentido aparentemente oposto, integrando os índices no catálogo dos instrumentos financeiros derivados, vide Câmara, Paulo, *Manual de Direito dos Valores Mobiliários*, 202 e segs., 3ª edição, Almedina, Coimbra, 2016.

[399] Easterbrook, Frank, *Derivative Securities and Corporate Governance*, 734, in: 69 "University of Chicago Law Review" (2002), 733-747. A natureza dos ativos, podendo ser extremamente heterogénea, não é, todavia, indiferente para efeitos do regime jurídico dos instrumentos financeiros derivados: assim, por exemplo, os derivados cujo ativo subjacente se encontre admitido a negociação em mercado regulamentado devem ser objeto de obrigações especiais de reporte informativo (Regulamento CMVM nº 2/2011,

IV. Na esteira do legislador comunitário, o legislador português consagrou um extensíssimo *elenco* de ativos relevantes (art. 2º, nº 1, *e)* e *f)* do CVM): nesse sentido, aponta a enumeração fechada dos vários ativos referidos nas subalíneas *i)* a *iii)* da alínea *e)* do art. 2º, nº 1 do CVM, bem como a lista adicional de ativos previstos nas alíneas *a)* a *g)* do art. 39º do Regulamento CE/1287/2006, de 10 de agosto, aplicável por força do art. 2º, nº 1, *f)* do mesmo Código[400]. Tal elenco deve considerar-se fechado ou taxativo[401]: assim sendo, não serão de admitir entre nós alguns tipos de derivados, conhecidos na "praxis" financeira internacional, que são construídos sobre outros tipos de ativos, v.g., derivados sobre resultados de futebol, votações eleitorais, ou até catástrofes (exceto se associadas a variáveis climatéricas)[402]. Muito embora a lei não faça tal exigência, afigura-se que os ativos subjacentes deverão ser suscetíveis de reprodução ou replicação ("Reproduzierbarkeit") permanente: isso significa

de 21 de março); os derivados cujo ativo subjacente seja de natureza meramente teórica ou virtual (v.g., valores mobiliários nocionais, índices financeiros, índices económicos, etc.) apenas admitem liquidação financeira, estando obviamente excluída a liquidação física.

[400] Reza assim o citado preceito comunitário: "Para além dos contratos sobre instrumentos derivados do tipo referido no ponto 10 da secção C do anexo I da Diretiva 2004/39/CE, um contrato sobre instrumentos derivados relativo a qualquer um dos elementos apresentados seguidamente será abrangido por essa secção, caso satisfaça os critérios nela previstos e no nº 3 do artigo 38º: *a)* Largura de banda das telecomunicações; *b)* Capacidade de armazenamento de mercadorias; *c)* Capacidade de transmissão ou transporte de mercadorias, inclusive por cabo, oleoduto ou outro meio; *d)* Uma atribuição, crédito, autorização, direito ou ativo análogo diretamente relacionado com o fornecimento, a distribuição ou o consumo de energia com origem em fontes renováveis; *e)* Uma variável geológica, ambiental ou uma outra variável física; *f)* Qualquer outro ativo ou direito de natureza fungível, que não um direito a receber um serviço suscetível de ser transferido; *g)* Um índice ou medida relacionada com o preço, o valor ou o volume das transações com qualquer ativo, direito, serviço ou obrigação".

[401] No sentido da taxatividade dos elencos legais dos ativos, vide, em ordens jurídicas congéneres, REINER, Günter, *Derivative Finanzinstrumente im Recht,* 10 e segs., 25 e seg., Nomos, Baden-Baden, 2002; MELZER, Philipp, *Zum Begriff des Finanztermingeschäfts,* 370, in: 3 "Zeitschrift für Bank- und Kapitalmarktrecht" (2003), 366-372.

[402] Por exemplo, as chamadas "CAT calls" ou "CE puts" ("catastrophe equity put options") negociadas na "Chicago Board of Trade" (sobre os derivados de seguro em geral, vide BRIYS, Eric/ VARENNE, François, *Insurance: From Underwriting to Derivatives,* J. Wiley & Sons, New York, 2001).

que tal ativo, enquanto variável da qual depende o cômputo do valor do derivado[403], deve ser uma grandeza continuamente mensurável durante o prazo da sua vigência até à data da sua execução.[404]

2.3. Prazo

I. Em terceiro lugar, os derivados são caracteristicamente instrumentos financeiros *a prazo*. Tal significa dizer que os negócios em que se consubstanciam, no lugar de serem objeto de execução imediata (operações a contado ou "spot"), se caracterizam pela existência de um período de tempo mais ou menos longo, que pode ir de alguns meses a algumas semanas ou dias apenas, entre a data da sua celebração e a data da execução dos direitos e obrigações deles emergentes (operações a prazo ou "forward").[405]

II. Esse prazo, porém, poderá ter uma natureza *firme* ou *condicional*, "rectius", o referido hiato temporal poderá configurar juridicamente um "termo" ou uma "condição". Se existem derivados cuja execução tem lugar necessariamente numa data de vencimento pré-determinada – funcionando o prazo como uma espécie de termo inicial certo ("dies certus an certus quando"): é o caso dos futuros –, outros existem em que aquela

[403] Sendo fundamental que o valor do derivado fique dependente do valor do ativo subjacente, já é indiferente a natureza, direta ou indireta, dessa dependência: assim, por exemplo, um futuro tanto pode derivar o seu valor de uma concreta ação ou mercadoria como de um índice de ações ou de um cabaz de mercadorias.

[404] Numa boa parte dos casos, tal significará que o ativo seja transacionável num mercado a pronto líquido, embora nem sempre seja necessariamente assim: pense-se em ativos meramente nocionais ou construídos, como, por exemplo, os "derivados de cestas" ("basket-derivatives", "Korb-Derivate") que, ao contrário dos derivados sobre índices (v.g., "Dow Jones"), funcionam por referência a um cabaz ou cesta de ativos (v.g., as ações de algumas empresas) selecionados "ad hoc" pelos próprios contratantes.

[405] Sobre os derivados como operações a prazo – e sobre a essencialidade do elemento temporal –, vide ASCENSÃO, J. Oliveira, *Derivados*, 47, in: AAVV, "Direito dos Valores Mobiliários", vol. IV, 41-68, Coimbra Editora, 2003; noutros quadrantes, CAPRIGLIONE, Francesco, *Essenzialità del Termine ed Usi di Borsa nelle "European Call Options"*, 501, in: LVII "Banca, Borsa, Titoli di Credito" (1994), 498-504; CORDIER, Jean, *Les Marchés à Terme*, Puf, Paris, 1992; ELLER, Roland (Hrgs.), *Handbuch Derivativer Instrumente*, 9, Schäffer--Poeschel, Stuttgart, 1996.

execução poderá ter ou não lugar nessa (ou até essa) data consoante a vontade do respetivo titular ou beneficiário – pelo que ao prazo vai acoplada uma verdadeira condição incerta ("dies incertus an incertus quando"): é o caso das opções, respetivamente, de estilo europeu e americano.

III. A distinção entre *operações a prazo* ("forward transactions", "Termingeschäfte") e *a contado* ("spot transactions", "Kassageschäfte") nem sempre será fácil (cf. ainda os arts. 15º e segs. do Regulamento CMVM nº 3/2007, de 9 de novembro). Muito embora as operações a prazo impliquem usualmente um prazo de execução superior a dois dias (cf. art. 38º, nº 2 do Regulamento CE/1287/2006, de 10 de agosto), é necessário advertir para a possibilidade de existência de operações financeiras híbridas a meio caminho entre o mercado a prazo e à vista: um exemplo poderá ser dado pelos chamados contratos cambiais à vista com taxa móvel ("rolling spot forex contracts"), modalidade híbrida que permite a abertura de posições de compra ou de venda em contratos cambiais à vista e o seu posterior encerramento mediante a realização de operação de sinal contrário antes da maturidade[406]. Além disso, não repugna reconhecer a natureza de derivado, a título excecional, a produtos negociados em prazo inferior, mormente a certos contratos executados no dia seguinte (v.g., os contratos "day-ahead" negociados no "Powernext") ou até no próprio dia ("intraday trading").[407]

IV. Esta *essencialidade do fator "tempo"* é, não apenas inteiramente consistente com a função primacial de cobertura de risco dos derivados – já que, consistindo o risco na oscilação das variáveis económicas no futuro, apenas uma operação a prazo, executável em data futura, lhe poderá fazer face –, como também determinante de vários aspetos do respetivo regime jurídico – mormente, conformando o conteúdo das

[406] CASAL, Nuno, *Contratos sobre Divisas (FX) e Instrumentos Financeiros (O Caso Especial dos "Rolling Spot Forex Contracts")*, in: AAVV, "Estudos em Homenagem ao Prof. Doutor Carlos Ferreira de Almeida", vol. I, 651-671, Almedina, Coimbra, 2011.

[407] BINDER, Jens-Heinrich, *Daytrading als Finanztermingeschäft i.S.d. §2, Abs. 2A WpHG*, in: 34 "Zeitschrift für Unternehmens- und Gesellschaftsrecht" (2005), 329-369; REINER, Günter, *Daytrading in Niemandsland zwischen Kassa- und Termingeschäft*, in: 14 "Zeitschrift für Bankrecht und Bankwirtschaft" (2002), 211-217.

prestações contratuais. Assim, por exemplo, num contrato de futuros é sempre aposto um termo certo inicial ou suspensivo – que assume natureza de termo essencial –, o qual confere justamente a este derivado a sua fisionomia típica de instrumento financeiro cujos efeitos jurídicos principais (entrega de ativo subjacente, pagamento do preço acordado, pagamento do saldo diferencial) se produzem apenas em data futura pré-determinada.[408]

2.4. Risco

I. Em quarto lugar, os derivados são instrumentos financeiros tipicamente estocásticos e aleatórios – isto é, geneticamente assentes no *risco*[409]. Tal significa dizer, desde logo, que os negócios em que se consubstanciam envolvem prestações negociais cujo significado patrimonial ou pecuniário, seja no seu "an" ou "quantum", não é possível determinar no momento da respetiva celebração para uma ou ambas as partes – dependendo de um evento futuro de natureza estocástica, apenas determinável em definitivo no momento da respetiva execução. Mas significa mais: trata-se de negócios em que o "risco" fornece a própria razão de ser contratual, no sentido em que as partes contratantes, mais do que simplesmente celebrá-los num estado de défice informativo,

[408] Com os "contratos derivados" não se podem confundir outros contratos financeiros a prazo, suscetíveis de veicular finalidades ou resultados parcialmente similares, tais como o contrato de *reporte* (arts. 477º a 479º do CCom) – consistente na compra a contado de títulos de crédito ou valores mobiliários, e na revenda simultânea a termo desses títulos ou valores, por preço determinado (sobre a figura, vide ANTUNES, J. Engrácia, *Os Contratos no Código Comercial Português*, 292 e segs., in: "Estudos Dedicados ao Professor Doutor Luís Alberto Carvalho Fernandes", vol. II, 257-297, Editora Universidade Católica, Lisboa, 2011) – e o contrato de *empréstimo financeiro* (art. 350º do CVM) – especialmente quando associado às chamadas vendas curtas ou a descoberto, também conhecidas na gíria internacional por "short selling" (sobre a figura, vide SILVA, P. Costa, *As Operações de Venda a Descoberto de Valores Mobiliários*, Coimbra Editora, Coimbra, 2010; REIS, Célia/ SOUSA, Rita/ VIDAL, Isabel, *Operações de Short-Selling*, in: 12 "Cadernos do Mercado de Valores Mobiliários" (2001), 160-185).

[409] Sobre os modelos de avaliação dos ativos financeiros, e suas deficiências, bem assim como a diferença entre risco e incerteza sistémica, vide QUELHAS, A. Paula/ QUELHAS, J. Manuel, *Da Improficiência dos Modelos de Avaliação de Ativos – Riscos Emergentes ou Incerteza Sistemática?*, in: LIII "Boletim de Ciências Económicas" (2010), 1-38.

visam justamente negociar sobre tal incerteza, fazendo desta a verdadeira causa e base negociais.[410]

II. Com efeito, pode dizer-se que a condicionalidade estocástica é, de certo modo, própria de qualquer contrato, já que nestes sempre as partes trocam um presente certo (ou conhecido) por um futuro incerto (ou desconhecido): assim, por exemplo, num simples contrato de compra e venda, o risco de perecimento das coisas vendidas sem culpa do vendedor é transferido para os ombros do comprador mesmo antes de este as ter recebido (art. 796º, nº 1, do CCivil). Todavia, ao contrário dos contratos comuns, nos contratos aleatórios – de que os derivados são um exemplo – o risco e a incerteza ("Unsicherheitfaktor") *funcionam, não como vicissitude colateral e não desejada, mas, verdadeiramente, como as próprias causa e base do acordo entre as partes.*

III. Sublinhe-se, porém, que pode ser diferenciada a *distribuição do risco contratual.* Ao passo que uma boa parte dos derivados possui uma estrutura simétrica de risco – já que, implicando deveres recíprocos de liquidação física ou pecuniária para ambas as partes, envolvem uma concomitante distribuição mútua de ganhos e perdas indetermináveis à partida (v.g., futuros, "swaps") –, outros existem que se caracterizam por um perfil de risco assimétrico, em que uma das partes sabe de antemão qual o seu risco ou perda máximos (v.g., é o caso das opções, cujo comprador ou beneficiário sabe à partida que incorre numa perda máxima correspondente ao respetivo prémio) ou que envolvem uma significativa desproporção entre os riscos de ganhos e perdas para ambas as partes (v.g., certos derivados com "efeito-memória" ou coeficientes de alavancagem financeira).[411]

[410] Sobre o ponto, vide também HENSSLER, Martin, *Risiko als Vertragsgegenstand*, 14, Mohr, Tübingen, 1994; em sentido oposto, qualificando os derivados como contratos comutativos (embora, quanto a nós, na base de uma confusão entre contratos aleatórios e contratos de jogo e aposta), ALMEIDA, A. Pereira, *Os Instrumentos Financeiros: Os "Swaps"*, 66, in: AAVV, "Estudos em Homenagem ao Prof. Doutor Carlos Ferreira de Almeida", vol. II, 37-69, Almedina, Coimbra, 2011.

[411] GROUP OF THIRTY, *Derivatives: Practices and Principles*, 30 e segs., Washington, 1993. Por isso também, na teoria económica, os derivados são por vezes descritos como

2.5. Autonomia e Abstração

I. Por último, os derivados são ainda instrumentos financeiros *autónomos* no sentido em que, uma vez criados, se tornam independentes em face dos respetivos ativos subjacentes: muito embora economicamente o derivado constitua uma espécie de duplicação do ativo subjacente (pelo que o valor do primeiro deriva do valor do segundo), de um ponto de vista jurídico encontramo-nos perante instrumentos juscomerciais "a se" cujas existência e validade são totalmente independentes das vicissitudes jurídicas desse ativo.

II. Esta caraterística de autonomia é conhecida de outros instrumentos juscomerciais de circulação e mobilização de riqueza. Com efeito, é bem sabido que determinados títulos de crédito (letras, livranças, cheques) são caracterizados pela sua autonomia, no sentido em que os direitos cartulares abstraem das relações jurídicas fundamentais que lhe estiveram na origem: assim, por exemplo, o sacador de uma letra de câmbio não se pode recusar a efetuar o pagamento a um portador mediato e de boa-fé com fundamento na nulidade do negócio subjacente à respetiva emissão (art. 17º da LULL)[412]. Ora, no caso dos derivados, a autonomia é *tendencialmente total e pura*, seja já porque podem existir derivados com ativos subjacentes meramente nocionais ou virtuais (como sucede nos derivados bilateralmente especulativos), já porque, mesmo no caso de derivados com ativos subjacentes reais, os direitos e

"operações de soma zero" ("zero-sum"), já que os ganhos (ou perdas) de uma das partes correspondem exatamente às perdas (ou ganhos) da contraparte: ou seja, são instrumentos que não criam ou produzem valor, mas simplesmente operam transferências de valor entre os agentes económicos (cf. Hazen, Tom, *Rational Investment, Speculation, or Gambling? – Derivative Securities and Financial Futures and Their Effects on the Underlying Capital Markets*, 1006 e segs., in: 86 "Northwestern University Law Review" (1992), 987-1037).

[412] Tal autonomia é meramente relativa, pois não vale no plano das relações cartulares imediatas, está sujeita à "exceptio doli", e não impede a invocabilidade das exceções no âmbito de ações judiciais não cambiárias. Sobre a distinção entre títulos de crédito abstratos e causais, bem como sobre o significado e alcance da autonomia cartular, vide Antunes, J. Engrácia, *Os Títulos de Crédito*, 24 e segs., 31 e segs., 2ª edição, Coimbra Editora, Coimbra, 2012; Martins, A. Soveral, *Títulos de Crédito e Valores Mobiliários*, vol. I, 27 e segs., Almedina, Coimbra, 2008; Vasconcelos, P. Pais, *Direito Comercial – Títulos de Crédito*, 26 e seg., AAFDL, Lisboa, 1997.

obrigações deles emergentes são, em regra, imunes às vicissitudes jurídicas (mormente, invalidade e incumprimento) do ativo subjacente: quer se trate de ações, obrigações, mercadorias, índices, ou taxas de juro, o contrato derivado, uma vez celebrado validamente, passa a dar vida a um instrumento financeiro "a se stante", dotado de impermeabilidade jurídica, sendo assim irrelevante, por exemplo, se o processo de emissão de ações ou obrigações subjacentes a um contrato de futuros enferma de irregularidades, se os empréstimos subjacentes a um "swap" de taxa de juro são nulos, e assim por diante[413]. Esta imunidade, todavia, *não é absoluta*, podendo ser afastada por força, quer de disposição da lei (v.g., art. 213º, nºs 4 e 5 do CVM), quer de cláusula contratual expressa acordada entre as partes contratantes, quer até em casos-limite de abuso de direito por uma dessas partes.

III. Os derivados podem ainda ser também considerados instrumentos financeiros *abstratos* no sentido muito amplo em que são aptos a desempenhar uma pluralidade de causas jurídico-económicas específicas ("maxime", cobertura de risco, especulação, arbitragem). Questão diferente, embora relevante, é a de saber se e em que medida algumas dessas causas serão ou não juridicamente admissíveis, arrastando com elas a invalidade dos derivados por falta ou ilicitude de causa.[414]

3. Modalidades

I. O mercado de derivados é um mercado em contínuo crescimento desde os finais dos anos 80, sendo essa expansão caracterizada por uma

[413] No sentido aqui defendido, vide, entre outros, SILVA, J. Calvão, *T.R.L. Acórdão de 21 de março de 2013 (Swap de Taxa de Juro: Sua Legalidade e Autonomia e Inaplicabilidade da Excepção do Jogo e Aposta)*, 262, in: 142 "Revista de Legislação e de Jurisprudência" (2013), 238-269.

[414] Tal o caso da "especulação", relativamente à qual os autores e tribunais portugueses têm sustentado entendimentos bastante diversos: na doutrina, vide FREITAS, J. Lebre, *Contrato de Swap Meramente Especulativo, Regime de Validade e de Alteração de Circunstâncias*, in: 72 "Revista da Ordem de Advogados" (2012), 943-970; MOURATO, Helder, *O Contrato de "Swap" de Taxa de Juro*, Almedina, Coimbra, 2014; na jurisprudência, os Acórdãos do STJ de 29-I-2015 (BETTENCOURT DE FARIA) e de 3-V-2016 (SILVA SALAZAR), bem como os Acórdãos da Relação do Porto de 28-X-2015 (SOUSA LAMEIRA) e de 15-IX-2015 (VIEIRA E CUNHA), todos in: www.colectaneadejurisprudencia.com.

tal profusão de modalidades e variantes, em quantidade e qualidade, que inviabiliza a formulação de classificações estáveis na matéria: não surpreende assim que haja mesmo quem considere que "a instabilidade e a aversão à sistematização são características institucionais dos derivados"[415]. Aliás, isso mesmo acabou por ser reconhecido de alguma forma pelo próprio legislador português, que expressamente consagrou *o caráter aberto e não taxativo* do elenco legal dos derivados, ao abranger genericamente "quaisquer outros contratos derivados" relativos aos ativos subjacentes legalmente relevantes (art. 2º, nº 1, *f*) do CVM).[416]

II. Sem prejuízo desta advertência, a literatura jurídica e económica especializada tem procurado agrupar os instrumentos derivados em diferentes espécies ou *tipologias*, de acordo com uma diversidade de critérios ordenadores.[417]

3.1. Derivados Matriciais e Secundários

I. O critério mais divulgado classifica os derivados de acordo com o *conteúdo da posição jurídico-contratual*. Segundo este critério, podemos distinguir entre três espécies fundamentais de derivados: os *futuros* (que conferem a ambas as partes posições recíprocas de compra e venda sobre o ativo subjacente em data e por preço previamente fixados), as *opções* (que conferem a uma das partes direitos potestativos de compra ou de venda do ativo subjacente em ou até data futura, por preço previamente fixado), e os *"swaps"* (que conferem às partes posições jurídicas permutáveis relativas a determinadas quantias pecuniárias em data ou datas futuras previamente fixadas).

[415] GIRINO, Emilio, *I Contratti Derivati*, 44, Giuffrè, Milano, 2001. Assim, por exemplo, é impossível afirmar com segurança se uma "swaption" deve ser qualificada como um "swap" ou uma opção, tal como não é possível distinguir claramente entre um futuro sobre um índice de ações e um "domestic currency swap" construído sobre um tal índice.

[416] Sublinhe-se que o aspeto agora referido – natureza aberta ou exemplificativa do elenco legal dos instrumentos financeiros derivados – é distinto da (embora conexo com a) questão da natureza aberta ou fechada dos ativos subjacentes previstos na lei. Sobre tal questão, vide *supra* Cap. III, §1, 2.2 (IV).

[417] Sobre as diferentes tipologias dos derivados, vide NASSETTI, F. Caputo, *I Contratti Derivati Finanziari*, 21 e segs., Giuffrè, Milano, 2007.

II. Os futuros, opções e "swaps" são assim comummente qualificados na doutrina como os "arquétipos"[418], "grupos"[419], "formas"[420], ou "categorias"[421] essenciais dos derivados. Estas espécies de derivados – também por vezes designados "core derivatives" (Henry Hu)[422] – são relevantes na medida em que fornecem a base estrutural fundamental de todos os produtos derivados, sendo as demais espécies e subespécies resultantes da respetiva combinação ou articulação. Os derivados são, como o sabemos, contratos a prazo, mediando um intervalo de tempo entre os momentos da respetiva celebração e execução: ora, também já o vimos, os derivados, ou bem que são a "prazo firme" ou negócios a termo (futuros), ou bem que são a "prazo condicional" ou negócios condicionais (opções), ou bem que são variantes ou combinações entre tais elementos firmes e condicionais[423]. Muito embora os "swaps" não escapem verdadeiramente a esta regra, o seu enorme relevo prático e complexidade operacional têm justificado que, na literatura especializada, eles venham sendo autonomizados como um terceiro tipo fundamental.[424]

3.2. Derivados de Primeira, Segunda e Terceira Geração

I. Outro critério interessante é aquele que classifica os derivados de acordo com a *sua conceção ou gestação financeira*. Segundo este critério, os derivados podem ser ordenados em três grandes famílias: os derivados de *"primeira geração"* – que abrangem os arquétipos de derivados

[418] GIRINO, Emilio, *I Contratti Derivati*, 47, Giuffrè, Milano, 2001.

[419] HUDSON, Alastair, *The Law on Financial Derivatives*, 15, 4th edition, Sweet & Maxwell, London, 2006.

[420] GOTTSFIELD, Robert/ LOPEZ, Michael/ HICKS, William, *Derivatives: What They Are, What They Cause, What's The Law*, 34, in: 32 "Arizona Attorney" (1996), 33-47.

[421] ASCENSÃO, J. Oliveira, *Derivados*, 52, in: AAVV, "Direito dos Valores Mobiliários", vol. IV, 41-68, Coimbra Editora, 2003.

[422] *Hedging Expectations: "Derivative Reality" and the Law and Finance of the Corporate Objective*, 13, in: 21 "The Journal of Corporation Law" (1995), 3-51.

[423] Neste sentido, em diferentes ordenamentos jurídicos, vide GROUP OF THIRTY, *Derivatives: Practices and Principles*, 29 e seg., Washington, 1993; HIRTE, Heribert/ MÖLLERS, Thomas (Hrsg.), *Kölner Kommentar zum WpHG*, 94 e segs., Carl Heymanns, Köln, 2007; NEJMAN, Gilles, *Les Contrats de Produits Dérivés: Aspects Juridiques*, 17, Larcier, Bruxelles, 1999.

[424] REINER, Günter, *Derivative Finanzinstrumente im Recht*, 1, Nomos, Baden-Baden, 2002.

(futuros, opções simples, "swaps"), relativos a ativos subjacentes tradicionais (ações, juros, divisas, mercadorias) e primacialmente objeto de liquidação física (entrega do ativo contra pagamento do preço) –, os derivados de *"segunda geração"* – que compreendem variantes ou modalidades especiais daqueles tipos primogénitos (v.g., "forwards", "caps", "floors", derivados de crédito) relativos a outros tipos de ativos, sobretudo de natureza financeira e nocional (v.g., índices financeiros, índices económicos, variáveis climatéricas, tarifas de transporte, risco de crédito, etc.), e que são quase exclusivamente objeto de liquidação financeira (pagamento do diferencial de valor) –, e os derivados de *"terceira geração"* – que designam uma classe de novos produtos financeiros de estrutura híbrida e complexa, resultante da combinação de derivados de primeira e/ou segunda geração (v.g., opções sobre "forwards", "swaptions", "two strike interest rate caps", "foreign exchange contigent forwards", "swaps" exóticos, derivados sobre derivados) ou até de derivados com outros instrumentos financeiros (v.g., "credit-linked notes", "synthetic convertible notes", "interest differential notes").

II. Este critério, de matriz fundamentalmente económica e não jurídica, é relevante, não apenas por colocar em perspetiva a enorme e aparentemente imparável dinâmica de desenvolvimento do mercado dos derivados no universo dos instrumentos financeiros, como também por permitir uma melhor compreensão sistemática das similitudes e diferenças operacionais dos novos produtos germinados na "praxis" financeira e bancária.[425]

3.3. Outras

I. Ao lado destes critérios fundamentais, muitos outros existem, que se revestem de enorme utilidade para nos dar a conhecer o caráter multifacetado deste instrumento financeiro.

[425] Sobre este critério, vide BRAUN, Wilfried, *Finanzderivate im Spannungsfeld betriebswirtschaftlicher Notwendigkeit und rechtlicher Risikobegrenzung*, 321 e seg., in: "Festschrift für Hugo Hahn", 319-340, Nomos, Baden-Baden, 1997; CLOUTH, Peter, *Rechtsfragen der ausserbörslichen Finanz-Derivate*, 10 e segs., Beck, München, 2001; WINTER, Stefan, *Derivative Finanzinstrumente der dritten Generation*, 214, in: AAVV, "Derivative Finanzinstrumente", 211-237, Schäffer-Poeschel, Stuttgart, 1995.

II. Assim, de acordo com o critério da sua previsão legal, podemos distinguir entre *derivados nominados* ou *inominados*, consoante se encontram expressamente previstos na lei ("maxime", futuros, opções, "swaps") ou são fruto da pura inventiva da autonomia privada (v.g., "caps", "floors", "swaptions", derivados exóticos e híbridos, etc.).

III. De acordo com o critério da sua criação e negociação, podemos distinguir entre *derivados uniformes* ou *de balcão*, consoante a respetiva constituição e transação ocorre de forma estandardizada em mercados organizados ("maxime", futuros e opções padronizadas) ou de forma individualizada ao balcão dos intermediários financeiros (v.g., "swaps", "collars", "forwards").

IV. De acordo com o critério do ativo subjacente, podemos distinguir entre *derivados financeiros e mercadológicos*, consoante lhes subjazem entidades de natureza puramente financeira ("financial derivatives": v.g., uma ação, uma divisa, uma taxa de juro, um índice financeiro) ou de natureza agrícola, comercial ou industrial ("commodities derivatives": v.g., um metal precioso, um tipo de cereal, cabeças de gado).

V. De acordo com o critério da sua liquidação, podemos distinguir entre *derivados com liquidação física ou financeira*, consoante aquela consiste na entrega do ativo subjacente e pagamento do preço respetivo ("physical settlement") ou simplesmente no pagamento do saldo diferencial entre os valores contratados e de referência do ativo no vencimento ("cash settlement"). E assim por diante.

4. Regime Jurídico

I. Em via geral, os derivados estão sujeitos ao mesmo regime jurídico aplicável aos demais instrumentos financeiros, por força da remissão genérica do art. 2º, nº 2 do CVM. Tal não significa, todavia, que não existam importantíssimas especialidades no que concerne à respetiva *criação, negociação, circulação,* e *extinção,* que importa brevemente assinalar.[426]

[426] Essas especialidades são particularmente nítidas no caso dos chamados derivados de mercado organizado – razão pela qual a estes nos referiremos prevalentemente em seguida.

II. Antes disso, importa sublinhar que o regime geral previsto no CVM se deve considerar como aplicável a todos os tipos de derivados, independentemente da sua natureza ou modalidade da negociação[427]. Isso é também válido, em princípio, para os derivados de mercado de balcão ou OTC, a quem são genericamente aplicáveis as disposições pertinentes do CVM – designadamente, as previstas nos seus Títulos I ("Disposições Gerais") e VI ("Intermediação") – com exclusão, naturalmente, daquelas que se referem primacialmente a outros tipos de instrumentos financeiros (é o caso do Título II, sobre "Valores Mobiliários") ou a instrumentos financeiros negociados em mercado organizado ("maxime", o Título IV, relativo à "Negociação", e o Título VI, sobre "Contraparte Central, Compensação, e Liquidação").[428]

III. Finalmente, assinale-se ainda que, nesta oportunidade, cuidamos apenas do regime jusfinanceiro dos derivados. Mas é mister salientar que este instrumento financeiro vai ganhando hoje *outras importantes incidências jurídicas*, que têm merecido uma crescente atenção por parte do legislador e da doutrina: como sublinha Steven EDWARDS, "derivatives encapsulate a plethora of legal issues"[429]. Apenas a título de exemplo, recorde-se o relevo que os derivados possuem hoje no *direito societário* – especialmente no plano da governação das sociedades e da responsabilidade dos órgãos de administração e de fiscalização[430]–, no *direito da contabilidade* – sobretudo, após o acolhimento dos IAS 32 e 39, na sequência do Regulamento CE/1606/2002, de 19 de julho –[431], no

[427] Sobre a distinção entre derivados negociados em mercado organizado e em mercado de balcão, vide *infra* Cap. III, §1, 4.1. e 4.2.

[428] De fora do alcance da aplicação direta do CVM ficarão apenas os derivados de balcão celebrados entre particulares sem intervenção de um intermediário financeiro, os quais serão regulados pelas regras fixadas pelas partes no próprio instrumento e, subsidiariamente, pelas disposições gerais do Direito Comercial e do Direito Civil pertinentes, sem prejuízo da possibilidade de aplicação analógica das normas do CVM ("ex vi" do art. 3º do CCom).

[429] *Legal Principles of Derivatives*, 1, in: "Journal of Business Law" (2002), 1-32.

[430] SERNETZ, Julia, *Derivate und Corporate Governance – Kompetenzen und Pflichten des Vorstands von Aktiengesellschaften beim Einsatz von Derivaten*, Peter Lang, Frankfurt am Main, 2006.

[431] CORREIA, M. Anacoreta, *Instrumentos Financeiros Derivados – Enquadramento Contabilístico e Fiscal*, 17 e segs., UCP Editora, Lisboa, 2000; para maiores desenvolvimentos,

direito da insolvência – mormente, tendo em conta o regime jusinsolvencial especial dos contratos a prazo (art. 107º do CIRE) –[432], no *direito fiscal* – mormente, atento o tratamento fiscal dos rendimentos e gastos dos derivados e correlativas operações de cobertura, hoje expressamente previsto em sede de IRC (art. 49º do CIRC) –[433], no *direito internacional privado* – mormente, atenta a frequente dimensão transnacional das operações sobre instrumentos financeiros, em contacto com diferentes Estados –[434], no *direito bancário* – mormente, em sede do regime dos fundos próprios das instituições de crédito e empresas de investimento (cf. arts. 3º, *f)* e 8º, nº 4 do Decreto-Lei nº 103/2007, de 3 de abril, Aviso do BdP nº 5/2007, de 18 de abril) –[435], e em vários *outros ramos* – v.g., direito dos seguros.[436]

Alsheimer, Constantin, *Die Rechtsnatur derivativer Finanzinstrumente und ihre Darstellung im Jahresabschluß*, Peter Lang, Frankfurt am Main, 2000.

[432] Epifânio, M. Rosário, *Manual de Direito da Insolvência*, 189 e segs., 6ª edição, reimpressão, Almedina, Coimbra, 2016; Fernandes, L. Carvalho/ Labareda, João, *Código da Insolvência e da Recuperação de Empresas Anotado*, 403, Quid Juris, Lisboa, 2008; mais desenvolvimentos em Edwards, Franklin/ Morrinson, Edward, *Derivatives and the Bankruptcy Code: Why the Special Treatment?*, Columbia Law School, Research Paper nº 258, New York, 2002; Garcimartin, Francisco, *Derivatives in Cross-Border Insolvency Proceedings*, SSRN, 2016; Randhanie, Karen, *Derivatives Contracts of Insolvent Companies*, in: 18 "New York Law Journal of International & Comparative Law" (1999), 269-302.

[433] Correia, M. Anacoreta, *Instrumentos Financeiros Derivados – Enquadramento Contabilístico e Fiscal*, 143 e segs., UCP Editora, Lisboa, 2000; May, Gregory, *Taxing Derivative Contracts*, in: 12 "The Journal of Taxation of Investments" (1995), 115-129.

[434] Fernandes, M. Matias, *O Direito Aplicável aos Negócios Relativos a Instrumentos Financeiros*, in: 2 "Revista Cuadernos de Derecho Transnacional" (2010), 149-172; Pinheiro, L. Lima, *Direito Aplicável às Operações sobre Instrumentos Financeiros*, in: AAVV, "Direito dos Valores Mobiliários", vol. IX, 141-192, Coimbra Editora, 2009.

[435] Há quem considere os derivados como uma matéria de Direito Bancário, por serem colocados no mercado por instituições de crédito (Cordeiro, A. Menezes, *Direito Bancário*, 873 e segs., 6ª edição, Almedina, Coimbra, 2016). Mas sem razão, quanto a nós: por essa ordem de ideias, atento o princípio da banca universal (art. 4º do RGIC) e o protagonismo daquelas instituições na intermediação financeira (art. 293º, nº 1, *a)* do CVM), não apenas os derivados mas praticamente todos os instrumentos financeiros (incluindo valores mobiliários e instrumentos monetários) – ou seja, o cerne operacional do tradicionalmente designado Direito dos Valores Mobiliários – seriam matéria jusbancária.

4.1. Criação

I. Em primeiro lugar – no plano da respetiva *criação* –, os derivados são o resultado de um *contrato*, e não de uma emissão em sentido técnico.[437]

II. Os derivados de mercado organizado (v.g., futuros, opções) são instrumentos financeiros que se apresentam sob a forma de um documento dotado de uma *ficha técnica*, que define a natureza do produto, o ativo subjacente, o valor nominal de contrato, os limites mínimos e máximos de variação de preço, as modalidades de liquidação, o primeiro e último dia de negociação, e demais condições negociais estandardizadas previamente definidas pela entidade gestora (arts. 17º e 18º do Regulamento CMVM nº 3/2007, de 9 de novembro). Uma vez colocados à negociação, os investidores interessados procedem a ofertas de "compra" e "venda" que darão origem a operações de abertura de posições de compra ou de posições de venda, as quais são objeto de liquidações diárias (ajuste diário de ganhos e perdas) e de liquidação final no termo do prazo contratual.

III. Algo de paralelo, embora por razões diferentes, se passa com os derivados de mercado de balcão (v.g., "swaps", "forwards", derivados de crédito, etc.). Em regra, estes derivados são *contratos de estrutura complexa*, celebrados com a intervenção de intermediários financeiros, que envolvem dois tipos de documentos fundamentais: a celebração de um contrato estandardizado assente em cláusulas contratuais gerais ("master agreement"), que funciona como uma espécie de contrato "quadro" ou preliminar no contexto do qual as partes irão concluir futuramente sucessivas e periódicas transações contratuais; por outro lado, a celebração de um ou mais contratos específicos onde são fixadas as diferentes

[436] BURGHARD, Peter, *Einsatz und Risiken derivativer Finanzinstrumente in Versicherungsunternehmen*, Verlag Versicherungswirtschaft, Karlsruhe, 1995.

[437] Num sentido semelhante, entre nós, FERREIRA, A. José, *Operações de Futuros e Opções*, 176 e segs., in: AAVV, "Direito dos Valores Mobiliários", 121-188, Lex, Lisboa, 1997. Noutros quadrantes, a mesma ideia surge sublinhada amiúde: "Ao contrário dos valores mobiliários, que existem graças à respetiva emissão por parte de uma pessoa coletiva, os derivados apenas existem graças a uma negociação" (PELTIER, Frédéric, *Marchés Financiers et Droit Commun*, 156, Banque Éditeur, Paris, 1997).

condições particulares aplicáveis (v.g., ativos subjacentes, valor nocional, datas ou prazos de pagamento, métodos de cálculo, "spread" ou comissões do intermediário financeiro, etc.), frequentemente por via telefónica ou eletrónica, sendo posteriormente reduzidas a escrito mediante "confirmation"[438]. Esta estrutura encontra o seu exemplo mais acabado e sofisticado no âmbito dos "swaps", derivados cuja criação usualmente inclui a conclusão do "ISDA Master Agreement" e do "Master Agreement Schedule 2002", com a subsequente "Confirmation".[439]

IV. Este traço genético permite distinguir os derivados dos demais instrumentos financeiros. Com efeito, os valores mobiliários e os instrumentos monetários são instrumentos financeiros objeto de representação autónoma (em forma documental ou escritural), sujeitos em regra a um registo de emissão próprio, e colocados no mercado em massa mas em número tendencialmente limitado (exceto no caso das unidades de participação em fundos de investimento abertos) por uma entidade emitente que se responsabiliza pelo respetivo cumprimento (arts. 43º e segs. do CVM)[440]. Ao invés, os derivados são meros produtos contratuais construídos por profissionais especializados (mormente, entidades gestoras do mercado e intermediários financeiros) e contendo um conjunto de condições contratuais estandardizadas aptas a fundar vinculações jurídicas por parte dos investidores interessados com um mínimo de custos de transação (art. 207º do CVM, art. 4º, nº 1, *e)* do Decreto-Lei nº 357-C/2007, de 31 de outubro, art. 17º do Regulamento CMVM nº 3/2007, de 9 de novembro)[441]: estamos agora perante instrumentos destituídos de qualquer suporte representativo (seja consubs-

[438] FRANZEN, Dietmar, *Design of Master Agreements for OTC Derivatives*, Springer, Berlin, 2000; GEAT, Andrea, *The Negotiation of OTC Derivatives Documentation*, 20 e segs., Taipan Ventures, Hong Kong, 2015.

[439] HARDING, Paul, *Mastering the ISDA Master Agreements (1992 and 2002): A Practical Guide for Negotiation*, 3rd edition, FT Prentice Hall, London, 2010.

[440] Sobre a emissão de valores mobiliários, vide *supra* Cap. II, §1, 4.1.

[441] Sobre a "estandardização" como caraterística dos derivados, vide também RUDOLPH, Bernd, *Derivative Finanzinstrumente: Entwicklung, Risokomanagement und bankaufsichtrechtliche Regelung*, 6 e seg., in: AAVV, "Derivative Finanzinstrumente", 3-41, Schäffer-Poeschel, Stuttgart, 1995.

tanciado em títulos ou em registos em conta), que podem ser criados um a um (v.g., "swap", forward", "cap") ou inversamente em número tendencialmente ilimitado (v.g., um futuro, onde podem ser abertas tantas posições contratuais quantos os investidores interessados)[442], e que não responsabilizam senão as entidades gestoras do mercado, os intermediários financeiros e investidores envolvidos.[443]

4.2. Negociação

I. Em segundo lugar – no plano da respetiva *negociação* –, os derivados podem ser transacionados em *mercado organizado* ("exchange-listed derivatives", "börslich Derivate") ou em *mercado de balcão* ("over-the-counter", "ausserbörslichen Markt", "marché gré à gré").[444]

II. Os *derivados de mercado organizado* correspondem a contratos *padronizados* (assentes em condições contratuais gerais elaboradas pela entidade gestora do mercado e aprovadas pelas autoridades de supervisão), de *estrutura plurilateral* complexa (que contam necessariamente com a intervenção da entidade gestora do mercado como contraparte central, além dos intermediários financeiros e clientes ou investidores), e *negocia-*

[442] Esta estandardização ou padronização explica também que a extinção das posições contratuais existentes se faça mediante a abertura de posições contratuais de sinal oposto: como nota Roberta ROMANO, "because contract terms are standardized, traders can close out a position engaging in an opposing transaction" (*A Thumbnail Sketch of Derivative Securities and Their Regulation*, 12, in: "Maryland Law Review" (1996), 1-83).

[443] Visto ainda de outro modo: ao passo que os valores mobiliários e os instrumentos monetários são criados em execução de um determinado contrato autónomo prévio celebrado entre a entidade emitente e os investidores (v.g., contrato de sociedade, contrato de empréstimo, contrato de subscrição, etc.), os derivados (sobretudo de mercado organizado) são puros padrões ou modelos contratuais estandardizados, usualmente elaborados pela entidade gestora de mercado, que são pré-existentes ao próprio acordo de vontade dos investidores.

[444] Sobre o ponto, vide CLOUTH, Peter, *Rechtsfragen der ausserbörslichen Finanz-Derivate*, Beck, München, 2001; MEDJAOUI, Khadija, *Les Marchés à Terme Derivés et Organisés d'Instruments Financiers – Étude Juridique*, LGDJ, Paris, 1996; NYSTEDT, Jens, *Derivative Market Competition: OTC Markets Versus Organized Derivative Exchanges*, International Monetary Fund, Working Paper 04/61, 2014; RUIZ, E. Díaz/ ABADIN, E. Abril/ LARRAGA, Pablo, *Productos Financieros Derivados y Mercados Organizados*, Civitas, Madrid, 1997.

dos de forma massificada em mercado regulamentado (dispondo de oferta permanente no mercado, além de sistema informático de negociação e câmara de compensação próprios): tal é o caso típico dos futuros e das opções padronizadas[445]. Entre os mercados organizados, são exemplos históricos conhecidos a "Chicago Mercantile Exchange" (CME) constituída em 1972, a "Chicago Board of Options Exchange" (CBOE) em 1973, a "London International Financial Futures Exchange" (LIFFE) em 1982, o "Marché à Terme d'Instruments Financiers" (MATIF) em 1990, ou a "Swiss Options and Futures Exchange" (SOFFEX) em 1998, destacando-se atualmente na Europa os mercados de derivados da Euronext ("NYSE Euronext.Liffe"), que dispõem de uma plataforma de negociação ("Liffe Connect") e de uma câmara de compensação ("LCH Clearnet") próprias.[446]

III. Por seu turno, os *derivados de mercado de balcão* consistem em contratos individualizados, de estrutura tipicamente bilateral, e negociados caso a caso[447]. Dizem-se contratos *individualizados* no sentido em que permitem uma adaptação às necessidades específicas dos investidores concretos: todavia, tal não exclui a normalização mínima das suas condições, nem o recurso a cláusulas contratuais gerais, sendo até frequente a sua negociação assentar em modelos contratuais ou contratos estandardizados formulados por organizações internacionais de agentes de mercado, como a "ISDA – International Swaps and

[445] Tais derivados encontram-se subordinados às regras gerais aplicáveis à negociação nos mercados regulamentados e nos sistemas de negociação multilateral (arts. 202º e segs. do CVM), devendo ainda ter-se presente as regras especiais previstas nos arts. 17º e segs. do Regulamento CMVM nº 3/2007, de 9 de novembro, e no art. 37º do Regulamento CE/1287/2006, de 10 de agosto.

[446] NYSE/ EURONEXT, *Regulamento I – "Regras de Mercado Harmonizadas"*, de 27 de fevereiro de 2017. Retenha-se ainda que as entidades gestoras que tenham outros instrumentos financeiros (que não apenas valores mobiliários) admitidos à negociação devem ter um capital mínimo obrigatório de 2 500 000 euros (Portaria nº 1619/2007, de 26 de dezembro).

[447] Sobre os derivados de balcão em geral, vide KLINGNER-SCHMIDT, Ulrike, *Ausserbörsliche Finanztermingeschäfte (OTC-Derivative)*, in: AAVV, "Handbuch zum deutschen und europäischen Bankrecht", 1213-1233, Springer, Berlin, 2004; MCLAUGHLIN, Robert, *Over-The-Counter Derivatives*, McGraw-Hill, New York, 1998.

Derivatives Association"[448]. São ainda contratos de *estrutura tipicamente bilateral* no sentido em que possuem apenas como partes os investidores: todavia, tal não exclui a intervenção de intermediários financeiros especializados, a qual se tornou até frequente, seja no papel de mediador ("arrangeur") colocando em contacto as respetivas partes contratantes, seja diretamente no papel de contraparte contratual[449]. Enfim, trata-se de contratos *negociados e executados caso a caso* fora de um mercado regulamentado ou organizado, o que não exclui, todavia, a existência de sistemas negociais e legais de compensação. Com efeito, não sendo infrequentes os modelos de compensação uniformes adotados por via negocial em numerosos tipos de derivados (v.g., "forwards", "caps", "floors", "collars", etc.) – pense-se assim, designadamente, nas cláusulas de "netting by novation", "close-out netting", "set-off", e outras similares[450] –, merece especial destaque a recente sujeição de uma boa parte dos derivados de balcão a um sistema de compensação centralizada: na sequência da crise financeira de 2008 e com vista a aumentar a transparência deste tipo de derivados e reduzir o risco sistémico a eles associado, os legisladores europeu (Regulamento UE/648/2012, de 4 de julho) e português (Decreto-Lei nº 40/2014, de 18 de março) vieram determinar que os contratos derivados OTC padronizados passarão a ser objeto de compensação obrigatória através de contrapartes centrais, além da sua sujeição a regras especiais em sede da gestão do risco bilateral e do dever de comunicação a repositórios de transações[451]. O mercado de balcão ou "over-the counter" (OTC) vem adqui-

[448] Franzen, Dietmar, *Design of Master Agreements for OTC Derivatives*, Springer, Berlin, 2000; Harding, Paul, *Mastering the ISDA Master Agreements (1992 and 2002): A Practical Guide for Negotiation*, 3rd edition, FT Prentice Hall, London, 2010.

[449] Sobre o papel dos intermediários financeiros como contraparte profissional dos derivados de mercado de balcão, vide ainda *infra* Cap. III, §2, 3.2.

[450] Entre nós, vide Machado, S. Santos, *Close-Out Netting e Set-Off – Da Validade e Eficácia das Cláusulas de Close-Out Netting e Set-Off nos Contratos sobre Instrumentos Financeiros*, in: 17 "Cadernos do Mercado de Valores Mobiliários" (2003), 9-17; noutras latitudes, Bosch, Ulrich/ Hodgson, Stephen, *German Legislation on Netting of Financial Derivatives*, in: 10 "Butterworths Journal of International Banking and Financial Law" (1995), 304-309.

[451] Sobre aquele Regulamento comunitário – conhecido vulgarmente pela sigla EMIR ("European Market Infrastructure Regulation") –, vide Schulte, Andreas, *Die European Market Infrastructure Regulation. Chancen und Risiken*, Grin Verlag, 2016. Para

rindo um *relevo sempre crescente* – os produtos derivados OTC são hoje insistematizáveis, renovando-se diariamente, onde se incluem, para além das espécies adiante estudadas (v.g., "swaps", "forwards", "caps", "floors", "collars", derivados de crédito, etc.), um sem número de operações e produtos de charneira cuja inclusão no universo dos derivados é controversa (é o caso, por exemplo, dos chamados "turbo", "discount", "index", e "basket certificates")[452] –, sendo as suas forças simultaneamente as suas fraquezas – à acrescida flexibilidade negocial e moldabilidade substantiva contrapõem-se a sua mais reduzida fungibilidade e liquidez, além do (agora mais mitigado, mas não eliminado) risco de incumprimento das contrapartes.[453]

IV. Assinale-se que a distinção referida é substancialmente *indiferente*, quer do ponto de vista da qualificação geral deste instrumento financeiro[454], quer do ponto de vista da sua negociação profissional: recorde-se que todos os derivados, típicos e atípicos, são considerados instrumentos financeiros "complexos" (art. 314º, nº 2, *a)* do CVM), sujeitando assim os intermediários financeiros a deveres de informação e de adequação particularmente rigorosos nas relações com os respetivos clientes[455]. Além disso, é uma distinção meramente *tendencial*, dado que não exclui a existência de derivados mistos ou de charneira, situados a meio caminho entre os mercados organizado e de balcão: assim sucede, por exemplo, com as chamadas "flexible exchange options",

outros desenvolvimentos sobre a questão da compensação dos derivados de balcão, vide MURPHY, David, *OTC Derivatives: Bilateral Trading and Central Clearing: An Introduction to Regulatory Policy, Market Impact and Systemic Risk*, Palgrave MacMillan, New York, 2013.

452 FISCHER, Ernst/ GREISTORFER, Peter/ REICHMANN, Sommersguter, *Turbo-Zertifikate: Darstellung, Bewertung und Analyse*, in: 50 "Österreichisches Bankarchiv" (2002), 995-1005.

453 CLOUTH, Peter, *Rechtsfragen der ausserbörslichen Finanz-Derivate*, 9, Beck, München, 2001.

454 Sublinhando também que o atual conceito de derivado abrange indistintamente os derivados de mercado organizado e de balcão, vide ASSMANN, Heinz-Dieter/ SCHNEIDER, Uwe (Hrsg.), *Wertpapierhandelsgesetz – Kommentar*, 118, 4. Aufl., Verlag Otto Schmidt, Köln, 2006; HIRTE, Heribert/ MÖLLERS, Thomas (Hrsg.), *Kölner Kommentar zum WpHG*, 92, Carl Heymanns, Köln, 2007.

455 Sobre a distinção entre instrumentos financeiros simples e complexos, vide *supra* Cap. I, §3, 3.7.

opções transacionadas em mercados regulamentados de conteúdo parcialmente negociável.[456]

4.3. Circulação

I. Em terceiro lugar – no plano da sua *circulação* –, os derivados de mercado organizado são objeto de *compensação*, mediante interposição de uma contraparte central (art. 258º do CVM), e não de transmissão em sentido técnico.[457]

II. Com efeito, os valores mobiliários (e uma boa parte dos instrumentos monetários) são instrumentos financeiros que conferem aos seus titulares posições jurídicas (obrigacionais, reais, societárias, complexas) suscetíveis de negociação e transmissão autónomas para terceiros: são tipicamente instrumentos circulantes, concebidos para serem transacionados em mercado secundário, o que também explica a necessidade de adoção de uma forma de representação cartular ou escritural. Ao invés, os derivados de mercado organizado são instrumentos que investem os seus titulares em posições juscontratuais que não são "tale quale" passíveis de transmissão para terceiros: os titulares atuais podem desfazer-se das suas posições mediante a realização de *operações de sinal contrário* às posições detidas (extinguindo-se as posições através de compensação: cf. art. 259º, nº 3 do CVM), sendo que aos terceiros interessados sempre será possível abrir novas posições contratuais no mercado (tornando assim desnecessária a transmissão das posições já existentes).[458]

[456] BARCLAY, William, *Flex Options: A New Generation of Derivatives*, in: AAVV, "The Handbook of Derivatives & Synthetics", 43-53, Probus Publishing, Chicago/ Cambridge, 1994.

[457] Em sentido semelhante, vide ASCENSÃO, J. Oliveira, *Derivados*, 64, in: AAVV, "Direito dos Valores Mobiliários", vol. IV, 41-68, Coimbra Editora, 2003; noutros quadrantes, COTRET, Laurent, *La Négociabilité des Instruments Financiers*, 185 e segs., Diss., Reims, 2004; GIRINO, Emilio, *I Contratti Derivati*, 280, Giuffrè, Milano, 2001; SERNETZ, Julia, *Derivate und Corporate Governance*, 58, Peter Lang, Frankfurt am Main, 2006.

[458] Por outras palavras: ao passo que a entrada e a saída dos investidores no mercado (secundário) de valores mobiliários se efetuam, em regra, mediante sucessivos negócios jurídicos bilaterais de transmissão realizados sobre os instrumentos existentes, a entrada e a saída no mercado de derivados realizam-se, também em regra, mediante sucessivos negócios unilaterais de criação de novos instrumentos (em sentido semelhante, vide

III. Os próprios derivados de mercado de balcão, encontrando-se em teoria sujeitos às regras gerais em matéria da cessão da posição contratual (arts. 424º e segs. do CCivil) e da transmissão singular de créditos e dívidas (arts. 577º e segs., 595º e seg. do CCivil), estão usualmente sujeitos a *regras transmissivas próprias*, decorrentes da sua já assinalada estandardização. Assim, nos termos do art. 7º do contrato-quadro da "ISDA – International Swaps and Derivative Association", nenhum direito ou obrigação contratual poderá ser transferido por qualquer das partes sem acordo prévio e escrito da contraparte, exceto em caso de transmissão universal do património ou de insolvência da contraparte.[459]

4.4. Extinção

I. Por último – no plano da sua *extinção* –, os derivados podem ser fundamentalmente objeto de uma *liquidação física ou financeira*. Tal significa dizer que a execução das prestações contratuais na data do seu vencimento pode ser realizada segundo duas modalidades: uma modalidade física ("physical settlement"), consistente na entrega do ativo subjacente contra o pagamento do preço respetivo, ou uma modalidade puramente financeira ("cash settlement"), consistente no mero desembolso do saldo ou diferencial pecuniário entre o preço do ativo fixado na celebração

Medjaoui, Khadija, *Les Marchés à Terme Derivés et Organisés d'Instruments Financiers – Étude Juridique*, 334 e segs., LGDJ, Paris, 1996; Melzer, Philipp, *Zum Begriff des Finanztermingeschäfts*, 366, in: 3 "Zeitschrift für Bank- und Kapitalmarktrecht" (2003), 366-372). Excecionalmente, as posições juscontratuais inerentes a estes instrumentos podem ser objeto de transmissão, "maxime", no caso de sucessão "mortis causa" (arts. 2024º e 2025º do CCivil).

[459] "Subject to Section 6(b)(ii), neither this Agreement nor any interest or obligation in or under this Agreement may be transferred (whether by way of security or otherwise) by either party without the prior written consent of the other party, except that: (a) a party may make such a transfer of this Agreement pursuant to a consolidation or amalgamation with, or merger with or into, or transfer of all or substantially all its assets to, another entity (but without prejudice to any other right or remedy under this Agreement); and (b) a party may make such a transfer of all or any part of its interest in any amount payable to it from a Defaulting Party under Section 6(e). Any purported transfer that is not in compliance with this Section will be void". Sobre a transmissão dos derivados OTC, vide Nejman, Gilles, *Les Contrats de Produits Dérivés: Aspects Juridiques*, 105 e segs., Larcier, Bruxelles, 1999.

do contrato ("strike price" ou preço de exercício) e apurado no vencimento do mesmo ("spot price" ou preço de referência).

II. Ao passo que este traço é conjuntural no domínio dos valores mobiliários e instrumentos monetários (por exemplo, no caso dos "warrants" autónomos[460]), ele assume foros estruturais no plano do regime jurídico dos instrumentos derivados – havendo mesmo quem o repute, porventura de forma excessiva, como "a sua caraterística essencial"[461]. Sublinhe-se, todavia, que estas modalidades alternativas *não são, nem absolutas, nem equivalentes*. Elas não são absolutas no sentido em que não se verificam necessariamente em relação à totalidade dos derivados: como é óbvio, os instrumentos financeiros derivados construídos sobre ativos virtuais, nocionais ou sintéticos não admitem liquidação física (v.g., futuros sobre índices de ações, opções sobre taxas de inflação, "swaps" sobre taxas de juro), podendo mesmo existir outros instrumentos construídos sobre ativos físicos ou reais que não admitam liquidação financeira (v.g., determinados derivados sobre eletricidade negociados no mercado "Powernext", que são liquidáveis exclusivamente mediante o fornecimento físico de energia elétrica). Mas também não são equivalentes na prática negocial: se bem que ocasionalmente os investidores utilizem o mercado de derivados como meio de aceder à propriedade de um determinado ativo – "maxime", para satisfazer uma necessidade própria ou de um cliente (v.g., futuros sobre mercadorias) –, a liquidação é, na maioria dos casos, de natureza puramente financeira, preen-

[460] Como é sabido, os "warrants" autónomos admitem liquidação física ou financeira (art. 2º, nº 1, *b)* e nº 2 do Decreto-Lei nº 172/99, de 20 de maio): cf. *supra* Cap. II, §2, 6.

[461] BONNEAU, Thierry/ DRUMMOND, France, *Droit des Marchés Financiers*, 171, Economica, Paris, 2005. No mesmo sentido, sublinhando o relevo do mecanismo compensatório acima referido, Julia SERNETZ: "Die Glattstellen eines Terminkontrakt bedeutet, dass der Terminkontrakt nicht durch physische Leistung erfüllt wird, sondern durch den Abschluss von Gegengeschäften, d.h. entweder durch den Verkauf eines erworbenen Kontrakts oder durch den Rückkauf eines verkauften Kontrakts" (*Derivate und Corporate Governance*, 58, Peter Lang, Frankfurt am Main, 2006). É discutida, todavia, a natureza jurídica desse mecanismo, havendo quem fale de confusão (DANNHOFF, Martin, *Das Recht der Warentermingeschäfte – Eine Untersuchung zum deutschen, internationalen und U.S.-amerikanischen Recht*, 42, Nomos, Baden-Baden, 1993) e de compensação (HENSSLER, Martin, *Risiko als Vertragsgegenstand*, 545, Mohr, Tübingen, 1994).

chendo plenamente as suas funções de mecanismo de gestão de risco, especulação e arbitragem mediante o desembolso de meros fluxos ou saldos pecuniários diferenciais.[462]

III. Outra particularidade dos derivados de mercado organizado é a sua *liquidação diária*, através do mecanismo dos ajustes diários de ganhos e perdas (arts. 207º, nº 2, 259º, nº 1, *c)* do CVM, art. 14º do Regulamento CMVM nº 5/2007, de 5 de novembro): trata-se de um mecanismo de salvaguarda do sistema que visa assegurar o pagamento diário do saldo dos ganhos e prejuízos dos investidores verificados por referência à cotação diária do derivado ("margins calls"), não constituindo assim senão a repetição, dia a dia, da operação de liquidação a realizar no termo do contrato[463]. Desta perspetiva, pode assim dizer-se que os instrumentos derivados – ao invés dos instrumentos mobiliários e monetários – são ainda objeto de duas modalidades obrigatórias de liquidação: a *liquidação final* – realizada no vencimento, com efeito extintivo do contrato, e que pode ser, em princípio, executada em espécie ou dinheiro – e a *liquidação diária* – realizada antes do vencimento, desprovida de efeitos extintivos e executada necessariamente através de transferências escriturais.

§2
Espécies

1. Futuros
1.1. Noção

I. Designam-se por futuros ("futures", "Festgeschäfte", "contrats à terme ferme") *os contratos a prazo padronizados, negociados em mercado organizado, que conferem posições de compra e de venda sobre determinado ativo subjacente*

[462] Neste sentido, considerando mesmo o "diferencial de valor" como um traço caraterístico dos derivados, GIRINO, Emilio, *I Contratti Derivati*, 12 e segs., Giuffrè, Milano, 2001; HUDSON, Alastair, *The Law on Financial Derivatives*, 13, 4th edition, Sweet & Maxwell, London, 2006; SERNETZ, Julia, *Derivate und Corporate Governance*, 56, Peter Lang, Frankfurt am Main, 2006.

[463] Sobre este sistema, conhecido comummente por MTM ou "mark-to-market", vide BOWEN, John, *Mark to Market*, Probus Publishing, Chicago, 1994.

por preço e em data futura previamente fixados, a executar mediante liquidação física ou financeira.[464]

II. Os futuros constituem fundamentalmente um mecanismo jurídico-financeiro de cobertura ou gestão da exposição ao risco, ao conferir às partes o direito de comprar ou vender no mercado a prazo um determinado ativo (ações, divisas, mercadorias, etc.) por preço antecipadamente conhecido[465]. Suponha-se que o investidor A projeta adquirir um milhão de ações da sociedade aberta X no prazo de três meses, prevendo que a sua atual cotação bolsista (€ 10) poderá entretanto subir (por exemplo, para € 12), sendo que existe no mercado um acionista B com perspetiva exatamente oposta, que pretende especular na descida desse título (por exemplo, para € 9). Mediante a celebração de um futuro, A vincula-se a comprar a B e este a vender àquele a quantidade desejada de ações em data (prazo de 3 meses) e por preço (por exemplo, € 10,5) predeterminados: se na data de vencimento contratual a cotação do título for superior (por exemplo, € 13), o investidor A ter-se-á protegido eficazmente contra o risco de subida, já que terá adquirido o pretendido lote de ações ao preço unitário de € 10,5, suportando o acionista B a perda correspondente (€ 2,5 por ação); se inversamente a cotação for inferior nessa data (por exemplo, € 9 por ação), A terá acabado por realizar a compra em perda, a que corresponderá agora um ganho para B (€ 1,5 por ação).

464 Sobre a figura, vide AAVV, *Futuros e Opções*, McGraw-Hill, Lisboa, 1995; CUNHA, Miguel, *Os Futuros de Bolsa: Características Contratuais e de Mercado*, in: AAVV, "Direito dos Valores Mobiliários", vol. I, 63-132, Coimbra Editora, 1999; FERREIRA, A. José, *Operações de Futuros e Opções*, in: AAVV, "Direito dos Valores Mobiliários", 121-188, Lex, Lisboa, 1997; FERREIRA, Domingues, *Futuros e Outros Derivados*, Edições Sílabo, Lisboa, 2008; MONTEIRO, A. Mafalda, *O Contrato de Futuros no Direito Português*, Diss., UCP, Lisboa, 1997; PEREIRA, P. Redondo, *Futuros Financeiros sobre Ações*, in: 42 "Cadernos do Mercado de Valores Mobiliários" (2012), 40-93; TOMÉ, M. Vaz, *Contratos de Futuros sobre Divisas: Funções de Cobertura ou de Especulação*, in: AAVV, "Estudos em Homenagem ao Prof. Doutor Manuel Henrique Mesquita", vol. II, 1033-1089, Coimbra Editora, Coimbra, 2009. Noutros quadrantes, vide HULL, John, *Fundamentals on Futures and Options Markets*, 6th edition, Prentice Hall, London, 2007; VALLE, Laura, *Il Contratto «Future»*, Cedam, Padova, 1996; VILCHES, A. Contreras, *El Contrato de Futuros Financieros*, Marcial Pons, Madrid, 2006.

465 Sobre os futuros como instrumento de gestão do risco empresarial, vide WILLIAMS, Jeffrey, *The Economic Function of Futures Markets*, CUP, Cambridge, 1986.

1.2. Características

I. Os futuros – segundo alguns, o "arquétipo primogénito" dos derivados[466] – são um tipo de instrumento financeiro derivado *nominado*, expressamente previsto no art. 2º, nº 1, *e)* do CVM.[467]

II. Entre os seus traços distintivos, saliente-se tratar-se de instrumento financeiro que tem a sua génese em contratos[468] *a prazo* – no sentido em que existe um intervalo de tempo entre o momento da sua celebração e a data da respetiva execução ou vencimento –, *padronizados* – cujo conteúdo contratual se encontra total e previamente determinado mediante um conjunto de cláusulas contratuais gerais próprias elaboradas pela entidade gestora do mercado onde são transacionados (cf. ainda art. 207º, nº 2 do CVM)[469] – e negociados em *mercado organizado* – cujas operações têm lugar num mercado próprio que obedece

[466] Girino, Emilio, *I Contratti Derivati*, 49, Giuffrè, Milano, 2001.

[467] Tenha-se ainda em conta as projeções tributárias e contabilísticas dos futuros (art. 49º do CIRC, IAS 39, NCRF 27): cf. Abreu, M. Teixeira, *Futuros e Opções: Que Tratamento Fiscal?*, in: 70/71 "Revista «O Fisco»" (1995), 55-72; Bandeira, Luís/ Ferreira, J. Manuel, *Contabilidade e Fiscalidade de Futuros e Opções*, Instituto do Mercado de Capitais, Porto, 1997; Correia, M. Anacoreta, *A Contabilização de Ganhos e Perdas Gerados com Contratos de Futuros – Implicações Fiscais*, in: XIX "Jornal de Contabilidade" (1995), 129-145.

[468] Como já sabemos, a expressão "contrato" corresponde ao jargão negocial em sede de instrumentos derivados, dentro e fora de portas, sendo aqui utilizada num sentido muito amplo (cf. *supra* Cap. III, §1, 2.1 (III)): neste sentido também, Monteiro, A. Mafalda, *O Contrato de Futuros no Direito Português*, Diss., UCP, Lisboa, 1997; Valle, Laura, *Il Contratto «Future»*, Cedam, Padova, 1996. Sobre a complexa e plurifacetada questão da natureza jurídica dos futuros (compra e venda, jogo e aposta, contrato atípico, etc.), vide Cunha, Miguel, *Os Futuros de Bolsa: Características Contratuais e de Mercado*, 103 e segs., in: AAVV, "Direito dos Valores Mobiliários", vol. I, 63-132, Coimbra Editora, 1999; Menninger, Jutta, *Börsen- und Zivilrechtlicher Charakter von Financial Futures*, in: 46 "Wertpapier-Mitteilungen – Zeitschrift für Wirtschafts- und Bankrecht" (1994), 970-974.

[469] Tais cláusulas gerais constam da respetiva ficha técnica, que incluem o ativo subjacente, o método de cotação, as variações mínima e máxima da cotação, o preço de referência, o ajuste diário de perdas e ganhos, e os vencimentos, entre vários outros elementos. Sobre a padronização ou estandardização típica dos contratos de futuros, que funciona como um pressuposto fundamental da fungibilidade, liquidez e negociabilidade massificada destes instrumentos, vide Ferreira, A. José, *Operações de Futuros e Opções*, 178 e segs., in: AAVV, "Direito dos Valores Mobiliários", 121-188, Lex, Lisboa, 1997; Monti, Ernesto, *Manuale di Finanza per l'Impresa*, 302 e segs., Utet, Torino, 2000.

a sistemas organizados de negociação, ficando assim também sujeitos às suas regras próprias (v.g., intervenção de intermediários financeiros, registo obrigatório de todas as operações)[470]. Ora, para além destas características gerais, os contratos de futuros apresentam diversas outras particularidades, para que importa chamar a atenção.

III. Desde logo, no que concerne aos seus *sujeitos*, os futuros apresentam uma estrutura plurilateral típica, que envolve simultaneamente a intervenção dos investidores, dos intermediários financeiros, e da entidade gestora do mercado. Iniciada a negociação de cada contrato, de acordo com as condições gerais formuladas pela entidade gestora, os investidores interessados realizam as respetivas ofertas de compra e venda, que são necessariamente lançadas em sistema informático de negociação (v.g., o "Liffe Connect" no mercado de derivados da "Euronext") através de intermediários financeiros[471]; do encontro ou casamento dessas ofertas resultam para os investidores envolvidos a aquisição ou "abertura" de posições contratuais de compra e de venda por determinado preço; enfim, esse encontro é mediado pela entidade gestora do mercado, contraparte central e obrigatória de todas as operações neste realizadas ("central counterparty", "Zentrale Gegenpartei"), que assumirá a qualidade de "comprador" perante o investidor que adquiriu a posição vendedora e de "vendedor" perante o investidor com a posição compradora. Pode assim dizer-se, em suma, que cada contrato de futuros, constituindo uma operação unitária de um ponto de vista económico, implica juridicamente a existência de uma pluralidade de

[470] Entre os mercados internacionalmente mais conhecidos, contam-se a "Chicago Mercantile Exchange" nos Estados Unidos da América e a "Euronext.Liffe" na Europa. Esta característica permite justamente distinguir os futuros de outros derivados estruturalmente similares que são negociados fora de mercado organizado: tal é o caso dos "forwards", contratos a prazo construídos sobre ativos subjacentes que são negociáveis em mercado de balcão (sobre esta figura, cf. *infra* Cap. III, §2, 6).

[471] Vide os arts. 14º e segs. do Regulamento CMVM nº 2/2007, de 5 de novembro, relativo à informação a prestar pelos intermediários financeiros aos investidores não qualificados em operações sobre instrumentos financeiros derivados, bem como a Instrução CMVM nº 12/2011, de 22 de setembro, relativa à atuação dos intermediários financeiros em operações sobre instrumentos financeiros derivados admitidos à negociação em mercado regulamentado.

negócios autónomos e sucessivos (entre investidores e intermediários, intermediários e entidade gestora, entidade gestora e investidores).[472]

IV. Depois ainda, no que concerne ao seu *objeto*, é fundamental distinguir entre o objeto imediato (ativo subjacente) e o objeto mediato do contrato (prestações contratuais propriamente ditas). Ao passo que o primeiro constitui um mero referencial ancilar do cálculo das prestações contratuais, o último exprime o verdadeiro cerne substancial deste derivado enquanto instrumento gerador de direitos e obrigações: entre estes, destacam-se os direitos e deveres fundamentais recíprocos de compra do ativo e de pagamento do preço (no caso de liquidação física) e de desembolso do saldo pecuniário diferencial (no caso de liquidação financeira)[473], além de várias outras obrigações perante a entidade gestora do mercado, seja por parte dos investidores (pagamento de margens iniciais, comissões, ajuste diário de ganhos e perdas) ou dos intermediários financeiros (prestação de garantias permanentes e adicionais de compensação).[474]

[472] Especial relevo colhe naturalmente a intervenção da entidade gestora do mercado, a qual figura necessariamente como contraparte comum de dois contratos finais com o mesmo objeto mas de sinal antagónico com cada um dos investidores ofertantes: tal implica, entre outras consequências, que no contrato de futuros inexiste uma relação jurídica direta entre os próprios investidores, comprador e vendedor (CUNHA, Miguel, *Os Futuros de Bolsa: Características Contratuais e de Mercado*, 92, in: AAVV, "Direito dos Valores Mobiliários", vol. I, 63-132, Coimbra Editora, 1999). Sobre as funções gerais da contraparte central, vide ALFES, André, *Central Counterparty – Zentraler Kontrahent – Zentrale Gegenpartei*, 59 e segs., Duncker & Humblot, Berlin, 2005.

[473] Como sublinha Carlos Ferreira de ALMEIDA, os futuros podem assim revestir uma diferente natureza da perspetiva do seu objeto mediato: o de contratos de compra e venda a prazo (no caso de liquidação física) ou de contratos diferenciais (no caso de liquidação financeira, "rectius", de ter por objeto uma prestação pecuniária diferencial): cf. *Contratos*, vol. II, 154, Almedina, Coimbra, 2007. Sobre os contratos diferenciais, vide *infra* Cap. III, §2, 5.

[474] Os contratos de futuros envolvem, durante a vida do contrato, um mecanismo de ajustes diários de ganhos e perdas que visa salvaguardar o equilíbrio do mercado e garantir a solvência dos seus intervenientes (cf. também art. 259º, nº 1, *c)* do CVM): enquanto as posições permanecem "abertas", os titulares das posições contratuais de compra e venda ficam sujeitos a uma liquidação diária das oscilações do respetivo valor,

V. Depois também, no que concerne ao seu *conteúdo*, os termos dos contratos de futuros encontram-se prévia e integralmente determinados pela entidade gestora do mercado, através de cláusulas gerais adrede elaboradas (relativas à natureza do produto, ao ativo subjacente, aos prazos, aos métodos de cotação e suas variações máximas e mínimas ou "ticks", às margens iniciais, ao preço de referência, ao vencimento, às formas de liquidação e demais condições negociais): a negociação real dos investidores é assim mínima, limitando-se praticamente ao preço (e, por vezes, nem neste particular, por força dos "ticks" pré-estabelecidos). Semelhante estandardização total assegura uma maior eficiência e liquidez do mercado, eliminando os custos de transação e acelerando drasticamente a velocidade de negociação.[475]

VI. Finalmente, no que respeita à respetiva *extinção*, o modo normal de cessação contratual consiste no seu cumprimento na data do respetivo vencimento, seja mediante a entrega pelo "vendedor" do ativo subjacente contra o pagamento pelo "comprador" do respetivo preço, seja mediante o desembolso por qualquer das partes (consoante o caso) do montante pecuniário correspondente ao diferencial entre os valores do ativo na celebração (preço de exercício) e no vencimento (preço de referência)[476]. Esta modalidade extintiva não constitui, todavia, a modalidade mais frequente de cessação: para além de outros eventos extintivos ("maxime", resolução por incumprimento dos deveres perante a entidade gestora, v.g., falta de pagamento das garantias ou dos ajustes

calculada mediante a comparação entre o preço contratado e o preço de referência ("mark-to-market"). Cf. ainda *supra* Cap. III, §1, 4.4.

[475] ENNA, Giovanni, *Attività Finanziaria e Copertura dei Rischi sui Tassi di Interesse. Contratti a Termine Futures, Profili Civili, Contabili e Fiscali*, 1520, in: "Impresa Commerciale Industriale" (1999), 1520-1527. Para um exemplo recente, vide as cláusulas contratuais gerais do *"single stock future"*, aprovadas pela "Euronext Lisbon" em 28 de junho de 2016, relativas a contratos de futuros sobre ações representativas de sociedades abertas admitidas à negociação em mercado regulamentado português.

[476] Na prática, a liquidação financeira é de longe a mais comum: como sublinha Laura VALLE, "o «cash-settlement» caracteriza os contratos de futuros na medida em que a função de tal mercado não é tanto uma função de aprovisionamento quanto de cobertura de risco, especulação e arbitragem" (*Contratti Futures*, 307, in: XII "Contratto e Impresa" (1996), 307-357).

diários), verifica-se que, na maior parte dos casos, os futuros se extinguem antes do respetivo vencimento graças à abertura de novas posições contratuais de sentido inverso por parte dos investidores contratantes, que assim anulam ou "fecham" por compensação a sua anterior posição no mercado ("closing-out").[477]

1.3. Modalidades

I. Por último, assinale-se a existência de uma pluralidade de *modalidades* de futuros. Entre as mais importantes, podem referir-se os futuros sobre valores mobiliários (tais como ações ou obrigações) – para um exemplo, vejam-se, entre nós, os "Single Stock Futures BCP" ou "Single Stock Futures Portugal Telecom" –, os futuros sobre mercadorias – v.g., "Corn Futures", "Robusta Coffee Futures", "Raw Sugar Futures", "Feed Wheat Futures" –[478], os futuros sobre taxas de juro – v.g., "Three Month Euribor Futures" –[479], os futuros sobre divisas – v.g., "US Dollar-Euro Futures" –[480], e os futuros sobre índices – incluindo índices nacionais

[477] Como é típico dos instrumentos financeiros derivados de mercado organizado, os contratos de futuros nascem e morrem no mercado respetivo, não sendo suscetíveis de circulação em vida: uma vez adquirida ou "aberta" uma posição contratual (de compra ou venda) relativamente a dado futuro, essa posição não é passível de transmissão ou cessão para terceiros, obtendo-se resultado económico equivalente mediante a abertura de nova posição de sentido contrário (Ferreira, A. José, *Operações de Futuros e Opções,* 182, in: AAVV, "Direito dos Valores Mobiliários", 121-188, Lex, Lisboa, 1997; noutros quadrantes, vide Parra, A. Madrid, *Contratos y Mercados de Futuros y Opciones*, 91, Tecnos, Madrid, 1994; Romano, Roberta, *A Thumbnail Sketch of Derivative Securities and Their Regulation*, 12, in: "Maryland Law Review" (1996), 1-83).

[478] Sobre os futuros de mercadorias, vide Lamandini, Marco/ Motti, Cinzia, *Scambi di Merci e Derivati su Commodities*, espec. 581 e segs., Giuffrè, Milano, 2006. Sobre os derivados de mercadorias em geral, vide *infra* Cap. III, §2, 8.1.

[479] Anderle, Stefan/ Kaufmann, Karl-Wilhelm, *Grundlagen derivatives Zinsprodukte*, 3. Aufl., Deutscher Sparkassen Verlag, Stuttgart, 2000; Kolb, Robert, *Interest Rate Futures: Concepts and Issues*, Richmond, Virginia, 1982. A não confundir com contratos a prazo idênticos celebrados no mercado de balcão, tais como os FRA ("forward rate agreements"): sobre estes últimos, vide *infra* Cap. III, §2, 6.3.

[480] Tomé, M. Vaz, *Contratos de Futuros sobre Divisas: Funções de Cobertura ou de Especulação*, in: AAVV, "Estudos em Homenagem ao Prof. Doutor Manuel Henrique Mesquita", vol. II, 1033-1089, Coimbra Editora, Coimbra, 2009; para outros desenvolvimentos, Loosigian, Alan, *Foreign Exchange Futures*, Homewood, Illinois, 1980. A não confundir com contratos

(v.g., "PSI 20 Futures", "CAC 40 Index Futures", "AEX Index Futures") ou internacionais (v.g., "MSCI Pan-European Index Futures"), globais (v.g., "Euronext 100", "FTSEurofirst 100") ou setoriais (v.g., "Energy Commodities Index").[481]

2. Opções

2.1. Noção

I. Designam-se por opções ("options", "Optionsgeschäfte", "contrats d'option", "opzioni") os *contratos a prazo que atribuem a uma das partes um direito potestativo de compra ou de venda de certo ativo subjacente por preço e em (ou até) data predeterminados, a executar mediante liquidação física ou financeira, contra a obrigação de pagamento de um prémio.*[482]

II. Tal como sucede com os demais derivados, as opções têm geralmente a si subjacentes finalidades protetivas (cobertura de risco), especulativas (assunção de risco com objetivo de lucro) e arbitragistas (exploração das ineficiências dos mercados). Retomando o exemplo atrás referido a propósito dos futuros, suponhamos que o investidor A não está inteiramente convicto da subida da cotação das ações da sociedade X, preferindo conservar alguma margem de decisão que lhe permita acompanhar a evolução do título durante os referidos três meses, sendo

a prazo semelhantes, típicos do mercado de balcão, como os FXA ("forward exchange agreements"): sobre estes últimos, vide *infra* Cap. III, §2, 6.3.

481 GAUDIO, Vicenzo, *I Future su Indice Azionari*, in: 7 "Amministrazione & Finanza" (1991), 365-371; GIRINO, Emilio, *Stock Index Financial Future*, in: 5 "Amministrazione & Finanza" (1989), 1413-1417; LAMM, R. MacFall, *A Pan-European Stock Index Futures Contract*, in: AAVV, "The Handbook of Derivatives & Synthetics", 589-601, Probus Publishing, Chicago/ Cambridge, 1994.

482 Sobre a figura, entre nós, vide AAVV, *Futuros e Opções*, McGraw-Hill, Lisboa, 1995; FERREIRA, A. José, *Operações de Futuros e Opções*, in: AAVV, "Direito dos Valores Mobiliários", 121-188, Lex, Lisboa, 1997. Noutros quadrantes, CLARIZIA, Renato, *Le Opzioni tra Disciplina Codicistica e Regolamentazione Pattizia*, in: AAVV, "I Derivati Finanziari", 119-144, Edibank, Milano, 1993; FIGLEWSKY, Stephen/ SILBER, William/ SUBRAHMANYAM, Marti, *Financial Options: From Theory to Practice*, McGraw-Hill, New York, 1992; HARTUNG, Klaus-Joachim, *Das Wertpapieroptionsgeschäft in der Bundesrepublik Deutschland*, Duncker & Humblot, Berlin, 1989; VALETTE, Didier, *Les Marchés d'Options Négociables – Aspects Juridiques*, Diss., Clermont-Ferrant, 1991.

que o acionista B está disposto a conceder-lhe esse "spatium decidendi" a troco de uma determinada contrapartida pecuniária: no lugar de celebrar um futuro, as partes podem acordar alternativamente uma opção através da qual B ("writer") concede a A ("holder") o direito, mas não a obrigação, de adquirir a três meses a quantidade acordada das ações X ao preço unitário de € 10,5 mediante o pagamento de um prémio (por exemplo, € 0,5). Na data do vencimento trimestral, uma de três: se o valor da cotação do título ou "spot price" for superior (por exemplo, € 13) ao preço de exercício acordado ou "strike price", a opção diz-se "dentro do valor" ("in the money"), pelo que A terá vantagem em exercê-la, obtendo assim um ganho de € 2 por ação (correspondente ao diferencial entre aquele preço de exercício e a soma do preço acordado e prémio); se, inversamente, o preço de exercício for inferior (por exemplo, € 9), a opção diz-se "fora do valor" ("out of the money"), pelo que A não terá qualquer benefício em exercitá-la, incorrendo numa perda correspondente ao prémio pago (€ 0,5); se o preço de exercício for idêntico à soma do preço acordado e prémio (€ 11), a opção diz-se ao par ("at the money"), sendo em princípio indiferente para A o respetivo exercício.[483]

III. As opções são, tal como os futuros, um instrumento financeiro derivado *nominado*, previsto expressamente no art. 2º, nº 1, *e)* do CVM. Apesar dos seus traços comuns (contratos a prazo, assentes em técnicas de derivação, e liquidáveis em forma física ou financeira), as *opções distinguem-se dos futuros* em vários aspetos. Desde logo, no que concerne

[483] É importante sublinhar que, outrossim que finalidades protetivas, as opções constituem um dos mais eficientes instrumentos de especulação em valores mobiliários, graças ao efeito de alavancagem financeira, à limitação da proporção entre ganho e perda, e à poupança dos custos (organizativos, registrais, etc.) de um investimento direto nesses valores: num exemplo extremo, um investidor que, apostando na valorização das ações X, adquira uma opção de compra sobre um lote dessas ações por 100 mil euros pelo prazo de um ano, vindo estas a valer 1 milhão de euros ao fim desse ano, terá incorrido num risco dez vezes menor do que se tivesse adquirido tais ações diretamente. Tendencialmente, as opções de compra são apetecíveis para investidores otimistas, que apostam na alta das cotações ("bullish"), e as de venda para investidores pessimistas ("bearish"), que temem a sua descida (cf. CORTI, C. Lorenzo, *Esperienze in Tema di Opzioni*, 127, in: AAVV, "I Derivati Finanziari", 125-132, Edibank, Milano, 1993).

à sua *criação*: ao passo que os futuros são necessariamente contratos padronizados de mercado organizado, as opções podem corresponder ainda a contratos individualizados negociados em mercado de balcão[484]. Depois ainda, no que concerne à *posição* das partes contratantes: ao passo que os futuros correspondem a operações firmes (cujos direitos e obrigações devem ser cumpridos em data de vencimento predeterminada), as opções são operações condicionais no sentido em que, estando a sua execução dependente de manifestação de vontade do optante, os efeitos correspetivos podem nem sequer chegar a ocorrer[485]. Depois também, no que concerne ao *conteúdo* das prestações contratuais: enquanto os futuros atribuem a ambas as partes meros direitos de crédito, as opções investem apenas um dos contraentes num direito potestativo (que coloca a outra parte na correspondente situação de sujeição), além de pressuporem o pagamento de um determinado montante a título de prémio[486]. Finalmente, no que concerne aos *efeitos* das operações: ao passo

[484] As opções OTC ou de balcão apresentam vantagens e inconvenientes no confronto com as opções de mercado organizado. Entre as primeiras, avulta a de permitir uma negociação individualizada adaptada às necessidades dos investidores em concreto: isto mesmo está bem patente na recente proliferação de opções híbridas e exóticas, resultantes da combinação com outros derivados ou mesmo outros instrumentos financeiros, v.g., as "swaptions", resultado do cruzamento entre opções e "swaps" (sobre esta modalidade híbrida, vide *infra* Cap. III, §2, 2.3.). Em contrapartida, as opções de balcão são geralmente destituídas da liquidez, da segurança e do anonimato próprios das transacionadas em mercado organizado, com particular destaque para o facto de cada uma das partes contratantes assumir o risco de incumprimento ou insolvência da respetiva contraparte. Cf. BECKER, Brandon, *Regulation of Exchange-Traded Options,* in: AAVV, "The Handbook of Derivatives & Synthetics", 679-697, Probus Publishing, Chicago/ Cambridge, 1994; HÄUSER, Franz, *Ausserbörslicher Optionsgeschäfte (OTC-Optionen) aus der Sicht des novellierten Börsengesetzes,* in: 4 "Zeitschrift für Bankrecht und Bankwirtschaft" (1992), 249-263.

[485] No essencial, as opções asseguram ao beneficiário a possibilidade de um ganho ilimitado e a certeza de uma perda limitada, implicando para o concedente a certeza de um ganho limitado e o risco de uma perda ilimitada. Sobre a distinção entre negócios a termo e sob condição, em geral, vide VASCONCELOS, P. Pais, *Teoria Geral do Direito Civil,* 606 e segs., 5ª edição, Almedina, Coimbra, 2008; sobre a distinção entre negócios financeiros firmes e condicionais, em particular, vide ASSMANN, Heinz-Dieter/ SCHÜTZE, Rolf, *Handbuch des Kapitalanlagerechts,* 553, Beck, München, 1997.

[486] Também sob esta perspetiva, resulta uma ulterior diferença: ao passo que os futuros são meros contratos obrigacionais, as opções são contratos reais "quoad constitutionem",

que os futuros são sempre contratos principais e definitivos, as opções podem funcionar, no caso de liquidação física, como meros contratos preliminares ou preparatórios da celebração de novos contratos (v.g., de compra e venda, de futuros, etc.).[487]

2.2. Características

I. Procurando agora caracterizar brevemente as opções, há que referir os sujeitos, conteúdo, e extinção deste tipo de instrumentos derivados. Antes disso, sublinhe-se que, tal como a respeito dos futuros, é extremamente controvertida a questão da sua *natureza jurídica*, havendo quem lhes atribua diferentes índoles contratuais (v.g., pacto de opção, compra e venda, jogo e aposta, contrato diferencial, etc.), quem sustente um caráter misto resultante de dois contratos autónomos acoplados ("Trennungstheorie"), ou até quem lhes negue natureza contratual.[488]

II. Relativamente aos seus *sujeitos*, as opções podem apresentar uma estrutura *plurilateral* no caso das opções de mercado organizado – envolvendo a intervenção simultânea das partes contratantes (beneficiário e concedente), de intermediários financeiros, e da entidade gestora do mercado – ou uma estrutura *bilateral* no caso das opções OTC – envolvendo exclusivamente o beneficiário e o concedente da opção, sem prejuízo da mediação negocial de intermediários financeiros. Desta diferente estrutura subjetiva decorrem importantes consequências práticas.

uma vez que o pagamento do prémio constitui um requisito da formação do próprio contrato. Sobre a distinção entre contratos obrigacionais e reais, vide TELLES, I. Galvão, *Manual dos Contratos em Geral,* 463 e segs., 4ª edição, Coimbra Editora, 2002.

[487] Já no caso das opções com liquidação financeira, "rectius", que conferem ao beneficiário ou optante um mero direito potestativo ao recebimento de uma prestação pecuniária diferencial (entre os valores de partida e de chegada do ativo subjacente), estaremos perante verdadeiros contratos diferenciais. Sobre os contratos diferenciais, vide *infra* Cap. III, §2, 5.

[488] Sobre tal questão, vide FERREIRA, A. José, *Operações de Futuros e Opções,* 165 e segs., in: AAVV, "Direito dos Valores Mobiliários", 121-188, Lex, Lisboa, 1997; noutros países, HENSSLER, Martin, *Risiko als Vertragsgegenstand,* 545 e seg., Mohr, Tübingen, 1994; SZTAJN, Rachel, *Sobre a Natureza Jurídica das Opções Negociadas em Bolsa,* in: 105 "Revista de Direito Mercantil, Industrial, Econômico e Financeiro" (1997), 53-69; WALTER, Karl, *Die Rechtsnatur des Börsenoptionsgeschäfts,* Peter Lang, Frankfurt am Main, 1990.

Assim, ao passo que no primeiro tipo de opções o risco de incumprimento é assumido pela entidade gestora de mercado, contraparte obrigatória dos contratos opcionais aí negociados, no último tal risco recai diretamente sobre os próprios contraentes, justificando por isso a previsão concomitante de mecanismos destinados a reforçar as garantias de cumprimento, salvo no caso das opções que se encontrem a coberto das regras de compensação obrigatória previstas nos arts. 4º e 5º do Regulamento UE/648/2012, de 4 de julho.[489]

III. Relativamente ao seu *conteúdo*, destacam-se o direito de opção e a obrigação de pagamento de um prémio. O *direito de opção* representa o elemento central do conteúdo contratual. Este direito – que se constitui na esfera jurídica de uma das partes (optante ou beneficiário), e cujo exercício depende da sua exclusiva vontade, colocando a outra parte (concedente) numa situação de absoluta sujeição – pode revestir diferentes modalidades: no comum dos casos, ele consistirá num direito de compra ("call option") ou de venda ("put option") sobre o ativo subjacente[490] e será exercitável na data do vencimento do contrato ("opções europeias"), até essa data ("opções americanas") ou em várias datas prefixadas intermédias ("opções bermuda"). A *obrigação de pagamento de um prémio* ("option price") funciona, por seu turno, como a contrapartida da vantagem concedida ao beneficiário pelo concedente: sublinhe-se que o beneficiário é sempre obrigado a pagar o "preço" da opção ainda

[489] Exemplo relevante são os mecanismos de *compensação* instituídos negocialmente entre partes de derivados celebrados em massa, entre os quais se destaca o "netting by novation", o "close-out netting" e o "set-off" (MACHADO, S. Santos, *Close-Out Netting e Set-Off – Da Validade e Eficácia das Cláusulas de Close-Out Netting e Set-Off nos Contratos sobre Instrumentos Financeiros*, in: 17 "Cadernos do Mercado de Valores Mobiliários" (2003), 9-17; lá fora, BENZLER, Marc, *Nettingvereinbarungen im ausserbörsliche Derivatehandel*, 59 e segs., Nomos, Baden-Baden, 1999; PERRONE, Andrea, *La Riduzione del Rischio di Credito degli Strumenti Finanziari Derivati*, 85 e segs., Giuffrè, Milano, 1999).

[490] Um direito, e *não um dever* – é importante salientá-lo (ou, nas palavras de Alastair HUDSON, trata-se de um "right-without-obligation": cf. *The Law on Financial Derivatives*, 28, 4th edition, Sweet & Maxwell, London, 2006). Como é próprio dos pactos de opção em geral, o beneficiário ou optante é inteiramente livre de exercer, rejeitar, ou deixar caducar o seu direito potestativo de compra ou venda (FONSECA, T. Soares, *Do Contrato de Opção – Esboço de uma Teoria Geral*, 21, Lex, Lisboa, 2001).

quando não venha, afinal, a exercer esta última. O prémio, também por vezes chamado "preço da opção", é objeto de cotação no mercado onde as opções são negociadas, não se devendo confundir com o "preço de exercício" ("striking price"), que corresponde ao preço pelo qual o beneficiário poderá exercer o seu direito de compra ou venda do ativo – se se quiser, em termos muito genéricos, ao passo que o primeiro representa o preço do contrato (preliminar) de opção, o último constitui o preço do contrato (principal) de compra e venda.[491]

IV. Enfim, relativamente à respetiva *extinção*, as opções podem cessar pelo exercício tempestivo do direito de compra ou venda ou pelo decurso do prazo contratual sem tal exercício, além de, no caso das opções padronizadas (ou opções OTC sujeitas a sistema de compensação), mediante o "encerramento" voluntário das posições contratuais durante a vigência do contrato (por assunção de posições de sinal inverso) ou o incumprimento dos deveres perante a entidade gestora (v.g., falta de pagamento das garantias ou dos ajustes diários). Tal como nos futuros, o exercício do direito opcional pode dar lugar a uma liquidação contratual de natureza física ou financeira: no primeiro caso, o beneficiário, titular da opção, recebe (no caso de opção de compra) ou entrega (no caso de opção de venda) o ativo subjacente pelo preço previamente acordado[492]; no último caso, o beneficiário recebe apenas o saldo pecuniário eventualmente resultante da diferença entre o valor do ativo previamente acordado (preço de exercício) e o valor apurado no momento do exercício da opção (preço de referência).[493]

[491] KOLLER, Ingo, *Die Klagbarkeit von Prämienforderungen aus Aktienoptionen*, in: 39 "Wertpapier-Mitteilungen – Zeitschrift für Wirtschafts- und Bankrecht" (1985), 593-596.

[492] Sublinhe-se que, salvo quando as partes nisso hajam expressamente acordado ("maxime", convenção de retroatividade), as opções são destituídas de eficácia translativa da propriedade do ativo subjacente, pelo que o beneficiário não se poderá considerar titular das ações, obrigações, divisas, ou de qualquer outro ativo subjacente até ao momento em que exerça o seu direito de compra. Neste sentido, HUDSON, Alastair, *The Law on Financial Derivatives*, 84, 4th edition, Sweet & Maxwell, London, 2006.

[493] Esta distinção tem ainda relevância para efeitos da natureza jurídica deste instrumento derivado, distinguindo-o dos tradicionais contratos de opção do direito civil e comercial comum enquanto contratos preliminares (sobre o ponto, vide ANTUNES, J. Engrácia, *Direito dos Contratos Comerciais*, 104 e seg., reimpressão, Almedina, Coimbra, 2017).

2.3. Modalidades

I. As opções são uma espécie de derivados extremamente elástica, podendo revestir uma enorme variedade de *modalidades*. De acordo com o critério ordenador, tornou-se assim frequente distinguir entre *opções de compra* ("call options") *e de venda* ("put options") – consoante conferem ao beneficiário um direito de comprar ou vender o ativo se e quando tal direito for exercido –, entre *opções europeias* ("european options") *e americanas* ("american options") – consoante conferem um direito de opção exercitável apenas na data do vencimento do contrato ou a qualquer momento até essa data –, entre *opções de mercado organizado* ("exchange-listed options") *e de mercado de balcão* ("over-the-counter options") – consoante constituídas e transacionadas em mercados regulamentados ou diretamente entre os contraentes ("front to front") –, entre *opções acima do par* ("in the money"), *abaixo do par* ("out of the money") *e ao par* ("at the money") – consoante o exercício da opção seja pecuniariamente favorável, desfavorável ou indiferente para o beneficiário tomando por base o confronto entre os preços de exercício e de referência do ativo subjacente –, entre *opções garantidas* ("covered options") *e descobertas* ("naked options") – consoante o concedente é ou não titular da propriedade do ativo subjacente –, entre *opções sobre ações* ("stock options"), *obrigações* ("bond options"), *índices bolsistas* ("index options"), *divisas* ("currency options"), ou *taxas de juro* ("interest rate options") – consoante o tipo de ativo subjacente –, e assim por diante.[494]

É que, ao passo que os contratos de opção com liquidação física funcionam como contratos preparatórios ou preliminares da celebração de um outro contrato (mormente, a compra e venda de determinado lote de valores mobiliários, instrumentos monetários ou outro ativo real subjacente), os contratos com liquidação financeira são, em si mesmos, contratos definitivos de natureza diferencial: como refere E. Diáz Ruiz, "o contrato de opção financeira nem sempre é equiparável a um contrato de opção de compra e venda normal, já que, muito frequentemente, não se acaba comprando ou vendendo efetivamente algo ainda quando o titular exerce o direito de opção" (*Los Mercados de Opciones y Futuros Financieros*, 4541, in: AAVV, "Instituciones del Mercado Financiero", vol. VII, 4521-4570, La Ley, Madrid, 1999; em sentido semelhante, Almeida, C. Ferreira, *Contratos*, vol. II, 138, 2ª edição, Almedina, Coimbra, 2011).

494 Estas modalidades especiais, de resto, não são estanques, assistindo-se à sua frequente combinação: são assim comuns, por exemplo, as opções "call" sobre ações de tipo americano não garantidas negociadas diretamente entre os investidores. Sobre estas

II. Destaque especial merecem as chamadas *"opções exóticas"* ("exotic options") ou *"sintéticas"* ("synthetic options"), também conhecidas por opções de "segunda geração"[495]. Por oposição às opções tradicionais ou de primeira geração (por vezes também denominadas "plain vanilla options"), trata-se de opções do mercado de balcão dotadas de direitos opcionais particulares ou miscigenadas com outros instrumentos financeiros, mormente outras espécies de derivados: entre as inúmeras variantes, mencionem-se as "barrier options" – que são ativadas ("knock in") ou desativadas ("knock out") logo que o valor ou cotação do ativo subjacente atinge determinado estalão ("barrier") –, as "binary options" – cujo exercício pode dar lugar à compra ou venda do ativo subjacente ou a nada, consoante o seu valor ou cotação durante a vigência contratual ("all-or-nothing") –, as "rainbow options" – caracterizadas por se estruturarem em torno de vários fatores de risco para além do valor ou cotação do ativo subjacente ("maxime", quantidade) –, ou as "swaptions" – resultantes da combinação entre uma opção e um "swap".[496]

III. Finalmente, para além das modalidades, são igualmente diversas as *estratégias* de investimento subjacentes, que variam consoante a perceção do mercado por parte do investidor, as quais se podem resumir às seguintes quatro: a aquisição de opções de compra, ou compras longas ("long calls"), e a alienação de opções de venda, ou de vendas curtas ("short puts") – quando o investidor está otimista em relação à evolução do ativo subjacente ("bull") – ou a alienação de opções de compra, ou compras curtas ("short calls") e a aquisição de opções de venda, ou vendas longas ("long puts") – no caso inverso de estar pessi-

e outras modalidades de opções, vide desenvolvidamente GIRINO, Emilio, *I Contratti Derivati*, 51 e segs., 76 e segs., Giuffrè, Milano, 2001.

495 ADAM-MÜLLER, Axel, *Merkmale und Einsatz von exotischen Optionen*, in: 38 "Zeitschrift für betriebswirtschaftliche Forschung" (1997), 89-125; ZHANG, Peter, *Exotic Options: A Guide to Second Generation Options*, 2nd edition, World Scientific, Singapore, 1998.

496 A lista das opções exóticas é, todavia, interminável: v.g., "pay later options", "cliquet options", "bet options", "lockback options", "Asian options", "path-dependent options", "vertical spread options", "straddles", etc. Cf. HAUG, E. Gaarder, *The Complete Guide to Option Pricing Formulas*, McGraw-Hill, New York, 2007.

mista ("bear") –, podendo ainda haver lugar a estratégias intermédias ou híbridas ("straddle", "strangle", "spread" e "risk reversal").[497]

3. "Swaps"

3.1. Noção

I. Designa-se por "swap" (literalmente, troca ou permuta) o *contrato pelo qual as partes se obrigam ao pagamento recíproco e futuro de duas quantias pecuniárias, na mesma moeda ou em moedas diferentes, numa ou várias datas predeterminadas, calculadas por referência a fluxos financeiros associados a um ativo monetário subjacente, geralmente uma determinada taxa de câmbio ou de juro*.[498]

II. À semelhança dos demais derivados, os "swaps" são fundamentalmente um instrumento de *cobertura de risco* ("hedging") e de especulação nesse risco ("trading"): eles podem ser utilizados pelas empresas e demais interessados com um objetivo de redução da sua exposição ao risco, protegendo-se contras as consequências adversas de eventuais oscilações desfavoráveis do ativo monetário subjacente ("maxime", taxas de juro e de câmbio)[499], mas podem igualmente ser utilizados com um objetivo de exposição a tal risco, procurando lucrar ou tirar partido de uma aposta no curso da evolução do valor desse mesmo ativo no mercado[500].

[497] Cf. SCHÄFER, Klaus, *Einsatz und Bewertung von Optionen und Futures*, 61 e seg., in: AAVV, "Derivative Finanzinstrumente", 45-130, Schäffer-Poeschel, Stuttgart, 1995.

[498] Sobre a figura, vide pioneiramente CALHEIROS, M. Clara, *O Contrato de Swap*, Coimbra Editora, 2000. Noutros países, entre muitos, vide BOULAT, Pierre-Antoine/ CHABERT, Pierre-Yves, *Les Swaps – Technique Contractuelle et Régime Juridique*, Masson, Paris, 1992; ERNE, Roland, *Die Swapgeschäfte der Banken: eine rechtliche Betrachtung der Finanzswaps unter besonderer Berücksichtigung des deutschen Zivil-, Börsen-, Konkurs- und Aufsichtsrechts*, Duncker & Humblot, Berlin, 1992; GORIS, Paul, *The Legal Aspects of Swaps: An Analysis Based on Economic Substance*, Graham & Trotman/ Martinus Nijhoff, London, 1994; RIVELLINI, Flavio, *La Disciplina Giuridica dei Contratti Swap*, Diss., Napoli, 2002; ROLDÁN, S. Zamorano, *El Contrato de Swap como Instrumento Financiero Derivado*, V. Tuells, Zaragoza, 2003. Para uma definição legal, algo infrequente, vide a secção 1a(17) do "Securities Act" e a secção 1a(47) do "Commodity Exchange Act" norte-americanos.

[499] Sobre esta função de "hedging" empresarial, vide AAVV, *Las Operaciones Swap como Instrumento para Mejorar la Financiación de la Empresa*, Ed. Instituto de Empresa, Madrid, 1985; MORI, Margherita, *Swap – Una Tecnica Finanziaria per l'Impresa*, Cedam, Padova, 1990.

[500] Para além destas funções nucleares, os "swaps" podem ainda ser utilizados com finalidades arbitragistas (procurando tirar partido das ineficiências dos mercados

Suponhamos duas empresas que negoceiam financiamentos idênticos no mercado bancário a taxas diversas: a empresa A contrai uma dívida de 1 milhão de euros por cinco anos e à taxa de juro fixa de 2%, e a empresa B possui um débito de igual montante e prazo a taxa Euribor a 6 meses. A fim de anular o risco que a evolução das respetivas taxas de juro representa para ambas, as empresas A e B podem celebrar um contrato de permuta de taxa de juro ("interest rate swap") através do qual, mantendo as suas posições creditícias originárias, invertem as condições do respetivo endividamento gerando assim fluxos financeiros compensatórios: no termo quinquenal, A vincula-se a pagar a B o montante pecuniário correspondente à aplicação da taxa de juro fixa e B pagará a A o montante correspondente à taxa de juro variável.[501]

III. Os "swaps" são, indubitavelmente, o mais importante derivado de balcão. Originariamente, os "swaps" constituíram efetivamente instrumentos financeiros derivados emergentes de contratos celebrados entre sujeitos com posições simetricamente opostas, ou seja, portadores de necessidades ou de previsões exatamente inversas sobre a evolução de determinado ativo ou parâmetro financeiro. Todavia, dada a dificuldade em encontrar e aproximar no mercado duas empresas ou investidores com posições simétricas opostas, e até como forma de explorar um serviço financeiro rentável, os intermediários financeiros passaram crescentemente a constituir uma espécie de *"swapper" profissional,* contraindo empréstimos no mercado interbancário e atuando diretamente como contraparte contratual dos seus próprios clientes. Isto explica também que, tanto a nível nacional como internacional, este tipo de derivado tenha sido intensivamente celebrado pela banca de retalho

monetários: cf. Roldán, S. Zamorano, *El Contrato de Swap como Instrumento Financiero Derivado,* 223 e seg., V. Tuells, Zaragoza, 2003) e até puramente contabilísticas (enquanto mecanismo de cosmética das contas sociais, mormente para efeitos de maximização fiscal: cf. Nabben, Stefan, *Financial Swaps. Instrument des Bilanzstrukturmanagements in Banken,* Gabler, Wiesbaden, 1991).

[501] Cf. Antl, Boris, *The Role of a Bank in Structuring Currency Swap Transactions,* in: AAVV, "Las Operaciones Swap como Instrumento para Mejorar la Financiación de la Empresa", 103-115, Ed. Instituto de Empresa, Madrid, 1985; Erne, Roland, *Die Swapgeschäfte der Banken,* 33 e segs., Duncker & Humblot, Berlin, 1992.

nos últimos anos, quer com pequenos empresários e até simples particulares ("maxime", em conexão com contratos de empréstimo hipotecário habitacional ou simplesmente como mecanismo de cobertura ou de gestão da taxa da juro associada ao serviço de dívida)[502], quer até com entidades públicas (mormente, empresas públicas e autarquias locais).[503]

IV. Esta comercialização massiva, combinada com a queda abrupta das taxas de juro e demais indexantes na sequência da crise financeira de 2008, esteve na origem de frequentes litígios, judiciais ou arbitrais, entre bancos e clientes, que têm dado origem a uma *abundantíssima jurisprudência*. Entre os numerosos arestos que os nossos tribunais lhe vêm dedicando, e tomando por base de ordenação as principais temáticas jurídicas analisadas, podem referir-se os Acórdãos do STJ de 3-V-2016 (Silva Salazar), de 26-I-2016 (Gabriel Catarino), de 11-II-2015 (Sebastião Póvoas), e de 29-I-2015 (Bettencourt de Faria), bem como o Acórdão da Relação de Lisboa de 21-III-2013 (A. Azeredo Coelho) *(jogo e aposta)*; os Acórdãos do STJ de 26-I-2016 (Gabriel Catarino) e de 10-X-2013 (Granja da Fonseca), os Acórdãos da Relação de Lisboa de 27-IX-2016 (J. Manuel Marques), de 16-V--2016 (L. Espírito Santo), de 15-I-2015 (M. Manuela Gomes), e de 8-V-2014 (I. Sacarrão Martins), e os Acórdãos da Relação de Guimarães de 25-IX-2014 (Jorge Teixeira) e de 31-I-2013 (Conceição Bucho) *(modificação e resolução contraual por alteração superveniente das circunstâncias)*; os Acórdãos do STJ de 3-V-2016 (Silva Salazar) e de 29-I-2015 (Bettencourt de Faria), bem como os Acórdãos da Relação do Porto de 28-X-2015 (Sousa Lameira) e de 15-IX-2015 (Vieira e Cunha) *(especulação)*; os Acórdãos do STJ de 21-IV-2016 (A. Silva Gonçalves), de 26-I-2016 (Garcia Calejo), de 9-VII-2015

[502] Sobre tal questão, no direito estrangeiro, vide, entre muitos, Vidal, F. Mercadal/ Paulsen, G. Hernández, *La Comercialización de "Swaps" de Tipos de Interés por las Entidades de Crédito*, Bosch, Barcelona, 2012.

[503] Sobre tal questão, entre muitos, vide Birks, Peter/ Rose, Francis (ed.), *Lessons from the Swaps Cases*, Mansfield Press, London, 2000; Morard, François, *Emprunts "Toxiques" et Colletivités Locales – Synthèse*, in: 137 "Banque & Droit" (2011), 3-4; Köhler, Christian, *Die Zulässigkeit derivativer Finanzinstrumente in Unternehmen, Banken und Kommunen: Eine ökonomische und rechtliche Analyse*, Möhr Siebeck, Tübingen, 2012.

(Mário Mendes), e de 11-II-2015 (G. Silva Jesus), os Acórdãos da Relação de Lisboa de 22-IX-2015 (Roque Nogueira), de 8-IX-2015 (Afonso Henrique), de 4-VI-2015 (Anabela Calafate) e de 24-II--2015 (M. Rosário Morgado), e os Acórdãos da Relação de Porto de 7-VII-2016 (Fernando Samões) e de 13-IV-2015 (Carlos Querido) *(convenção arbitral, pacto de jurisdição, e tribunal competente)*; os Acórdãos do STJ de 21-IV-2016 (A. Silva Gonçalves), de 26-I-2016 (Garcia Calejo), e de 11-II-2015 (G. Silva Jesus), bem como os Acórdãos da Relação de Lisboa de 27-IX-2016 (J. Manuel Marques), de 28-IV--2015 (J. Ramos de Sousa), de 24-II-2015 (M. Rosário Morgado), e de 13-V-2013 (M. Rosário Morgado) *(cláusulas contratuais gerais)*; os Acórdãos do STJ de 13-VII-2016 (M. José Mouro) e de 16-VI-2015 (Paulo Sá), bem como os Acórdãos da Relação de Lisboa de 2-VII-2015 (M. José Mouro), de 28-IV-2015 (J. Ramos de Sousa), de 25-IX-2012 (L. Espírito Santo) e de 17-II-2011 (L. Correia de Mendonça) *(deveres do intermediário financeiro)*; os Acórdãos do STJ de 27-IX-2016 (J. Manuel Marques) e de 26-I-2016 (Gabriel Catarino), bem como os Acórdãos da Relação de Lisboa de 27-IX-2016 (J. Manuel Marques) e da Relação de Porto de 15-IX-2015 (Vieira e Cunha) *(abuso de direito)*; os Acórdãos da Relação de Lisboa de 28-IV-2015 (J. Ramos de Sousa) e da Relação do Porto de 29-VI-2015 (Alberto Ruço) *(erro)*; os Acórdãos da Relação de Lisboa de 22-IX-2015 (Roque Nogueira) *(processo especial de revitalização)* e de 6-X-2016 (António Valente) *(resolução bancária)*; e, finalmente, o Acórdão da Relação de Coimbra de 15-10-2013 (Albertina Pedroso) *(título executivo)*.[504]

V. De resto, esta litigiosidade não é um exclusivo lusitano, sendo igualmente de salientar a atenção que os "swaps" têm merecido na jurisprudência estrangeira, a respeito de questões tão diversas quanto a capacidade jurídica das entidades públicas – v.g., as decisões "Hazell v. Hammersmith and Fulham LBC" (1991) em Inglaterra, "Provincia di Pisa c. Depfa Bank plc and Dexia Credito Spa" (2012) em Itália, e

[504] Como se depreende, alguns dos acórdãos citados debruçam-se sobre mais do que uma das temáticas referidas. Para uma compilação dos principais acórdãos, vide Castelo, H. Orvalho, O *Contrato de Swap de Taxa de Juro – Cinco Anos na Jurisprudência Portuguesa*, in: "Julgar Online" (2016), 1-94.

"Dexia v. Seine Saint-Denis" (2013) em França –, a sua equiparação ao jogo e aposta – v.g., "Morgan Grenfell v. Welwyn & Hatfield DC" (1995) em Inglaterra, "Cassa di Risparmio v. Gomme Service Co." (2013) em Itália –, ou aos deveres de informação dos intermediários financeiros – v.g., "Spread Ladder Swap Case" (2010) na Alemanha, e "RBS v. Lille Métropole" em França[505]. Sublinhe-se, de resto, o relevante caso relativo a "swaps" especulativos contratados por empresas de transporte públicas portuguesas, envolvendo perdas potenciais superiores a 1 bilião de euros, que foi objeto de decisão nos tribunais superiores ingleses, através do acórdão "Banco Santander Totta, SA *v* Transport Companies" proferido pelo juiz William BLAIR.[506]

VI. Por fim, a relevância jurisprudencial dos "swaps" rapidamente catalisou também a atenção dos *autores portugueses*, tornando o tema, no espaço de poucos anos, num dos mais glosados no panorama doutrinal nacional.[507]

[505] Para uma revisão jurisprudencial, vide FINNERTY, John/ BROWN, Mark, *An Overview on Derivatives Litigation*, in: 7 "Fordham Journal of Corporate and Financial Law" (2001), 131-158; sobre o crescente relevo da arbitragem neste domínio, cf. HUDSON, Alastair, *The Law on Financial Derivatives*, 3, 4th edition, Sweet & Maxwell, London, 2006.

[506] In: [2016] EWHC 465 (Comm).

[507] Entre nós, vide ALBUQUERQUE, Pedro, *O Contrato de Swap, a Imputação de Direitos de Voto e o Regime das Ações Próprias*, in: "Estudos em Homenagem ao Prof. Doutor Martim de Albuquerque", vol. I, 619-629, AAFDL, Lisboa, 2010; ALMEIDA, A. Pereira, *Os Instrumentos Financeiros: Os "Swaps"*, in: AAVV, "Estudos em Homenagem ao Prof. Doutor Carlos Ferreira de Almeida", vol. II, 37-69, Almedina, Coimbra, 2011; ALMEIDA, C. Ferreira, *Swaps de Troca e Swaps Diferenciais*, in: 51 "Cadernos do Mercado de Valores Mobiliários" (2015), vol. I, 11-22; CALHEIROS, M. Clara, *O Contrato de Swap no Contexto da Actual Crise Financeira*, in: 42 "Cadernos de Direito Privado" (2013), 3-13; COSTA, T. Freitas, *Resolução do Contrato de Swap: Anotação ao Acórdão do Tribunal da Relação de Guimarães de 31/1/2013*, in: 146 "O Direito" (2014), 530-542; FREITAS, J. Lebre, *Contrato de Swap Meramente Especulativo, Regime de Validade e de Alteração de Circunstâncias*, in: 72 "Revista da Ordem de Advogados" (2012), 943-970; GONZALEZ, P. Boulloza, *Interest Rate Swaps: Perspectiva Jurídica*, in: 44 "Cadernos do Mercado de Valores Mobiliários" (2013), 10-28; GOMES, J. Ferreira, *A Discricionariedade Empresarial, a Business Judgment Rule e a Celebração de Contratos de Swap (e Outros Derivados)*, in: 51 "Cadernos do Mercado de Valores Mobiliários" (2015), vol. II, 57-98; GONZALEZ, P. Boulloza/ VENTURA, João, *Contrato de Swap e Alteração das Circunstâncias – Anotação ao Acórdão do STJ, Processo nº*

3.2. Características

I. Tal como os futuros e as opções, os "swaps" são um tipo de instrumento financeiro derivado *nominado*, previsto no art. 2º, nº 1, *e)* do CVM[508]. Todavia, ao contrário dos futuros e das opções padronizadas, os "swaps" são tipicamente derivados de mercado de balcão: encontramo-nos perante o mais relevante contrato negociado ao balcão dos intermediários financeiros ("over-the-counter"), que reveste uma estrutura tipicamente bilateral (envolvendo apenas as empresas contratantes) e individualizada (cujos termos são ajustados caso a caso, embora

1381/11.STBBCL.GL.SI, in: 48 "Cadernos do Mercado dos Valores Mobiliários" (2014), 63-87; MOURATO, Helder, *O Contrato de "Swap" de Taxa de Juro*, Almedina, Coimbra, 2014; MOURATO, Helder, *O "Swap" de Taxa de Juro: A Primeira Jurisprudência*, in: 44 "Cadernos do Mercado de Valores Mobiliários" (2013), 29-44; PINTO, P. Mota, *Contrato de Swap de Taxas de Juro, Jogo e Aposta, e Alteração das Circunstâncias que Fundaram a Decisão de Contratar*, in: 143 "Revista de Legislação e de Jurisprudência" (2014), 391-413; PIRES, C. Monteiro, *Entre um Modelo Corretivo e um Modelo Informacional no Direito Bancário e Financeiro*, in: 44 "Cadernos de Direito Privado" (2013), 3-22; SANTOS, H. Luz, *O Contrato de Swap de Taxas de Juro e os Instrumentos Derivados Financeiros à Luz do Recente Acórdão do Supremo Tribunal de Justiça de 10 de Outubro de 2013*, in: 6 "Revista de Direito das Sociedades" (2014), 411-443; SILVA, J. Calvão, *Acórdão do STJ de 10 de outubro de 2013 (Swap de Taxa de Juro: Inaplicabilidade do Regime da Alteração das Circunstâncias)*, in: 143 "Revista de Legislação e de Jurisprudência" (2014), 348-373; SILVA, J. Calvão, *T.R.L. Acórdão de 21 de março de 2013 (Swap de Taxa de Juro: Sua Legalidade e Autonomia e Inaplicabilidade da Excepção do Jogo e Aposta)*, in: 142 "Revista de Legislação e de Jurisprudência" (2013), 238-269; SOUSA, S. Mendes, *Contrato de Swap de Taxa de Juro: Validade ou Invalidade do Contrato no Ordenamento Jurídico Nacional*, in: 75 "Revista da Ordem dos Advogados" (2015), 697-744. Numa perspetiva eminentemente económico-financeira, FERREIRA, Domingues, *Swaps e outros Derivados*, Rei dos Livros, Lisboa, 2011; ESTEVES, J. Cantiga, *Contratos Swap Revisitados*, in: 44 "Cadernos do Mercado de Valores Mobiliários" (2013), 71-84; PINHO, Carlos/ MADALENO, Mara, *Interest Rate Swaps and Macroeconomic Uncertainty: Volatility Analysis in Europe*, in: 44 "Cadernos do Mercado de Valores Mobiliários" (2013), 45-70; VITORINO, António (1996), *Estudo sobre a Permuta de Divisas e de Taxas de Juro (Swaps)*, in: 40 "Revista da Banca" (1996), 113-133.

[508] Apesar de hoje ultrapassada, chegou a ser sustentada a natureza de valor mobiliário deste instrumento financeiro: cf. CAPRIGLIONE, Francesco, *Gli Swap come Valori Mobiliari*, in: LIV "Banca, Borsa, Titoli di Credito" (1991), 792-796. Tenha-se ainda em conta a existência de um regime fiscal próprio para esta figura (art. 5º, nº 2, *q)* e 40º-B do CIRS, art. 30º do Estatuto dos Benefícios Fiscais): sobre o regime justributário dos "swaps", vide BORCHERS, Jens, *Swapgeschäfte in Zivil- und Steuerrecht*, Peter Lang, Frankfurt a. M., 1993.

não excluam uma padronização mínima, aliás habitual)[509]. Passemos, pois, em revista brevemente as principais características deste tipo de instrumentos derivados.

II. Desde logo, os contratos de "swap" ou permuta financeira têm como *sujeitos* apenas os investidores ou partes contratantes (usualmente empresas, mas também indivíduos singulares, entidades públicas), embora, na esmagadora maioria dos casos, a sua celebração envolva a intervenção de um *intermediário financeiro* ("maxime", bancos). Com efeito, como já atrás se assinalou[510], os intermediários financeiros vêm atuando, não apenas no papel de mediador ("arrangeur") das operações de "swap", colocando em contacto as respetivas partes contratantes, mas crescentemente como um "swapper" profissional, intervindo diretamente como contraparte nestes contratos ("aktiver Swap-Partner"). Justamente em virtude dessa estrutura bilateral e da sua negociação típica em mercado de balcão, tornou-se frequente a exigência de garantias bancárias, simples ou autónomas, destinadas a assegurar o cumprimento das obrigações emergentes desse contrato[511] – característica e exigência essas que poderão ser mitigadas pela recente instituição de um sistema de compensação centralizada obrigatória através de contrapartes centrais para os derivados OTC padronizados (arts. 4º e 5º do Regulamento UE/648/2012, de 4 de julho).[512]

[509] Tal como a respeito dos futuros (cf. *supra* nota 468) e opções (cf. *supra* nota 488), é discutida a natureza jurídica dos "swaps" (v.g., contratos de troca, de compra e venda, de aposta, atípico), não faltando quem considere que os "swaps" são, estruturalmente, instrumentos derivados que se reconduzem aos próprios futuros e opções. Sobre tal questão, vide Clouth, Peter, *Rechtsfragen der ausserbörslichen Finanz-Derivate*, 22 e segs., 43 e segs., Beck, München, 2001; Group of Thirty, *Derivatives: Practices and Principles*, 31, Washington, 1993.

[510] Cf. *supra* Cap. III, §1, 4.2 (III).

[511] Cf. Almeida, A. Pereira, *Os Instrumentos Financeiros: Os "Swaps"*, 56, in: AAVV, "Estudos em Homenagem ao Prof. Doutor Carlos Ferreira de Almeida", vol. II, 37-69, Almedina, Coimbra, 2011.

[512] Sobre este sistema, que transpôs para o direito interno o EMIR 2012, vide *supra* Cap. III, §1, 4.2.

III. Relativamente à sua *forma*, estamos diante de contratos consensuais que, todavia, revestem usualmente forma escrita voluntária (art. 222º do CCivil), uma vez que remetem usualmente para contratos-quadro ou modelos contratuais padronizados ("master agreements") que contêm um conjunto de condições gerais que virão a enquadrar e regular os diferentes contratos individuais de permuta financeira celebrados entre as partes: esses contratos-quadro correspondem, quase invariavelmente, a contratos de adesão cujo conteúdo foi determinado unilateralmente e de antemão por uma das partes (banco), consubstanciado num conjunto de cláusulas contratuais padronizadas a que as contrapartes (clientes) se limitaram a aderir ou subscrever em bloco – estando sujeitos, por conseguinte, ao regime da Lei das Cláusulas Contratuais Gerais (Decreto-Lei nº 446/85, de 25 de outubro). Tais contratos-modelo são elaborados por organizações internacionais, com particular destaque para a "ISDA – International Swaps and Derivatives Association": atualmente, o contrato-modelo em vigor é o "2002 ISDA Master Agreement".[513]

IV. Relativamente aos seus *efeitos*, os "swaps" constituem contratos sinalagmáticos (dos quais resultam obrigações para ambas as partes unidas por um nexo de reciprocidade) e de execução diferida (a cumprir no futuro), sendo, porém, discutida por alguns a sua natureza comutativa ou aleatória[514]. Sublinhe-se ainda que as operações de "swap" podem dizer respeito a fluxos pecuniários negativos ou positivos – consoante tais fluxos são gerados por passivos financeiros ("liability swaps") ou decorrentes dos juros vencidos por ativos das partes ("asset swaps")[515] – e podem ser objeto de liquidação física ou meramente financeira – consoante envolvem obrigações recíprocas de pagamento por ambas

[513] Entre tais condições gerais, incluem-se regras relativas às notificações entre as partes, à cessão da posição contratual, às causas e efeitos da resolução do contrato, à lei aplicável, e ao foro competente. Cf. Brozolo, L. Radicati, *Il Contratto Modello di Swap dell'International Swap Dealers Association*, in: 2 "Diritto del Commercio Internazionale" (1988), 539-559; Harding, Paul, *Mastering the ISDA Master Agreements (1992 and 2002): A Practical Guide for Negotiation*, 3rd edition, FT Prentice Hall, London, 2010.

[514] Cf. ainda Fülbier, Andreas, *Zivilrechtliche Einordnung von Zins- und Währungsswaps*, in: 11 "Zeitschrift für Wirtschaftsrecht und Insolvenzpraxis" (1990), 544-547.

[515] Reiner, Günter, *Derivative Finanzinstrumente im Recht*, 3, Nomos, Baden-Baden, 2002.

as partes ou apenas uma única obrigação de pagamento do diferencial pecuniário por uma das partes.[516]

3.3. Modalidades

I. Particularmente relevante é o *objeto* dos contratos de permuta financeira: tratando-se de um dos expoentes dos derivados de balcão, é compreensivelmente difícil dizer o que seja um "swap" no seu estado elementar ou puro, tal é a diversidade das variantes originadas pela "praxis" financeira e bancária internacional. Todavia, é possível distinguir aqui entre duas modalidades fundamentais: os "swaps" de divisas e de juros.[517]

II. Nos *"swaps" de divisas* ("currency swaps", "Währungsswap") – a forma historicamente primogénita deste tipo de derivado –[518], as partes acordam permutar ou trocar entre si quantias pecuniárias expressas em duas moedas diferentes, calculadas mediante a aplicação de uma taxa de câmbio predeterminada. Estes contratos podem implicar meramente a troca do capital ("currency swaps" simples) ou envolver simultaneamente a troca de juros periódicos ("cross-currency swaps"), a qual pode

[516] Os "swaps", como sucede com muitos outros derivados (futuros, opções, etc.), podem assim constituir contratos diferenciais: sobre a figura, vide *infra* Cap. III, §2, 5. Salientando as diferenças entre "swaps" de troca (com obrigações recíprocas) e "swaps" diferenciais (com única prestação, final ou fracionada em períodos), vide ALMEIDA, C. Ferreira, *Swaps de Troca e Swaps Diferenciais,* in: 51 "Cadernos do Mercado de Valores Mobiliários" (2015), vol. I, 11-22.

[517] Sobre estas modalidades fundamentais, vide desenvolvidamente BROWN, Keith/ SMITH, Donald, *Interest Rate and Currency Swaps,* J. Wiley & Sons, New York, 2005; DE IULIIS, Carmelo, *Lo Swap d'Interessi o di Divise nell'Ordinamento Italiano,* in: LVII "Banca, Borsa, Titoli di Credito" (2004), 391-410; LASSAK, Günter, *Zins- und Währungsswaps,* Knapp, Frankfurt, 1998; MATTOUT, Jean-Pierre, *Opérations d'Échange de Taux d'Intérêt et de Devises: Qualification et Régime Juridique en Droit Français,* in: 468/ 469 "Revue Banque" (1987), 24-34 e 128-136.

[518] Os "swaps" nasceram historicamente como um método para ultrapassar e iludir os controlos cambiais nacionais em voga nos anos 70, tendo a primeira grande operação de "swap" de divisas ocorrido em 1981 entre a IBM e o Banco Mundial (BOCK, David, *Fixed-to-Fixed Currency Swap: The Origins of the World Bank Swap Program,* in: AAVV, "Swap Finance", vol. II, 218-233, Euromoney, London, 1986).

ser realizada a taxa fixa para ambas as partes ("fix to fix swap"), a taxa fixa para uma das partes e taxa variável para a outra ("circus swap"), ou a taxas variáveis, embora indexadas a diferentes referenciais, para ambas as partes ("floating to floating swap").[519]

III. Já nos *"swaps" de juros* ("interest rate swaps" ou IRS, "Zinssatzswap") – aliás, hoje bastante mais frequentes e relevantes –[520], as partes contratantes acordam trocar entre si quantias pecuniárias expressas numa mesma moeda, representativas de juros vencidos sobre um determinado capital, real ou hipotético ("nocional"), calculados por referência a determinadas taxas de juro fixas e/ou variáveis numa ou várias datas preestabelecidas. Estes contratos podem também, por seu turno, revestir duas variantes fundamentais, consoante o cálculo dos juros devidos pelas partes se realiza mediante uma simples permuta de taxa fixa por taxa variável ("coupon swap" ou "plain vanilla swap") ou mediante a aplicação de taxas variáveis definidas em bases distintas ("basis rate swap").[521]

[519] Sobre a noção e variantes dos "swaps" de divisas, vide BEIDLEMAN, Carl, *Cross Currency Swaps*, Irwin Professional Publishers, Chicago, 1991; DECKER, Ernst, *Zinssatz und Währungsswaps unter rechtliche Aspekten*, in: 44 "Wertpapier-Mitteilungen – Zeitschrift für Wirtschafts- und Bankrecht" (1990), 1001-1015; KAZEMZADEH, Kamrad, *Der Kapitalmarktswap*, 29 e segs., V. Österreich, Wien, 1998. Advirta-se que os "swaps" de divisas não se confundem com os impropriamente designados *"swaps" cambiais* ("Divisenswap"), que consistem, não em trocas, mas antes em contratos de compra e venda realizados simultaneamente a contado e a prazo: sobre tal distinção, vide também FLECKNER, Andreas, *Finanztermingeschäfte in Devisen*, in: 16 "Zeitschrift für Bankrecht und Bankwirtschaft" (2005), 96-111; KAZEMZADEH, Kamran, *Der Kapitalmarktswap*, 36 e segs., V. Österreich, Wien, 1998.

[520] Sobre a noção e variantes dos "swaps" de taxas de juro, vide MOURATO, Helder, *O Contrato de "Swap" de Taxa de Juro*, 29 e segs., Almedina, Coimbra, 2014; noutros países, LUDWIG, Mary, *Understanding Interest Rate Swaps*, McGraw-Hill, New York, 1993; NASSETTI, F. Caputo, *Profili Legali degli "Interest Rate Swap" e "Interest Rate and Currency Swap"*, in: VI "Diritto del Commercio Internazionale" (1992), 69-93; KOPP, Thomas, *Der Zinsswap: ein deutsch-US-amerikanischer Rechtsvergleich*, Nomos, Baden-Baden, 1995. Sublinhe-se que este tipo de "swap" corresponde a mais de 80% do volume total atual dos negócios de "swap" (cf. ERNE, Roland, *Modernes Zinsmanagement durch Einsatz von Zinssatzswaps – viele Chancen kaum Risiken*, in: 36 "Der Betrieb" (1994), 1809-1812).

[521] Assim sendo, ao passo que nos "swaps" de divisas existe um fluxo financeiro de capital e juros, nos "swaps" de juros existe apenas um fluxo de juros, não sendo o capital de base

IV. A flexibilidade estrutural e operacional dos "swaps", bem ilustrada no enorme sucesso que granjeou no seio dos instrumentos derivados, conduziu a uma significativa proliferação de *modalidades especiais*, resultantes da variedade dos ativos subjacentes *(outros "swaps")*, da criação de variantes negociais *("swaps" complexos)* ou da combinação com outros tipos de instrumentos derivados ou até financeiros *("swaps" híbridos)*.

V. Desde logo, ao lado dos tradicionais "swaps" de divisas e juros, vão ganhando crescente relevo os "swaps" com *outros ativos subjacentes*. Um exemplo são os chamados *"equity swaps"* (literalmente, permuta sobre ações)[522], os quais são contratos cujas partes assumem obrigações recíprocas de pagamento de quantias pecuniárias calculadas por referência a fluxos financeiros associados a ações. Em termos muito genéricos, uma das partes ("equity amount payer" ou com posição curta) obriga-se a pagar à contraparte as eventuais valorizações registadas pelo ativo subjacente (diferencial positivo entre o valor do montante das ações no momento da conclusão e no da execução do contrato, bem assim como eventuais dividendos gerados pelas mesmas), ficando a outra parte ("equity amount receiver" ou com posição longa) obrigada a pagar à primeira uma soma calculada por referência a uma taxa de juros aplicada a um valor nocional equivalente ao valor do montante de ações ao momento da conclusão do contrato, além de cobrir eventuais desvalorizações do ativo subjacente (diferencial negativo registado pelo valor do montante das ações entre os momentos da celebração e execução contratuais)[523]. A relevância jurídica desta modalidade especial de

objeto de qualquer permuta (ERNE, Roland, *Die Swapgeschäfte der Banken*, 20, Duncker & Humblot, Berlin, 1992). Ainda que possíveis, são extremamente raros os "swaps" baseados em duas taxas fixas (ROFFLER, Sylvie, *Quelques Aspects des Nouveaux Instruments Financiers*, 37, in: "Comptabilité et Fiscalité Pratiques" (1996), 31-48).

522 A não confundir com o impropriamente designado "debt-equity swap", que consiste numa operação jussocietária e insolvencial pela qual se permutam créditos por ações da sociedade devedora (PÜHL, Helge, *Der Debt Equity Swap im Insolvenzplanverfahren*, RWS Verlag, Köln, 2016).

523 Além disso, os "equity swaps" podem ser objeto de liquidação física ou liquidação financeira. Os últimos ("cash-settled equity swaps"), que correspondem à "facti-species" típica atrás descrita, consistem em puros contratos diferenciais, que não implicam a titularidade ou mobilização efetiva de quaisquer ações e que são construídos por referência

"swap", para efeitos da titularidade de posições económicas longas sobre ações de sociedades abertas, foi aliás expressamente reconhecida, tanto pelo legislador europeu (arts. 13º e 13º-A da Diretiva da Transparência) como nacional (art. 2º-A, nº 1 do Regulamento CMVM nº 5/2008, de 2 de outubro, art. 20º, nº 1, *i)* do CVM). Outra modalidade com crescente relevo são os *"commodities swaps"*, que tomam por parâmetro ou ativo subjacente os preços de mercadorias ou matérias-primas.[524]

VI. Depois ainda, entre os *"swaps" complexos*, podem referir-se os "swaps" com taxas alternativas ("roller-coaster swaps") – que conferem às partes a faculdade de eleger uma de entre um conjunto de taxas fixas e variáveis preestabelecidas –, os "swaps" com prazo condicional ("putable swaps" e "callable swaps") – que conferem a um dos contraentes o direito unilateral de prolongar ou reduzir o prazo do contrato –, os "swaps" com intervenção de terceiro ("double swaps") – que permitem introduzir no contrato originário um terceiro, geralmente um banco, que passará a ser contraparte de dois novos contratos com os contraentes primitivos –, os "swaps" de segundo grau ("reverse swaps") – que têm a si subjacente outro ou outros "swaps" –, ou os "swaps" com indexantes ou parâmetros complexos – v.g., índices sintéticos de instrumentos financeiros, efeito-memória ("snowball"), coeficientes multiplicadores, etc.

a um lote meramente nocional de ações ("equity notional amount"), dando origem a puras obrigações de pagamento correspondentes aos saldos pecuniários diferenciais apurados entre os valores de partida e de chegada daquele montante nocional. Já os primeiros ("physically-settled equity swaps") implicam uma efetiva mobilização de ações, já que o "equity amount payer" se encontra obrigado no vencimento do contrato a realizar, não o pagamento de meras somas pecuniárias diferenciais, mas sim a entrega ou transmissão da propriedade dos próprios títulos acionistas. Sobre a figura, vide ANTUNES, J. Engrácia, *Equity Swaps e Titularidade de Participações Sociais*, em curso de publicação; para mais desenvolvimentos, BAUMS, Theodor/ SAUTER, Maiker, *Anschleichen an Übernahmeziele mittels Cash Settled Equity Derivaten – Ein Regelungsvorschlag*, Institute for Law and Finance, Frankfurt, 2009; COOPERS & LYBRAND, *Equity Swaps*, McGraw-Hill, London, 1994; FRANCIS, J. Clark/ TOY, William/ WHITTAKER, J. Gregg, *The Handbook of Equity Derivatives*, 343 e segs., Wiley & Sons, New York, 2000.

[524] FLAVELL, Richard, *Swaps and Other Derivatives*, 138 e segs., 2nd edition, John Wiley & Sons, West Sussex, 2010.

VII. Finalmente, entre os *"swaps" híbridos*, merecem destaque especial as chamadas "swaptions" – híbrido resultante do cruzamento de um "swap" e uma opção, que confere a uma das partes (beneficiário) o direito potestativo de realizar uma operação de permuta financeira cujos termos estão previamente definidos, durante um determinado período de tempo[525]. Para além deste, existem outros exemplos de modalidades miscigenadas, v.g., os "collar swaps" (que, mediante a combinação de um "collar" e um "swap", visam prevenir uma excessiva volatilidade das taxas de juro mediante a fixação de tetos máximos e mínimos)[526] e os "embedded swaps" (que designam aqueles "swaps" que estão como que associados ou "embutidos" no próprio ativo subjacente)[527]. Sublinhe-se, por último, que existem mesmo alguns "swaps" híbridos que ganharam uma tal relevância prática e autonomia operativa que é a própria lei a qualificá-los hoje como uma espécie autónoma de derivado: é o caso dos "credit default swaps", que melhor se enquadram hoje na categoria dos derivados de crédito, de que falaremos de imediato.[528]

4. Derivados de Crédito

4.1. Noção

I. Designam-se derivados de crédito ("credit derivative", "Kreditderivate", "dérivés de crédit", "derivati di credito") *os contratos através dos quais uma das partes, compradora de proteção ("protection buyer"), transfere*

[525] O principal objetivo deste híbrido consiste em permitir a um investidor lançar mão de um "swap" no caso de, durante o período de vigência da opção, a evolução das taxas de câmbio ou de juro tornarem aquele vantajoso. Cf. BUETOW, Gerald/ FABOZZI, Frank, *Valuation of Interest Rate Swaps and Swaptions*, J. Wiley & Sons, New York, 2000.

[526] GIRINO, Emilio, *Collar Swaps*, in: 19 "Amministrazione & Finanza" (1993), 1210-1215.

[527] É o caso, por exemplo, de um "swap" de juros sobre uma obrigação. Suponha-se, por exemplo, uma empresa que se financia no mercado através da emissão de obrigações mas que, em virtude do seu baixo "rating", é forçada a oferecer um juro alto: a empresa emitente poderá mitigar este problema, contratando um "swap" de juros com um banco pelo qual este se compromete a pagar o juro fixo obrigacionista e aquela a pagar um juro variável (HUDSON, Alastair, *The Law on Financial Derivatives*, 55, 4th edition, Sweet & Maxwell, London, 2006).

[528] Cf. *infra* Cap. III, §2, 4.3.

para a outra, vendedora de proteção ("protection seller"), um determinado risco de crédito, mediante o pagamento de uma contrapartida.[529]

II. Os derivados de crédito são um instrumento financeiro derivado *nominado* (art. 2º, nº 1, *c)* do CVM, art. 170º do RJOIC). Como é sabido, de entre as diversas componentes de incerteza dos negócios e mercados (v.g., risco de país, operativo, legal, de liquidez, de oscilação de preços, taxas de juro ou câmbio, etc.), o risco de crédito representa porventura um dos mais relevantes: tal risco consiste genericamente no deterioramento da qualidade creditícia do devedor, usualmente consubstanciado na falta de cumprimento pontual da respetiva obrigação[530]. Ao permitir isolar o risco de crédito da atividade ou instrumento subjacentes (v.g., um empréstimo, uma obrigação ou outro título de dívida, etc.), autonomizando-o para efeitos de negociação como se de um novo ativo se tratasse (à semelhança de qualquer outro, v.g., divisas, taxas de juro, mercadorias, índices, valores mobiliários, etc.), compreende-se facilmente o sucesso alcançado junto das empresas por este tipo de derivados como instrumento de gestão, cobertura e transferência do risco creditício. Na sua ausência, as empresas interessadas em transferir ou mitigar o risco da exposição creditícia inerente às suas relações jurídico-económicas apenas dispunham dos instrumentos clássicos (tipicamente complexos e custosos: v.g., cessão de créditos, novação, sub-rogação) ou modernos (que implicam a transferência dos próprios ativos subjacentes: "maxime", titularização de créditos). O derivado creditício, ao permitir separar o risco de crédito ("default" ou "downgrading") do respetivo

[529] Sobre a figura, vide BORGES, S. Leite/ MAGALHÃES, S. Torres, *Derivados de Crédito – Algumas Notas Sobre o Regime dos Valores Mobiliários Condicionados por Eventos de Crédito*, in: 15 "Cadernos do Mercado de Valores Mobiliários" (2002), 115-146; FERREIRA, Domingues, *Swaps e Derivados de Crédito*, Edições Sílabo, Lisboa, 2008. Noutros quadrantes, vide AAVV, *Kreditderivate – Handbuch für die Bank- und Anlagepraxis*, 2. Aufl., Schäffer-Poeschel, Stuttgart, 2005; GAUVAIN, Alain, *Droit des Dérivés de Crédit*, Éd. Revue Banque, Paris, 2003; NASSETTI, F. Caputo/ FABBRI, Andrea, *Trattato sui Contratti Derivati di Credito*, Egea, Milano, 2000; PARKER, Edmund, *Credit Derivatives – Documenting and Understanding Credit Derivative Products*, Globe Business Publishing, London, 2007.

[530] Sobre o risco de crédito, vide em geral DE LAURENTIS, Giacomo, *Il Rischio di Credito*, Egea, Milano, 1994. Para uma tipologia dos riscos cobertos pelos derivados, vide em geral NASSETTI, F. Caputo, *I Contratti Derivati Finanziari*, 4 e segs., Giuffrè, Milano, 2007.

ativo subjacente ("reference obligation") e negociar aquele a troco de uma contrapartida ("premium"), traz consigo um conjunto significativo de vantagens, seja para o comprador de proteção – designadamente, a gestão e a externalização parcial do seu risco exploracional sem transferência dos ativos subjacentes, a redução do nível dos riscos agregados e libertação de capitais próprios (especialmente relevante no caso dos bancos, sujeitos a limites regulamentares à concentração de riscos e ao rácio de solvabilidade), e a manutenção ou até aumento das relações de clientela (pela economia de garantias colaterais de outro modo necessárias) –, seja para o vendedor de proteção – para quem o risco de crédito se torna assim num bem fungível suscetível de "trading", para objetivos de arbitragem e especulação, além da otimização decorrente de se tratar frequentemente de transações não contabilizadas no balanço ("off-balance-sheet").[531]

III. Os derivados creditícios, apesar de previstos diretamente na lei (nominados), são contratos insuscetíveis de se reconduzir a algum dos tipos negociais tradicionais com os quais guardam *afinidades*: aí se incluem o contrato de seguro – o qual supõe necessariamente a existência de um risco puro determinado e de um interesse (sob pena de nulidade: cf. arts. 1º e 43º, nº 1 da LCS e art. 294º do CCivil), ao contrário do derivado de crédito, que admite causas contratuais puramente especulativas e arbitragistas –, a fiança – a qual supõe a acessoriedade da obrigação do fiador à obrigação principal garantida (art. 627º do CCivil), ao invés do que sucede com a obrigação do vendedor de proteção, que permanece autónoma face à obrigação de referência –, o negócio

[531] Os derivados de crédito são instrumentos financeiros típicos dos principais bancos e sociedades financeiras mundiais (JP Morgan, Deutsche Bank, Chase Manhattan, Citybank, Merrill Lynch), sendo também utilizados pelas empresas seguradoras, fundos de investimento, "hedge funds", e, por vezes, por empresas comerciais e industriais. Cf. BURGHOF, Hans-Peter/ HENKE, Sabine/ RUDOLPH, Bernd, *Kreditderivate als Instrumente eines aktiven Kreditrisikomanagements*, in: 10 "Zeitschrift für Bankrecht und Bankwirtschaft" (1998), 277-286; CHAPLIN, Geoof, *Credit Derivatives: Risk Management, Trading and Investing*, J. Wiley & Sons, New York, 2005; MATHIEU, Pierre/ D'HÉROUVILLE, Patrick, *Les Dérivés de Crédit – Une Nouvelle Gestion du Risque de Crédit*, Economica, Paris, 1998; SIRONI, Andrea (dir.), *I Derivati per la Gestione del Rischio di Credito*, Giuffrè, Milano, 1999.

condicionado – cuja eficácia fica subordinada à verificação de evento futuro (art. 270º do CCivil), ao passo que o derivado de crédito produz a plenitude dos seus efeitos desde o momento da conclusão contratual, com a particularidade de a prestação de uma das partes ser referenciada a um "credit event" –, ou até a "emptio rei" – que supõe a transferência da propriedade de bens futuros contra o pagamento de um preço (art. 880º, nº 2 do CCivil), que inexiste como tal no derivado creditício.

IV. Finalmente, maugrado a sua origem recente (datando o seu aparecimento de meados da década de 90), esta nova categoria de derivados assumiu rapidamente um *enorme relevo*, oscilando as opiniões entre os seus admiradores confessos – havendo já quem os tenha considerado como "a mais significativa inovação financeira dos últimos anos"[532] – e os seus críticos impiedosos – sobretudo devido à sua associação frequente com a crise financeira mundial de 2008. Como é sabido, esta crise teve a sua origem remota nos empréstimos hipotecários de alto risco ou "subprime" concedidos pela banca norte-americana, tendo os bancos mutuantes recorrido a "credit default swaps" (CDS) e "credit default options" (CDO) como forma de cobrir o risco creditício assumido, melhorar o seu "ratio" de capitais próprios e obter o valor dos fluxos de tesouraria dos empréstimos. O caráter massivo da sua emissão e negociação, que cresceu mais de 100 vezes numa década (atingindo o valor astronómico de 47 triliões de dólares em 2008) e que chegou a ser 5 vezes superior ao valor total da dívida dos empréstimos originais, acabou ter um efeito amplificador da crise do "subprime" (decorrente da queda do preço dos imóveis dados em garantia) e um efeito de contágio sobre a economia mundial, arrastando consigo a maior parte dos bancos que investiram nesses derivados.[533]

[532] TRON, Flavio, *Il Mercato dei Credit Derivatives*, 1, Diss., Bergamo, 2000. No mesmo sentido, o antigo governador da Reserva Federal norte-americana, Alan GREENSPAN, que qualificou estes derivados como "o mais importante instrumento visto nas últimas décadas" (*The Economist*, de 1 de julho de 2006).

[533] MIROCHNIK, Michael, *Credit Default Swaps and the Financial Crisis*, Columbia University, 2010; WALLISON, Peter, *Credit-Default Swaps and the Crisis*, in: Friedeman, Jeffrey/ Posner, Richard (eds.), "What Caused the Crisis", 238-249, University of Pennsylvania Press, Philadelphia, 2010.

4.2. Características

I. Os derivados de crédito são instrumentos financeiros para a *transferência do risco de crédito*, usualmente consistentes em contratos[534]: através deles, uma das partes, compradora de proteção ("protection buyer"), transfere para a outra, vendedora de proteção ("protection seller"), um determinado risco de crédito mediante o pagamento de uma contrapartida.

II. O risco de crédito ("credit risk") tem a sua fonte remota numa *obrigação ou débito subjacente* ("reference asset" ou "reference obligation") de que um terceiro ("reference entity") é devedor perante o comprador de proteção (v.g., empréstimos, obrigações, títulos de dívida, garantias pessoais ou reais, posições debitórias emergentes de outros derivados): tal risco consubstancia-se na exposição genérica a eventos futuros e incertos associados à deterioração da "qualidade creditícia" ("creditworthiness") do devedor ou entidade de referência ("credit events"), v.g., insolvência, liquidação, falta de cumprimento tempestivo de obrigações, recusa de pagamento, moratórias, reestruturação do passivo, depreciação do "rating", etc.[535]. Finalmente, em caso de ocorrência do evento de crédito, o cumprimento do contrato ("rectius", da obrigação do vendedor de proteção) realiza-se usualmente mediante o pagamento de uma soma pecuniária calculada por referência a tal evento nos termos contratualmente acordados ("cash settlement"), podendo ocasionalmente dar lugar à entrega do ativo subjacente ("physical settlement").[536]

[534] RUGGERI, Luca, *I "Credit Derivatives" Quali Strumenti Finanziari Derivati*, in: 11 "I Contratti – Rivista di Dottrina e Giurisprudenza" (2003), 839-844. Num sentido amplo ou impróprio, os derivados de crédito abrangem ainda instrumentos de natureza mobiliária – como é o caso dos valores mobiliários condicionados por eventos de crédito (Regulamento CMVM nº 16/2002, de 21 de novembro). Sobre a figura, vide *supra* Cap. II, §2, 7.3.

[535] Como nota Alastair HUDSON, "a precisa delimitação do «evento de crédito» é assim central no funcionamento deste tipo de derivado" (*The Law on Financial Derivatives*, 83, 4th edition, Sweet & Maxwell, London, 2006). Para uma lista dos eventos de crédito relevantes, elaborada pela "ISDA – International Swaps and Derivatives Association", vide PARKER, Edmund, *Credit Derivatives: Understanding and Working with the 2014 ISDA Credit Derivatives Definitions*, Globe Law and Business, London, 2015.

[536] NELKEN, Israel, *Implementing Credit Derivatives*, 73 e segs., McGraw-Hill, New York, 1999. Por seu turno, no caso de liquidação financeira, alguns derivados de crédito

III. Entre as principais características destes contratos, saliente-se serem tipicamente *contratos de balcão* ou OTC (dotados de uma reduzida liquidez e padronização, dominados por um escasso número de "dealers" nas praças financeiras de Londres e Nova Iorque)[537], de caráter *consensual* (embora por regra sujeitos a forma escrita voluntária: cf. art. 222º do CCivil)[538], *sinalagmático* (fonte de obrigações recíprocas para ambas as partes, bem como no plano das respetivas exceções: cf. art. 428º do CCivil), e de *execução diferida* (a cumprir no futuro).[539]

4.3. Modalidades

I. Os derivados de crédito revestem uma grande diversidade de *modalidades*, que podem ser agrupadas em duas categorias fundamentais: os *derivados de crédito simples* ("credit derivative products") – que visam exclusivamente transferir o risco de crédito relativo ao ativo subjacente, originando pagamentos cuja existência e montante são aferidos pelo evento de crédito – e os *derivados de crédito sintéticos* ("replication products") – que permitem transferir simultaneamente o risco de mercado, originando fluxos de pagamento que dependem, não apenas

admitem ainda a alternativa entre o pagamento de uma quantia pecuniária variável (igual à diferença entre o valor da obrigação de referência na data da celebração contratual e do seu "recovery value" na data do evento creditício) ou fixa (obtida segundo um percentual aplicado sobre o valor nocional, sobretudo nos casos em que inexiste um mercado secundário para a obrigação de referência) (cf. TAKAVOLI, Janet, *Credit Derivatives. A Guide to Instruments and Applications*, 96, J. Wiley & Sons, Toronto, 1998).

[537] Para uma ilustração, vide AAVV, *J. P. Morgan Guide to Credit Derivatives*, London, 1999. Advirta-se, todavia, que é previsível que a importância crescente dos derivados de crédito os leve em breve à negociação em mercados organizados (SCOTT-QUINN, Brian/ WALMSLEY, Julian, *The Impact of Credit Derivatives on Securities Markets*, ISMA, Zurich, 1998).

[538] À semelhança de outros derivados de balcão, também os derivados de crédito são hoje contratos estandardizados, celebrados usualmente segundo o modelo ou contrato-tipo elaborado pela "ISDA – International Swaps and Derivatives Association" – o *"2014 ISDA Credit Derivatives Definitions"*. Cf. PARKER, Edmund, *Credit Derivatives: Understanding and Working with the 2014 ISDA Credit Derivatives Definitions*, Globe Law and Business, London, 2015.

[539] Especialmente complexas são as projeções insolvenciais deste tipo de derivados: para uma perspetiva do direito norte-americano, vide LUBBEN, Stephen, *Credit Derivatives and the Future of Chapter 11*, in: 81 "American Journal of Bankruptcy Law" (2007), 405-430.

do evento de crédito, mas também da evolução do valor da obrigação subjacente.[540]

II. Entre os derivados de crédito simples, destacam-se os "credit default swaps"e as "credit default options". Os *"credit default swaps"*, vulgarmente conhecidos pela sigla CDS, representam a modalidade mais comum, que foi objeto de intensa negociação nos mercados de balcão internacionais (com valores astronómicos de transação, superiores a 50 triliões de euros) e que, como atrás referimos, terá funcionado como catalisador sistémico da crise financeira mundial de 2008[541]: no essencial, são contratos através dos quais uma das partes (vendedor de proteção) se obriga perante a outra parte (comprador de proteção) a efetuar o pagamento de montante pecuniário predeterminado ou predeterminável em caso de ocorrência de um evento futuro e incerto associado à posição creditícia do devedor durante o prazo contratualmente definido (evento de crédito), contra o pagamento de uma contrapartida pecuniária única ou periódica (prémio)[542]. Por seu turno, as *"credit default options"* são contratos que atribuem ao comprador de proteção um direito potestativo à conclusão de um outro contrato sobre determinado ativo subjacente (compra e venda de obrigação ou outro título de dívida, cessão de créditos, "subparticipation", etc.) por preço e num prazo predeter-

540 DAS, Satyajit, *Credit Derivatives*, 10 e seg., 3rd edition, John Wiley & Sons, Singapore, 2005.

541 Tenha-se aqui ainda em conta as reações regulatórias de ambos os lados do Atlântico, designadamente as restrições impostas pelo Regulamento UE/236/2012, de 14 de março, relativo às vendas a descoberto e a certos aspetos dos "swaps" de risco de incumprimento. Cf. também LATYSHEVA, Saria, *Taming the Hydra of Derivatives Regulation: Examining New Regulatory Approaches to OTC Derivatives in the US and Europe*, in: 20 "Cardozo Journal of International and Comparative Law" (2012), 465-500.

542 Sobre a figura, vide ESTEVES, Gonçalo, *Credit Default Swap – Caracterização e o Problema da Especulação,* Diss. UCP, Lisboa, 2016. Ao lado desta modalidade simples, podem existir modalidades complexas, tais como os "basket credit default swaps" (que se contradistinguem essencialmente por a obrigação de referência ser relativa, não a uma única, mas a um lote de várias entidades de referência) e os "credit default exchange swaps" (em que ambas as partes atuam simultaneamente como compradores e vendedores de proteção, permutando os respetivos riscos de crédito) (cf. NASSETTI, F. Caputo, *I Contratti Derivati di Credito – Il Credit Default Swap*, in: XI "Diritto del Commercio Internazionale" (1997), 103-136).

minados, em caso de ocorrência de um evento de crédito, mediante o pagamento de um prémio ao vendedor de proteção.[543]

III. Já entre os derivados de crédito sintéticos, devem mencionar-se os *"credit spread derivatives"*, contratos através dos quais o comprador de proteção se previne genericamente contra o risco de degradação do valor da obrigação de referência aferido por variações do chamado "credit spread", correspondente a diferenciais de valor entre tal obrigação e outros ativos financeiros predeterminados (v.g., taxas de juro, índices, títulos do tesouro), os quais podem, por seu turno, assumir diversas submodalidades ("credit spread forwards", "credit spread options", "credit spread swaps")[544]; e os *"total rate of return swaps"*, também conhecidos pelo acrónimo "tror swaps", contratos através dos quais o comprador de proteção ("total return payer") se obriga a pagar um montante pecuniário equivalente à soma dos pagamentos realizados pela entidade de referência em relação à obrigação de referência e dos diferenciais positivos entre o valor de mercado e o valor de partida dessa obrigação, ao passo que, por seu turno, o vendedor de proteção ("total return receiver") se obriga a pagar um montante pecuniário periódico correspondente ao produto do valor da obrigação de referência por uma taxa de juro predeterminada (fixa ou, mais frequentemente, variável), acrescido dos eventuais diferenciais negativos da correlação acima referida.[545]

543 Esta modalidade pode ainda subdividir-se em "credit default put options" (em que o comprador de proteção fica investido no direito de vender ou ceder o ativo subjacente) e "credit default call options" (em que fica investido no direito de adquirir originária ou derivadamente o mesmo). Modalidade híbrida, extremamente frequente, são as chamadas "credit default swaptions" (HULL, John/ WHITE, Alan, *The Valuation of Credit Default Swap Options*, in: 10 "The Journal of Derivatives" (2003), 40-50).

544 Particularmente relevantes são os "credit spread swaps": nestes, o vendedor de proteção obriga-se a efetuar o pagamento de montante pecuniário ao comprador de proteção no caso de aumento do diferencial entre o valor do débito de referência e o índice que representa o perfil creditício da entidade de referência, assumindo o último perante o primeiro idêntica obrigação no caso inverso de diminuição do referido referencial. Para mais desenvolvimentos, vide LUMMEN, Arnaud, *Contribution à l'Étude des Dérivés de Crédit*, 15, in: 75 "Banque et Droit" (2001), 12-19; TRON, Flavio, *Il Mercato dei Credit Derivatives*, 33 e segs., Diss., Bergamo, 2000.

545 Deste modo, esta modalidade de derivado de crédito permite obter uma dupla proteção em face do risco da contraparte e do risco do mercado: como notam S. Leite BORGES e S. Torres MAGALHÃES, "na prática os «total return swap» são mais do que um derivado de

5. Contratos Diferenciais

5.1. Noção

I. Designam-se por contratos diferenciais ("contracts for differences" ou CFD, "Differenzverträge", "contrats sur différences", "contratti differenziali", "contratos por diferencias") os *contratos a prazo que têm por objeto o pagamento de uma soma pecuniária correspondente ao saldo diferencial entre o valor do ativo subjacente nos momentos da celebração e da execução do contrato.*[546]

II. Os contratos diferenciais são um instrumento financeiro derivado *nominado*, expressamente previsto no art. 2º, nº 1, *d)* do CVM.[547] A sua origem histórica é longínqua e o seu percurso sinuoso e acidentado.[548]

crédito, no sentido de que asseguram, ao comprador de proteção, a proteção contra qualquer risco inerente ao ativo subjacente e não apenas proteção relativamente a risco de crédito" (*Derivados de Crédito – Algumas Notas Sobre o Regime dos Valores Mobiliários Condicionados por Eventos de Crédito*, 123, in: 15 "Cadernos do Mercado de Valores Mobiliários" (2002), 115--146; no mesmo sentido, vide NASSETTI, F. Caputo/ FABBRI, Andrea, *Trattato sui Contratti Derivati di Credito*, 83, Egea, Milano, 2000; GAUVAIN, Alain, *Droit des Dérivés de Crédit*, 99 e segs., Éd. Revue Banque, Paris, 2003; REINER, Günter, *Derivative Finanzinstrumente im Recht*, 25, Nomos, Baden-Baden, 2002). É já mais duvidoso que se devam considerar como derivados de crédito os chamados "convertibility risk products", através dos quais o comprador de proteção se visa proteger contra o risco de inconvertibilidade monetária (NELKEN, Israel, *Implementing Credit Derivatives*, 50, McGraw-Hill, New York, 1999).

[546] Sobre a figura, vide entre nós ALMEIDA, C. Ferreira, *Contratos Diferenciais*, in: AAVV, "Estudos Comemorativos dos 10 Anos da Faculdade de Direito da Universidade Nova de Lisboa", vol. II, 81-116, Almedina, Coimbra, 2008. Noutros quadrantes, ALLMENDINGER, Stefan/ TILP, Andreas, *Börsentermin- und Differenzgeschäfte: Unverbindlichkeit, Aufklärungspflichten*, RWS, Köln, 1998; FERRARINI, Guido, *I Derivati Finanziari tra Vendita a Termine e Contratto Differenziale*, in: AAVV, "Derivati Finanziari", 24-44, Edibank, Milano, 1993; FERRERO, Emma, *Contratto Differenziale*, in: VIII "Contratto e Impresa" (1992), 475-489; KÜMPEL, Siegfried, *Zur Neugestaltung des Termin-, Differenz- und Spieleinwandes für den Bereich der Derivate*, in: 51 "Wertpapier-Mitteilungen – Zeitschrift für Wirtschafts- und Bankrecht" (1997), 49-55; PREITE, Disiano, *Recenti Sviluppi in Tema di Contratti Differenziali Semplici (in Particolare Caps, Floors, Swaps, Index Futures)*, in: VI "Diritto del Commercio Internazionale" (1992), 171-194; ROTONDI, Mario, *Marchés Différentiels et Marchés à Terme dans les Bourses de Valeurs*, in: 12 "Revue Trimestrielle de Droit Commercial et de Droit Économique" (1959), 19-39.

[547] Este instrumento está igualmente previsto na DMIF II, embora sob a designação ligeiramente diversa de "contratos financeiros por diferenças" (*financial contracts for differences*) (cf. ponto 9) da Secção C do Anexo I).

III. Com efeito, durante muito tempo, os contratos diferenciais foram assimilados aos contratos de jogo e aposta ("gaming", "Spiel und Wette", "paris", "scomessa")[549], sendo relegados para o domínio das *obrigações naturais*, quando não mesmo considerados inválidos (cf. arts. 1245º e segs. do CCivil): assim, rotulando-os abertamente de "jogatinas", L. Cunha Gonçalves considerava tais operações de bolsa inadmissíveis à face da ordem juscomercial portuguesa.[550]

IV. Esta situação, todavia, viria a sofrer uma inflexão significativa na maior parte das ordens jurídicas europeias, sobretudo a partir dos finais do séc. XX, ganhando terreno o entendimento segundo o qual os negócios diferenciais ("causa speculandi") podem desempenhar uma *função económico-financeira legítima* que os distingue da pura aposta ("causa ludica"). Com efeito, talqualmente sucede com outros tipos de derivados, também os contratos diferenciais perseguem finalidades protetivas (cobertura do risco) e especulativas (assunção de risco na perspetiva de lucro), com a particularidade fundamental de a respetiva execução ser realizada, não fisicamente (através das prestações contratuais propriamente ditas) mas financeiramente (através da diferença expressa em termos pecuniários dos respetivos valores). Além disso, a especulação e a álea com intuito lucrativo sempre estiveram no epicentro do Direito Comercial – "mercatores consueverunt futura prognosticari",

[548] Recorde-se que os contratos diferenciais podiam já ser encontrados em plenos sécs. XVI e XVII (Supino, D., *La Questione Ultrasecolare dei Contratti Differenziali*, in: XIX "Il Diritto Commerciale e la Parte Generale delle Obbligazioni" (1927), 212-215). Para uma perspetiva histórico-comparatística, vide Almeida, C. Ferreira, *Contratos Diferenciais*, 81 e segs., in: AAVV, "Estudos Comemorativos dos 10 Anos da Faculdade de Direito da Universidade Nova de Lisboa", vol. II, 81-116, Almedina, Coimbra, 2008.

[549] Sobre estes contratos, vide Duarte, R. Pinto, *O Jogo e o Direito*, espec. 72 e segs., in: II "Themis – Revista da Faculdade de Direito da Universidade Nova de Lisboa" (2001), nº 3, 69-93; por último, Prats, E. Algarra, *El Contrato de Juego y Aposta*, Dyckinson, Madrid, 2012.

[550] *Comentário ao Código Comercial Português*, vol. II, 371, Editora José de Bastos, Lisboa, 1916. Em sentido idêntico, Ulrich, Ruy, *Da Bolsa e suas Operações*, 486, Imprensa da Universidade, Coimbra, 1906; noutros quadrantes, vide Bachi, Aldo, *Il Contratto Differenziale di Borsa nella Pratica e nella Legge*, Torino, 1907; Wiener, Heinrich, *Das Differenzgeschäft vom Standpunkt der jetzigen Rechtsprechung*, C. Heymanns, Berlin, 1893.

asseverava já Sigismundo SCACCIA[551]. Ora, não se pode ignorar a diferença entre o caso de dois jogadores que apostam uma certa soma de dinheiro numa partida de dados e de dois investidores que, com vista a prevenir perdas ou incrementar lucros, acordam pagar a diferença entre o valor de partida e de chegada de uma taxa de juro, de uma divisa, de um índice de ações, ou de qualquer outro ativo subjacente com base numa análise geral macro e microeconómica: como há quase um século atrás acentuava Giuseppe VALENZANO, "a especulação é a alma do comércio e nada tem que ver com o jogo – a especulação não transforma a bolsa numa bisca".[552]

V. Tudo isto levou a uma *progressiva legitimação* da figura dos contratos diferenciais no domínio do mercado de capitais: assim, entre nós, o "Código do Mercado de Valores Mobiliários" de 1991 previu expressamente a sua admissibilidade ao regular a celebração de "operações a prazo liquidáveis por compensação" (art. 418º)[553]; lá fora, ressalta, por

[551] *Tractatus de Commerciis, et Cambio*, Genova, 1618. O mais clássico dos negócios juscomerciais, o "contrato de compra e venda mercantil" (art. 463º do CCom), encontra consabidamente o seu traço distintivo no facto de o comprador a realizar com o fito de obter um lucro com a respetiva revenda futura (ANTUNES, J. Engrácia, *Direito dos Contratos Comerciais*, 347, reimpressão, Almedina, Coimbra, 2017): a generalização deste intuito especulativo, do mundo dos sujeitos juscomerciais para os próprios particulares, originou mesmo aquilo que alguns denominaram de "comercialização do direito civil" (PONTON-GRILLET, Dominique, *La Spéculation en Droit Privé*, in: "Recueil Dalloz" (1990), Chr., 157-162).

[552] *I Contratti Differenziali di Borsa su Divisa Estera*, 23, Roma, 1929. Mas também não se pode ignorar que, por vezes, a linha de fronteira entre ambos não será propriamente nítida (assim, ASCENSÃO, J. Oliveira, *Derivados*, 46, in: AAVV, "Direito dos Valores Mobiliários", vol. IV, 41-68, Coimbra Editora, 2003). Este caráter bifronte da especulação foi bem descrito por Frédéric PELTIER: "A especulação possui com o Direito uma relação antagonista. A especulação é agiotagem, sendo banida de há muito como um enriquecimento sem causa – dela desconfiando assim o Direito. Mas a especulação é a base do comércio, sendo justamente o critério especulativo que traça habitualmente as fronteiras entre o direito civil e o direito comercial – pelo que o Direito também a reconhece" (*Marchés Financiers et Droit Commun*, 197, Banque Éditeur, Paris, 1997).

[553] Mais tarde, a revisão dos arts. 418º e 419º deste Código haveria de confirmar e aprofundar esta admissibilidade, consagrando-a diretamente em relação aos futuros e opções (cf. AZEVEDO, M. Luísa/ AZEVEDO, M. Rosário/ BANDEIRA, Luís/ CUNHA, Miguel, *Código*

exemplo, a revogação do § 764 do "Bürgerliches Gesetzbuch" germânico (que equiparava ao jogo os contratos diferenciais sobre títulos e mercadorias) e a previsão expressa dos "contracts for differences" em Inglaterra (sec. 19 da Schedule 2, Chap. 8 do "Financial Services and Markets Act" de 2000)[554] ou dos "contratti differenziali" em Itália (art. 1º, "comma" 2, *i)* do "Testo Unico della Finanza" de 1998).[555]

VI. Hoje, a sua *validade* de princípio deve ter-se por incontroversa face à sua expressa consagração no elenco dos instrumentos financeiros do art. 2º, nº 1 do CVM. Ainda quando se reconduzam genericamente os contratos diferenciais aos contratos de jogo e aposta, a verdade é que o regime da nulidade cominado no art. 1245º do CCivil ressalva expressamente a legislação especial sobre a matéria (art. 1247º do CCivil) – de que a alínea *d)* do citado preceito constitui justamente um exemplo. Essa validade, todavia, não é naturalmente absoluta, devendo observar, quer os limites especiais da atividade de intermediação financeira[556],

do Mercado de Valores Mobiliários e Legislação Complementar – Anotado e Comentado, 414 e segs., Bolsa de Derivados do Porto/ Instituto do Mercado de Capitais, 1996). Esta posição foi também adotada já pelo atual CVM de 1999, cuja versão originária previa igualmente, para futuros (art. 253º) e opções (art. 254º), a possibilidade de o respetivo objeto consistir num pagamento por diferenças (cf. CASTRO, C. Osório/ TORRES, N. Pinheiro, *Leis dos Mercados de Valores Mobiliários,* 132, Publicações Universidade Católica, Porto, 2000).

554 Este preceito define tais contratos como "rights under: (a) a contract for differences; or (b) any other contract the purpose or pretended purpose of which is to secure a profit or avoid a loss by reference to fluctuations in: (i) the value or price of property of any description; or (ii) an index or other factor designated for that purpose in the contract".

555 Sobre a revogação do preceito alemão, operada em 2002, vide PALANDT, Otto, *Bürgerliches Gesetzbuch,* 1127, 63. Aufl., Beck, München, 2004. O mesmo se diga daqueles países onde tal figura não foi acolhida expressamente: assim sucede em França, onde "a álea própria dos «jogos de bolsa» é aceite pelo direito dos mercados financeiros, que assim funcionam como uma exceção à proibição do jogo e aposta" (MAYER, Huguette, *Jeux et Exception de Jeu,* in: "Jurisclasseur Périodique" (1984), doc., 3141).

556 Considerando que a ressalva legal apenas abrange os contratos diferenciais celebrados no quadro de uma atividade de intermediação financeira, vide ALMEIDA, C. Ferreira, *Contratos Diferenciais,* 110 e segs., in: AAVV, "Estudos Comemorativos dos 10 Anos da Faculdade de Direito da Universidade Nova de Lisboa", vol. II, 81-116, Almedina, Coimbra, 2008.

quer os próprios limites gerais da lei civil (mormente, contrariedade à lei, bons costumes e ordem pública).[557]

5.2. Características

I. Os contratos diferenciais são assim contratos derivados celebrados entre duas partes, tipicamente qualificadas como "comprador" e "vendedor", das quais decorre *um direito e/ou obrigação a uma mera prestação pecuniária* correspondente ao montante ou saldo da diferença entre o valor de mercado do ativo subjacente na data de abertura e de fecho das posições assumidas no contrato. Um exemplo. Imagine-se que determinado investidor adquire uma posição num CFD sobre 100 000 ações da empresa cotada X, negociado em mercado organizado de derivados, com uma margem de 5% sobre o valor do ativo subjacente, sendo que a cotação bolsista no momento da abertura da posição era de € 1,5 por ação – pagando ou depositando assim então, sem contar com as comissões de intermediação, a quantia de 7 500 euros (5% x 100 000 x € 1,5). Se, por ocasião do fecho desta posição, a cotação bolsista das ações de X for superior, por exemplo € 1,55, o comprador terá direito a receber do vendedor (usualmente, um intermediário financeiro), ou este terá a obrigação de pagar àquele, o montante ilíquido de € 250 (5% x 100 000 x € 1,55); se, pelo contrário, aquela cotação for inferior, por exemplo, € 1,4, invertem-se as posições, tendo o vendedor o direito e o comprador o correspondente dever de prestação pecuniária no montante ilíquido de € 500 (5% x 100 000 x € 1,4).

II. Num certo sentido, pode dizer-se que os contratos diferenciais representam porventura o único tipo de derivados que poderão ser

[557] A este propósito, considera um setor da doutrina e jurisprudência estrangeiras que apenas serão admissíveis aqueles contratos diferenciais que possam desempenhar uma função "economicamente legítima" ("wirtschaftlich berechtigten") (REINER, Günter, *Derivative Finanzinstrumente im Recht,* 107, Nomos, Baden-Baden, 2002) ou que correspondam a uma "especulação produtiva" ("speculazione produttiva") (GIRINO, Emilio, *I Contratti Derivati,* 186, Giuffrè, Milano, 2001). Sobre o relevo dos contratos diferenciais no âmbito das ofertas públicas de aquisição, vide LAMONTAGNE-DEFRIEZ, Jean-Marc, *The Use of Derivative Contracts (In Particular, Contracts for Differences) as Impacted by Changes to the Takeover Code and the Code of Market Conduct,* in: 21 "Journal of International Banking Law and Regulation" (2006), 24-28.

designados, com inteira propriedade, "instrumentos *financeiros* derivados" – e isto na medida em que se consubstanciam em negócios cuja causa, objeto e efeitos consistem em puros fluxos financeiros decorrentes das oscilações do valor dos ativos subjacentes durante a respetiva vigência[558]. Esta sua "força" é, simultaneamente, a sua "fraqueza": considerando a progressiva autonomização das demais espécies concretas de derivados, os contratos diferenciais vão-se assumindo, de algum modo, como um tipo crescentemente residual.

III. A grande maioria dos contratos diferenciais é, assim, constituída por aqueles derivados que preveem, exclusiva ou alternativamente, uma liquidação financeira ("cash settlement") – sendo, por conseguinte, uma *espécie "transversal"* no universo dos derivados. Ao contrário dos derivados com liquidação física – que implicam um cumprimento em espécie da operação financeira ou prestação contratual, mediante o pagamento do preço e a transmissão da propriedade dos ativos ("physical settlement", "Termingeschäft mit Erfüllung in Natur", "marché à livrer") –, os derivados com liquidação financeira impõem ou permitem um cumprimento mediante o pagamento do mero saldo pecuniário de curso, consistente na diferença entre os preços do ativo nos momentos da celebração (preço de exercício) e da execução contratuais (preço de referência): assim, por exemplo, um futuro sobre ações reveste natureza diferencial caso as partes se vinculem unicamente a pagar ou receber a diferença entre o valor da cotação acordado ("strike price") e o valor da cotação corrente ("spot price") dos títulos na data de vencimento[559].

558 Sobre a subtil distinção entre derivados e instrumentos financeiros derivados, vide REINER, Günter, *Derivative Finanzinstrumente im Recht*, 13 e segs., Nomos, Baden-Baden, 2002.

559 É mister salientar que a maioria dos derivados permite atingir as finalidades económicas subjacentes (cobertura de risco, especulação) por qualquer uma das vias. Suponha-se um empresário A que necessita de uma determinada mercadoria dentro de 6 meses, cujo preço atual é de € 10 por unidade. Temendo uma subida do preço até essa data (v.g., € 15), ele poderá celebrar um contrato de futuros a 6 meses e ao preço unitário de € 10 com B, que tem uma expectativa oposta de evolução dos preços (v.g., uma descida para € 7), o qual funcionará assim como uma verdadeira compra e venda mercantil a prazo: na data do vencimento, o vendedor do futuro deverá entregar a mercadoria e o comprador pagar o preço unitário de € 10, encaixando ainda as partes as eventuais perdas

Outro setor importante dos contratos diferenciais é o dos derivados sobre ativos teóricos, nocionais ou virtuais (v.g., futuros sobre índices de ações, opções sobre taxas de inflação, "swaps" e "forwards" sobre taxas de juro, "caps" e "floors")[560], bem como toda uma variada panóplia de derivados ditos de terceira geração, tais como os "non deliverable forwards"[561], as "non deliverable currency options"[562], ou as "cash settled interest rate swaptions".[563]

5.3. Modalidades

I. Os contratos diferenciais podem revestir *modalidades* diversas, que aqui não é possível analisar detidamente[564]. Assim, quanto à natureza

ou ganhos decorrentes da valorização ou desvalorização da mercadoria (v.g., se o preço de mercado for de € 13, B terá tido uma perda de € 3 por unidade). Mas o empresário poderá também atingir a mesma finalidade protetiva através de um "forward" de natureza puramente diferencial, sem qualquer entrega física de mercadoria ou pagamento do preço – acordando pura e simplesmente o pagamento do eventual diferencial existente entre o valor da mercadoria acordado contratualmente e o valor da mesma na data de vencimento contratual ("in casu", A receberia de B o montante correspondente ao produto resultante do número de unidades de mercadoria por € 3, obtendo o mesmo efeito de cobertura do risco de aumento do preço das mercadorias).

560 Em sentido semelhante, ALMEIDA, C. Ferreira, *Contratos Diferenciais,* 94, in: AAVV, "Estudos Comemorativos dos 10 Anos da Faculdade de Direito da Universidade Nova de Lisboa", vol. II, 81-116, Almedina, Coimbra, 2008. Sobre os "forwards rate agreements", vide *infra* Cap. III, §2, 6.3; sobre os "caps" e "floors", vide *infra* Cap. III, §2, 7.1.

561 Sobre esta figura, vide *infra* Cap. III, §2, 6.3 (IV).

562 FRANKEN, Kai, *Das Recht des Terminhandels – OTC-Optionen als Grenzfälle des Börsentermingeschäfts,* 96, 187 e segs., Duncker & Humblot, Berlin, 1997.

563 Sobre a figura, vide HAUSER, Heinz, *Pricing und Risk-Management von Caps, Floors, Swap-Optionen,* 191, in: AAVV, "Handbuch Derivativer Instrumente", 187-222, Schäffer-Poeschel, Stuttgart, 1996. Questão duvidosa – atendendo à essencialidade do prazo nos derivados – é a questão de saber se e em que circunstâncias serão também de qualificar como diferenciais determinados contratos de liquidação puramente financeira realizados no mercado a contado: cf. MÜLLER-DEKU, Tobias, *Day Trading zwischen Termin- und Differenzeiwand,* in: 54 "Wertpapier-Mitteilungen – Zeitschrift für Wirtschafts- und Bankrecht" (2000), 1029-1039.

564 Bem assim como problemas de regime jurídico. Pense-se, por exemplo, nas incidências jusinsolvenciais dos contratos diferenciais: cf. DE BIASI, Pierluigi, *Il Netting nei Contratti Derivati,* in: XIII "Diritto della Banca e del Mercato Finanziario" (1999), 232-256; BOSCH, Ulrich, *Differenz- und Termingeschäfte nach der Insolvenzodnung,* in: Karlhans, Fuchs (Hrsg.),

dos *ativos subjacentes*, os contratos diferenciais têm primacialmente em vista ações (*"CFD on equity"*), devendo-se o seu recente recrudescimento, além dos benefícios fiscais, às vantagens de alavancagem financeira e de dissociação entre titularidade jurídica e económica do capital social que lhe são inerentes[565]. Todavia, nada impede que tais contratos possam ter por base qualquer outro ativo relevante à luz do art. 2º, nº 1, *e)* e *f)* do CVM, incluindo outros valores mobiliários (v.g., obrigações, "warrants"), divisas, taxas de juro, índices económicos ou financeiros, variáveis climatéricas, ou mercadorias (com liquidação financeira).

II. Por outra banda, quanto à natureza da sua *negociação*, os contratos diferenciais são tradicionalmente derivados de *mercado de balcão*, concebidos e celebrados por intermediários financeiros especializados (v.g., "First Prudential Markets"), conquanto tenham recentemente começado a ser também objeto de transação em *mercado organizado*[566]. Estes instrumentos são transacionados ao preço ou valor de mercado do ativo subjacente (v.g., cotação bolsista de ação), devendo o investidor, no momento da celebração do contrato ("rectius", da abertura da posição contratual), desembolsar apenas uma parte desse valor ("margem"), sendo o valor integral pago apenas no momento da execução do contrato (ou de fecho da posição), acrescido ou deduzido do diferencial positivo ou negativo registado relativamente ao valor do ativo subjacente na abertura e fecho do contrato.

"Kölner Schrift zur Insolvenzordnung: Das neue Insolvenzrecht in der Praxis", 2. Aufl., 1009-1042, ZAP Verlag, Berlin, 2000.

565 Os "CFD on equity" ("contracts for differences on equity") representam atualmente cerca de 30% do volume total de transações sobre ações, sendo a sua criação recente, como instrumento derivado transacionável, atribuída a Brian KEELAN e Jon WOOD, no âmbito da operação de oferta pública de aquisição da empresa "Trafalgar House" em 1991. Cf. WALMSLEY, Julian, *New Financial Instruments,* 491, 2nd edition, John Wiley & Sons, New York, 1998.

566 Em finais de 2007, os contratos diferenciais foram pela primeira vez admitidos à negociação no mercado de bolsa australiana ("Australian Securities Exchange"): é o caso dos "ASX Equity CFDs", "ASX Index CFDs", e "ASX Commodity CFDs" (cf. http://www.asx.com.au/products/cfds/index.htm).

III. Finalmente, quanto ao seu *conteúdo*, estes contratos podem ainda revestir diferentes modalidades. A distinção mais comum respeita ao critério da sua pureza, distinguindo-se então entre contratos diferenciais próprios ou *puros* ("echete Differenzgeschäfte", "contratti differenziali semplice") e impróprios ou *impuros* ("unechete Differenzgeschäfte", "contratti differenziali complessi"): ao passo que, nos primeiros, as partes acordam diretamente que a execução e liquidação do contrato será realizada através de um puro pagamento diferencial, nos últimos o mesmo objetivo é perseguido pelas partes indiretamente ou por vias travessas, mormente através da conclusão de contratos a prazo sucessivos com liquidação física sobre o mesmo ativo e de sinal oposto, entre si e com terceiros, destinados a produzir indiretamente um efeito semelhante de liquidação diferencial[567]. Mas outros critérios têm sido também propostos: assim, de acordo com o critério da natureza da declaração negocial, é possível distinguir entre contratos diferenciais *patentes* ("offenes Differenzgeschäfte") e *ocultos* ("verdecktes Differenzgeschäfte") – consoante a finalidade de liquidação diferencial transparece expressamente do acordo negocial das partes ou não.[568]

6. "Forwards"

6.1. Noção

I. Designam-se por "forwards" os *contratos a prazo negociados em mercado de balcão que conferem posições de compra e de venda sobre determinado ativo subjacente por preço e em data futura previamente fixados.*[569]

[567] A terminologia é variada: assim, preferindo falar de contratos diferenciais diretos e indiretos, ALMEIDA, C. Ferreira, *Contratos Diferenciais,* 90, in: AAVV, "Estudos Comemorativos dos 10 Anos da Faculdade de Direito da Universidade Nova de Lisboa", vol. II, 81-116, Almedina, Coimbra, 2008. Sobre esta distinção, vide ainda BLANCO, J. Cáchon, *Derecho del Mercado de Valores,* vol. II, 277, Dyckinson, Madrid, 1993; FERRERO, Emma, *Contratto Differenziale,* 483, in: VIII "Contratto e Impresa" (1992), 475-489; REINER, Günter, *Derivative Finanzinstrumente im Recht,* 104 e segs., Nomos, Baden-Baden, 2002.

[568] Um exemplo de contrato diferencial oculto é fornecido por aqueles contratos a prazo em que uma das partes, com o desconhecimento da outra, tenciona proceder futuramente a uma liquidação por diferenças (MEDICUS, Dieter, *Schuldrecht,* Band II, 247, 10. Aufl., Beck, München, 2000).

[569] Sobre a figura, vide QUELHAS, J. Santos, *Sobre a Evolução Recente do Sistema Financeiro (Novos "Produtos Financeiros"),* 83 e segs., Separata do BCE, Coimbra, 1996; RODRIGUES,

6.2. Características

I. Os "forwards" são um instrumento financeiro derivado *inominado* (reconduzível genericamente à figura dos "contratos a prazo", prevista no art. 2º, nº 1, *e)* do CVM) que exibe profundas similitudes, mas também diferenças, com os futuros.

II. Em ambos os casos estamos diante de contratos que são fonte de direitos e obrigações de compra e de venda de determinados ativos subjacentes, financeiros (v.g., valores mobiliários, divisas, taxas de juro, taxas de câmbio) ou não financeiros (v.g., mercadorias), a executar por um preço, em data futura e através de um modo de liquidação previamente definidos. Todavia, os "forwards" e os "futures" distinguem-se em vários aspetos, em especial no plano da sua natureza (padronizada ou individual) e negociação (mercado organizado ou de balcão): ao passo que os futuros são contratos a prazo firme negociados em mercado organizado, os "forwards" são contratos a prazo firme *negociados no balcão* dos intermediários financeiros; e ao passo que os futuros são contratos totalmente padronizados, os "forwards" são contratos cujo conteúdo é passível de livre *negociação caso a caso*, permitindo operações de cobertura de risco individualizadas e adaptadas às necessidades particulares dos contratantes (mormente, em termos do montante do ativo subjacente, prazos, e taxas aplicáveis).[570]

A. Lopes, *FRA – Um Mercado em Evolução,* in: 13 "Revista da Banca" (1990), 13-18. Noutros quadrantes, vide MAZZALOVO, Giuseppe/ PAPA, Franco, *Forward Rate Agreement,* in: 20 "Amministrazione & Finanza" (1988), 1153-1159; GASTAMINZA, E. Valpuesta, *Las Operaciones "Forward Rate Agreement" (FRA),* in: AAVV, "Contratos Internacionales", 1079-1102, Tecnos, Madrid, 1997; MERCIER, Paul, *Le Forward Rate Agreement,* in: "Revue Banque" (1990), 35-38; RUIZ, E. Díaz, *Contratos sobre Tipos de Interés a Plazo (FRAs) y Futuros Financieros sobre Intereses,* Civitas, Madrid, 1993.

[570] Além destas diferenças fundamentais, os "forwards" distinguem-se ainda pela gama mais limitada de ativos subjacentes (circunscritos essencialmente a taxas de juro e de câmbio), pelo risco de incumprimento da contraparte (mercê da inexistência de câmara de compensação, em regra), e pela ausência de liquidações diárias (mercê da inexistência de um sistema "mark-to-market"). Cf. RUIZ, E. Díaz, *Contratos sobre Tipos de Interés a Plazo (FRAs) y Futuros Financieros sobre Intereses,* Civitas, Madrid, 1993.

6.3. Modalidades

I. Os "forwards" podem agrupar-se em *duas categorias* principais: os contratos a prazo sobre taxas de juro e os contratos a prazo sobre taxas de câmbio.

II. Os *contratos a prazo sobre taxas de juro* (FRA ou "forward rate agreements") são aqueles em que as partes acordam o pagamento recíproco dos juros relativos a um depósito a prazo hipotético, calculados por referência a taxas de juro contratualmente previstas e a liquidar financeiramente em data futura[571]. Tais contratos assentam num depósito a prazo de cariz meramente nocional ou hipotético ("nominal capital amount"), com início e vencimento no futuro, e de prazo, montante e taxa predeterminados: uma das partes (designada "compradora") compromete-se a pagar os juros resultantes da aplicação de uma taxa fixa previamente estabelecida, e a outra (designada "vendedora") a pagar os juros correspondentes à aplicação de uma taxa variável, indexada a determinada taxa de referência também previamente acordada (v.g., "Euribor", "Libor", "Mid", "Ribor", etc.), realizando-se a liquidação mediante o mero desembolso do respetivo saldo líquido diferencial.[572]

III. Os *contratos a prazo sobre taxas de câmbio* (FXA ou "forward exchange agreements", também por vezes denominados "Forex") são aqueles em que as partes acordam o pagamento recíproco de um determinado montante pecuniário expresso em diferentes moedas ou divisas, calculado por referência a uma taxa de câmbio contratualmente prevista e a liquidar financeiramente em data futura[573]. Tais contra-

[571] Apesar de negociados ao balcão, os "forwards" são frequentemente celebrados com base em modelos negociais estandardizados, designadamente os chamados "Frabba Terms" elaborados pela "British Banker's Association" (para o texto deste modelo, vide NASSETTI, F. Caputo, *Profili Civilistici dei Contratti "Derivati" Finanziari*, apêndice 8, Giuffrè, Milano, 1997).

[572] Os FRA são assim derivados muito similares aos "interest rate futures" (com a diferença de não serem negociados em mercado organizado) e aos "interest rate swaps" (com a subtilíssima diferença de o cômputo dos juros ter como termo inicial a data do depósito nocional e não da celebração do contrato). Cf. GIRINO, Emilio, *Forward Rate Agreement*, in: 5 "Amministrazione & Finanza" (1993), 317-323.

[573] Os FXA são também similares aos "swaps" de divisas, com a diferença de estes últimos implicarem, além do pagamento terminal, vários pagamentos periódicos e intermédios

tos, que visam assim a negociação de divisas em data futura a câmbio predeterminado, podem ter por objeto quaisquer divisas convertíveis (habitualmente, dólares ou euros) e qualquer prazo (usualmente, não ultrapassando os cinco anos).[574]

IV. Além destas modalidades fundamentais, os "forwards" podem ainda revestir outras *variantes especiais*. Pense-se nos *contratos a prazo contra prazo* (FFA ou "forward-forward agreements"), em que as partes acordam emprestar reciprocamente determinadas somas pecuniárias, a taxas de juro e prazos distintos, cujos desembolso e reembolso ocorrerão em datas futuras predeterminadas[575]; nos *contratos a prazo suspensíveis* (BFA ou "break forwards agreements"), que incluem uma cláusula acessória atribuindo a uma das partes o direito de resolução do contrato durante a pendência deste logo que a taxa de referência (de juro ou câmbio) desça abaixo de um determinado valor ("break rate") ou, alternativamente, de cumprir imediatamente a sua obrigação a esse valor[576]; nos *contratos a prazo flexíveis* (BRF, MRF ou "bonus/ malus range forwards"), que permitem a uma ou ambas as partes aceder a uma taxa de juro ou câmbio mais favorável do que a contratualmente fixada caso a taxa de

antes da data de vencimento. Sobre os contratos a prazo sobre taxas de câmbio em geral, vide FLECKNER, Andreas, *Finanztermingeschäfte in Devisen,* in: 16 "Zeitschrift für Bankrecht und Bankwirtschaft" (2005), 96-111; VOSSHENRICH, Burkhard, *Devisentermingeschäft: Kurssicherungsinstrument und Spekulationsvehikel,* in: 27 "Die Bank – Zeitschrift für Bankpolitik und Bankpraxis" (1987), 447-452.

[574] EILENBERGER, Guido, *Währungsrisiken, Währungsmanagement und Devisenkurssicherung,* 35, 2. Aufl., F. Knapp, Frankfurt am Main, 1986.

[575] Os FFA têm inegáveis similitudes com a prática dos empréstimos paralelos ("parallel loans") e dos empréstimos cruzados ("back-to-back loans"), operações através das quais as partes, geralmente sediadas em países diferentes, acordam emprestar entre si quantias idênticas, em divisas diferentes, resultantes de empréstimos domésticos. Cf. MERUZZI, Giovanni, *Back to Back Loans,* in: XI "Contratto e Impresa" (1995), 841-864.

[576] Sobre a figura, também conhecida como "cancellable forward" ou "forward with optional exit", vide GIRINO, Emilio, *Break Forward Contract,* in: 1 "Amministrazione & Finanza" (1994), 53-55. Tal como os demais derivados, também os "forwards" podem combinar-se com outras espécies de derivados: é o caso dos "contingent forwards" (CF), que integram uma opção de celebração para uma das partes, ou das "interest rate guarantees" (IRG), que constituem basicamente opções sobre FRA.

mercado se venha a situar, ou não, num dado intervalo; nos *contratos a prazo com liquidação financeira* (NDF ou "non deliverable forwards"), que se contradistinguem por serem contratos "forwards" que não admitem a entrega física do ativo subjacente, sendo exclusivamente liquidáveis mediante o pagamento do seu saldo pecuniário diferencial (v.g., assim sucede necessariamente com os FRA)[577]; ou até nos *contratos à vista com taxa variável* ("rolling spot forex contracts"), modalidade híbrida que permite a abertura de posições de compra ou de venda em contratos cambiais à vista e o seu posterior encerramento mediante a realização de operação de sinal contrário antes da maturidade.[578]

7. "Caps", "Floors", "Collars"

7.1. Noção

I. Os "caps", "floors" e "collars" são *contratos a prazo sobre taxas de juro que conferem a uma das partes o direito e/ou obrigação de receber e/ou efetuar o pagamento do diferencial entre a taxa de referência e um determinado limite percentual máximo e/ou mínimo previamente fixado, contra o pagamento e/ou recebimento de um prémio.*[579]

[577] Os NDF são assim uma modalidade de contrato diferencial (cf. *supra* Cap. III, §2, 5.3). Neste sentido também, embora com incidências autóctones especiais, vide Bosch, Ulrich, *Finanztermingeschäfte in der Insolvenz*, 370, in: 49 "Wertpapier-Mitteilungen – Zeitschrift für Wirtschafts- und Bankrecht" (1995), 365-375 e 413-428.

[578] Casal, Nuno, *Contratos sobre Divisas (FX) e Instrumentos Financeiros (O Caso Especial dos "Rolling Spot Forex Contracts")*, in: AAVV, "Estudos em Homenagem ao Prof. Doutor Carlos Ferreira de Almeida", vol. I, 651-671, Almedina, Coimbra, 2011.

[579] Sobre as figuras, vide Abgayissah, Sena/ Lepage, M.-A., *Les "Caps", "Floors" et "Collars" à l'Épreuve d'une Qualification en Opération d'Assurance*, in: 58 "Revue de Droit Bancaire et Financier" (1996), 224-239; Chiomenti, Filippo, *I Contratti Cap, Floor e Collar: Contratti di Somministrazione di Denaro*, in: LXXXVII "Rivista del Diritto Commerciale e del Diritto Generale delle Obbligazioni" (1987), 37-58; Gómez-Jordana, Iñigo, *Contratos Mercantiles Atípicos. Floors, Caps, Collars*, in: XLV "Revista de Derecho Bancario y Bursátil" (1992), 187-240; Klein, Linda, *Interest Rate Caps, Floors, and Collars*, in: "Journal of Bank Taxation" (1988), 57-63; Preite, Disiano, *Recenti Sviluppi in Tema di Contratti Differenziali Semplici (in Particolare Caps, Floors, Swaps, Index Futures)*, in: VI "Diritto del Commercio Internazionale" (1992), 171-194; Winter, Oliver, *Der wirtschaftliche und rechtliche Charakter von Zinsbegrenzungsverträgen*, in: 49 "Wertpapier-Mitteilungen – Zeitschrift für Wirtschafts- und Bankrecht" (1995), 1169-1176.

7.2. Características

I. Os "caps", "floors" e "collars" são instrumentos financeiros derivados *inominados*, enquadráveis genericamente na figura dos "contratos a prazo" sobre taxas de juro (art. 2º, nº 1, *e*), *i*) do CVM). Usualmente, trata-se de derivados associados a empréstimos e "swaps", utilizados na limitação dos riscos decorrentes da variação das taxas de juro.[580]

II. Em termos gerais, um *"cap"* designa o contrato pelo qual uma das partes ("vendedora"), mediante o pagamento de um prémio e por determinado período, se compromete perante a outra parte ("compradora") a cobrir ou suportar o eventual diferencial existente entre a taxa de juro variável aplicável ao empréstimo contraído por esta e uma taxa limite garantida que tenha sido ultrapassada no mercado ("cap" ou teto). Desta forma, os "caps" constituem derivados que asseguram aos mutuários uma taxa máxima de endividamento, externalizando por via contratual o risco de eventuais subidas da taxa de juro para além de determinada fasquia.

III. O *"floor"* designa o contrato pelo qual uma das partes ("vendedora"), mediante contrapartida pecuniária (prémio), se compromete perante a outra parte ("compradora") a pagar a esta última o eventual diferencial entre a taxa de juro variável aplicável a montante de capital de que seja credora e uma taxa de mercado que haja descido abaixo de determinado patamar mínimo garantido ("floor" ou base). Contratos em tudo semelhantes aos "caps", os "floors" asseguram aos mutuantes ou investidores um rendimento mínimo de capital, garantindo-os contra eventuais descidas de juros no mercado abaixo de certo nível durante o período de vigência contratual.

[580] Financeiramente, os "caps" e "floors" estruturam-se como uma série de opções de estilo europeu, com liquidação financeira e exercício automático perante a taxa referencial (FLACH, Uwe/ SOMMER, Daniel, *Caps,* 5, in: AAVV, "Handbuch Corporate Finance", Deutscher Wirtschaftsdienst, Köln, 1997). Juridicamente, a sua natureza é discutida, havendo quem os qualifique como opções, como seguros, e como contratos atípicos (CLOUTH, Peter, *Rechtsfragen der ausserbörslichen Finanz-Derivate,* 52, Beck, München, 2001; CORTI, C. Lorenzo, *Esperienze in Tema di Opzioni*, 131, in: AAVV, "I Derivati Finanziari", 125-132, Edibank, Milano, 1993; HUDSON, Alastair, *The Law on Financial Derivatives,* 72, 4th edition, Sweet & Maxwell, London, 2006).

IV. Finalmente, o *"collar"* (também denominado "tunnel") designa o contrato pelo qual uma das partes vende à outra um "cap" (comprometendo-se a pagar o eventual diferencial pecuniário existente entre os juros calculados à taxa variável e à taxa de mercado superior ao limite máximo fixado) e esta vende àquela um "floor" (comprometendo-se a pagar-lhe o eventual diferencial entre os juros calculados à taxa variável e à taxa de mercado inferior ao limite mínimo fixado), ou vice-versa – também conhecidos, respetivamente, como "passive collar" e "active collar". Os "collars" são, assim, contratos que resultam da combinação ou cruzamento de um "cap" e um "floor", relativamente aos quais, por conseguinte, não se pode falar propriamente de partes "compradora" e "vendedora".[581]

7.3. Modalidades

I. Os "caps", "floors" e "collars" podem revestir diversas *variantes especiais*, resultantes da respetiva miscigenação ou complexificação.

II. Tal é o caso dos chamados *"corridors"*, produto financeiro que se contradistingue pelo facto de o montante pago pelo vendedor de um "cap" ou "floor" ser, ele próprio, limitado a um determinado valor máximo: por exemplo, uma empresa A, titular de um empréstimo a taxa Euribor a 12 meses (v.g., à data da sua realização, situada nos 2%), compra ao banco B um "cap" de 3% mas com o limite máximo de 5%, de tal forma que, em caso de eventuais subidas da taxa de juro no mercado, o vendedor apenas desembolsará pagamentos no "corredor" entre 3% e 5% ainda quando a taxa Euribor 12M ultrapasse este valor (v.g., se a

[581] Suponha-se um empresário A que contraiu um empréstimo de 10 milhões de euros a cinco anos e a taxa Euribor 12 meses, sendo de 3% o valor desta taxa no momento da celebração do empréstimo. Caso o referido empresário pretenda proteger-se contra os riscos da subida da taxa de juro (admita-se que a máxima taxa de endividamento suportável pela sua empresa é de 5%) mas esteja convicto que essa taxa jamais descerá abaixo de um determinado nível (por exemplo, 1%), poderá conseguir mitigar o custo total da sua operação de cobertura de risco comprando um "cap" a 5% e simultaneamente vendendo um "floor" a 1% contra a Euribor a 12 meses: dessa forma, ao mesmo tempo que contratualiza uma garantia de nível máximo de endividamento, poderá diminuir o custo dessa garantia mediante o encaixe de um prémio.

taxa atingir 6%, A apenas receberá o diferencial correspondente à aplicação de uma taxa de 5%).

III. Tal é ainda o caso dos *"participating rate agreements"* (PRA), cuja particularidade reside no facto de o prémio pago pelo comprador, no lugar de fixo e determinado no momento da celebração contratual, consistir num montante variável aferido por um determinado percentual aplicado aos diferenciais entre um "cap" ou "floor" e as taxas em vigor ("rate participation").

8. Outros

I. Como já foi sublinhado, os derivados constituem uma *categoria aberta* dos instrumentos financeiros, caracterizada por uma profusão de espécies e subespécies, que jamais é possível elencar exaustivamente.

II. Isto mesmo foi reconhecido pelo legislador português que, após enumerar genericamente no art. 2º, nº 1, *c)* a *e)* do CVM as diversas espécies de derivados atrás analisadas (futuros, opções, "swaps", derivados de crédito, contratos diferenciais, etc.), menciona ainda expressamente várias outras categorias relativas a ativos subjacentes específicos (v.g., derivados sobre mercadorias, variáveis climáticas, tarifas de fretes, licenças de emissão, etc.: cf. art. 2º, nº 1, *e), i)* a *iii)* do CVM) e consagra ainda – qual válvula de escape de um sistema legal que vive sob a constante pressão de uma incessante inovação financeira – uma categoria residual e aberta que abrange genericamente "quaisquer outros contratos derivados" (art. 2º, nº 1, *f)* do CVM).[582]

8.1. Derivados sobre Mercadorias

I. Os *derivados sobre mercadorias* ("commodity derivatives") constituem um instrumento financeiro derivado frequente, expressamente consagrado na lei portuguesa (art. 2º, nº 1, *e), ii)* e *iii)* do CVM), cuja negociação profissional, de resto, confere às entidades negociadoras a natureza

[582] Considerando também que a enumeração legal não é taxativa, vide ALMEIDA, A. Pereira, *Os Instrumentos Financeiros: Os "Swaps"*, 40, in: AAVV, "Estudos em Homenagem ao Prof. Doutor Carlos Ferreira de Almeida", vol. II, 37-69, Almedina, Coimbra, 2011.

de investidor qualificado (art. 30º, nº 1, *h)* do CVM) e carece de autorização nos termos a fixar em portaria conjunta do Ministro das Finanças e do Ministro responsável pela área do respetivo setor, sob parecer prévio da CMVM e do BdP (art. 207º, nº 3 do CVM).[583]

II. A sua enorme difusão atual explica-se, outrossim que pela sua função de cobertura do risco de variação do preço dos bens e matérias-primas, pela circunstância de as "commodities" se terem vindo a impor como um mercado de investimento alternativo aos mercados tradicionais (mercado acionista, obrigacionista, imobiliário, etc.): as mercadorias que podem servir de ativo subjacente ou parâmetro de derivação são virtualmente ilimitadas, indo desde produtos agrícolas (as chamadas "soft commodities": v.g., café, cacau, açúcar, algodão, soja, milho) até recursos naturais ("hard commodities": v.g., ouro, prata, aço, platina, chumbo, zinco) ou fontes energéticas (v.g., eletricidade, gás natural, carvão)[584]. Relevância muito particular, especialmente após a liberalização dos mercados, possuem hoje os derivados sobre fontes energéticas ("maxime", eletricidade e gás), que abrem novas oportunidades mas também colocam complexos problemas, especialmente de supervisão[585]: esta relevância está bem patente, de resto, na atenção autónoma que

[583] Sobre este tipo de derivados, vide LAMANDINI, Marco/ MOTTI, Cinzia, *Scambi su Merci e Derivati su Commodities*, Giuffrè, Milano, 2006; PUDERBACH, Frank/ ZENKE, Ines, *Der Handel mit Warenderivaten in Europa und Deutschland*, in: 3 "Zeitschrift für Bank- und Kapitalmarktrecht" (2003), 360-366; SCHOFIELD, Neil, *Commodity Derivatives: Markets and Applications*, J. Wiley & Sons, New York, 2008.

[584] Por mercadoria entende-se, para estes efeitos, "quaisquer bens de natureza fungível suscetíveis de ser entregues, incluindo metais e seus minérios e ligas, produtos agrícolas e produtos energéticos, tais como a eletricidade" (art. 2º, ponto 2 do Regulamento CE/1287/2006, de 10 de agosto) (cf. GEMAN, Héylette, *Commodities and Commodity Derivatives: Modelling and Pricing for Agriculturals, Metals, and Energy*, J. Wiley & Sons, Chichester, 2005).

[585] SILVA, P. Pereira, *A Indispensabilidade de Novos Instrumentos Financeiros na Reorganização da Indústria Energética*, in: 19 "Revista do Centro de Estudos de Direito do Ordenamento, Urbanismo e Ambiente" (2007), 53-66; desenvolvidamente, FUSARO, Peter/ WILCOX, Jeremy, *Energy Derivatives: Trading Emerging Markets*, Energy Publishing Enterprises, New York, 2000; GRANZOW, Sonja, *Die Aufsicht über den Handel mit Energiederivaten nach dem Gesetz über das Kreditwesen*, Peter Lang, Frankfurt am Main, 2007.

lhe foi dedicada pela DMIF II de 2014 através dos chamados "contratos de derivados energia C.6", definidos como opções, futuros, "swaps" e quaisquer outros contratos de derivados mencionados no anexo I, secção C, ponto 6, relativos a carvão ou petróleo, negociados num OTF e que são objeto de liquidação física (ponto 16 do Anexo I-C da DMIF II).

III. Por outro lado, este tipo de derivado pode ser negocialmente construído através de uma pluralidade de modalidades operacionais, incluindo "forwards" sobre mercadorias ou índices de mercadorias, "swaps" de mercadorias, "caps" ou "floors" sobre mercadorias, etc. Assinale-se ainda, por último, que a maior parte dos derivados merceológicos estão sujeitos a uma mera liquidação financeira ("cash settlement"), embora existam também alguns que preveem liquidação física ("physical settlement"), ou seja, a obrigação de entrega do ativo subjacente (mormente, no caso do ouro, prata, platina e outros metais preciosos): retenha-se, todavia, que, por força do art. 2º, nº 1, *e), iii)* do CVM, este último tipo de derivados apenas é admissível caso sejam negociados em mercado organizado ou, não possuindo finalidade comercial, preencham os requisitos do art. 38º do Regulamento CE/1287/2006, de 10 de agosto.[586]

8.2. Derivados sobre Variáveis Climáticas

I. Os *derivados sobre variáveis climáticas* ("weather derivatives") constituem outro instrumento financeiro derivado expressamente consagrado na lei portuguesa (art. 2º, nº 1, *e), ii)* do CVM).[587]

[586] Importante e complexa é assim a linha de fronteira entre os contratos financeiros derivados sobre mercadorias, regidos pelo CVM, e os contratos comerciais a prazo sobre mercadorias, subordinados às disposições comuns do Código Comercial. Sobre a questão, noutros quadrantes, vide BAUDOUIN, Vincent, *Loi de Securité Financière: Enfin une Claire Distinction entre Contrats Financiers à Terme et Contrats Commerciaux à Terme sur Marchandises*, in: 100 "Petites Affiches" (2004), 5-12.

[587] Sobre este tipo de derivados, vide JEWSON, Stephen/ BRIX, Anders/ ZIEHMANN, Christine, *Weather Derivative Valuation*, Cambridge University Press, Cambridge, 2005; OSSOLA, Giovanni, *Derivati Meteorologici (Weather Derivatives)*, Giuffrè, Milano, 2003; HEE, Christian/ HOFMANN, Lutz, *Wetterderivate Grundlagen, Exposure, Anwendung und Bewertung*, Gabler, Wien, 2006. Sublinhe-se que os derivados climatéricos não são admitidos em todos os países: assim, por exemplo, na Alemanha (SAMTLEBEN, Jürgen,

II. As condições meteorológicas, sobretudo no advento do recente fenómeno das alterações climatéricas, tornaram-se a pouco e pouco num dos fatores de risco e incerteza mais relevantes da atividade das empresas modernas: estima-se que três quartos das atividades comerciais e industriais sejam hoje direta ou indiretamente afetadas de modo significativo por este tipo de risco (v.g., agricultura, turismo, produção energética, transportes, construção, etc.)[588]. Justamente para fazer face à necessidade da sua cobertura, surgiu em finais da década de 90 um novo tipo de derivado assente em contratos que tomam as variáveis climáticas por ativo subjacente: entre os mais divulgados, estão aqueles que tomam como unidades de derivação a temperatura ("degree days") e os índices meteorológicos ("weather index"), podendo assumir uma enorme variedade de modalidades operacionais (v.g., "weather index call options", "weather index swaps", "weather caps").

8.3. Derivados sobre Tarifas de Fretes

I. Os *derivados sobre tarifas de fretes* ("freight derivatives") são também um instrumento financeiro derivado nominado (art. 2º, nº 1, *e), ii)* do CVM).[589]

II. O transporte constitui hoje uma atividade empresarial de primeira grandeza, constituindo um dos mais relevantes custos no âmbito do comércio internacional: ora, esse custo – comummente conhecido como "frete" ou preço do transporte ("freight", "Fracht", "prix", "prezzo") – está sujeito a um conjunto de fatores significativamente voláteis, tais como as oscilações do custo do combustível, as vicissitudes geopolíticas, e os fluxos de trocas comerciais[590]. Os derivados tarifários são justamente um instrumento financeiro de cobertura de risco ou

Das Börsentermingeschäft ist tot – es lebe das Finanztermingeschäft?, 71, in: 15 "Zeitschrift für Bankrecht und Bankwirtschaft" (2003), 69-77).

588 DISCHEL, Robert, *Climate Risk and Weather Market*, Risk Books, London, 2002; STOWELL, Debbie, *Climate Trading*, Palgrave MacMillan, New York, 2003.

589 Sobre este tipo de derivados, vide KAVUSSANOS, Manolis/ VISVIKIS, Ilias, *Derivatives and Risk Management in Shipping*, Whiterbys, London, 2006.

590 Sobre o contrato de transporte, em geral, e a obrigação de pagamento do frete, em particular, vide ANTUNES, J. Engrácia, *O Contrato de Transporte*, in: 141 "O Direito" (2009),

de especulação assente em contratos que tomam por referente tarifas transportadoras: entre as suas particularidades, refira-se que tais tarifas são geralmente indexadas à "Worldscale Tanker Nominal Freight", tarifa diária de natureza nominal que serve de referencial principal no setor transportador, tomando os contratos por base percentual a mesma tarifa (assim, por exemplo, "Worldscale 130" significará um frete cujo valor é igual a 130 por cento daquela tarifa).

8.4. Outros Derivados Nominados

I. Outros derivados nominados, igualmente previstos na lei portuguesa, poderiam aqui ser referidos. É o caso dos *derivados sobre indicadores económicos e financeiros* ("economic derivatives"), geração recente de derivados (cujas primeiras operações foram lançadas pelos "Goldman Sachs" e "Deutsche Bank" em 2005) que tomam por parâmetro taxas de inflação, de desemprego, de crescimento, de produto nacional interno, e outras (v.g., "U.S. gross domestic product", "Eurozone HICP inflation index", etc.) (art. 2º, nº 1, *e)* do CVM).[591]

II. É o caso dos *derivados sobre licenças de emissão* ("emission allowance transaction derivatives"), que têm a sua origem remota no regime de comércio de licenças de emissão de gases com efeito de estufa (Diretiva 2003/87/CE, de 13 de outubro e Decreto-Lei nº 38/2013, de 15 de março), o qual fez despontar um mercado de transferências de quotas ou licenças de emissão (art. 2º, nº 1, *e)* do CVM)[592]. A recente consa-

III, 539-566; para maiores desenvolvimentos, BASEDOW, Jürgen, *Transportrecht*, Band 7a, 44 e segs., Beck, München, 2000.

[591] De entre estes, destacam-se os derivados sobre taxas de inflação ("inflation derivatives"), que foram objeto de consagração legal autónoma (cf. art. 2º, nº 1, *e), ii)* do CVM) e podem ser definidos como "produtos financeiros utilizados por entidades tais como Estados, instituições financeiras e empresas, a fim de gerir os riscos associados a taxas de inflação variáveis" (DEACON, Mark/ DERRY, Andrew/ MIRFENDERESKI, Daniush, *Inflation-Indexed Securities – Bonds, Swaps and Other Derivatives*, 235, J. Wiley & Sons, West Sussex, 2004; ICKSTADT, Dieter/ KARG, Stefan, *Inflationsderivate: Aus Inflation wird Investition*, in: 9 "Die Bank – Zeitschrift für Bankpolitik und Bankpraxis" (2007), 20-22).

[592] ISENEGGER, Philipp/ WYSS, Rico/ MARQUARDT, Sina, *The Valuation of Derivatives on Carbon Emission Certificate*, Swiss Institute of Banking and Finance, St. Galen, 2013.

gração das licenças de emissão como instrumento financeiro independente (Anexo I-C, ponto 11) da DMIF II) vem assim colocar o problema da sua articulação com esta modalidade especial de derivados, a qual, aliás, já anteriormente se encontrava consagrada (Anexo I-C, ponto 10) da DMIF I).[593]

III. É ainda o caso de múltiplos *outros derivados* que assentam em ativos subjacentes tão diversos quanto a largura de banda de telecomunicações, a capacidade de armazenamento, transmissão ou transporte de mercadorias, os direitos ou ativos análogos diretamente relacionados com o fornecimento, distribuição ou consumo de energias renováveis, as variáveis físicas (tais como variáveis geológicas e ambientais), os direitos ou ativos fungíveis (que não um direito a receber um serviço suscetível de ser transferido), ou os índices ou medidas relativos ao preço, valor, ou volume de transações (art. 39º do Regulamento CE/1287/2006, de 10 de agosto, "ex vi" do art. 2º, nº 1, *f*) do CVM).

8.5. Derivados Atípicos, Híbridos e Sintéticos

I. Finalmente, não se pode excluir a existência de *derivados atípicos, híbridos, e sintéticos*. Nos termos do art. 2º, nº 1, *f*) do CVM, são ainda considerados derivados para efeitos da regulação jusfinanceira "quaisquer outros contratos derivados (...) que tenham características análogas às dos outros instrumentos financeiros derivados nos termos do artigo 38º (do Regulamento CE/1287/2006, de 10 de agosto)".

II. Um exemplo de um derivado *inominado* poderá ser encontrado hoje, "ex multi", nos derivados imobiliários ("real estate derivatives"), como é o caso dos "total return swaps" sobre índices imobiliários que foram lançados nos finais de 2006 pela "Chicago Mercantile Exchange".[594]

[593] Sobre o ponto, vide ainda ESMA, *Guidelines on Information Expected or Required to be Disclosed on Commodity Derivatives Markets or Related Spot Markets under MAR*, 13, ESMA/2016/444, Paris, 2016.

[594] É verdade que a propriedade imobiliária não constitui um dos ativos expressamente referidos no art. 2º, nº 1 do CVM – o que, atendendo à já mencionada natureza fechada ou taxativa do elenco legal dos ativos subjacentes, constituiria aparentemente um óbice à

III. Além disso, há ainda que ter em atenção a existência de *derivados híbridos*, fruto da combinação operacional de várias espécies singulares de derivados numa nova espécie mista dotada de identidade própria: assim, por exemplo, é impossível afirmar com segurança se uma "swaption" deve ser classificada como um "swap" ou uma opção, parecendo antes configurar uma nova espécie ou variante dotada de (algum grau de) autonomia.[595]

IV. Por fim, fala-se ainda por vezes em *derivados sintéticos* para designar o caso particular daqueles instrumentos financeiros que, pese embora construídos na base de técnicas de derivação, são objeto de uma emissão e dotados de forma representativa própria, mormente valores mobiliários: assim sucede, por exemplo, com as "credit-linked notes" (CLN), as "index amortizing notes" (IAN), as "synthetic convertible notes" (SCN), ou as "interest differential notes" (IDN).[596]

sua admissibilidade entre nós (cf. *supra* Cap. III, §1, 2.2). Todavia, além de o objeto deste tipo de derivados sempre poder indiretamente reconduzir-se ao conceito de "mercadoria" ou de "índices financeiros" (mormente, no caso dos índices imobiliários), eles também se afiguram ser suscetíveis de preencher, ao menos em abstrato, as condições previstas no citado art. 38º do Regulamento CE/1287/2006, de 10 de agosto, mormente a sua negociação em mercado organizado. Sobre este tipo de derivado, vide Clayton, Jim, *Commercial Real Estate Derivatives: The Developing U.S. Market*, in: 32 "Real Estate Issues" (2007), 32-38; Sedgwick, Claire/ Clayton-Stead, Matthew, *Property Derivatives: The Last Frontier*, in: 23 "Butterworths Journal of International Banking" (2008), 42-42; Syz, Juerg, *Property Derivatives*, J. Wiley & Sons, West Sussex, 2008; para uma figura não inteiramente idêntica ("commercial property derivatives"), vide Edwards, Stuart, *Legal Development of Property Derivatives*, in: 5 "Journal of Business Law" (2008), 448-459.

[595] Sobre a "swaption", vide *supra* Cap. III, §2, 3.3. (VII).

[596] Sobre os derivados sintéticos, também conhecidos por designações diversas tais como "structured notes", "embedded derivatives" ou "compound derivatives" – diversidade terminológica essa que, aliás, logo dá bem nota da disparidade de entendimentos quanto à sua qualificação e enquadramento tipológicos –, vide Das, Satyajit, *Structured Notes and Derivative Embedded Securities*, Euromoney, London, 1996; Funk, Thomas, *Hybride Finanzinstrumente im US-Steuerrecht*, in: 44 "Recht der internationalen Wirtschaft" (1998), 138-145; Klein, Robert/ Lederman, Jess, *The Handbook of Derivatives & Synthetics*, espec. 179 e segs., Probus Pub., Chicago/ Cambridge, 1994.

Capítulo IV
Os Instrumentos Monetários

§1
Aspetos Gerais

1. Generalidades
1.1. Noção

I. Designam-se genericamente por instrumentos monetários ("money-market instruments", "Geldmarktinstrumente", "instruments du marché monétaire") *os instrumentos financeiros que são negociados no mercado monetário.*[597]

II. Os instrumentos do mercado monetário constituem uma espécie ou *categoria legal dos instrumentos financeiros*, que se encontra expressamente consagrada no art. 2º, nº 1, *b)* do CVM: em conjugação com o nº 2 do mesmo preceito, são instrumentos financeiros "os instrumen-

[597] Sobre os instrumentos monetários, vide ANTUNES, J. Engrácia, *Os Instrumentos do Mercado Monetário*, in: Boletim de Ciências Económicas, Universidade de Coimbra, 2017 (em curso de publicação). Noutros quadrantes, DUNNEN, Emile den, *Instruments of Money Market and Foreign Exchange Market Policy in the Netherlands*, Springer, Berlin, 1996; COOK, Timothy (ed.), *Instruments of the Money Market*, Federal Reserve Bank, Richmond, 1993; HÖFERMAN, Friedhelm, *Geldmarkt und Geldmarktgeschäfte – Eine Technik des Geldmarktgeschäftes*, F. Knapp, Frankfurt, 1959; LOVVELS, Steven, *Money Markets Instruments*, in: 13 "Practical Law Companies" (2002), 53-54.

tos do mercado monetário, com exceção dos meios de pagamento". Esta categoria dos instrumentos financeiros foi igualmente acolhida, tanto pelo *legislador comunitário* – que consagrou expressamente os instrumentos do mercado monetário como um dos tipos de instrumentos financeiros (art. 4º, nº 1, ponto 17) e Anexo I-C, ponto 2 da DMIF II de 2014)[598] – como pela esmagadora maioria dos *legisladores europeus* – por exemplo, apenas para referir exemplos mais próximos, a Alemanha ("Geldmarktinstrumente": cf. §2, Abs. 1a e 2b da WpHG), a Itália ("strumenti del mercato monetario": cf. art. 1-*ter* e 1, «comma» 2, do TUF), ou a Espanha ("instrumentos del mercado monetario": cf. art. 2º, nº 1, *g)* da LMV).

1.2. O Mercado Monetário

I. *O mercado monetário*, também por vezes denominado mercado de capitais de curto prazo, constitui o espaço de encontro entre a oferta e a procura de fundos financeiros de curto prazo, dotados de elevada liquidez, e de baixo risco.[599]

II. Entre as características fundamentais do mercado monetário, assinale-se que se trata de um mercado tradicionalmente reservado em exclusivo a *grandes investidores institucionais*, mormente, instituições de crédito e sociedades mediadoras dos mercados monetários ("wholesale market"), sujeito à supervisão do Ministro das Finanças e do Banco de Portugal (arts. 91º, nº 1 e 92º, *a)* do RGIC), e relativo a operações tipicamente associadas à emissão, circulação, mobilização e negociação de *dinheiro ou ativos financeiros líquidos* ("maxime", moedas, notas, depó-

[598] Tal como já anteriormente havia sido previsto pelo art. 4º, nº 1, ponto 19) da DMIF I de 2004: cf. GONÇALVES, Renato, *Nótolas Comparatísticas sobre os Conceitos de Valor Mobiliário, Instrumento do Mercado Monetário e Instrumento Financeiro na DMIF e no Código de Valores Mobiliários*, 95, in: 19 "Cadernos do Mercado de Valores Mobiliários" (2004), 94-103.

[599] Sobre o mercado monetário, vide FRANCIS, Caballero, *Le Marché Monétaire*, Dalloz, Paris, 2006; LIPFERT, Helmut, *Der Geldmarkt*, 8. Aufl., F. Knapp, Frankfurt, 1975; ROSE, Peter/ MARQUIS, Milton, *Money and Capital Markets*, 10th edition, McGraw Hill, New York, 2008; WALTER, Stefan, *Funktion und Bedeutung des Geldmarkts*, Grin Verlag, 2007; para uma perspetiva nacional, centrada sobretudo no volume das operações e na volatilidade das taxas de juro, vide MURTA, F. Sol, *The Portuguese Money Market: An Analysis of the Daily Session*, Grupo de Estudos Monetários e Financeiros, Coimbra, 2002.

sitos à ordem ou com reduzido pré-aviso)[600]. Trata-se de um mercado que desempenha funções económicas e financeiras relevantes: de entre elas, saliente-se a transferência de significativos montantes pecuniários entre as instituições creditícias e bancárias (permitindo o encontro entre bancos com disponibilidades superavitárias e deficitárias), o financiamento de curto prazo das empresas (que não sucedem a fazer face às suas despesas e necessidades de capital unicamente à custa dos ganhos provenientes das suas operações correntes), e a intervenção conformadora das próprias autoridades monetárias (v.g, controlo das taxas de juro e outros parâmetros).[601]

2. Características

I. Não existe uma noção universalmente aceite e válida de *instrumento monetário*, sendo esta categoria ou espécie dos instrumentos financeiros usualmente definida e delimitada por referência a três características identitárias fundamentais: *curto prazo*, *elevada liquidez*, e *baixo risco*.

2.1. Curto Prazo

I. Desde logo, trata-se de instrumentos financeiros de *curto prazo*, entendendo-se usualmente por tal os instrumentos com vencimento ou maturidade inferior a 1 ano.

II. Todavia, a delimitação temporal do curto prazo é bastante *complexa*, não sendo rígida no direito interno ("maxime", em função da natureza dos próprios instrumentos) e não recolhendo sequer unanimidade no quadro comparado. Assim, enquanto em Portugal o curto prazo é entendido tradicionalmente como um período com a duração máxima de 1 ano (cf. art. 4º, nº 2, *a)* do Decreto-Lei nº 58/2013, de 8

[600] Esta característica tradicional foi-se esbatendo, mantendo-se hoje essencialmente no âmbito dos instrumentos monetários puros (em especial, dos instrumentos interbancários); inversamente, assistiu-se a uma progressiva abertura do mercado dos instrumentos monetários impuros, como sucede, por exemplo, com as obrigações de caixa e o papel comercial (sobre o fenómeno, noutros quadrantes, vide TRUQUET, Jean, *Le Nouveau Marché Monétaire,* in: 458 "Revue Banque" (1985), 177-179).

[601] Sobre estas características e funções, vide desenvolvidamente STIGUM, Marcia, *The Money Market,* 3 e segs., 3rd edition, Irwin, New York, 1990.

de maio), são crescentes as exceções a esta regra: assim, por exemplo, para efeitos dos organismos de investimento coletivo, o prazo geral dos instrumentos do mercado monetário é de um 1 ano e três meses, "rectius" 397 dias (cf. art. 164º, nº 2 do RJOIC), os bilhetes do Tesouro têm um prazo de 1 ano e seis meses (art. 4º, nº 1, do Decreto-Lei nº 279/98, de 17 de setembro), e os certificados do tesouro têm mesmo um prazo de 5 anos (Resolução do Conselho de Ministros nº 62/2003, de 10 de outubro). Além de que existem ordens jurídicas estrangeiras onde se abrangem períodos de maior duração, incluindo 2 anos ou até mesmo 5 anos (como sucede, por exemplo, nos Estados Unidos da América).[602]

2.2. Elevada Liquidez

I. Depois ainda, trata-se de instrumentos financeiros dotados de *elevada liquidez*, entendendo-se por tal usualmente os instrumentos cujo valor pode ser determinado com exatidão em qualquer momento e que podem ser negociados rapidamente em mercado, permitindo o seu expedito investimento e desinvestimento.

II. O *conceito jusfinanceiro de liquidez* ("market liquidity") não se confunde assim (embora possa por vezes sobrepor-se parcialmente) com os seus congéneres juscontabilístico (onde liquidez corresponde à velocidade e facilidade com a qual um ativo pode ser convertido em caixa), jusbancário (onde liquidez corresponde à capacidade ou disponibilidade de entregas monetárias imediatas) ou jusinsolvencial (onde liquidez corresponde à capacidade da empresa de fazer face às suas responsabilidades de curto prazo).[603]

[602] Assinale-se que os instrumentos de mercado monetário, enquanto dívida de curto prazo, são frequentemente estendidos e renovados para lá das respetivas maturidades iniciais ("*rollover short-term debt*"). Sobre o relevo sistémico do refinanciamento da dívida de curto prazo, HE, Zhiguo/ XIONG, Wei, *Rollover Risk and Credit Risk*, in: LXVII "The Journal of Finance" (2012), 391-429.

[603] Sobre o conceito jusfinanceiro de liquidez, vide FOCAULT, Thierry/ PAGNANO, Marco/ AILSON, Röel, *Market Liquidity: Theory, Evidence, and Policy*, 8 e segs., Oxford University Press, New York, 2013.

2.3. Baixo Risco

I. Finalmente, trata-se de instrumentos financeiros caracterizados pelo seu *baixo risco*, entendendo-se por tal usualmente os instrumentos que podem ser transacionados pelos seus titulares em qualquer momento sem perda significativa do respetivo valor.

II. Consabidamente, o risco é um conceito indeterminado e polissémico, tornando também assim algo vago este traço identitário clássico dos instrumentos monetários. Em termos financeiros, o risco traduz o potencial de ganho ou perda associado a determinado ativo, consistindo o espetro do risco ("risk–return spectrum") na relação entre as probabilidades de mais e menos-valias associadas a um investimento (ao longo de uma escala de progressão entre classes de investimento: dívida de curto prazo, dívida de médio e longo prazo, propriedade, capitais próprios, investimento especulativo). No caso particular dos instrumentos do mercado monetário, tal significa que o seu perfil de risco é bastante pequeno ou reduzido comparativamente ao dos instrumentos financeiros negociados no mercado de valores mobiliários e no mercado de derivados.

3. Modalidades

I. Tal como não previu uma definição legal de instrumento monetário, o legislador português também não enumerou, sequer exemplificativamente, os seus tipos ou modalidades, limitando-se a qualificá-los no seu conjunto como instrumentos financeiros: nos termos conjugados do art. 2º, nº 1, *b)* e nº 2 do CVM, "os instrumentos do mercado monetário, com exceção dos meios de pagamento" são instrumentos financeiros. Em nosso entender, os instrumentos monetários podem ser divididos em duas classes ou grupos fundamentais: os *instrumentos monetários puros* e *instrumentos monetários impuros*.[604]

[604] Mas pode haver lugar a outras classificações, que se cruzam inclusivamente com a exposta. Assim, por exemplo, a distinção entre instrumentos monetários *normais* e de *elevada qualidade*: nos termos do art. 306º-C, nº 6 do CVM, um instrumento do mercado monetário diz-se de elevada qualidade se tiver sido objeto de notação de risco por uma sociedade de notação de risco competente e receber a notação de risco disponível mais

II. Os *instrumentos monetários puros* são os instrumentos financeiros típicos de curto prazo, elevada liquidez e baixo risco, negociáveis no mercado monetário. Entre eles, devem mencionar-se os *instrumentos interbancários* (domésticos e europeus, de moeda e de títulos), os *instrumentos de pagamento* (v.g., transferências bancárias, cartões bancários, cheques, etc.), e *outros instrumentos* de natureza heterogénea emitidos por entidades públicas e privadas (v.g., certificados de aforro, certificados de tesouro, certificados de dívida de curto prazo, empréstimos "cristal", "repos" financeiros).

III. Os *instrumentos monetários impuros* são instrumentos financeiros híbridos, que resultam da combinação de um instrumento monetário e outro tipo de instrumento financeiro. Tal o caso dos instrumentos monetários de natureza mobiliária, os quais, constituindo estruturalmente valores mobiliários (dotados de representabilidade, homogeneidade, fungibilidade, e negociabilidade organizada), são objeto de negociação no mercado monetário: entre eles, destacam-se os *bilhetes do tesouro*, o *papel comercial*, e as *obrigações de caixa*.

IV. Trata-se de uma distinção de recorte eminentemente didático e classificatório, destinada a permitir uma visão sistemática e integrada do conjunto variado de instrumentos que são atualmente negociados no mercado monetário. Não ignoramos, naturalmente, que os instrumentos monetários "impuros" representam uma realidade híbrida, que tem sido frequentemente reconduzida à categoria dos instrumentos financeiros mobiliários (aí sendo designados por vezes como "valores mobiliários monetários")[605]. Recorde-se, todavia, que foi o próprio legislador europeu a reconhecer expressamente a sua relevância no âmbito desta

elevada por parte de todas as sociedades de notação de risco competentes que tenham sujeitado esse instrumento a notação.

[605] Existem assim ordenamentos que apenas qualificaram como instrumentos monetários aqueles instrumentos financeiros que, sendo negociados no mercado monetário, não caiam noutras categorias desses instrumentos, "maxime", valores mobiliários (cf. § 1a da WpHG alemã): justamente qualificando tais instrumentos como uma categoria residual ("Auffangtatbestand"), vide KÜMPEL, Siegfried, *Kapitalmarktrecht – Eine Einführung*, 58, Erich Schmidt, Berlin, 2004.

categoria ou espécie dos instrumentos financeiros – ao definir como "«instrumentos do mercado monetário»: as categorias de instrumentos habitualmente negociadas no mercado monetário, como por exemplo bilhetes do Tesouro, certificados de depósito e papel comercial" (art. 4º, nº 1, 17 da DMIF II)[606] –, no que foi aliás seguido por vários legisladores nacionais.[607]

V. À semelhança do que já vimos suceder com as outras espécies de instrumentos financeiros (valores mobiliários e derivados), existe um *"numerus apertus"* de instrumentos monetários, sendo assim concebíveis e admissíveis outros exemplos. Pense-se assim, por exemplo, retrospetivamente, nos chamados "fundos consignados", criados pelo Decreto-Lei nº 427/86, de 29 de dezembro e entretanto revogados – instrumentos representados por certificados de consignação, que estão afetos a investimentos específicos e podem ser aceites por instituições de crédito e sociedades financeiras, transmissíveis por endosso e admissíveis à cotação na bolsa de valores[608]. E, prospetivamente, nos *títulos cambiários financeiros* italianos ("cambiali finanziarie"), títulos à ordem representativos de um crédito pecuniário emitidos por sociedades cotadas e

[606] Abrangendo também os instrumentos monetários impuros, veja-se ainda a noção acolhida na Diretiva 2009/65/CE, de 13 de julho, relativa aos organismos de investimento coletivo em valores mobiliários, correntemente denominada "Diretiva OICVM" ou "Diretiva UCITS": "Os instrumentos do mercado monetário abrangem os instrumentos transacionáveis que normalmente não são negociados em mercados regulamentados, antes no mercado monetário, como por exemplo bilhetes do Tesouro e títulos emitidos por entidades públicas locais, certificados de depósito, papéis comerciais, títulos de médio prazo («medium term notes») negociáveis e aceites bancários" (Considerando 36).

[607] Assim, por exemplo, os legisladores italiano (art. 1-*ter* do TUF: "Per "strumenti del mercato monetario" si intendono categorie di strumenti normalmente negoziati nel mercato monetario, quali, ad esempio, i buoni del tesoro, i certificati di deposito e le carte commerciali") e espanhol (art. 2º, nº 1, *g)* da LMV: "categorías de instrumentos que se negocian habitualmente en el mercado monetario tales como las letras del Tesoro, certificados de depósito y pagarés, salvo que sean librados singularmente, excluyéndose los instrumentos de pago que deriven de operaciones comerciales antecedentes que no impliquen captación de fondos reembolsables").

[608] Bação, P. Avelino, *Inovação e Aplicações Financeiras em Portugal*, 44, Grupo de Estudos Monetários e Financeiros, Coimbra, 1997.

não cotadas (neste último caso, com garantias especiais) com um prazo de maturidade entre três e doze meses.[609]

VI. Finalmente, saliente-se que todos os instrumentos do mercado monetário, puros ou impuros, típicos ou atípicos, serão considerados *instrumentos financeiros "complexos"*, sujeitando assim os intermediários financeiros a deveres de informação e de adequação particularmente rigorosos nas relações com os respetivos clientes, sempre que não disponham de oportunidades de alienação ou resgate a preços que sejam públicos, que impliquem a assunção de responsabilidades que excedam o respetivo custo de aquisição, ou que não disponham de informação pública adequada que permita a um investidor não qualificado médio ajuizar a oportunidade dessa aquisição ("a contrario sensu" do art. 314º, nº 2, *b)* a *d)* do CVM).[610]

§2
Espécies

1. Instrumentos Interbancários
1.1. Noção

I. Por *instrumentos interbancários* designam-se genericamente os instrumentos monetários transacionados nos mercados interbancários de moeda, títulos e crédito.[611]

II. Os mercados interbancários são mercados que têm por função fundamental assegurar uma eficiente gestão e redistribuição da liquidez

[609] SALAMONE, Luigi, *La Nozione di "Strumento Finanziario" tra Unità e Moltiplicità – A Proposito delle Cambiali Finanziarie*, 722 e segs., in: XCVI "Rivista del Diritto Commerciale e del Diritto Generale delle Obbligazioni" (1998), 711-741.

[610] Sobre a distinção entre instrumentos financeiros simples e complexos, vide *supra* Cap. I, §3, 3.7.

[611] Sobre os mercados interbancários, vide CABRAL, A. José, *Os Mercados Interbancários: Mercado Interbancário de Títulos, Bilhetes do Tesouro, Mercado Monetário Interbancário*, in: 3 "Boletim Trimestral do Banco de Portugal" (1981), 27-33. Noutros quadrantes, BERGER, Pierre, *Le Marché Monétaire: Marché de l'Argent à Court Terme, Marché Entreprises et Marché Interbancaire*, PUF, Paris, 1993.

no seio do sistema financeiro e bancário: em rigor, não são verdadeiros "mercados", abertos à generalidade das empresas e agentes económicos, estando a sua intervenção reservada às instituições financeiras dotadas de disponibilidades mínimas de caixa ("maxime", os bancos) e às autoridades monetárias (Bancos Centrais nacionais, BCE, FED).[612]

III. Os mercados interbancários têm sofrido profundas alterações ao longo dos tempos, especialmente na sequência da crise financeira de 2008 e consequente crise das dívidas soberanas de 2011, importando, por isso, distinguir entre o mercado interbancário português – tradicionalmente, constituído pelo mercado monetário interbancário (MMI) e mercado interbancário de títulos (MIT) – e o emergente mercado interbancário europeu – decorrente da implementação do Eurosistema.

1.2. Mercado Português: O MMI e o MIT

I. O mercado interbancário português é tradicionalmente constituído por dois segmentos fundamentais: o *mercado monetário interbancário* (MMI) e o *mercado interbancário de títulos* (MIT).

II. O mercado monetário interbancário (MMI), criado em 1977, é o segmento reservado à *negociação de fundos monetários de curto prazo ou à vista* (Instrução do BdP nº 25/2012, de 17 de setembro). Trata-se de fundos representados por *depósitos à ordem* detidos pelas entidades negociantes no Banco de Portugal (BdP), mediante a cobrança de juros, podendo as operações realizadas possuir um espetro temporal de um dia a um ano (sendo, em regra, realizadas por períodos de uma semana ou mesmo de apenas 24 horas) e ser efetuadas sem ou com garantias (consistentes em acordos de recompra de títulos de dívida pública de curto prazo)[613]. Com vista a estimular este mercado, o BdP colocou à

[612] Tenha-se ainda em atenção as *sociedades mediadoras do mercado monetário e cambial*, reguladas pelo Decreto-Lei nº 110/94, de 28 de abril, que são sociedades financeiras cujo objeto exclusivo consiste na realização de operações de intermediação no mercado monetário, bem como a prestação de serviços conexos.

[613] Tais disponibilidades monetárias são por vezes denominadas "call money", expressão que designa justamente aquele tipo de ativos financeiros que são dotados de maior liquidez com exceção do próprio dinheiro: usualmente, estamos perante ativos que são

disposição das instituições participantes plataformas especiais de permuta de fundos detidos nas suas contas no TARGET2-PT, por prazos até um ano, mediante operações, respetivamente, sem e com exigência de garantia de ativos – os "Mercado Monetário Interbancário sem Garantia" (MMI/SG) de 2012 e "Mercado Monetário Interbancário com Garantia" (MMI/CG) de 2013.[614]

III. O *mercado interbancário de títulos* (MIT), criado em 1978, é o segmento reservado à negociação de títulos de curto prazo, colocados pelo Estado e pelo Banco de Portugal em mercado primário (usualmente em sistema de leilão), sendo posteriormente transacionados em mercado secundário pelas instituições nele participantes. Entre tais títulos, contam-se os emitidos pelo Banco de Portugal com finalidades de gestão de liquidez do mercado monetário – tal o caso dos *títulos de regularização monetária* (TRM) e dos *títulos de intervenção monetária* (TIM), hoje revogados – e os emitidos pelo Estado com finalidades primordiais de financiamento público – onde se incluem genericamente os chamados títulos de dívida pública, v.g., os *bilhetes do tesouro* (cuja atual configuração regulatória melhor os qualifica como instrumento monetário de natureza mobiliária)[615], os *créditos em leilão ao investimento público* (entretanto desaparecidos)[616], os *certificados especiais de dívida de curto prazo* (CEDIC), etc.[617]

transacionados ou emprestados por um período de horas ("overnight") ou por períodos muito curtos (alguns dias) e em que o mutuante tem o direito de exigir a sua devolução praticamente de imediato (Wilson, John, *Money Markets*, in: "The New Palgrave Dictionary of Money and Finance", vol. II, 799, Macmillan, London, 1992).

[614] Sobre o "Mercado Monetário Interbancário sem Garantia" (MMI/SG), vide a Instrução do BdP nº 25/2012, de 17 de setembro; sobre o "Mercado Monetário Interbancário com Garantia" (MMI/CG), vide a Instrução do BdP nº 8/2013, de 15 de abril.

[615] Sobre os bilhetes de tesouro, vide *infra* Cap. IV, §2, 4.3.

[616] Sobre este instrumento, instituído pelo Decreto-Lei nº 445-A/88, de 5 de novembro, que permitiu ao Estado português recorrer à emissão de dívida pública a sete anos representada em certificados de dívida de 6 meses ou menos, vide AAVV, *Instituições e Produtos Financeiros*, 669, Bolsa de Derivados do Porto/ Instituto do Mercado de Capitais, Porto, 1997.

[617] Sobre alguns destes instrumentos, que também podem ser transacionados fora do MIT, vide *infra* Cap. IV, §2, 3.

IV. O funcionamento destes mercados e o processamento das respetivas operações assentaram no "Sistema de Transferências Eletrónicas de Mercado" (SITEME), plataforma de negociação especialmente concebida para a realização e liquidação de operações relativas aos mercados monetários (Instrução do BdP nº 47/98, de 22 de dezembro).[618]

1.3. Mercado Europeu: O Eurosistema

I. O aprofundamento da União Monetária Europeia e a prolongada crise dos mercados monetários interbancários[619] conduziu – de par com o definhamento do mercado interbancário doméstico, que levou a breve trecho à extinção dos segmentos e plataformas de negociação, incluindo os MMI/CG, MMI/SG e SITEME[620] – à emergência de um novo protagonista no âmbito destes mercados: o *Eurosistema*, constituído pelo Banco Central Europeu (BCE) e pelos bancos centrais nacionais dos Estados-Membros da União Europeia aderentes à moeda única.[621]

II. Entre os mecanismos de que o Eurosistema dispõe em sede de política monetária com relevância no mercado de instrumentos interbancários[622], destaca-se as *operações de mercado aberto* ("open market").

[618] Temporariamente suspenso desde 31 de dezembro de 2008, devido à escassez de operações registada na sequência da crise financeira de 2008, o MMI do SITEME foi retomado, através da Instrução do BdP nº 26/2012, de 17 de agosto, que também alterou a referida Instrução nº 47/98, posteriormente também alterada pela Instrução do BdP nº 11/2015, de 29 de junho.

[619] Sobre esta crise, bem como o impacto neste mercado das medidas não convencionais de política monetária (em particular, o o procedimento de leilão de taxa fixa com satisfação total da procura), vide SALDANHA, Sofia/ SOARES, Carla, *O Mercado Monetário Português durante a Crise – Qual o Impacto da Provisão de Liquidez pelo BCE?*, in: 15 "Revista de Estudos Económicos" (2015), 1-23.

[620] Revogados, respetivamente, pelas Instruções do BdP nº 20/2104, de 1 de setembro (MMI/CG), nº 8/2015, de 17 de junho (MMI/SG), e nº 2/2016, de 29 de fevereiro (SITEME).

[621] Nos termos do art. 282º do TFUE, o "Sistema Europeu dos Bancos Centrais" (SEBC) é composto pelo Banco Central Europeu (BCE) e pelos bancos centrais nacionais dos Estados-Membros da União Europeia (UE), ao passo que o Eurosistema abrange apenas o BCE e os bancos centrais nacionais dos países que adotaram a moeda única, sendo assim a autoridade monetária da zona euro. Cf. BCE, *The European Central Bank – The Eurosystem – The European System of Central Banks*, Frankfurt, 2008.

[622] Esses mecanismos são fundamentalmente três: as operações de mercado aberto, as facilidades permanentes de liquidez, e o regime de reservas mínimas. Cf. NEYER,

Trata-se da principal ferramenta de política monetária, visando o controlo das taxas de juro de curto prazo e a gestão da liquidez do mercado, sendo iniciadas pelo BCE e executadas de forma descentralizada pelos bancos centrais nacionais: estas operações subdividem-se em "operações principais de refinanciamento" (OPR), "operações de refinanciamento de prazo alargado" (ORPA), "operações ocasionais de refinanciamento" (OOR) e "operações estruturais" (OE)[623]. Ora, as operações de mercado aberto são levadas a cabo através de um conjunto de instrumentos com relevância no mercado monetário interbancário, a seguir enumeradas: são eles as *operações reversíveis*, os *"swaps" cambiais* para fins de política monetária, a constituição de *depósitos a prazo fixo*, e a emissão de *certificados de dívida do BCE*. Se bem que nem todos estes instrumentos deem forçosamente origem a instrumentos monetários, pensamos que é ainda assim pertinente uma breve referência a todos eles.

III. O acesso às operações de mercado aberto está limitado às instituições do Eurosistema que cumpram critérios de elegibilidade ("contrapartes elegíveis": v.g., reservas mínimas, sujeição a supervisão harmonizada, solidez financeira, etc.), sendo executadas através de leilões (normais ou rápidos) ou de procedimentos bilaterais. O processamento das operações sobre tais instrumentos é assegurado através do "Sistema de Informação de Leilões" (SITENDER), sistema de informação do Banco de Portugal disponibilizado às instituições participantes elegíveis para a realização de operações de mercado aberto do Eurosistema através de leilão, podendo ainda a liquidação financeira das operações processadas no SITENDER ser consultada no "Sistema de Gestão

Ulrika, *The Design of the Eurosystem's Monetary Policy Instruments*, 9 e segs., Physyca Verlag, Heidelberg, 2007.

623 Sobre as operações de mercado aberto na Europa, vide AIUSO, Jean/ REPULO, Rafael, *A Model of the Open Market Operations of the European Central Bank*, in: 113 "The Economic Journal" (2003), 883–902. Algo de semelhante se passou nos Estados Unidos da América, sendo análogos os instrumentos adotados pelo "Federal Reserve Bank" ou FED na condução da política monetária, com a particularidade de a execução das operações de mercado aberto ser realizada sob a supervisão do "Federal Open Market Committee" (cf. FED, *Domestic Open Market Operations During 2015*, New York, 2016). Para um conjunto variegado de estudos, MAYES, David/ TOPOROWSKI, Jan, *Open Market Operations and Financial Markets*, Routledge, London/ New York, 2017.

de Ativos de Garantia e Operações" (COLMS)[624] e a consulta da confirmação do processamento ser efetuada no "Sistema de Transferências Automáticas Transeuropeias de Liquidação por Bruto em Tempo Real" (TARGET2-PT).[625]

IV. Refira-se ainda, de passagem, que se encontra em fase avançada de execução o "Sistema de Transferências Automáticas Transeuropeias de Liquidação por Bruto em Tempo Real – Títulos" – ou, na sigla pela qual é conhecida, "TARGET2 – Securities". Criada em junho de 2015, a que Portugal aderiu em março de 2016, trata-se de uma plataforma pan-europeia que fornece serviços centralizados e harmonizados de liquidação de títulos em moeda de banco central (em euros e outras moedas elegíveis), congregando a liquidação dos títulos e a liquidação da vertente financeira.

1.4. Operações Reversíveis

I. As *operações reversíveis* ("reverse transactions") são instrumentos específicos para a realização de operações de mercado aberto, através das quais o BdP, no caso de operações de cedência de liquidez, concede crédito sob a forma de empréstimos garantidos por penhor de ativos

[624] O "Sistema de Gestão de Ativos de Garantia e Operações" – ou "COLMS", do acrónimo inglês para *"Collateral Management System"* – foi criado e regulado pela Instrução do BdP nº 10/2015, de 15 de julho, complementado pela Carta-Circular nº 4/2016/DMR, de 31 de março.

[625] O "Trans-European Automated Real-Time Gross Settlement Express Transfer" (TARGET) constitui um sistema de pagamento e liquidação de operações de elevado montante, criado e operado pelo Eurosistema: o "TARGET2" é a segunda geração desse sistema, que oferece às instituições de crédito e infraestruturas de pagamento um conjunto de funcionalidades que permitem uma gestão eficiente da liquidez e a liquidação dos pagamentos de forma eficaz e fiável (cf. Orientações BCE/2007/2, de 26 de abril, BCE/2011/15, de 14 de outubro, BCE/2012/27, de 5 de dezembro, BCE/2014/35, de 13 de agosto, e BCE/2015/15, de 2 de abril). A componente portuguesa deste sistema de pagamentos ("TARGET2-PT") é operada pelo Banco de Portugal (cf. Aviso do BdP nº 3/2009, de 14 de julho, e Instrução do BdP nº 54/2012, de 15 de janeiro, alterada pelas Instruções do BdP nº 12/2014, de 11 de julho, nº 6/2015, de 15 de junho, e nº 6/2016, de 5 de abril). Sobre este sistema, vide BANCO DE PORTUGAL, *Relatório dos Sistemas de Pagamento*, 13 e segs., Lisboa, 2016.

elegíveis com direito de disposição a seu favor e, no caso de operações de absorção de liquidez, compra ou vende ativos elegíveis sob a forma de contratos de reporte.

II. Este instrumento encontra-se previsto e regulado no art. 10º da Orientação do BCE UE/2015/510, de 19 de dezembro de 2014, relativa ao enquadramento para a implementação da política monetária do Eurosistema[626], bem como no art. 10º da Instrução do BdP nº 3/2015, de 20 de abril.[627]

1.5. "Swaps" Cambiais

I. Os *"swaps" cambiais para fins de política monetária* ("foreign exchange swaps") consistem na realização simultânea de duas transações, à vista ("spot") e a prazo ("forward"), em euros contra uma moeda estrangeira: tais "swaps" podem revestir a natureza de operações de cedência ou de absorção de liquidez, possuindo periodicidade e prazo não normalizados, e sendo executados de forma descentralizada pelo BdP ou outros bancos centrais através de leilões rápidos ou de procedimentos bilaterais.

II. Este instrumento encontra-se previsto e regulado no art. 11º da Orientação do BCE UE/2015/510, de 19 de dezembro de 2014, relativa ao enquadramento para a implementação da política monetária do Eurosistema, bem como no art. 11º da Instrução do BdP nº 3/2015, de 20 de abril.

1.6. Depósitos a Prazo Fixo

I. Os *depósitos a prazo fixo* ("fixed-term deposits") são depósitos efetuados por instituições elegíveis portuguesas junto do BdP, de prazo fixo, sem garantia, e a taxa de juro fixa: tais taxas poderão ser positivas, nulas ou até negativas, implicando, neste último caso, uma obrigação de pagamento da instituição titular de depósito perante o BdP.

[626] In: Jornal Oficial nº L 91, de 2 de abril de 2015, 3-135.

[627] Na versão resultante das alterações introduzidas por várias instruções posteriores (Instruções do BdP nº 16/2015, de 15 de outubro, nº 1/2016, de 15 de janeiro, nº 15/2016, de 26 de outubro, e nº 18/2016, de 22 de dezembro).

II. Este instrumento encontra-se previsto e regulado no art. 12º da Orientação do BCE UE/2015/510, de 19 de dezembro de 2014, relativa ao enquadramento para a implementação da política monetária do Eurosistema, bem como no art. 12º da Instrução do BdP nº 3/2015, de 20 de abril.

1.7. Certificados de Dívida do BCE

I. Os *certificados de dívida do BCE* ("ECB debt certificates") são títulos representativos de dívida emitidos pelo BCE e registados sob forma escritural em centrais de valores mobiliários nos Estados-Membros integrantes do Eurosistema. Estes certificados têm um prazo de vencimento inferior a 12 meses, sendo emitidos através de leilões normais em que podem participar contrapartes elegíveis, sendo subscritos ao par, a desconto (abaixo do par) ou com prémio (acima do par), colocados em leilão e liquidados de forma descentralizada pelos bancos centrais nacionais.

II. Este instrumento encontra-se previsto e regulado no art. 13º da Orientação do BCE UE/2015/510, de 19 de dezembro de 2014, relativa ao enquadramento para a implementação da política monetária do Eurosistema, bem como no art. 13º da Instrução do BdP nº 3/2015, de 20 de abril.

2. Instrumentos de Pagamento

2.1. Noção

I. Por instrumentos de pagamento *designam-se genericamente os instrumentos de movimentação e circulação da moeda metálica e escritural.*

II. A moeda consiste primordialmente num meio de pagamento, funcionando como um intermediário simbólico nas trocas de bens e serviços[628]. Para além da moeda legal (incluindo moedas metálicas e

[628] Sobre o conceito e funções da moeda (meio de pagamento, unidade de conta, reserva de valor), vide RIBEIRO, J. Teixeira, *Introdução ao Estudo da Moeda*, 3 e segs., Atlântida, Coimbra, 1949. Para maiores desenvolvimentos, numa perspetiva jurídica, PROCTOR, Charles, *Mann on the Legal Aspect of Money*, 7th edition, Oxford University Press, Oxford, 2012; numa perspetiva económica, vide MISHKIN, Frederic, *Economics of Money, Banking and Financial Institutions*, 8th edition, A. Wesley, Boston, 2006.

notas de banco), a parcela monetária mais significativa atualmente em circulação é constituída pela chamada *moeda escritural*, também designada moeda bancária ou desmaterializada, resultante da atividade dos bancos e primordialmente constituída pelos saldos de depósitos à vista bancários. Ora, ao passo que a circulação da moeda legal se opera de mão em mão entre as pessoas, a moeda escritural circula essencialmente de conta em conta, mediante movimentações de fundos realizadas entre contas bancárias.[629]

III. Entre os mais relevantes instrumentos dessa movimentação – que constituem assim também instrumentos de pagamento nas transações de bens e serviços – incluem-se as *transferências bancárias*, os *cartões bancários*, os *cheques* (incluindo os "travellers cheques" e "eurocheques"), o *porta-moedas eletrónico*, e a *cobrança documentária*.[630]

2.2. Sua Exclusão

I. Aspeto crucial é o de que tais instrumentos de pagamento *não são instrumentos financeiros no sentido do CVM*: competindo a respetiva emissão e gestão exclusivamente aos bancos (art. 4º, nº 1, *c)* e *d)* do RGIC), tais instrumentos monetários caem fora do âmbito do direito do mercado de capitais (art. 2º, nº 1, *b)*, "in fine", do CVM).[631]

II. Idêntica exclusão foi prevista na DMIF II de 2014 que, depois de elencar os instrumentos do mercado monetário entre os instrumentos financeiros (art. 4º, nº 1, 15) e Anexo I-C, 2)), consagrou uma aceção restritiva daqueles, ao defini-los como "as categorias de instrumentos

[629] Sobre a moeda escritural, vide LASKY, Harold, *The Cashless Society – Reality and Myth*, in: 58 "Law Institute Journal" (1984), 1206-1210.

[630] Sobre tais instrumentos, vide entre nós ANTUNES, J. Engrácia, *Os Contratos Bancários*, 139 e segs., in: AAVV, "Estudos em Homenagem ao Professor Doutor Carlos Ferreira de Almeida", vol. II, 71-155, Almedina, Coimbra, 2011.

[631] Sobre estes instrumentos – que fazem hoje parte integrante do "core banking" –, vide desenvolvidamente BRINDLE, Michael/ COX, Raymond, *Law of Bank Payments*, 3rd edition, Sweet & Maxwell, London, 2004; SANTORO, Vittorio, *Il Diritto dei Sistemi di Pagamento*, Giuffrè, Milano, 2007; STOUFFLET, Jean/ GAVALDA, Christian, *Instruments de Paiement et de Crédit*, 6ème, Litec, Paris, 2006; para uma visão comparada, vide EFFROS, Robert, *Payment Systems of the World*, 2 vols., Oceana, New York/ London/ Rome, 1994.

habitualmente negociados no mercado monetário, como por exemplo bilhetes do Tesouro, certificados de depósito e papel comercial, *com exclusão dos meios de pagamento*" (art. 4º, nº 1, 17)).[632]

3. Outros Instrumentos

I. Para além destas duas categorias fundamentais, existem ainda diversos outros instrumentos monetários puros, emitidos por entidades públicas e privadas: é o caso, por exemplo, dos *certificados de aforro*, dos *certificados do tesouro*, dos *certificados especiais de dívida de curto prazo*, dos *"repos" financeiros*, dos *depósitos eurodólar*, e dos *empréstimos "cristal"*.

3.1. Certificados de Aforro

I. Os certificados de aforro, cujo regime consta hoje fundamentalmente do Decreto-Lei nº 122/2002, de 4 de maio, são *instrumentos representativos de dívida pública de curto prazo destinados à captação da poupança familiar*.[633]

II. Criados há quase de meio século em Portugal (através do Decreto nº 43 454, de 30 de dezembro de 1960), trata-se de um dos principais instrumentos financeiros do mercado de capitais de curto prazo, tendo chegado a representar quase 20% da dívida do Estado em circulação. Tais instrumentos, que apenas podem ser subscritos por pessoas singulares e revestem forma escritural e natureza nominativa (art. 2º, nºs 1 e 2), constituídos por um período mínimo de noventa dias e vencendo juros trimestrais, semestrais ou anuais capitalizáveis (art. 5º), não são negociáveis em mercado secundário e apenas são transmissíveis por morte do seu titular (art. 2º, nº 3).

III. Tratando-se estruturalmente de um instrumento financeiro de curto prazo, mobilizável ao fim de três meses, os certificados de aforro

[632] Disposição idêntica era também já prevista pela DMIF I de 2004 (cf. art. 4º, nº 1, 19)).

[633] Sobre a figura, vide, na jurisprudência, os Acórdãos do STJ de 11-VII-2013 (G. Silva Jesus), que atribuiu natureza contratual à responsabilidade decorrente da violação de um contrato de subscrição de certificados de aforro, designadamente quando seja invocado o resgate indevido, de 13-XI-2007 (Urbano Dias), relativo ao resgate destes instrumentos, e de 8-XI-2005 (Lopes Pinto), relativo à prescrição do direito de requerer o reembolso (todos em www.colectaneadejurisprudencia.com.).

são habitualmente utilizados como instrumentos de aplicação de poupanças de médio e longo prazo, em particular devido à majoração da taxa de juro graças a prémios de permanência semestrais. Até ao presente momento, foram emitidos em Portugal as série A (Decreto nº 43 454, de 30 de dezembro de 1960), série B (Decreto-Lei nº 172-B/86, de 30 de junho), série C (Portaria nº 73-A/2008, de 23 de janeiro), e série D (Portaria nº 17-B/2015, de 30 de janeiro), sendo ainda de ter em conta as alterações introduzidas pelo Decreto-Lei nº 47/2008, de 13 de março.

3.2. Certificados do Tesouro

I. Os certificados do tesouro (CT), cujo regime foi instituído pela Resolução do Conselho de Ministros nº 40/2010, de 20 de outubro, são *instrumentos representativos de dívida pública de médio prazo destinados a pequenos investidores.*[634]

II. Os CT são instrumentos com finalidades (captação da pequena poupança familiar), destinatários (aforradores individuais), e regime jurídico (forma escritural e nominativa, inegociabilidade em mercado secundário, transmissibilidade "mortis causa", etc.) muito semelhantes aos dos certificados de aforro. A subscrição deste instrumento, todavia, viria a ser suspensa em 2012 (Instrução do IGCP nº 2-A/2012, de 30 de agosto).

III. Um ano mais tarde, viriam a ser criados os *certificados do tesouro poupança mais (CTPM)*, através da Resolução do Conselho de Ministros nº 62/2013, de 10 de outubro, que revestem igualmente a natureza de instrumentos representativos de dívida pública de médio prazo destinados à captação da poupança familiar com capital e taxas fixas garantidos. Entre as suas principais especificidades, saliente-se o respetivo prazo de subscrição (5 anos), o seu período mínimo de permanência (não é possível o resgate durante o primeiro ano), e a sua remuneração (vencendo juros anuais a taxas fixas crescentes, além de incorporar um prémio suplementar sobre a taxa base nos 2 últimos anos em caso

[634] Sobre figuras congéneres, noutros ordenamentos, vide KAHN, Milton, *The Complete Guide to Buying U.S. Treasury Bills, Notes & Bonds from the Federal Reserve*, Klondike Publications, Denver, 1995.

de evolução positiva do PIB nacional) (cf. ainda a Instrução do IGCP nº 1/2013, de 22 de outubro).

3.3. Certificados de Depósito

I. Os certificados de depósito ("negotiable certificate of deposit", "Einlagenzertifikate", "certificat de dépôt"), previstos e regulados no Decreto-Lei nº 372/91, de 8 de outubro, são *instrumentos representativos de depósitos a prazo emitidos pela instituição de crédito depositária.*[635]

II. O certificado de depósito, por vezes designado na gíria como "promissória", supõe naturalmente a constituição prévia de um depósito bancário junto de uma instituição de crédito, em moeda com curso legal em Portugal ou no estrangeiro (art. 1º)[636]. Estando para o mercado monetário tal como os "depositary receipts" estão para o mercado de valores mobiliários[637], este instrumento deve observar um conjunto de menções imperativas, entre as quais o nome do titular do certificado, o valor nominal, o prazo e a data de vencimento do depósito, a taxa de juro nominal, o regime das taxas de juro e a forma do seu pagamento (art. 6º), sendo transmissível por endosso (apesar da errónea qualifica-

[635] Sobre a figura, vide Bortolani, Sérgio, *I Certificati di Deposito nel Sistema Bancario Statunitense,* Giuffrè, Milano, 1969; Heebner, A. Gilbert, *Negotiable Certificates of Deposit: The Development of a Money Market Instrument,* Institutte of Finance, New York, 1969; Noyer, Christian, *Certificats de Dépôts,* in: "Revue Banque" (1985), 693-696; Osborne, I. Lojendio, *La Transmisión por Endoso del Certificado de Depósito,* FJM, Madrid, 1982. Em edições anteriores deste estudo, integrámos os certificados de depósito no universo dos títulos de crédito (cf. também Antunes, J. Engrácia, *Os Títulos de Crédito – Uma Introdução,* 134 e segs., 2ª edição, Almedina, Coimbra, 2012). Apesar de revestir características que indubitavelmente também o aproximam desta figura, a sua integração no elenco dos instrumentos monetários justifica-se hoje tendo presente essa sua expressa qualificação no âmbito da DMIF II de 2014 (art. 4º, nº 1, ponto 17).

[636] Designa-se por depósito bancário ("deposit", "Einlagengeschäft", "deposito di fondi", "dêpot de monnaie") a convenção acessória de um contrato de conta bancária através da qual o cliente (depositante) entrega uma quantia pecuniária ao banco (depositário), ficando este investido no direito de dela dispor livremente e no dever de restituir outro tanto da mesma espécie e qualidade nos termos acordados. Sobre a figura, vide Antunes, J. Engrácia, *Direito dos Contratos Comerciais,* 492 e segs., reeimpressão, Almedina, Coimbra, 2017.

[637] Sobre os certificados de depósito de valores mobiliários, vide *supra* Cap. II, §2, 8.1.

ção legal como "título nominativo": cf. art. 2º, nº 1). O titular do certificado pode realizar o seu endosso para qualquer terceiro – investindo o endossado em todos os direitos relativos ao depósito representado (art. 2º, n.os 1, "in fine", e 4) – ou mesmo para o próprio banco depositário – caso em que o título se considera automaticamente resgatado (art. 2º, nº 5) –, proibindo-se, todavia, o endosso em branco ou sem indicação do nome do beneficiário (art. 2º, nº 2). O pagamento ou liquidação do certificado ocorre no termo do prazo de depósito convencionado entre cliente e banco (art. 3º) – podendo, em alternativa, haver lugar à renovação automática mediante acordo prévio das partes (art. 5º) –, além de se prever disciplina própria para efeitos da liquidação e mobilização antecipada dos juros (art. 4º).[638]

3.4. Certificados de Dívida de Curto Prazo

I. Os certificados especiais de dívida de curto prazo (CEDIC), previstos e regulados na Resolução do Conselho de Ministros nº 111/2009, de 25 de novembro, são *instrumentos representativos de empréstimos internos de curto prazo destinados à aplicação de excedentes de tesouraria de entidades públicas.*

II. Tais instrumentos, que são emitidos pelo Instituto de Gestão do Crédito Público (art. 1º) e apenas podem ser subscritos por entidades do setor público administrativo, mormente entidades públicas empresariais (art. 2º), revestem necessariamente forma escritural, são constituídos por um período máximo de um ano (art. 4º; cf., todavia, art. 5º), possuindo condições de emissão (arts. 8º, 11º e 12º) e regime de amortização próprios (arts. 4º, "in fine", 6º e 9º), e não sendo transacionáveis, em regra, em mercado secundário (cf., todavia, art. 10º). O seu regime é ainda complementado pela Instrução do IGCP nº 2/2011, de 24 de fevereiro.[639]

[638] No mercado internacional, existem ainda variantes, tais como os "Eurodollar CD" (certificados de depósitos denominados em dólares realizados em bancos ou sucursais europeias) ou as "deposite notes" (certificados de depósito fundamentalmente destinados ao mercado monetário interbancário). Cf. Stigum, Marcia, *The Money Market*, 53 e segs., 3rd edition, Irwin, New York, 1990.

[639] Tenha-se ainda presente a existência de instrumentos congéneres de médio e longo prazo: são os certificados especiais de dívida de médio e longo prazo (CEDIM), previstos

3.5. "Repos" Financeiros

I. Os "repos" financeiros – abreviatura da expressão inglesa "sale and repurchase agreements", também designados em Portugal como "operações de reporte" ou "promessas de recompra" – *são operações de financiamento colateralizadas em instrumentos financeiros.*[640]

II. Através deles, uma entidade pública ou privada – usualmente, o Estado, uma instituição financeira, ou uma grande empresa – contrata o empréstimo de disponibilidades monetárias com outra entidade, acordando, em contrapartida, a venda à vista de instrumentos de dívida pública ou privada da sua carteira e simultaneamente a recompra a prazo dos mesmos, constituindo o diferencial dos preços de venda e recompra o juro a pagar. A matriz longínqua dos "repos" pode ser encontrada no contrato jusmercantil clássico do reporte (arts. 477º a 479º do CCom)[641], os quais são objeto de um modelo contratual estandardizado ("Global Master Repurchase Agreement" (GMRA))[642] e os quais, não obstante as suas similitudes funcionais, apresentam várias diferenças relativamente à figura clássica do reporte. Entre elas, mencione-se o âmbito subjetivo dos "repo" – que frequentemente, para além de reportador e reportado, inclui ainda uma terceira entidade (usualmente, entidade central

e regulados na Resolução do Conselho de Ministros nº 14/2011, de 21 de fevereiro e na Instrução do IGCP nº 2/2011, de 11 de março.

640 Como salienta John WILSON, "in recent years, repurchase agreements (Repos) have become increasingly important both as a means of providing the finance to carry a bank's or security dealer's investment portfolio or inventory and as a basis for providing temporary central bank accommodation" (*Money Markets*, in: "The New Palgrave Dictionary of Money and Finance", vol. II, 800, Macmillan, London, 1992). Sobre esta relevante e complexa operação jurídico-financeira, vide CHOUDHRY, Moorad, *The Repo Handbook*, Butterworths-Heinemann, London, 2002; KRÄHENMANN, Thomas, *Das Repo--Geschäft*, P. Haupt, Bern, 1998.

641 Sobre a noção e o regime deste contrato, vide ANTUNES, J. Engrácia, *Direito dos Contratos Comerciais*, 381 e segs., reimpressão, Almedina, Coimbra, 2017.

642 Trata-se basicamente de contrato-quadro ou contrato-tipo que prepara a celebração futura de um conjunto de contratos individuais, cujo conteúdo se encontra previsto naquele primeiro negócio e que dele são estrutural e funcionalmente dependentes. Cf. MORTON, Guy, *The PSA/ISMA Global Master Repurchase Agreement*, in: Tyson-Quah, Katheleen (ed.), "Cross-Border Securities: Repo, Lending, and Collateralisation", 31-54, Sweet & Maxwell, London, 1997.

do mercado onde se realizam as operações ou instituição bancária ou financeira que preste serviços de compensação ou liquidação) que tem por missão monitorizar os fluxos financeiros e mobiliários emergentes do reporte (vulgarmente designado "tri-party repo"), ao invés da bilateralidade típica do reporte clássico (art. 477º, "in fine", do CCom) –, a natureza consensual dos "repo" – cuja formação requer apenas o acordo oral ou escrito das partes (art. 3º (a) do GMRA), e não já também a "traditio" dos valores reportados (art. 477º, § único do CCom) –, e a titularidade dos direitos acessórios – a qual, salvo convenção em contrário, cabe ao reportado (art. 5º do GMRA) e não ao reportador (art. 478º, "in fine", do CCom). Enfim, o caráter massificado e complexo dos "repo" está ainda na origem de outras especificidades mais ou menos acentuadas, incluindo o regime da sua cessação (por exemplo, nos "repo abertos", o negócio de revenda, ou segunda "leg", deixa de constituir um mero negócio a termo para passar a ser um negócio condicional, dado terminarem por mera declaração unilateral das partes: cf. art. 3º (e) do GMRA), o regime do preço (que inclui a possibilidade da respetiva redefinição posteriormente à conclusão contratual, além da previsão explícita de uma taxa de juro ou "repo rate", e de acréscimos destinados a prevenir eventuais flutuações do preço de mercado dos valores reportados ou "haircuts": cf. art. 4º (i) a (k) do GMRA), ou o regime das margens (art. 4º (a) a (h) do GMRA).

III. Os repos financeiros, enquanto instrumentos de financiamento público português, são negociados entre o IGCP e os "Operadores Especializados em Valores do Tesouro" (OEVT) e os "Especialistas em Bilhetes do Tesouro" (EBT), consubstanciando-se na venda de títulos de dívida emitidos para o efeito (obrigações do tesouro e bilhetes do tesouro) com acordo simultâneo de recompra dos mesmos, num determinado prazo pré-acordado e mediante preço de recompra equivalente ao preço da transação inicial acrescido de uma remuneração correspondente à taxa repo contratada. Os "repos" podem incluir-se entre os instrumentos do mercado monetário na medida em que, por regra, são negociados por prazos muito curtos: o período temporal intercedente entre venda e recompra raramente ultrapassa os 30 dias, respeitando usualmente a operações "overnight" ou de 24 horas.

3.6. Empréstimos "Cristal"

I. Os empréstimos "cristal" – acrónimo resultante das iniciais da expressão «crédito ("*cr*") ao investimento ("*i*") sindicado ("*s*") por tranches ("*t*") afetas ("*a*") a leilões ("*l*")» – são *instrumentos representativos de dívida privada sindicada*.[643]

II. Tais instrumentos, constituindo fundamentalmente empréstimos bancários de médio e longo prazo colocados por consórcios de bancos, são organizados segundo um sistema de "tranches" leiloadas no curto prazo, em períodos trimestrais ou semestrais, quanto à taxa de juro a praticar no período seguinte[644]. Com a crescente implementação do papel comercial, trata-se de um instrumento de financiamento que caiu progressivamente em desuso.

3.7. Depósitos Eurodólar

I. Os depósitos eurodólar ("eurodollar deposits") são *instrumentos de curto prazo consistentes em depósitos denominados em dólares, realizados por instituições depositárias não americanas ou por filiais estrangeiras de instituições depositárias norte-americanas, não sujeitos às regras bancárias e de supervisão dos EUA*.[645]

II. O mercado do eurodólar é antigo (remontando ao final da Segunda Grande Guerra Mundial) e representou durante décadas o principal instrumento de financiamento global: apesar da concorrência de outros instrumentos, um estudo da Reserva Federal norte-americana estimou um volume diário médio na ordem dos 140 biliões de dólares. Trata-se de um instrumento de muito curto prazo (usualmente, 1 dia) e de

[643] Sobre a figura, vide CORDEIRO, A. Menezes, *Empréstimos «Cristal»: Natureza e Regime*, in: 127 "O Direito" (1995), 463-509; TELLES, I. Galvão, *Empréstimo Cristal (Uma Nova Realidade Bancária)*, in: 125 "O Direito" (1993), 177-192.

[644] A disponibilidade do montante monetário mutuado está garantida graças ao regime de tomada firme, no caso de insucesso do leilão de determinada tranche, por uma taxa de juro previamente fixada, a chamada "taxa de intervenção" (TELLES, I. Galvão, *Empréstimo Cristal (Uma Nova Realidade Bancária)*, in: 125 "O Direito" (1993), 177-192).

[645] A designação não é inteiramente apropriada, dado que as instituições depositárias estão situadas, não apenas na Europa, mas também na Ásia e noutras partes do mundo. Sobre a figura, LITTLE, J. Sneddon, *Euro-Dollars: The Money-Market Gypsies*, Haper & Row, New York, 1975.

alto valor (usualmente, superior a 5 milhões de euros, não sendo infrequente as instituições depositárias aceitarem depósitos individuais de 500 milhões de euros no mercado "overnight"). Sublinhe-se ainda que este instrumento pode ser representado por certificados ("eurodollar certificates of deposit" ou "Eurodollar CD"), além de ter estado na base de um pujante mercado de futuros e opções.[646]

4. Instrumentos Monetários Impuros

I. Os instrumentos monetários impuros são *instrumentos monetários híbridos ou sintéticos, resultantes da combinação com outros tipos de instrumentos financeiros*: assim sucede com os instrumentos monetários de natureza mobiliária, também por vezes designados "valores mobiliários monetários", instrumentos financeiros que, revestindo a natureza de valor mobiliário, são dotados das características típicas dos instrumentos monetários (emissão de prazo curto, elevada liquidez, e baixo risco) e são negociáveis no mercado monetário (como tal sujeitos à supervisão do Banco de Portugal[647]).[648]

II. Entre os valores mobiliários monetários, destacam-se os seguintes três: as *obrigações de caixa*, o *papel comercial*, e os *bilhetes do tesouro*. Esta qualificação foi confirmada pelo legislador europeu e nacional: assim, a Diretiva 2004/39/CE, de 21 de abril, expressamente definiu como "«instrumentos do mercado monetário» as categorias de instru-

[646] Burghardt, Galen, *The Eurodollar Futures and Options Handbook*, McGraw-Hill, New York, 2003.

[647] Saliente-se que as condições contratuais gerais dos instrumentos financeiros não monetários, desde que tendo como ativo subjacente instrumentos do mercado monetário, estão também sujeitas à aprovação desta autoridade de supervisão (art. 207º, nº 2, *b)* do CVM).

[648] Hasewinkel, Volker, *Geldmarkt und Geldmarktpapiere*, F. Knapp, Frankfurt, 1993. Como já noutro ponto se referiu, existem ordenamentos que adotaram uma conceção mais restritiva, excluindo da categoria dos instrumentos monetários os valores mobiliários monetários: cf. Assmann, Heinz-Dieter/ Schneider, Uwe (Hrsg.), *Wertpapierhandelsgesetz – Kommentar,* 108, 4. Aufl., Verlag Otto Schmidt, Köln, 2006; Hirte, Heribert/ Möllers, Thomas (Hrsg.), *Kölner Kommentar zum WpHG,* 91 e seg., Carl Heymanns, Köln, 2007.

mentos habitualmente negociadas no mercado monetário, como, por exemplo, bilhetes do Tesouro, certificados de depósito e papel comercial, com exclusão dos meios de pagamento" (art. 4º, nº 1, ponto 19); e o RJOIC português reputou expressamente como instrumentos do mercado monetário "os instrumentos financeiros transmissíveis, normalmente negociáveis no mercado monetário, líquidos e cujo valor possa ser determinado com precisão a qualquer momento" (art. 169º, nº 1), o que abrange indubitavelmente o caso de instrumentos representativos de dívida de curto prazo tais como os bilhetes do tesouro, papel comercial e outros similares.

III. A figura híbrida dos valores mobiliários monetários reflete inequivocamente o fenómeno de esbatimento das fronteiras, tradicionalmente nítidas, entre o mercado de valores mobiliários (capitais de médio e longo prazo) e o mercado monetário (capitais de curto prazo)[649]. Esta evolução explica simultaneamente que a delimitação conceitual entre os respetivos instrumentos em confronto seja hoje meramente *tendencial*, e não absoluta: assim, por exemplo, existem valores mobiliários que podem possuir prazos curtos de vencimento (v.g., determinados tipos de "warrants") ou ser dotados de elevada liquidez e baixo risco (é o caso das obrigações de Tesouro), sendo que, em contrapartida, também existem instrumentos monetários que podem possuir prazos médios de vencimento (como sucede com as obrigações de caixa).[650]

4.1. Obrigações de Caixa

I. As obrigações de caixa ("short-term banking note", "Bank-Kassen Obligationen", "bons de caisses", "obbligazioni di cassa bancarie") são *valores mobiliários obrigacionistas, emitidos por instituições de crédito,*

[649] Para um exercício de reflexão pessoal, vide MACEDO, J. Braga, *Mercado Monetário e de Valores Mobiliários: Relações de Dependência à Escala Mundial*, in: AAVV, "Direito dos Valores Mobiliários", vol. II, 9-29, Coimbra Editora, 2000.

[650] Assim também Francesco CARBONETTI: "A distinção entre instrumentos do mercado de capitais e do mercado monetário assenta na duração do instrumento e na consequente diversidade do mercado em que se processa a respetiva negociação. Naturalmente, existem casos em que as fronteiras não são nítidas" (*Dai «Valori Mobiliari» agli «Strumenti Finanziari»*, 1107, in: 41 "Rivista delle Società" (1996), 1103-1120).

representativos de um direito de crédito pecuniário vencível no prazo mínimo de 2 anos.[651/652]

II. As obrigações de caixa encontram-se previstas e reguladas no Decreto-Lei nº 408/91, de 17 de outubro, tendo-se revelado um dos instrumentos financeiros de maior êxito no mercado nacional da dívida privada em virtude de representarem um mecanismo relativamente flexível de financiamento empresarial de médio prazo. Trata-se de uma figura que se reconduz matricialmente às obrigações comuns (art. 1º, *b)* do CVM), destas se contradistinguindo fundamentalmente no que diz respeito ao regime legal da respetiva emissão e conteúdo.

III. No tocante à emissão, as obrigações de caixa exibem um conjunto de especificidades relativas aos *sujeitos*, ao *objeto* e à *operação de emissão*. Assim, de uma perspetiva subjetiva, estas obrigações apenas podem ser emitidas por instituições de crédito com fundos próprios iguais ou superiores a 2.500.000 euros (art. 2º); de uma perspetiva objetiva, tais obrigações possuem um valor nominal de 50 euros ou seus

[651] Sobre a figura, vide entre nós DIAS, A. Silva, *Financiamento de Sociedades por Emissão de Obrigações*, 79 e segs., Quid Juris, Lisboa, 2002; GUINÉ, O. Vogler, *Art. 360º do CSC – Modalidades de Obrigações*, 906 e seg., in: "Código das Sociedades Comerciais em Comentário", vol. VI, 882-907, Almedina, Coimbra, 2012; OLIVEIRA, A. Perestrelo, *Manual de Corporate Finance*, 145, 2ª edição, Almedina, Coimbra, 2015; na jurisprudência, vide os Acórdãos da Relação do Porto de 15-XII-2016 (FILIPE CAROÇO), relativo ao penhor de obrigações de caixa, e da Relação de Guimarães de 14-V-2014 (JORGE TEIXEIRA), relativo à alteração superveniente de circunstâncias (ambos in: www.colectaneadejurisprudencia.com). De modo mais acentuado do que noutros casos, as figuras estrangeiras homónimas não correspondem plenamente ao modelo português: assim, por exemplo, os "bons de caisse" franceses, previstos no "Code Monétaire et Financier", podem ser emitidos por quaisquer empresas individuais ou coletivas (art. L.223-3) e por um prazo máximo de cinco anos (art. L.223-1).

[652] Apesar de as obrigações de caixa constituírem um instrumento financeiro de médio-prazo e moldado sob a figura geral das obrigações, podendo assim ser também classificadas no âmbito dos valores mobiliários, optámos por as autonomizar no âmbito dos instrumentos monetários, em virtude das suas características de elevada liquidez, risco reduzido, emissão exclusiva por instituições de crédito e supervisão das autoridades bancárias, além da possibilidade de amortização no prazo de 1 ano se tal for previsto no prospeto de emissão.

múltiplos (art. 5º, nº 1), devendo conter um conjunto de menções obrigatórias (art. 8º) e podendo assumir diferentes modalidades (nominativas ou ao portador) e formas de representação (tituladas e escriturais) (art. 5º, nºs 2 e 3); enfim, de uma perspetiva operacional, o processo de emissão é bastante simplificado (dispensando autorizações administrativas ou obrigações registais juscomerciais), podendo ser realizado através de oferta pública ou privada (art. 3º do citado diploma legal e Regulamento CE/809/2004, de 29 de abril), e de forma instantânea ou contínua (art. 9º), além de ser passível de negociação em mercado regulamentado (art. 10º).[653]

IV. Mas as obrigações de caixa evidenciam também particularidades no tocante ao respetivo *conteúdo jurídico*. Desde logo, trata-se de obrigações com um prazo médio de vencimento, o qual, todavia, não poderá ser inferior a dois anos (art. 1º): o prazo de vencimento deve ser *fixo*, embora a lei preveja, em certas circunstâncias, a possibilidade de reembolso e amortização antecipados das obrigações pelos obrigacionistas ou pelas próprias entidades emitentes (art. 7º). Além disso, talqualmente as demais obrigações comuns, as obrigações de caixa conferem aos seus titulares um direito ao reembolso da importância pecuniária correspondente ao valor nominal das obrigações subscritas, acrescido de um direito aos juros correspondentes calculados a uma taxa fixa ou variável (cf. Aviso do BdP nº 4/2000, de 29 de agosto).[654]

[653] Sublinhe-se que as obrigações de caixa, sendo qualificadas pelo legislador como valores mobiliários, possuem um regime próprio, que se afasta em certos aspetos da disciplina do CVM: assim, designadamente, trata-se de valores com registo exclusivo na entidade emitente (que funciona simultaneamente como base da conta global de emissão e das contas de registo individualizado dos seus titulares: cf. arts. 43º e segs. do CVM), cuja transmissão no caso de obrigações nominativas e escriturais, ao invés do regime geral (arts. 80º, nº 1 e 102º, nºs 1 e 5 do CVM), se verifica diretamente com o negócio transmissivo subjacente, sendo a comunicação ao emitente mera condição de eficácia em face deste (art. 6º, nº 3 do citado Decreto-Lei nº 408/91).

[654] A "praxis" exibe naturalmente numerosas ilustrações híbridas, que se afastam do modelo-base: pense-se, por exemplo, nas chamadas obrigações de caixa "differential notes", que recorrem parcialmente a técnicas de derivação e cuja taxa de juro de cupão é obtida a partir da evolução de taxas cambiais (cf. DIAS, A. Silva, *Financiamento de Sociedades por Emissão de Obrigações*, 80, Quid Juris, Lisboa, 2002).

4.2. Papel Comercial

I. O papel comercial ("commercial paper", "billets de trésorerie", "polizza di credito commerciale") consiste num *valor mobiliário representativo de um direito de crédito pecuniário de prazo inferior a um ano.*[655]

II. A figura encontra-se atualmente prevista e regulada no Decreto-Lei nº 69/2004, de 25 de março, bem como no Regulamento CMVM nº 2/2014, de 25 de fevereiro: inspirada na tradição do "commercial paper" norte-americano[656], a sua introdução em Portugal visou fundamentalmente diversificar as fontes do financiamento empresarial de curto prazo. Trata-se efetivamente de um instrumento que possui evidentes vantagens, seja para o emitente (mormente, em matéria de flexibilidade e custos), seja para o investidor (mormente, em termos de liquidez), que o comparam favoravelmente face a instrumentos congéneres de médio e longo prazo, mormente as obrigações clássicas[657] – muito

[655] Sobre a figura, vide DIAS, Cristina, *Notas e Questões sobre a Lei Aplicável à Emissão de Instrumentos de Dívida de Curto Prazo (Papel Comercial) por Sociedades com Sede e Administração Efectiva em Portugal*, in: 12 "Cadernos do Mercado de Valores Mobiliários" (2001), 105-116; na jurisprudência, vide os Acórdãos da Relação de Lisboa de 15-IX-2015 (M. AMÉLIA RIBEIRO), de 10-III-2015 (MANUEL MARQUES) e de 10-III-2015 (M. CONCEIÇÃO SAAVEDRA), bem como os Acórdãos da Relação do Porto de 16-III-2015 (J. EUSÉBIO DE ALMEIDA) e de 2-II-2015 (CARLOS GIL), todos relativos aos deveres do intermediário financeiro na comercialização de papel comercial (ambos in: www.colectaneadejurisprudencia.com). Noutros quadrantes, para figuras congéneres mas não totalmente idênticas, vide D'ANGELO, Andrea, *Polizze di Credito Commerciale*, in: X "Contratto e Impresa" (1994), 939-998; DUBOIS, Pierre-Édouard/ HÉLAINE, Pierre/ WEYLAND-DUFRESNE, Anne-Sophie, *Les Billets de Trésorerie*, Economica, Paris, 1998; GAVALDA, Christian, *Les Billets de Trésorerie – Un Instrument Financier du Nouveau Marché*, in: 104 "Revue des Sociétés" (1986), 357-374; KLEINHANS, Jutta, *Commercial Paper als Instrument der Unternehmensfinanzierung*, Diplomica, Hamburg, 2003.

[656] Esclareça-se que a expressão é polissémica na literatura internacional, surgindo também amiúde utilizada como sinónimo do conjunto dos títulos de crédito ("negotiable instruments"), incluindo letras ("bills of exchange"), livranças ("promissory notes"), cheques ("bank cheques"), e outros títulos atributivos de créditos pecuniários. Assim, NICKLES, Steve, *Modern Commercial Paper: The New Law of Negotiable Instruments*, West, St. Paul, 1993.

[657] TEIXEIRA, M. Sampaio, *Como Tem Evoluído o Mercado de Papel Comercial em Portugal*, in: 25 "Revista da Banca" (1993), 5-33. Ao invés, o regime fiscal é, no essencial, similar

embora a sua áurea tenha saído ensombrada com o episódio que envolveu as emissões de papel comercial por entidades do "Grupo Espírito Santo" (GES) nos anos 2013 e 2014.

III. Esta figura dispõe de um regime legal próprio, com os seguintes traços gerais. Desde logo, relativamente às entidades emitentes, consagrou-se um *princípio geral de liberdade de emissão*: podem emitir papel comercial quaisquer pessoas coletivas de direito público ou privado, incluindo sociedades comerciais, sociedades civis em forma comercial, cooperativas e empresas públicas (art. 2º, nº 1). Esta liberdade, todavia, foi contrabalançada através de um conjunto de apertados requisitos impostos às entidades emitentes por mor da solvabilidade da dívida e da proteção dos investidores: assim, designadamente, tais entidades devem observar determinados requisitos alternativos em sede dos seus capitais próprios, notação de risco, rácio de garantia financeira, qualidade de emitente, garantias de cumprimento ou existência de patrocinador ("sponsor") da emissão (arts. 3º e 4º do diploma legal em apreço, bem como art. 1º do Regulamento CMVM nº 2/2014)[658]. Depois ainda, no que concerne *à emissão propriamente dita*, ela pode ser realizada através de oferta privada ou pública (art. 12º), de forma instantânea ou contínua (art. 7º), mediante intervenção de intermediário financeiro (art. 15º), estando sujeita a registo junto da entidade emitente ou junto de intermediário financeiro (art. 8º e art. 44º do CVM)[659]: merece aqui realce a disciplina própria e substantiva prevista em sede da preparação, informação ao mercado e lançamento da oferta (arts. 12º e segs., 17º e segs.

ao das obrigações, nos termos do art. 3º, nº 1 do "Regime Especial de Tributação dos Rendimentos de Valores Mobiliários Representativos de Dívida", aprovado pelo Decreto-Lei nº 193/2005, de 13 de novembro (cf. ainda COUTO, Margarida, *Papel Comercial: Aspectos Fiscais*, in: IV "Revista «O Fisco»" (1992), 26-33).

[658] Ao lado das emissões domésticas, merecem ainda destaque os "Euro Commercial Paper Programms". Cf. BULLOK, Gareth, *Euronote and Euro-Commercial Paper*, Butterworths, London, 1987; MALLARD, Joseph, *Regards sur le Marché de l'Euro-Commercial Paper*, in: 493 "Revue Banque" (1989), 384-388.

[659] Sublinhe-se a sujeição da emissão de papel comercial à supervisão da CMVM, ficando reservada ao Banco de Portugal uma simples competência de controlo estatístico (arts. 22º e 23º).

do diploma legal em apreço, arts. 4º e segs. do Regulamento CMVM nº 2/2014)[660]. Finalmente, no concernente aos *valores* emitidos, o papel comercial não possui um valor nominal mínimo obrigatório – muito embora este valor seja habitualmente de montante elevado, tornando aquele um instrumento quase exclusivamente subscrito por investidores institucionais –, deve necessariamente revestir a forma escritural (art. 10º, "in fine") – podendo ser nominativo ou ao portador (art. 10º) e sendo a sua titularidade, em princípio, objeto de registo (art. 11º) –, e confere aos respetivos titulares, em regra, um direito ao reembolso de quantia pecuniária determinada e respetivos juros (fixos ou variáveis, finais ou periódicos: cf. art. 2º do Regulamento CMVM nº 2/2014).[661]

IV. Desde que observadas as balizas imperativas da lei, o papel comercial constitui um instrumento financeiro de curto prazo passível de, através de operações de engenharia financeira, ser adaptado a necessidades de financiamento de médio e até longo prazo, mormente através da atribuição de direitos de reembolso convertíveis em direitos de subscrição de nova emissão de prazo idêntico ou outros mecanismos análogos: assim sucede, por exemplo, com as *"note issuance facilities"* (NIFs) ou as *"revolving underwriting facilities"* (RUFs) de origem norte-americana.[662]

660 Dentro deste conjunto substancial de regras informativas, destaca-se o art. 20-ºA, introduzido pelo Decreto-Lei 29/2014, de 25 de fevereiro, em reação à experiência vivida com as citadas emissões de papel comercial pelo GES, o qual passou a impor sobre os emitentes de papel comercial um dever de informação imediato sobre qualquer facto ou informação precisa de que tomem conhecimento e que não sejam públicos, suscetíveis de influenciar de maneira sensível o preço do papel comercial.

661 Sem prejuízo da possibilidade de previsão de reembolso antecipado (art. 9º), da inexistência de juros (papel comercial de "cupão zero"), e até de redesconto junto do banco central, nos termos do programa da emissão.

662 Trata-se de programas de emissão de instrumentos de curto-prazo em conta corrente, através de uma instituição de crédito que se compromete, contra o pagamento de uma comissão, a conceder facilidades de crédito ao emitente (RUF) ou ainda a subscrever os lotes não vendidos (NIF). Sobre estas figuras híbridas, vide SCHWEIZER, Karl, *Notes, Euronotes, NIFs and RUFs als Finanzierungsmittel für Unternehmen*, 20 e segs., Schulthess Polygraphischer, Zürich, 1993.

4.3. Bilhetes do Tesouro

I. Os bilhetes do Tesouro ("treasury bills" ou "t-bills", "Schätzanweisungen", "bons du Trésor à taux fixe", "buoni del tesoro") são *valores mobiliários emitidos pelo Estado, representativos de um direito de crédito pecuniário de prazo inferior a dezoito meses.*[663]

II. A figura encontra-se prevista e regulada no Decreto-Lei nº 279/98, de 17 de setembro, constituindo essencialmente um instrumento de financiamento da dívida pública de curto prazo – trata-se, por assim dizer, do produto equivalente, para o mercado monetário ou de capitais de curto prazo, às obrigações do tesouro no mercado de capitais de médio e longo prazo (Decreto-Lei nº 280/98, de 17 de setembro).[664]

III. Os bilhetes do Tesouro são valores cujo emitente é o Estado português (art. 2º), através da Agência de Gestão da Tesouraria e da Dívida Pública – IGCP, E.P.E. (art. 7º, nº 3), cujo valor nominal deve corresponder à mais pequena subunidade da moeda com curso legal em Portugal (art. 3º), e por um prazo inferior a um ano e meio, usualmente em períodos estandardizados de 91, 182, 364 e 546 dias (art. 4º, nº 1). Constituindo valores mobiliários de forma necessariamente escritural (art. 2º), os bilhetes do Tesouro podem ser objeto de registo e liquidação em sistema centralizado de valores mobiliários gerido pela INTERBOLSA (art. 7º, nº 1), e que conferem um direito a reembolso (art. 6º), a prémio de subscrição (em caso de emissão a desconto), e ao recebimento de juros remuneratórios (deduzidos no seu valor nominal) (art. 4º, nº 2). Tenha-se ainda presente a Instrução do IGCP nº 1/2015, de 12 de dezembro de 2014, relativa à emissão e colocação de bilhetes do Tesouro até ao prazo

[663] A criação é comummente atribuída a Walter BAGEHOT em 1876, não tendo sido objeto de estudo específico em Portugal. Noutros quadrantes, para instrumentos congéneres, vide NAKACHE, Jean-Michel, *Valeurs du Trésor,* in: "Dictionnaire Joly Bourse et Produits Financiers", GNL, Paris, 1990.

[664] Apesar de o Decreto-Lei nº 40/2012, de 20 de fevereiro, lhe ter retirado expressamente a natureza de instrumento de curto prazo, na sequência do alargamento do prazo da emissão até 18 meses (arts. 2º e 4º), optámos por continuar a incluir os bilhetes do Tesouro na família dos instrumentos de curto prazo, sobretudo tendo em atenção as crescentes exceções introduzidas à fronteira clássica do prazo de um ano (cf. *supra* Cap. IV, §1, 2.1).

de 12 meses. Os bilhetes do Tesouro (BT), tal como as obrigações do Tesouro (OT), são transacionados no "MEDIP – Mercado Especial da Dívida Pública", mercado regulamentado destinado à negociação eletrónica por grosso de títulos da dívida do Tesouro Português (Regulamento CMVM nº 6/2007, de 9 de novembro).

IV. No âmbito dos títulos representativos da dívida pública, tornou-se usual distinguir entre três tipos de instrumentos consoante o seu prazo de maturidade: as obrigações do tesouro ("treasury bonds"), os certificados do tesouro ("treasury notes") e os bilhetes do tesouro ("treasury bills") – distinção esta que, como vimos, é também válida no âmbito português[665]. Ora, a história deste instrumento financeiro de dívida pública de curto prazo tem sido sinuosa: depois de ter constituído um instrumento proeminente na condução da política monetária do Estado até finais do século passado, foi perdendo o seu relevo prático mercê da adesão de Portugal à União Monetária Europeia em 1999, para reganhar mais recentemente um papel importante no financiamento da dívida pública nacional na sequência da crise financeira de 2008 (tendo-se mesmo tornado no protagonista das operações de financiamento da República Portuguesa após a entrada em vigor do "Programa de Assistência Económica Financeira UE/FMI (2011-2014)").

665 Sobre as obrigações do tesouro (OT), vide *supra* Cap. II, §2, 2.4 (XI); sobre os certificados do tesouro (CT), vide *supra* Cap. IV, §2, 3.2.

ÍNDICE GERAL

§3 Características e Espécies

CAPÍTULO II – OS INSTRUMENTOS MOBILIÁRIOS

§1 Aspetos Gerais

§2 Espécies

CAPÍTULO IV – OS INSTRUMENTOS MONETÁRIOS

§1 Aspetos Gerais

§2 Espécies